◇ 现代经济与管理类系列教材

普通高等教育“十三五”系列教材

财务报表分析

（第4版）

许拯声 编著

清华大学出版社
北京交通大学出版社
·北京·

内 容 简 介

本书旨在帮助财务报表的使用者和分析者，在读懂和理解一家公司的财务报表数据是基于何种会计规则提供，以及这家公司的财务报表编制过程中所采用的会计政策是基于何种公司战略，它们之间的相关性及其对财务信息使用者影响的基础上，通过财务指标分析方法和其他分析方法，归纳、整理、运用这些财务数据，去分析和评价一家公司的过去、现在和未来的财务状况、经营成果和发展趋势。

本书的最大特点是，帮助财务报表的使用者和分析者建立起一个全新的财务报表分析构架，这个分析构架包括对最新的会计准则、相关的会计政策的解读，对财务报表各会计项目内容的详细解读，对各种常用财务指标的介绍和评价，以及如何利用这些财务指标去分析一个具体公司的财务状况、经营成果、现金流量的质量和风险。在此基础上，本书介绍并发展了一套从外部角度分析和评价财务报表数据的分析框架，这一框架包括 4 个分析阶段：商业战略分析、会计项目分析、财务指标分析和愿景趋势分析。此分析框架适用于许多决策背景，包括证券分析、信贷分析及兼并与收购分析，这也是本书的独特之处。

本书可作为高等院校会计、金融、管理和经济专业的本、专科或 MBA 教材，也可作为相关从业人员的专业参考用书。

图书在版编目（CIP）数据

财务报表分析 / 许拯声编著. —4 版. —北京：北京交通大学出版社：清华大学出版社，2022.9

ISBN 978-7-5121-4790-4

Ⅰ. ① 财… Ⅱ. ① 许… Ⅲ. ① 会计报表–会计分析–高等学校–教材 Ⅳ. ① F231.5

中国版本图书馆 CIP 数据核字（2022）第 156635 号

财务报表分析
CAIWU BAOBIAO FENXI

策划编辑：吴嫦娥　责任编辑：刘　蕊
出版发行：清 华 大 学 出 版 社　邮编：100084　电话：010-62776969
　　　　　北京交通大学出版社　邮编：100044　电话：010-51686414
印 刷 者：北京时代华都印刷有限公司
经　　销：全国新华书店
开　　本：185 mm×260 mm　印张：20.25　字数：505 千字
版 印 次：2008 年 7 月第 1 版　2022 年 9 月第 4 版　2022 年 9 月第 1 次印刷
印　　数：1～2 000 册　定价：59.00 元

本书如有质量问题，请向北京交通大学出版社质监组反映。对您的意见和批评，我们表示欢迎和感谢。
投诉电话：010-51686043，51686008；传真：010-62225406；E-mail：press@bjtu.edu.cn。

前 言

首先在此衷心感谢读者的厚爱，得以让本书能够常版常新。本书于 2008 年首次出版，先后于 2012 年、2018 年两次再版。现在是上海新冠肺炎疫情防控政策最严之时，借此写第 4 版前言之际，发自内心地希望上海——这座我出生和成长的城市，也是我父亲出生、成长和终老的城市，能够早日走出疫情困境，归于日常。

财务报表报告的是一个企业过去所取得的财务成果，当前的财务状况、现金流量和经营质量。财务报表是为了提供企业 4 种主要经济活动的信息而设计的，这些信息包括企业资金筹集的数额和渠道，各资产项目的投资分布状况，日常经营活动的内容和业绩，有关筹资、投资、经营活动和其他活动的现金流量分布。财务报表分析就是为了帮助报表的使用者对这些庞杂而集中的信息进行筛选和评价，并根据自己的需要来读懂、理解、剖析一个企业的财务现状、成果、质量和前景，利用财务报表的各项数据，总结过去、评价现在、预测未来，以帮助自身或企业作出更好的决策。

财务报表反映的是企业过去的经营业绩和目前的财务状况，以及一些与此相关的财务或非财务等攸关企业存续的、至关重要的信息源。因此，对于报表分析者而言，若没有企业提供的财务报表，就不可能客观地评价这家企业的过去、现在和未来，这种对财务报表的依赖性使得对报表中数据和内容的真实性和准确性的要求变得非常重要。当然，同样重要的是分析时所采用的分析思路和方法必须满足报表使用人员的需要。

财务报表分析的基本目标是，在采用专门的分析思路、方法和技巧作用于通用目的的财务报表内容和相关数据时，应能得出对企业决策有用的预测和推论。因此，分析者所选择的分析方法应成为发现潜在投资或兼并对象的挖掘工具，成为评价企业未来财务状况、经营成果和现金流量的预测工具。同时，它也应该成为评价企业经营风险和财务风险的判断工具，成为帮助企业有效管理和制定企业良好决策的辅助工具。通过财务报表分析应能减少决策者对预感、猜测和直觉的依赖，进而有效降低决策进行过程中普遍发生的不确定性。虽然它并不能完全代替其他专业判断手段，但总体可以为企业制定良好决策奠定一个有效和系统的基础。

国内以往所采用的财务报表分析方法，几乎都是以财务指标分析作为唯一分析手段，且方法单调、立场唯一、过程简单、手法粗糙，基本延续了 100 年前财务指标开创者既定的立场和固有理念，这种立场和理念通常不能让报表分析者有一个对庞杂信息进行筛选的过程，也就难以让基于不同目标的分析者站在自身的立场去深入了解一个企业的现状和前景。而财务报表的分析方法、技巧和程序，本应能帮助报表分析者通过筛选和评价各种信息，可以集中精力在那些能满足自身立场需求的、能帮助企业作出最优决策的可靠信息上。因此，应该对财务报表分析的方法、技巧和程序作出适当的拓展，以满足那些具有不同目标和立场的使用者的需求。

本书介绍并发展了一套从外部角度分析和评价财务报表数据的分析框架，这一框架包括4个分析阶段：商业战略分析、会计项目分析、财务指标分析和愿景趋势分析。当然，每个分析阶段的相对重要性都取决于分析的目的。此外部分析框架适用于许多决策背景，包括证券分析、信贷分析及兼并与收购分析等。每个基于自身立场的报表分析者，在进行报表分析时都应该首先了解和剖析分析对象的商业战略，以及所采用的会计策略，并在予以揭示的同时，将之还原到报表分析者认可的层面上；而财务指标和愿景趋势分析则是在已知分析对象的商业战略和会计策略的基础上所进行的一种量化的商业模式分析。

之所以要求按照此框架来进行财务报表分析，是因为会计既是一门技术，又是一门艺术，很多人将会计的艺术性称为会计玄术。实际上，会计犹如魔术，高明的魔术师并不需要蒙住观众的双眼以产生魔术效果，只要动作迅速，或用一系列手段，即可达到魔术效果，会计也一样。合格的会计师其实并不需要用虚假的数据去蒙骗报表的使用者，只要对会计数据加以适当的安排和组合，即可达到所需的效果，而对会计政策进行适当的选择，即可产生某种特定的效果，因为会计政策通常允许用多于一种的方法或概念来处理某一给定的财务信息。正是这种灵活性，使会计师在计算公司的盈余、资产负债表中的数据，以及处理某些特定收入、成本、准备或其他项目的分配时有了很大的自由度。

应该说，财务指标分析是联系会计项目分析和愿景趋势分析的中间桥梁，因为指标分析的基础是充分的信息，而信息的有效性和准确性均依赖于会计分析的结果。只有建立在有效和准确的会计信息基础上所进行的财务指标分析，才可能对企业的过去作出恰当的评价，进而对企业的发展前景作出符合逻辑的预测。

运用这一分析框架进行财务报表分析应该是一种全新思路，也是本书与其他同类书籍的不同之处。

基于此，本书设定的目标是，希望成为财务报表分析者的一部财务报表分析的进阶指南，并且相信，只要读者有信心，且已掌握基本的财务会计基础技能和一些相关的经济学科的专业知识，本书必然会为读者带来一种独特的阅读体验。

许拯声

2022年5月11日

于上海滴水湖

目　录

第 1 章

财务报表分析概述

学习目标

1. 了解财务报表分析的意义和作用；
2. 明确财务报表分析的对象和目标；
3. 掌握财务报表分析的一般程序；
4. 理解财务报表分析程序之间的相互关系。

学习重点

1. 财务报表分析的意义在于，通过了解和掌握财务报表信息的形成过程，运用相应的会计规则和方法，使用一定的、合适的分析技巧，对财务报表信息加以剖析、解释、评价，以帮助作出最优化的决策。

2. 财务报表分析应包括商业战略、会计项目、财务指标和愿景趋势这 4 个分析阶段，虽然每个分析阶段的相对重要性取决于分析的目的，但它们之间是密切相关的。

财务报表反映或报告的是一个企业过去的财务成果及其质量，以及目前的财务状况。财务报表是为了提供企业 4 种主要经济活动的信息而设计的，这些信息包括资金筹集、项目投资、现金流量和日常经营管理。而财务报表分析就是为了帮助报表的使用者面对庞杂的信息，按会计准则及其他相关规范、标准进行筛选和评价，读懂、理解、剖析一个企业的财务现状、成果、质量和前景，以利用财务报表所提供的各项数据和其他相关数据，帮助报表使用者作出更好的决策。

1.1 财务报表分析的意义和作用

1.1.1 财务报表分析的意义

17 世纪末期和 18 世纪初期，股份公司开始在英国出现，公司利益的相关者要求公司编制资产负债表。为此，英国的会计学者确立了“财产（资产）=资本”和“资产−负债=净资本（净资产）”的会计等式，创建了英国式资产负债表。在这一时期，人们十分关注资产和资本，不太重视费用和收益，盈利则是根据资产负债表本期净资产与上期净资产的增加额计算得出，资产负债表是当时唯一的财务报表。

1862 年，英国《公司法》的颁布施行，明确规定了资产负债表的标准格式，将资产列在右侧，权益（资本）列在左侧，并将永久性资产和资本列在最上端，这与现在流行的资产负债表按流动性强弱程度分类的格式正好相反。这种格式按有关资产负债表科目汇集起来，并将不同资产和权益分别列在对应的两侧，不再是总账余额的简单罗列，而是有分析地对账户资料按其固定性的强弱程度加以排列，显然，这是当时资产负债表编制的一种进步。

1929 年，英国修订的《公司法》首次正式要求企业编制收益表（利润表），从而使收益表成为企业第二个正式对外提供的财务报表。到 20 世纪 30 年代初期，会计确认、计量的重心开始由偏重资产计价向偏重收益计量转移，财务报表报告的重点也由资产负债表转向财务成果表。财务成果表开始逐渐被认为是企业最重要的财务报表，它亦称损益表、利润表或经营表。直到今天，国外很多企业，尤其是上市公司，在其年度报告中都把收益表放在首位。

到了 20 世纪 30 年代末期，由于资产负债表反映的是一个公司各项资产占用和资金来源实际使用后的余额，而损益表反映的是建立在权责发生制（应收应付制）基础上，一个公司资产和资金使用后应该发生的收入和支出，因而迫切需要一份反映一个公司资产和资金使用后，实际发生的收入和支出数额的报表，以使应付（应收）、实付（实收）和余额之间保持一种合乎逻辑的、完整的勾稽关系，故美国的很多公司开始自发地将财务状况变动表（资金表），作为独立的财务报表加以呈报，以平衡资产负债表和利润表之间的关系，但不久即被现金流量表取代。

1963 年，美国会计原则委员会（APB）发布了规范财务状况变动表的第 3 号意见书，1971 年又进一步正式颁布了第 19 号意见书，要求各公司公开呈报的年报中都应包含一份资金表（财务状况变动表）。1987 年 11 月，FASB（财务会计准则委员会）公布第 95 号财务会计准则公告（SFAS95），取代了 APB 的第 19 号意见书，并要求企业在 1988 年 7 月 15 日以后，必须以现金流量表替代财务状况变动表。

国际会计准则委员会（IASB）于 1977 年 10 月发布了第 7 号国际会计准则，要求企业将财务状况变动表随资产负债表和损益表同时呈报。1992 年 12 月，该委员会对第 7 号国际会计准则进行了修订，将“财务状况变动表”改名为“现金流量表”，要求于 1994 年 1 月 1 日起正式生效。

至于财务报表分析，一般认为产生于 19 世纪末期 20 世纪初期，最早的财务报表分析主要是为银行服务的信用和偿债能力分析。当时，借贷资本在企业资本中的比例不断增加，银行家需要对贷款人进行信用调查和分析，借以判断客户的偿债能力。

资本市场形成后则发展出了盈利分析和市场价值分析，财务报表分析开始由主要为贷款银行服务扩展到为投资人服务。随着社会筹资范围扩大，非银行的贷款人和股权投资人增加，公众开始进入资本市场和债务市场，因而投资人要求的信息更为广泛。财务报表分析开始对企业的盈利能力、筹资结构、利润分配、现金流量等进行分析，从而发展出一套相对比较完善的外部指标分析体系。

公司组织发展起来以后，经理人员为改善盈利能力和偿债能力，以取得投资人和债权人的支持，改善公司内部的管理服务过程，开发了内部指标分析体系，从而使财务报表分析由外部分析扩大到内部分析。内部分析不仅可以使用公开报表的数据，而且可以利用公司内部的数据（预算、成本数据等）进行分析，找出管理行为和报表数据之间的关系，以便通过管理来改善未来的财务报表。

在现代企业中，财务会计是进行财务数据处理和信息加工的系统，财务报告则是把财务信息传递给使用者的手段，其中的财务报表是财务报告的中心内容，是将影响一个企业的事项或从事的交易对企业影响所作的总体性的表述。财务报告的内涵和范围比财务报表要大，财务报表仅是财务报告系统的一大要素，它是一种载体，负责将已加工生成的财务信息传递给予企业有关的使用者，是对企业财务状况和经济成果所进行的结构性财务描述。通用财务报表的目的，就是提供有助于广大使用者进行经济决策的有关企业财务状况、经营成果和现金流量，以及股权变动情况的信息。

一般来说，通用财务报表是财务报告的关键组成部分，而财务报告除了包括“三表”（资产负债表、利润表、现金流量表，有些国家还要求提供“股东权益变动表”），主要还包括“财务报表附注”和“审计报告”。

“财务报表附注”主要提供编制“三表”的具体说明和计算依据，包括“公司简介”“会计政策、会计估计和会计报表编制方法说明”“会计报表的项目注释”“关联方关系及交易”“或有事项”“承诺事项”“资产抵押说明”“资产负债表日后事项”“债务重组事项”和“其他事项”等，其为财务报表分析者提供了更为丰富的附加信息，使财务报表分析能更加深入、准确、客观和全面。

然而需要注意的是，财务报表数据主要以历史成本为基础，而不是以现时成本为基础。在多数情况下，资产负债表中的资产都是过去购买该项资产而支付的价值，而不是资产的现在价值；负债通常也以过去所借数额表示，而不是现在清偿债务时所需支付的款项，结果就是，资产负债表中的数据并不能总是真实地反映公司的财务状况。

对于收益表也有类似于资产负债表的缺陷。收入和成本是运用历史数据在权责发生制基础上计算出来的，这样，累计折旧与更新厂房和设备所需实际支付的款项并不相同。同样，售出货物的成本计算是基于存货的成本，而不是当期的实际成本。总之，账面价值与现金流量并不相等，也与经济收益（股东在持股期间其财富的增加值）不相等。

因此，财务报表分析的任务就是促进经济交易，提高资源在不同企业和个人之间的分配效率。公司最经常的交易是筹集财务资本，以及对这些资本加以最合适的使用，在这种情况下，公司会通过发行普通股或债券来吸引额外的财务资源。这时，财务报表提供的信息可以减低投资者对公司的投资机会和风险判断上的不确定性，从而降低公司的筹资和投资成本。投资者需要有关公司的投资机会和风险的信息，而公司为了以最低的成本筹集资本，也希望提供给投资者所需的信息。

因此，财务报表分析的意义就在于，通过了解和掌握财务报表信息的形成过程，运用相应的会计规则和方法，通过使用一定的、合适的分析技巧，对财务报表信息加以剖析、解释、评价，以帮助作出最优化的决策。

1.1.2 财务报表分析的作用

财务报表分析是指，以财务报表、财务报表附注和其他报表资料为依据和起点，采用专门方法，依据特定规则，系统分析和评价企业过去和现在的经营成果、财务状况、现金流量及其变动情况，目的是了解过去、评价现在、预测未来，以帮助利益关系集团改善决策的一种技术。财务报表分析的最基本功能，就是将大量的报表数据转换成对特定决策有用的信息，以减少决策的不确定性。

财务报表分析的起点是财务报表，分析使用的数据大部分来源于公开发布的财务报表。因此，财务报表分析的前提是正确理解财务报表，并在此基础上对企业的偿债能力、盈利能力、管理能力、获现能力和抵御风险的能力等作出分析和评价，找出存在的问题。

在计算机使用者当中有句熟悉的警告，即用错误数据经过计算机分析处理出的结果也是错误的，这就是：进来的是垃圾，出去的也是垃圾。因此，即使是最有经验的财会人员，如果他用不准确的财务报表进行分析，得出的结果通常也会不正确，并为此可能会付出很高的代价。

财务报表分析是个过程。所谓“分析”，就是把研究对象（一些现象、概念、数据）分解成若干个较为简单的组成部分，并找出这些部分的本质属性和彼此之间的关系，以达到认识对象本质的目的。财务报表分析就是把整个财务报表的数据，分解成不同的部分并形成指标，以找出相关指标之间的关系，从而达到认识企业偿债能力、盈利能力、管理能力、获现能力、成长能力和抵御风险能力等的目的。

财务报表分析是个认识过程，这个认识过程是分析和综合的统一。综合，就是把分析对象的各个部分、各种属性联合成一个统一的整体，并最终在综合的基础上从总体分析企业的各项能力和成果，以及它们之间的相互关系。

财务报表分析也仅是一个认识过程，因为通过财务报表分析只能发现问题而不能提供解决问题的现成答案，只能作出评价而不能实际改善企业的财务和经营状况。例如，某企业资产收益率低，通过分析知道原因是资产周转率低，进一步分析知道资产周转率低的原因是存货过高，再进一步分析知道存货过高主要是产成品积压。但如何才算合理地处理积压产品，财务报表分析不能回答。

财务报表分析是检查的手段，如同医疗上的检测设备和程序，能检查一个人的身体状况但不能治病。财务报表分析能检查企业偿债能力、盈利能力、管理能力、获现能力、成长能力和抵御风险的能力，分析越深入越容易对症下药，但诊断不能代替治疗。

财务报表分析虽然不能提供最终的解决问题的方法，但它能指明需要详细调查和研究的项目，以及对这些项目调查研究会涉及的经济、行业、本企业的其他补充信息。

至于财务报表分析的作用，主要体现在以下几个方面。

（1）通过财务报表分析，可以了解企业的财务状况，对企业资源的合理配置、资产结构、资本结构、偿债能力、资产效率，以及风险状况等作出合理的评价。

（2）通过财务报表分析，可以了解企业的经营状况，对企业的管理能力、盈利能力、盈利状况、经营效率，以及这些能力的真实性，并对企业所处的行业地位、持续发展能力等作出评价。

(3)通过财务报表分析，可以了解企业的现金收支情况，对企业利润的质量、获现能力、现金的收支分布情况，以及企业经营的稳定性等作出评价。

总之，人们之所以需要进行财务报表分析，是因为分析的结果，能够提供企业的经营业绩、财务状况、资源的管理责任等有价值的信息，并能帮助信息的使用者提高决策质量。

股东、债权人、投资顾问等都要利用财务报表分析信息，以帮助他们选择自己能够接受的风险、报酬、股利水平和流动性偏好的投资组合。当然，他们也可以自行进行财务报表分析，但专业分析师所拥有的专业知识，以及他们在获取、解释和分析财务报表信息时具有更多的优势。

在投资决策中，利用基本的财务报表分析法分析证券价格是否背离实际价值时，财务报表分析十分关键。基本的分析法就是利用财务报表（包括报表附注），以及行业和宏观经济形势等资料，来预测股票价格的未来走向。运用这种分析法的投资者，利用营业收入、净利润、净现金流量、市场占有率和管理业绩等历史信息，去预测这些关系企业成功与失败动因的未来发展趋势。据此，他们便可以对某只或某类股票的市场价格是否被高估或低估作出评价。

1.2 财务报表分析的对象和目的

1.2.1 财务报表分析的对象

作为一种人生之常理，做事总有目的，人生总有目标。这里所谓的“做事”和“人生”说明的是一种动作，它是一个包含内容的过程；而所谓的“目的”就是通过一个既定过程后希望达成的愿景。显然，愿景的达成取决于过程的完美，即在满足达成愿景要求基础上的对过程的合理控制，这必然导致对过程分析的需要，而过程和内容就成为愿景制定者分析的对象。相应地，这个分析过程内容的对象就是愿景的制定者，显然，两者互为因果。

基于此，财务报表分析应遵循以下步骤，以满足不同使用者的需要。

1. 财务报表分析的步骤

财务报表分析的关键是搜寻到足够的、与决策相关的各种财务信息，从中分析并解释相互之间的关系，发现报表异常的线索，作出确切的判断和分析结论。报表分析的步骤可以概括为以下三步。

(1)收集与决策相关的各项重要财务资料，包括定期财务报告、审计报告、招股说明书、上市公告书和临时报告，以及相关产业政策、行业发展背景、税收政策等。

(2)整理并审查所收集的资料，通过一定的分析手段揭示各项信息间隐含的重要关系，发现分析的线索。

(3)研究重要的报表线索，结合相关的资讯，分析内在联系，解释现象，推测经济本质，为决策提供依据。

企业外部的分析主体所进行的财务报表分析，基本上局限于企业信息披露制度要求而公布的财务报告，根据目前的企业信息披露渠道，取得上市公司的财务信息比较容易。可以根据以下网址获取相关信息：上海证券交易所（www.sse.com.cn），深圳证券交易所（www.szse.cn），美国证监会设立的 EDGAR 数据库（www.sec.gov/cgi-bin/srch-edgar），香港证券交易所（www.hkex.com.hk），以及一些相关的证券网站。

对外发布的财务报表，是根据全体使用人的一般要求设计的，故称通用财务报表，并不适合特定报表使用人的特定要求。因而特定报表使用人要从中选择自己需要的信息，然后重新排列，并研究其相互关系，使之符合特定决策要求。

2. 财务报表分析的使用者

企业通用财务报表的主要使用者有七类，他们的分析目的不完全相同。

（1）投资人。投资人为决定是否投资，需分析企业的资产和盈利能力；为决定是否转让股份，需分析盈利状况、股价变动和发展前景；为考查经营者业绩，需分析资产盈利水平、破产风险和竞争能力；为决定股利分配政策，需分析筹资状况。

（2）债权人。债权人为决定是否给企业贷款，需分析贷款的报酬和风险；为了解债务人的短期偿债能力，需分析其资源的流动状况；为了解债务人的长期偿债能力，需分析其盈利状况和资本结构；为决定是否出让债权，需评价其整体价值。

（3）经理人员。经理人员为改善财务决策而进行财务报表分析，涉及的内容最为广泛，几乎包括外部使用人员关心的所有问题。企业的经理人员需要通过一系列方法监控企业运营，与企业不断变化的情况保持同步，财务报表分析是实现这些目标的一个重要方法。经理人员应该能连续全面地进行财务报表分析，是因为他们能够经常地、毫无限制地获取财务信息和其他数据。他们对比率、趋势、经济联系和其他重要因素的分析也应该比较系统，对于不断变化的商业环境也应非常敏感，及时发现这些变化并作出相应反应是他们工作的主要目标。

（4）供应商。供应商要通过报表分析，了解企业是否能长期合作，了解其销售信用水平如何，以评价是否应对企业延迟收款期或扩大信用额。

（5）政府。政府要通过财务报表分析，了解企业的纳税情况，遵守政府法规和市场秩序的情况，职工收入和就业状况，等等。

（6）雇员和工会。雇员和工会要通过财务报表分析，判断企业盈利与雇员收入、保险、福利之间是否相适应。

（7）中介机构（注册会计师、咨询人员、经纪人等）。注册会计师通过财务报表分析，可以确定审计的重点。财务报表分析领域的扩展与咨询业的发展有关，尤其是与证券业的发展有关，在一些国家财务分析师已成为专门职业，他们为各类财务报表使用者提供专业咨询。

1.2.2 财务报表分析的目的

财务会计是一门服务性的学科，它的主要目的就是将企业各项活动的资料汇编成有用、明晰和系统化的财务报表，供企业管理者和其他报表信息使用者作为决策参考。

1. 财务报表的主要内容

财务报表是会计人员根据公认会计原则、经系统的会计处理程序和方法，对日常发生的经济业务进行处理，进而汇总编制出能反映企业经营成果、财务状况和现金流量的报告载体，主要通过两种方法提供包含以下要求的内容。

（1）根据各个利益关系群体对财务信息的不同要求，编制不同的财务报表，提供给不同的利益关系群体。

（2）依据相关规则编制一般目的的财务报表（通用报表），以满足社会各界对财务信息的共同需要，而对各个利益关系群体的特殊需要，则以补充资料的方式予以提供。

包括我国在内，世界上大多数国家都采用第二种方法对外提供财务信息。我国会计法、证券法、会计准则等所要求的财务报表都是为达成一般目的财务信息源的报表。

国际会计准则委员会理事会在“编制和呈报财务报表的基本框架”中也提道：世界上许多企业都编制并且向外部使用者呈报财务报表。虽然这些财务报表在国与国之间看上去可能相同，但实际上存在着差别。这种差别可能是由于各种社会、经济和法律环境的不同所引起的，同时也可能是由于不同的国家在制定国家级标准时，考虑到财务报表不同使用者的需要所引起的。

这些不同的环境造成了对财务报表要素，即资产、负债、权益、收入、费用和利润等不同定义的使用，同时还造成了使用不同的标准确认财务报表中的项目，以及对不同计量基础的取舍。财务报表的范围和财务报表中项目的揭示内容，亦因此受到影响。

2. 财务报表分析信息的贡献价值

财务报表分析就是与企业利益相关的各个群体，根据各自的目的，使用各种技术，对企业的财务报表所给出的数据进行分析、比较和解释，据以对企业的经营状况作出评价。由于不同利益群体关心企业的目的和侧重点不同，为了从一般目的（通用目的）的财务报表分析中得出自己感兴趣的信息，他们往往需要根据自己的目的，使用各种技术对财务报表数据进行加工分析。

当决策者面临如何选择一项最佳投资方案，或决定是否授信给某个借款人、购货人时，必须参考广泛的财务信息。可参考的财务信息很多，除包括财务报表本身提供的财务状况、经营成果、现金流量外，也包括一些表外信息，如产品品质、营销能力、市场占有率、管理者的经营能力、创新观念、行业发展态势、经济环境、政策支持等。在各项可供利用的信息中，财务报表提供的信息因其客观、具体和可数量化等特性占据重要地位；而且财务报表信息显示了企业已经发生的事实，极具预测价值，若能与其他各项信息结合，相辅相成，互为应用，将对报表信息使用者的决策大有帮助。其分析信息的贡献价值大致如下。

（1）通过财务报表分析，可明确显示企业特定日期的财务状况和特定时期的财务成果及现金流量的数量和质量，使决策者可据以预测未来，并制定相应的经营方针。

（2）通过财务报表分析，能显示企业的整体经营目标，有助于各部门分工协作，明确方向，协调发展。

（3）通过财务报表分析，能及时提供有助于决策者决策所需的分析数据，以帮助达成决策者的目标。

（4）通过财务报表分析，还有助于企业管理者评价经营管理业绩，调整产业政策，以及帮助所有者评价管理者的能力。

另外，财务报表所包含的信息还能帮助分析师推测企业的基本市场价值。因此，分析师必须了解财务报表说明了什么问题，以及不能说明什么问题。他必须知道在财务报表中哪些地方可以找到合适的信息，他也必须明白财务报表的缺陷，了解报表中哪里不能作为提供定价依据的必要信息。

因此，可以将财务报表分析的一般目的概括为：评价过去的经营业绩；衡量现在的财务状况；预测未来的发展趋势。根据分析的具体目的，财务报表分析可以分为：流动性分析；盈利性分析；资产及利润效益和质量分析；经营和财务风险分析；专题分析，如破产预测，注册会计师的分析性检查程序；等等。

我国《企业会计准则——基本准则》在第四条关于企业编制财务会计报告的目标中规定，财务会计报告的目标是向财务会计报告使用者提供与企业财务状况、经营成果和现金流量等有关的会计信息，反映企业管理层受托责任的履行情况，有助于财务会计报告使用者作出经济决策。

国际财务会计准则委员会在其1997年颁布的《国际会计准则第1号——财务报表的列报》中规定，财务报表是企业财务状况和经济业务的结构性财务描述。通用财务报表的目的是提供有助于广大使用者进行经济决策的有关企业财务状况、经营成果和现金流量的信息。财务报表还反映企业管理部门对受托资源保管工作的结果。为达到该目的，财务报表应提供有关企业下列方面的信息：①资产；②负债；③权益；④收益和费用，包括利得和损失；⑤现金流量。这些信息，连同财务报表附注中的其他信息，有助于使用者预测企业未来的现金流量，尤其是产生现金等价物的时间和确定性。

1.3 财务报表分析的一般程序

所谓程序，是指为进行某项活动或过程所规定的途径。财务报表分析的一般程序，就是指从财务数据取得，到最终分析目标达成的一系列步骤。而若要满足这些，就需要从了解会计定义开始。

1.3.1 会计是什么

经常会听到不同的会计定义，会遇到会计到底是艺术还是科学的争议，很多人对会计的作用至今仍感到迷惑不解。

由美国三位资深会计学教授和专家合著的《会计学——数字意味着什么》一书，它的封面上印着一幅中国麻将的图片，特别有意思的是其中并排着两个“红中”。该书作者认为，玩麻将的目的就是通过对既定牌序的组合来积累点数，每张牌都是独立的，只有被放在一个有意义的序列或环境中才会相互关联。即将纯粹的无序，按特定规则进行有序的组合。会计账户也一样，虽然每一个账户都有各自的意义和作用，但只有将这些账户放在一起形成会计报表时，决策者才能有效地了解它们的重要性，并最终对它们所包含的信息加以运用。

因此，首先，本书认为会计是一门技术（科学），因为会计核算有其固有的程序和方法，其成果可以得到验证，其技术的运用也可以被大量复制；其次，本书认为会计又是一门艺术，因为很多会计规则的使用特别强调个人的判断，并不完全是一种机械的行为，从而导致其成果能给人以审美愉悦，并且很难被复制。就像一般都认为利润表中所体现的利润是挣（经营）出来的，其实不然，利润只是收支的差额，是由会计师在对很多收支信息进行艺术化处理后算出来的。大多数情况下，企业所创造的实际经营成果，与会计师通过利润表算出来的利润，并不完全一致。

综合地说，会计既是一门技术，又是一门艺术，很多人将会计的艺术性称为会计玄术，实际上，会计犹如魔术，高明的魔术师并不需要蒙住观众懵懂的双眼以产生魔术效果，只要动作迅速，或用一系列手段，即可达到魔术效果，会计也一样。好的会计师其实并不需要用虚假的数据去蒙骗报表的使用者，只要对会计数据加以适当的安排和组合，即可达到所需的效果，而对会计原则进行适当的选择，对会计方法进行适当的调整，对会计准则进行合理的判断和组合，即可产生某种特定的效果，因为这些原则、方法、准则通常允许用多于一种的方法或概念来处理某一给定的财务信息。正是这种灵活性给了会计以充分的判断空间，使会计在计算公司的盈余，资产负债表中的数据，以及处理某些特定收入或成本的分配时有了很大的自由空间。

1.3.2　财务报表分析的一般程序

由于公司的财务报表是其过去的财务业绩和目前财务状况的至关重要的信息源，它们集中反映了公司的过去、现在以及将来的发展情况和趋势。因此，对于报表分析者而言，若没有公司的财务报表，也就不可能客观地评价这家公司。这种对财务报表的依赖性使得报表分析者特别看重报表中数据的真实性和准确性，当然，同样重要的是，报表分析者在分析报表时所采用的分析思路和方法，必须适应报表分析结论的使用者的用途。

财务报表分析的基本目的就是，在将专门的分析思路、工具和技术应用于通用目的的财务报表和相关数据后，应能得出对企业决策有用的预测和推论。因此，所选择的分析方法应能成为搜寻投资机会及兼并对象的审查工具，成为评价未来财务状况和结果的预测工具。同时，它也是评价筹资、投资和经营活动业绩的判断工具，是管理和其他企业决策的评价工具。通过财务报表分析应能减少使用者对预感、猜测和直觉的依赖，并进而减少决策的盲目性。虽然它并没有减轻对专家判断的需要，但仍为企业制定决策建立了一个有效和系统的基础。

但由于以往所采用的财务报表分析方法（主要是财务指标分析方法）和程序太过单一，比较粗糙，通常不能让使用者有一个对庞杂信息进行筛选的过程，难以深入了解一个公司的现状和前景。而财务报表分析本应能帮助使用者筛选和评价信息，以集中精力在那些对使用者的经营决策最有用的可靠信息上。因此，需要对现行的财务报表分析的方法和程序作出拓展，以满足这一需要。

本书介绍并发展了一套从外部角度分析和评价财务报表数据的分析框架，这一框架包括4 个分析阶段：商业（公司）战略分析、会计项目分析、财务指标分析和愿景趋势分析。当然，每个分析阶段的相对重要性取决于分析的目的。此外部分析框架适用于许多决策背景，包括证券分析、信贷分析及兼并与收购分析等。这一分析框架的意义在于，每个基于自身立场的报表分析者，在进行报表分析时都应该首先了解分析对象的商业战略，以及所相应采用的会计策略，并在予以揭示的同时，将之还原到报表分析者认可的层面上；而财务指标和愿景趋势分析则是指，在已知分析对象的商业战略和会计策略的基础上所进行的一种量化的商业模式分析。

1. 商业战略分析

商业战略分析是财务报表分析的首要步骤，其主要目的就是，帮助分析者提升对目标公司、竞争者及其所面临的经济环境基本面状况的理解，以及它们之间的相互关系，并保证具体的财务报表分析都是以现实为基础的。也就是说，商业战略分析希望通过辩明关键的资产、利润动因和风险之间的关系，帮助报表分析者因目标公司所采取的不同商业战略，从而对报表的编制所采取的不同策略所产生的影响，进而作出客观的评价和预测。

商业战略分析要求财务报表的分析者不能仅仅着眼于所掌握的报表数据，而忽视报表数据与公司商业战略之间的关系。事实上，任何一个组织都有自身的目标，而目标的实现则有赖于所选择的商业战略，因此，若站在公司的立场，公司通过会计活动所提供的财务报表的数据，有时候更像一场“秀”，一场为实现公司商业战略目标而选择的会计“秀”。

当然，要想较好地识别这种“秀”并非易事。因为首先，在很多情况下，商业战略的分析者可能缺乏有关宏观经济发展、工业条件和所分析的公司可信赖的信息；其次，也是分析财务报表的一个重要前提，就是你必须能读懂财务报表。

2. 会计项目分析

会计项目分析的目的就是在商业战略分析的基础上，评价公司各项会计数据所反映的经济现实的真实程度。为此，分析者需要评价公司的会计政策、估计、方法及会计信息披露的详细程度，评价公司会计灵活性（艺术性）的性质和程度。为了得出可靠的结论，分析者还可能需要调整报表的会计数据，来消除由于采用了分析者认为不恰当的会计规则而导致的信息扭曲。

由于公司通常会允许它们的经理人员作出许多与会计活动有关的判断，因为公司认为他们最了解公司的经营和财务情况，由这些经理人员所选择使用的会计方法和估计对公司来说是最为恰当的。然而，大多数情况下，经理人员都会有使用会计抉择来操纵报告利润的驱动，因为利润通常被用来评价他们的管理业绩。

因此，可以按照以下程序来评价一个公司的会计质量：

（1）辩明关键的会计规则改变；

（2）评价会计政策灵活性使用的合规性；

（3）评价会计方法选择的合理性；

（4）通过评价会计信息披露的充分性来评价其质量；

（5）调整潜在亏损；

（6）消除会计扭曲。

对在国际背景下进行会计分析的人来说，他们面临着两件事：第一是各国间会计计量要求和质量、披露要求和质量、审计要求和质量的差异；第二是关于取得进行会计分析所需要的信息的难度。

3. 财务指标分析

财务指标分析的目的是评价公司当前和过去的业绩，并判断其业绩是否能够持续，其中的单项指标分析和综合指标分析是财务指标分析中的重要工具。指标分析包括在同一行业内的公司之间的指标对比，某一公司在各个年度或各个会计期间的指标对比，或把财务指标与一些独立的基准对比。通过指标分析可以理解财务报表中各项目的可比性，以及对一些相对重要项目的深入了解，指标分析还有助于评价经理人员的政策在以下几方面的有效性：经营管理、投资管理、财务战略、股利政策等。

单个的指标分析往往会受分析者所处不同角度的影响，比如资产负债率的高或低就很难说一定是好或是坏，这取决于公司的持续盈利能力，取决于公司和银行之间的关系，取决于分析者是站在银行的立场还是站在公司股东的立场等；而销售净利率的高或低也并非一定能将之运用于不同公司之间的比较评价，因为这又取决于公司资产投入的高低，即公司规模，取决于公司所处的不同行业类别，取决于公司所处的不同生命周期等。所以，最终的财务评价还需要从公司整体的角度，通过综合的财务指标分析，比如杜邦分析、雷达图分析等，来探讨诸如公司的业绩、资产质量、现金流量、风险和管理上的许多相关问题，以便获得一个较为完整的评价。

4. 愿景趋势分析

愿景趋势分析就是对公司未来的前景分析，是商业分析框架的最后一步。预测和估值是愿景趋势分析的两个主要步骤。

第一步是预测。分析者可以作出明确的预测来表达他们对公司前景的评价。预测不是一项单独的活动，而是一种总括公司商业战略分析、会计项目分析和财务指标分析结果的方法。例如，公司经营战略的变化是怎样影响未来销售收入和利润的？最近公司采取新的会计政策了吗？这种政策将使当年盈利显得更为“强劲”，但可能是以未来年度的低盈利为代价的。在财务指标分析中，认定的财务指标趋势会持续到未来期间吗？

第二步是估值。分析者需要把量化的预测转变为对公司价值的估计和风险的衡量。在大多数公司的经营决策中，都会含蓄地或明确地运用这种估值和衡量，例如，对风险和收益均衡的估值就是对权益分析者的投资建议的依据，因为在分析一项可能的合并时，潜在的收购者会估计被收购公司的价值和所面临的各项风险。在实务中会运用到许多不同的估值方法，从复杂的方法，如折现现金流量分析，到以“价格基础倍数”为依据的比较简单的估值技术，以及风险评估方法。

当然，就像做其他事情一样，分析财务报表也特别强调经验的积累，以及对报表分析思路规律的培养，并最终取决于分析者的开悟。万事皆有规律，而寻找规律的过程有赖于科学素养的形成。

本章小结

会计是一门商业语言，是对经济现象的数量化表达。会计之所以产生是因为人们对记录、分类和传达经济现象并帮助作出有效决策的需要。

财务报表反映的是一个企业过去的财务成果及其质量，以及目前的财务状况。财务报告是为了提供企业4种主要经济活动的信息而设计的，这些信息包括资金筹集、项目投资现金流量和日常经营管理，而财务报表分析就是为了帮助报表的使用者如何面对庞杂的信息进行筛选和评价，读懂、理解一个企业的财务现状、成果、质量和前景，并利用财务报表的各项数据，帮助作出更好的决策。因此，应将财务报表分析过程划分为4个分析阶段：商业战略分析、会计项目分析、财务指标分析和愿景趋势分析。当然，每个阶段的相对重要性都取决于分析的目的。

本章习题

一、单项选择题

1. 财务报表分析的起点是（　　）。
   A. 财务报表　　B. 资产负债表　　C. 利润表　　D. 现金流量表
2. 资产负债表是以（　　）为编制基础。
   A. 收付实现制　　B. 现金制　　C. 权责发生制　　D. 经营成果制
3. 最早的财务报表分析主要是（　　）。
   A. 为银行服务的信用分析　　B. 对资产负债表的分析
   C. 对利润表的分析　　D. 对现金流量表的分析
4. 供应商进行财务报表分析的目的不包括（　　）。
   A. 通过分析看企业是否能长期合作　　B. 了解销售信用水平如何
   C. 确定是否应对企业延迟付款期　　D. 了解企业的职工收入和家庭情况
5. 会计是（　）之间的兼容体。
   A. 初始于技术、升华于艺术　　B. 初始于艺术、升华于技术
   C. 初始于技术、升华于技术　　D. 初始于艺术、升华于艺术

二、多项选择题

1. 财务报表是为了提供企业经济活动信息而设计的，这些信息包括（　　）。
   A. 现金流量　　B. 资金筹集　　C. 项目投资　　D. 日常经营管理
2. 财务报表分析的对象包括（　　）。
   A. 报表的内容　　B. 报表形成的过程
   C. 报表关注的过程和内容　　D. 报表愿景的制定者
3. 企业通用财务报表的主要使用人有（　　）。
   A. 债权人　　B. 投资者　　C. 供应商　　D. 客户
4. 商业分析框架的分析阶段包括（　　）。

A. 商业战略分析　　　　B. 会计项目分析
C. 财务指标分析　　　　D. 愿景趋势分析

三、判断题

1. 财务报表数据主要以历史成本为基础，而不是以现时成本为基础。（ ）

2. 资产负债表和利润表是以权责发生制为基础编制的，而现金流量表是以收付实现制为基础编制的。（ ）

3. 财务报表分析，一般认为产生于19世纪末20世纪初，最早的财务报表分析主要是为政府服务的信用和偿债能力分析。（ ）

4. 财务报表分析的一般目的可以概括为：评价过去的经营业绩；衡量现在的财务状况；预测未来的发展趋势。（ ）

5. 会计首先是一门艺术，然后又是一门技术。（ ）

6. 通过财务指标分析可以充分理解财务报表中各项目数据的可靠性。（ ）

四、简答题

1. 简述财务报表分析产生的历史沿革。
2. 财务报表分析的作用是什么？
3. 什么是财务报表分析的对象和目的？
4. 简要说明财务报表分析的一般程序。

五、案例分析

某制造公司20×3年度会计数据和业务数据摘要：

1. 本年度实现利润情况。

利润总额：83 522 292.96元

净利润：75 232 960.43元

扣除非经常性损益后的净利润：20 498 060.43元

主营业务利润：182 119 604.20元

其他业务利润：3 412 104.81元

营业利润：46 086 908.66元

投资收益：2 114 476.26元

补贴收入：35 365 000.00元

营业外收支净额：−44 091.96元

经营活动产生的现金流量净额：89 676 859.18元

现金及现金等价物净增加额：74 558 401.81元

注：扣除非经常性损益项目计54 734 900.00元，包括以下项目金额：

财政补贴收入：30 060 250.00元（所得税前为35 365 000.00元）

上年度国有股股利返还款：24 674 650.00元（所得税前为29 029 000.00元）

2. 截至报告期末前三年公司主要会计数据及财务指标追溯调整后见表1–1。

表 1–1 公司主要会计数据及财务指标　　单位：元

项目	20×3 年度	20×2 年度	20×1 年度
主营业务收入	593 244 585.81	347 452 143.38	332 491 442.65
净利润	75 232 960.43	64 523 685.21	47 412 265.12
总资产	1 364 931 761.01	1 304 496 014.32	673 344 545.40
股东权益	679 604 461.46	642 028 564.71	522 796 259.25
每股收益	0.298	0.256	0.208
扣除非经常性损益后的每股收益	0.081	0.008	0.208
每股净资产	2.69	2.54	2.29
调整后的每股净资产	2.53	2.46	1.90
净资产收益率/%	11.07	10.05	9.07
销售净利率/%	12.68	18.57	14.26

要求：

1. 给出“非经常性损益”的定义。
2. 评价股利返还和财政补贴是否为“非经常性损益”。
3. 说明其他派生结果。

参考答案

一、单项选择题

1. A　2. C　3. A　4. D　5. A

二、多项选择题

1. ABCD　2. AB　3. ABC　4. ABCD

三、判断题

1. √　2. ×　3. ×　4. √　5. ×　6. ×

第2章

财务信息提供的载体、要素、等式、假设与原则

学习目标

1. 了解财务信息提供的载体。
2. 明确财务信息提供的要素和等式。
3. 掌握财务信息提供的假设和原则。
4. 理解财务信息提供的载体、要素、等式、假设与原则之间的相互关系。

学习重点

1. 保证财务信息对于企业决策的相关有用性，既是财务报表分析过程中应遵循的一个基本要求，也是设定财务信息提供各项规则的基础。

2. 了解设定财务信息提供的载体、要素、等式、假设与原则等规则的意义，及其对进行财务报表分析的作用。

财务会计的目标就是向财务会计信息的使用者提供与企业财务状况、经营成果和现金流量等有关的会计信息，反映企业管理层受托责任的履行情况，以帮助财务会计报告的使用者作出恰当的经济决策。因此，它们需要有一个合适的载体，按照一种固定的模式，并遵循某些既定的规范，以达成这一目标。这个载体就是财务报表，这个模式就是会计要素和等式，这个规范就是会计假设与原则。

2.1 财务信息提供的载体

2.1.1 财务报表和财务报表附注

财务信息提供的载体是财务报告。企业对外提供的财务报告一般包括两个部分：财务报表和财务报表附注。财务报表包括资产负债表、利润表、现金流量表及其他一些附表，利润

分配表（留存收益表）或所有者权益（或股东权益，下同）变动表通常也包括在内，但它仅说明利润表中“净利润”的分配，以及资产负债表中“实收资本（或股本）”“资本公积”“盈余公积”和“未分配利润”（前两项合称“投入资本”，后两项合称“留存收益”）项目的变化。通常，在提供这些财务报表时还会提供比较详细的辅助说明，这些辅助说明就是财务报表的附注或称财务情况说明书。因此，为了正确评价企业的财务状况、经营成果和现金流动情况，报表的使用者需要详细地了解各种财务报表的具体内容，以及相关附注的补充说明。

我国《企业会计准则第 30 号——财务报表列报》的第二条和第四条规定如下。

第二条 财务报表是对企业财务状况、经营成果和现金流量的结构性表述。财务报表至少应当包括下列组成部分：

（一）资产负债表；

（二）利润表；

（三）现金流量表；

（四）所有者权益（或股东权益，下同）变动表；

（五）附注。

第四条 企业应当以持续经营为基础，根据实际发生的交易和事项，按照《企业会计准则——基本准则》和其他各项会计准则的规定进行确认和计量，在此基础上编制财务报表。

企业不应以附注披露代替确认和计量。

以持续经营为基础编制财务报表不再合理的，企业应当采用其他基础编制财务报表，并在附注中披露这一事实。

1. 资产负债表

资产负债表是反映企业某一特定时点资产和权益存量的报表，故又称财务状况表。企业的财务状况是指企业在某一时点资金的来源渠道和占用分布状况，包括各项资产的占用，以及负债和所有者权益的来源分布状况。资产负债表能够提供企业在一定日期所掌握的资源（资产）、所承担的债务（负债或债权人权益）、股东对企业的投资（所有者权益或股东权益）的情况，以及企业的偿债能力和财务前景等方面的重要资料。资产负债表显示了企业以往发生的经济业务和事项的累积影响，是根据资产、负债、所有者权益等总分类账户的余额编制的一张财务状况一览表，基本上是一张反映历史性数据的报表。

2. 利润表

利润表是反映企业一定时期内经营成果累计数的财务报表，因而是一份流量表，但由于经营成果可能为正，也可能为负，故又称损益表。编制利润表的目的是将企业有关经营成果方面的信息提供给信息使用者，以便信息使用者据以分析企业的经营成果，了解企业的盈利能力，并通过对前、后期利润表、不同企业间利润表的比较分析，以及利润的构成情况分析，来判断企业的经营发展趋势。据此，投资者或潜在投资者就可以决定是否向企业投资或再投资；债权人就可预测并评价企业的偿债能力，进而决定应否维持、增加或收缩对企业的贷款；企业管理部门则可以发现各方面工作中存在的问题，以改善经营管理，明确今后工作的重点；税务机构则可以据以确定应纳税的额度；等等。

3. 现金流量表

现金流量表是详细说明企业在某一特定时期内，累计现金流入量、现金流出量和净现金流量情况的财务报表，因而是一份流量表。现金流量表一般由三个部分组成：经营活动现金流量、投资活动现金流量和筹资活动现金流量。编制现金流量表的目的，是为财务报表的使用者提供在一定会计期间内按收付实现制（现金制）原则，计量一个企业现金和现金等价物流入、流出和净额的信息，以区别于按权责发生制（应计制）原则计算的利润表中的收入、成本和净利，帮助报表使用者了解和评价企业获取现金和现金等价物的能力，并据以预测企业未来的现金流量。

2.1.2 财务报表之间的内在联系

图 2-1 阐述了资产负债表、利润表、股东权益变动表和现金流量表之间的内在联系。最基本的报表是资产负债表，其他三张财务报表均在不同程度上解释了两个资产负债日之间财务状况的变动情况。图 2-1 中的报表内容均已高度简化。

资产负债表
2020年12月31日

资产：	
货币资金	30 000
应收款项	20 000
存货	30 000
固定资产	50 000
其他资产	10 000
资产总计	140 000
负债：	
流动负债	30 000
长期负债	40 000
负债合计	70 000
股东权益：	
股本	45 000
留存收益	25 000
合计	70 000
权益总计	140 000

现金流量表
2021年度

经营活动现金流量：	
现金流入量	20 000
现金流出量	10 000
现金流量净额	10 000
投资活动现金流量：	
现金流入量	15 000
现金流出量	20 000
现金流量净额	–5 000
筹资活动现金流量：	
现金流入量	30 000
现金流出量	25 000
现金流量净额	5 000
现金净增加额	10 000
年初现金	30 000
年末现金	40 000

资产负债表
2021年12月31日

资产：	
货币资金	40 000
应收款项	25 000
存货	30 000
固定资产	50 000
其他资产	10 000
资产总计	155 000
负债：	
流动负债	35 000
长期负债	45 000
负债合计	80 000
股东权益：	
股本	45 000
留存收益	30 000
合计	75 000
权益总计	155 000

利润表
2021年度

收入	150 000
减：费用	100 000
净收益	50 000

股东权益变动表
2021年度

期初余额	25 000
加：净收益	50 000
减：分配利润	45 000
期末余额	30 000

图 2–1　财务报表之间的内在联系

一般认为，利润表反映的是一个企业的财务成果，资产负债表资产方反映的是一个企业创造财务成果的能力，负债方反映的是形成这种能力所需资金的来源渠道，而现金流量表则反映一个企业所创造的财务成果的质量。

2.1.3 财务报表附注及审计报告

1. 财务报表附注

财务报表附注主要用于说明报表内有关项目的附加信息和另外的财务信息，是财务报表的一个不可缺少的组成部分，仔细地阅读报表附注，对于更好地理解财务报表内容是绝对必要的。

由于财务报表的格式和内容具有一定的固定性、综合性和规定性，故而其所能反映的财务信息受到了一定程度的限制，因此，为了正确理解财务报表中各项目的有关内容，应编制财务报表附注。

我国《企业会计准则第 30 号——财务报表列报》中第六章的规定如下。

第三十一条 附注是对在资产负债表、利润表、现金流量表和所有者权益变动表等报表中列示项目的文字描述或明细资料，以及对未能在这些报表中列示项目的说明等。

第三十二条 附注应当披露财务报表的编制基础，相关信息应当与资产负债表、利润表、现金流量表和所有者权益变动表等报表中列示的项目相互参照。

第三十三条 附注一般应当按照下列顺序披露：

（一）财务报表的编制基础。

（二）遵循企业会计准则的声明。

（三）重要会计政策的说明，包括财务报表项目的计量基础和会计政策的确定依据等。

（四）重要会计估计的说明，包括下一会计期间内很可能导致资产、负债账面价值重大调整的会计估计的确定依据等。

（五）会计政策和会计估计变更以及差错更正的说明。

（六）对已在资产负债表、利润表、现金流量表和所有者权益变动表中列示的重要项目的进一步说明，包括终止经营税后利润的金额及其构成情况等。

（七）或有和承诺事项、资产负债表日后非调整事项、关联方关系及其交易等需要说明的事项。

第三十四条 企业应当在附注中披露在资产负债表日后、财务报告批准报出日前提议或宣布发放的股利总额和每股股利金额（或向投资者分配的利润总额）。

2. 审计报告

按照我国现行会计制度的规定，企业年度财务报表一般应在年度终了后的 35 天内报出，股份制企业和外商独资企业应在年度终了后的 4 个月内连同中国注册会计师的审计报告一并报出。

审计报告（又叫查账报告）是审计人员根据审计准则的要求，在完成预定的审计程序以后出具的，用于对被审计单位财务报表表示意见的书面文件。审计报告具有鉴证、保护和证明三个方面的作用。

《中国注册会计师审计准则第 1501 号——对财务报表形成审计意见和出具审计报告》（2022 年 1 月 5 日修订）相关规定如下。

第五条 本准则所称财务报表，是指整套通用目的财务报表。适用的财务报告编制基础的规定决定了财务报表的列报、结构和内容，以及整套财务报表的构成。

第八条 审计报告，是指注册会计师根据审计准则的规定，在执行审计工作的基础上，对财务报表发表审计意见的书面文件。

第九条 无保留意见，是指当注册会计师认为财务报表在所有重大方面按照适用的财务报告编制基础的规定编制并实现公允反映时发表的审计意见。

第十七条 如果认为财务报表在所有重大方面按照适用的财务报告编制基础的规定编制并实现公允反映，注册会计师应当发表无保留意见。

第十八条 当存在下列情形之一时，注册会计师应当按照《中国注册会计师审计准则第1502号——在审计报告中发表非无保留意见》的规定，在审计报告中发表非无保留意见：

（一）根据获取的审计证据，得出财务报表整体存在重大错报的结论；

（二）无法获取充分、适当的审计证据，不能得出财务报表整体不存在重大错报的结论。

第十九条 如果财务报表没有实现公允反映，注册会计师应当就该事项与管理层讨论，并根据适用的财务报告编制基础的规定和该事项得到解决的情况，决定是否有必要按照《中国注册会计师审计准则第 1502 号——在审计报告中发表非无保留意见》的规定在审计报告中发表非无保留意见。

第二十条 审计报告应当采用书面形式。

第二十一条 审计报告应当包括下列要素：

（一）标题；

（二）收件人；

（三）审计意见；

（四）形成审计意见的基础；

（五）管理层对财务报表的责任；

（六）注册会计师对财务报表审计的责任；

（七）按照相关法律法规的要求报告的事项（如适用）；

（八）注册会计师的签名和盖章；

（九）会计师事务所的名称、地址和盖章；

（十）报告日期。

典型的无保留意见审计报告举例如下。

审 计 报 告

SH股份有限公司全体股东：

一、审计意见

（一）我们审计的内容

我们审计了SH股份有限公司的财务报表，包括202×年12月31日的合并及公司资产负债表，202×年度的合并及公司利润表、合并及公司现金流量表、合并及公司股东权益变动表，以及财务报表附注。

（二）我们的意见

我们认为，后附的财务报表在所有重大方面按照企业会计准则的规定编制，公允反映了SH公司202×年12月31日的合并及公司财务状况，以及202×年度的合并及公司经营成果和现金流量。

二、形成审计意见的基础

我们按照中国注册会计师审计准则的规定执行了审计工作。审计报告的“注册会计师对财务报表审计的责任”部分进一步阐述了我们在这些准则下的责任。我们相信，我们获取的审计证据是充分、适当的，为发表审计意见提供了基础。按照中国注册会计师职业道德守则，我们独立于SH公司，并履行了职业道德方面的其他责任。

三、关键审计事项

关键审计事项是我们根据职业判断，认为对本期财务报表审计最为重要的事项。这些事项的应对以对财务报表整体进行审计并形成审计意见为背景，我们不对这些事项单独发表意见。

我们在审计中识别出的关键审计事项汇总如下。

（一）某会计事项的确认

（二）某会计事项的后续计量

关键审计事项	我们在审计中如何应对关键审计事项
（一）某会计事项的确认	我们执行的审计程序主要包括：
（二）某会计事项的后续计量	我们执行的审计程序主要包括：

四、其他信息

SH公司管理层对其他信息负责。其他信息包括SH公司202×年年度报告中涵盖的信息，但不包括财务报表和我们的审计报告。我们对财务报表发表的审计意见不涵盖其他信息，我们也不对其他信息发表任何形式的鉴证结论。

五、管理层和治理层对财务报表的责任

SH公司管理层负责按照企业会计准则的规定编制财务报表，使其实现公允反映，并设计、执行和维护必要的内部控制，以使财务报表不存在由于舞弊或错误导致的重大错报。在编制财务报表时，管理层负责评估SH公司的持续经营能力，披露与持续经营相关的事项，并运用持续经营假设，除非管理层计划清算SH公司、终止运营或别无其他现实的选择。

六、注册会计师对财务报表审计的责任

我们的目标是对财务报表整体是否不存在由于舞弊或错误导致的重大错报获取合理保证，并出具包含审计意见的审计报告。合理保证是高水平的保证，但并不能保证按照审计准则执行的审计在某一重大错报存在时总能发现。错报可能由于舞弊或错误导致，如果合理预期错报单独或汇总起来可能影响财务报表使用者依据财务报表作出的经济决策，则通常认为错报是重大的。

会计师事务所：（公章）　　　　注册会计师：（签名盖章）

（地址）：　　　　年　月　日

仔细阅读注册会计师的审计报告，对于财务报表使用者的决策分析至关重要。从分析决策的角度来看，一份不带有任何解释段或语句而与管理层讨论的无保留意见报告，至少从理论上意味着企业财务报表具有最高的可靠性。

但需要注意的是，审计职业及其规则都是建立在所有权和经营权分离的基础上的，审计人员接受所有者的委托，并承担相应的受托责任。而所有者委托的目的，是对两权分离下的管理者实施的生产经营和资产管理活动，有一个基于中立立场的公允评价。但如果企业的所有权和经营权未分离，则以上所有者的委托目的就无意义，审计人员的受托责任也就不成立，当然也就谈不上提供真正意义上的中立、公允的审计报告。

2.2 财务信息提供的会计要素和等式

2.2.1 会计要素

会计要素是对会计反映和监督的内容，即会计对象的基本分类，是设定会计报表结构和内容的依据，也是进行会计确认和计量的重要前提。我国《企业会计准则——基本准则》将企业会计要素划分为资产、负债、所有者权益、收入、费用和利润六大要素。这六大会计要素又可以分为两大类：反映财务状况的会计要素，资产、负债、所有者权益；反映经营成果的会计要素，收入、费用、利润。

1. 资产

资产是指由于企业过去的交易或者事项形成的，由企业拥有或者控制的，预期会给企业带来经济利益的资源。根据资产的定义，资产具有以下几个方面的特征：

（1）资产预期会给企业带来经济利益；

（2）资产应为企业拥有或者控制的资源；

（3）资产是由企业过去的交易或者事项形成的。

2. 负债

负债是指由于企业过去的交易或者事项形成的，预期会导致经济利益流出企业的现时义务。根据负债的定义，负债具有以下几个方面的特征：

（1）负债是企业承担的现时义务；

（2）负债预期会导致经济利益流出企业；

（3）负债是由企业过去的交易或者事项形成的。

3. 所有者权益

所有者权益是指企业资产扣除负债后，由所有者享有的剩余权益。所有者权益是所有者对企业资产的剩余索取权，它是企业资产中扣除债权人权益后应由所有者享有的部分，既可反映所有者投入资本的保值增值情况，又体现了保护债权人权益的理念。

所有者权益的来源包括所有者投入的资本、直接计入所有者权益的利得和损失、留存收益等，通常由股本（或实收资本）、资本公积（含股本溢价或资本溢价、其他资本公积）、盈余公积和未分配利润构成。商业银行等金融企业在税后利润中提取的一般风险准备，也构成所有者权益。

4. 收入

收入是指企业在日常活动中形成的、会导致所有者权益增加的、与所有者投入资本无关的经济利益的总流入。根据收入的定义，收入具有以下几个方面的特征：

（1）收入是企业在日常活动中形成的；

（2）收入是与所有者投入资本无关的经济利益的总流入；

（3）收入可能会导致所有者权益的增加。

5. 费用

费用是指企业在日常活动中发生的、会导致所有者权益减少的、与向所有者分配利润无关的经济利益的总流出。根据费用的定义，费用具有以下几个方面的特征：

（1）费用是企业在日常活动中形成的；

（2）费用是与向所有者分配利润无关的经济利益的总流出；

（3）费用可能会导致所有者权益的减少。

6. 利润

利润是指企业在一定会计期间的经营成果，利润金额取决于收入和费用、直接计入当期利润的利得和损失金额的计量。其中，收入和费用是指在企业日常活动中形成的，即经常性、持续性发生的事项；而利得和损失是指在企业非日常活动中形成的，即非经常性、持续性发生的事项。一般情况下，收入和费用通常以毛额列示，而利得和损失通常以净额列示，即利得要扣除有关的支出，损失要扣除有关的收益。

如果企业实现了利润，表明企业的所有者权益将增加，业绩得到了提升；反之，如果企业发生了亏损（利润为负数），表明企业的所有者权益将减少，业绩下滑了。因此，利润往往是评价企业管理层业绩的一项重要指标，也是投资者等财务报表使用者进行决策时的重要参考。根据利润的定义，利润具有以下几个方面的特征：

（1）利润是企业一定期间的经营成果；

（2）利润是企业经营成果的综合反映；

（3）其金额的确认取决于收入、费用（成本）、利得、损失金额的计量。

2.2.2 会计等式

任何企业为了达到自身的目标，完成各自的任务，都应该拥有一定数量的资产，以作为从事经济活动的基础。这些资产在企业的生产经营活动中分布在各个方面，表现为不同的占用形态，并取之于各种不同的来源渠道。因此，资产和权益究其实质是企业财产资源这个统一体的两种不同表现形式，客观上存在必然相等的平衡关系。这一平衡关系可用公式表示如下：

资产=权益

=债权人权益+投资者权益

=负债+所有者权益

=负债+投入资本+留存收益

随着企业各项经营活动的进行，在不同的会计期间内企业会取得各类收入，当然也必然会发生与取得收入相关的各项费用。至会计期末，将收入减去费用即可得到企业一定时期的经营成果（利润或亏损）。其平衡关系式也可用公式表示如下：

利润=收入−费用

=收入−费用+（利得−损失）

各项生产经营活动的进行，一方面取得收入，另一方面伴随着收入的取得也必然会发生相应的费用，在某一特定时点上将收入与费用配比，形成企业一定时期的利润。作为企业的经营成果，企业利润的取得表明企业的现金流入大于现金流出（或债权增加大于债务增加），也即表明企业资产总额与所有者权益总额的同时增加；若为亏损，也即表明企业资产总额与所有者权益的总额同时减少。因此，至会计期末，将利润或亏损归入所有者权益以后，又可得：

资产=负债+所有者权益+利润

=负债+投入资本+收入−费用

=负债+投入资本+留存收益

由于上述收入、费用和利润要素的变动最终仍可归为资产、负债和所有者权益的变动形式，故会计各要素之间的恒等关系是始终存在的。

2.3 财务信息提供的基本假设和一般原则

由于会计是科学，而科学基于假设，故财务会计的活动也是一项基于某些假设的科学活动。财务信息提供的基本假设（或称基本前提）是指，为了保证会计反映和监督工作的正常进行，以及所提供的财务信息的充分和高质量，而对会计活动的范围、内容、基本程序和方法所作的限定，并在此基础上建立起会计核算的一般原则。显然，充分和高质量的财务信息的提供并非一种随意的行为，以下的一些基本假设和一般原则就是充分和高质量财务信息提供的概念框架。

2.3.1 财务信息提供的基本假设

1. 会计主体假设

会计主体又称企业主体，是指会计所服务的特定单位，即与所有者完全分开，单独编制财务报表的企业、组织或机构。作为会计主体，必须同时具备以下三个条件：

（1）具有一定数量的经济资源（资产）；

（2）进行独立的生产经营活动或其他活动；

（3）实行独立核算，提供反映本主体经济情况的财务报表。

确定会计主体的目的在于确定会计据以核算的空间范围，要求会计人员应该站在特定会计主体的立场，核算特定主体的经济活动，并将股东们的经济活动与企业的经济活动分开。

一般来说，企业主体有三种形式：独资企业、合伙企业、公司制企业。

独资企业是由一个人出资并拥有的企业，独资企业可以是自然人，也可以是法人。尽管出资人对独资企业的债务承担无限责任，会计处理也应视出资人与独资企业分别为独立的会计主体。

合伙企业是由两个或两个以上的出资人（自然人或法人）组成的企业，并按共同商定的合约对企业的债务承担相应无限责任，会计处理也应该视每位出资人与合伙企业分别为独立的会计主体。

公司制企业包括股份有限公司和有限责任公司，是由股东集资并经批准成立的合法经济实体，其所有权由股份组成，是完全独立和区别于股东的法人实体，股东仅就其出资额负有限责任。会计处理应视不同公司，以及同一公司的不同核算单位分别为会计主体。

虽然就数量而言大部分企业为独资企业，但公司制形式的企业却在经营活动中占体量上的绝对优势。因此，若无特别说明，本书所述的企业主体形式仅是指公司，并在此基础上展开分析。

明确会计主体假设的重要意义在于，它界定了权益的范围，从而缩小了可被选择列入财务报表的事项、活动及其特征，使财务信息能够得到更好和更合理的展示。

在会计主体假设下，企业应当对其本身发生的交易或者事项进行会计确认、计量和报告，反映企业本身所从事的各项生产经营活动。明确界定会计主体是开展会计确认、计量和报告工作的重要前提。

首先，只有明确会计主体，才能划定会计所要处理的各项交易或事项的范围。在会计工作中，只有那些影响企业本身经济利益的各项交易或事项才能加以确认、计量和报告，那些不影响企业本身经济利益的各项交易或事项则不能加以确认、计量和报告。会计工作中通常所讲的资产、负债的确认，收入的实现，费用的发生等，都是针对特定会计主体而言的。

其次，只有明确会计主体，才能将会计主体的交易或者事项与会计主体所有者的交易或者事项，以及其他会计主体的交易或者事项区分开来。例如，如果企业所有者的经济交易或者事项是属于企业所有者主体所发生的，就不应纳入企业主体的会计核算范围。但是，企业所有者投入企业的资本，或者企业向所有者分配的利润，则属于企业主体所发生的交易或者事项，应当纳入企业主体的会计核算范围。

会计主体不同于法律主体。一般来说，法律主体必然是一个会计主体。例如，一个企业作为一个法律主体，应当建立财务会计系统，独立反映其财务状况、经营成果和现金流量。但是，会计主体不一定是法律主体。例如，在企业集团的情况下，一个总公司拥有若干分公司，虽然分公司不是一个法律主体，但为了全面反映分公司的财务状况、经营成果和现金流量，就有必要将分公司设置为一个会计主体，独立地进行相应的财务会计活动。再如，由企业管理的证券投资基金、企业年金基金等，尽管不属于法律主体，但可以设置为会计主体，以对每项基金进行会计确认、计量和报告。

2. 持续经营假设

持续经营是假定会计主体将无限期地经营下去，即企业在可以预见的未来不会破产，从而使会计信息系统的运行将以会计主体的形式继续存在，并执行其预定的经济活动为前提。

也就是说，除非有充分的相反证明，否则，都将认为每个会计主体都能无限期地持续经营下去。

根据这一假设，企业所拥有的资产将在正常的生产经营过程中被消耗、出售或转换，而它所承担的债务，也将在正常的生产经营过程中得以清偿。

正是基于这一假设，企业所采用的会计核算方法和会计核算程序才得以保持稳定，才得以按正常的基础反映企业的财务状况和经营成果，从而为企业外部和内部的各有关方面提供充分和有效的信息。

如果将这个假设和另外一种可能的情况，即会计主体将要被清算相比，就会发现持续经营假设的重要性。在清算假设下，会计将试图计量会计主体在每一时点所拥有的资源对潜在购买者的价值。相反，在持续经营假设下，没有必要不停地计量会计主体对潜在购买者的价值，相反，它假定会计主体目前可利用的资源在未来的经营中仍可持续使用。

例如，在任何给定的地点，服装制造商总是有未完工的牛仔服，如果企业今天面临清算，这些半成品即使有价值也很小，会计上不会计量它们现有的价值。相反，如果在会计上假定制造过程将持续到产品完工，那么就不必考虑在清算假定下这些半成品能够卖出多少钱了。

再如，某企业购入一条生产线，预计使用寿命为10年，如果考虑到企业将会持续经营下去，就可以假定企业的固定资产会在持续经营的生产经营过程中长期发挥作用，并服务于生产经营过程，即不断地为企业生产产品，直至生产线使用寿命结束。为此固定资产就应当根据历史成本进行记录，并采用折旧的方法，将历史成本分摊到预计使用寿命期间所生产的相关产品成本中，而不必去考虑在清算假定下这条生产线能卖多少钱了。

当然，如果会计师有充足的理由相信会计主体将面临清算，那么它的资源就将以清算价值来报告，然而，这种情况并不经常发生。

3. 会计分期假设

会计分期假设是对持续经营假设的一个必要补充。如果假定一个会计主体能持续经营而无限期，在逻辑上就要为财务信息的提供规定期限，这是会计这一信息系统能够发挥作用的必要前提。因为企业的生产经营活动是连续不断的，未至结束清算之际无法确定企业真正的损益，而各种决策者又必须及时了解企业的财务状况和经营成果，以便作出正确的决策。因此，为及时提供财务信息，就有必要将企业连续不断的经营期间人为地划分为等份的会计期间，这样就形成了会计分期。

我国《企业会计准则——基本准则》第七条规定，企业应当划分会计期间，分期结算账目和编制财务会计报告。会计期间分为年度和中期期间。中期是指短于一个完整的会计年度的报告期间。

我国企业通常以日历年度为一个会计年度。以日历年度为会计年度的国家还有奥地利、比利时、保加利亚、捷克、斯洛伐克、芬兰、德国、希腊、匈牙利、冰岛、爱尔兰、挪威、波兰、葡萄牙、罗马尼亚、西班牙、瑞士、俄罗斯、乌克兰、墨西哥、哥斯达黎加、多米尼加、萨尔瓦多、危地马拉、巴拉圭、洪都拉斯、秘鲁、巴拿马、玻利维亚、巴西、智利、哥伦比亚、厄瓜多尔、塞浦路斯、约旦、朝鲜、马来西亚、阿曼、阿尔及利亚、叙利亚、利比里亚、利比亚、卢旺达、塞内加尔、索马里、多哥、赞比亚等。

也有很多国家以营业年度为一个会计年度。所谓营业年度，就是以企业生产经营活动的最低点作为一个会计年度的终了点和下一个会计年度的开始点，以方便年末的会计核算。这些国家包括丹麦、加拿大、英国、纽埃、印度、印度尼西亚、伊拉克、日本、科威特、新加坡、尼日利亚等（4 月至次年 3 月），瑞典、澳大利亚、孟加拉国、巴基斯坦、菲律宾、埃及、冈比亚、加纳、肯尼亚、毛里求斯、苏丹、坦桑尼亚等（7 月至次年 6 月），美国、海地、缅甸、泰国、斯里兰卡等（10 月至次年 9 月）。

当然，无论是按日历年度还是按营业年度，在一个会计年度内，企业不仅要按年编制详尽的年度财务报表，还要按日历月度、季度、半年度编制较为详细的中期财务报表。对上市公司而言，年报需要审计，而中报（季报、半年报）通常无需审计。

一般认为，将企业的生产经营活动人为地予以分期，会使得所提供的财务信息不太精确，但却能帮助使用者比较及时地得到所需要的财务信息。会计分期假设的实质在于，以财务信息的及时性换取财务信息的精确性。

4. 货币计量假设

货币计量是指会计主体在会计核算过程中，采用货币作为计量单位，计量、记录和报告会计主体的生产经营活动的一种方法。

在会计核算过程中之所以选择货币作为计量单位，是由货币本身的属性所决定的。货币是商品的一般等价物，是衡量一般商品价值的共同尺度，而其他的计量单位则无法在一个共同的量上进行汇总和比较，因而无法全面和量化地反映一个企业的生产经营活动和业务收支等的发生情况。

比如，一块手表、一台计算机、一套服装，由于缺乏共同属性，因而无法比较，但若有一块手表 2 000 元，一台计算机 5 000 元和一套服装 3 000 元这样的计量单位，就有了比较的基础。

当然，货币计量这一假设是以作为计量单位的币值保持稳定为前提的。以币值稳定为前提是因为只有在币值稳定或相对稳定的情况下，不同时点的资产价值才具有可比性，不同时间的收入和费用才能进行比较，才能据以合理计算并确定其经营成果，从而使会计核算所提供的财务信息能真实地反映企业的财务状况和经营成果。

同时，根据货币计量假设和《企业会计准则——基本准则》的要求，若某一企业的经济业务处理采用多种货币计量时，应确定其中一种货币为记账本位币，在我国一般应以人民币为记账本位币。若企业的业务收支主要为外币时，也可以某种外币为记账本位币，但编制财务报表时仍应折算成人民币。

5. 权责发生制假设

权责发生制也称应计制或应收应付制，它要求对会计主体在一定期间内发生的各项业务，凡符合收入确认标准的本期收入，不论其款项是否收到，均应作为本期收入处理；凡符合费用确认标准的本期费用，不论其款项是否付出，均应作为本期费用处理。反之，凡不符合收入确认标准的款项，即使在本期收到，也不应作为本期收入处理；凡符合费用确认标准的款项，即使在本期付出，也不应作为本期费用处理。显然，权责发生制所反映的经营成果与现金的收付实现是不一致的。

我国《企业会计准则——基本准则》规定，企业的会计确认、计量和报告应当采用权责发生制。

权责发生制（应计制）与收付实现制（现金制）相对应，收付实现制是指以实际收到或付出款项作为确认收入或费用的依据。比如，企业收到预收款时，按权责发生制，不作销售收入，进预收账款账户；若按收付实现制，则作销售收入处理。

2.3.2 财务（会计）信息提供的一般原则

为了实现财务报表的目标，保证会计信息的质量，必须明确会计信息的质量要求。会计信息的质量要求是财务报表所提供信息应达到的基本标准和要求，是财务信息提供应满足的一般原则。一般认为，会计信息的质量要求主要包括客观性、相关性、明晰性、可比性、实质重于形式、重要性、谨慎性和及时性等 8 条原则。

1. 客观性原则

客观性原则又称真实性原则，要求企业应当以实际发生的交易或者事项为依据进行确认、计量和报告，如实反映符合确认和计量要求的各项会计要素及其他相关信息，保证会计信息真实可靠、内容完整。客观性原则包括以下几个重要含义：

（1）真实，指会计反映的结果应当同企业实际的财务状况和经营成果相一致；

（2）可靠，指对经济业务的记录和报告，应当做到不偏不倚，以客观的事实为依据，而不能受主观意志的左右，力求会计信息的真实可靠；

（3）可验证，指有可靠的依据借以复查数据的来源及信息的提供过程。

2. 相关性原则

相关性原则要求企业提供的会计信息应当与投资者、债权人等财务报告使用者的经济决策需要相关，以有助于投资者、债权人等财务报告使用者对企业过去、现在或未来的情况作出可靠的评价和预测。

会计信息是否有用，是否具有价值，关键是看其与使用者的决策需要是否相关，是否有助于决策或者提高决策水平。相关的会计信息应当能够有助于使用者评价企业过去的决策，证实或修正过去的有关预测，因而具有反馈价值。相关的会计信息还应当具有预测价值，有助于使用者根据财务报告所提供的会计信息预测企业未来的财务状况、经营成果和现金流量。例如，区分收入和利得、费用和损失，区分流动资产和非流动资产、流动负债和非流动负债，以及适度引入公允价值等，都能够加强财务信息的反馈价值，也都可以提高会计信息的预测价值，进而提升会计信息的相关性。

3. 明晰性原则

明晰性原则也称可理解性原则，要求企业提供的会计信息应当清晰明了，便于投资者等财务报表使用者理解和使用。企业编制财务报表、提供会计信息的目的在于使用，而要使用者有效地使用会计信息，就应当能让其尽可能充分地了解会计信息的内涵，弄懂会计信息的内容，这就要求财务报表所提供的会计信息应当清晰明了，易于理解。只有这样，才能提高会计信息的有用性，实现财务报表的目标，满足向投资者等财务报表使用者提供决策有用信息的要求。

语文概念上的明晰性就是指语言的直截了当，不模糊，没有卖弄，没有模棱两可的歧义，也不应该有语言上的艺术化处理。比如，政府补贴应归属于经常性损益，还是非经常性损益就很有歧义，因为这取决于政府补贴的频率，若每年都有，则为经常，否则就应为非经常，但由于定义不清，从而导致了不明晰。又如，黑木耳烧荷包蛋，按明晰性原则，就应该称黑木耳烧荷包蛋，而不应该称"乌云蔽日"。

4. 可比性原则

可比性原则又称统一性原则，是指会计核算应当按照国家统一现定的会计处理方法和程序进行，确保会计信息提供的口径一致，从而可以保证财务信息的使用者能够取得相互可比的会计信息。可比性原则的内容主要包括纵向和横向两个方面：

（1）纵向方面是指同一企业不同时期发生的相同或相似的交易或事项，应该采用一致的会计政策；

（2）横向方面是指不同企业发生的相同或相似的交易或事项，应该采用标准的同一会计政策。

需要注意的是，无论是国际会计准则还是我国的会计准则，对于同一类型的会计交易或事项，均有不同的会计处理概念、方法和程序供企业选择。其中国际会计准则中允许企业选择两种以上会计处理方法的规定有 13 项之多；而在我国会计准则中，可供企业选择的会计处理概念、方法或程序就更多了，几乎包含在每个具体会计准则中。

因此，可比性原则还要求会计主体需要提示其所采用的会计方法和程序，并且在改变会计方法和程序时，要将变动情况、变动原因及其对财务状况和经营业绩的影响进行充分披露。

5. 实质重于形式原则

实质重于形式原则要求企业应当按照交易或者事项的经济实质进行会计确认、计量和报告，不能仅仅以交易或事项的法律形式为依据。

企业发生的交易或事项在多数情况下，其经济实质和法律形式是一致的，但在有些情况下，会出现不一致。例如，以融资租赁方式租入的资产虽然从法律形式来讲企业并不拥有其所有权，但是由于租赁合同中规定的租赁期相当长，或者租赁金额相当大，或者租赁期结束时承租企业有优先购买该资产的选择权等，因此，从其经济实质来看，租赁企业能够控制融资租人资产所创造的未来经济利益的流入，从而在会计确认、计量和报告时，就应当将以融资租赁方式租入的资产视为企业的自有资产，列入企业的资产负债表。

又如，企业按照销售合同销售商品或材料，但又签订了售后回购协议的，虽然从法律形式上实现了收入，但如果企业没有将商品所有权上的主要风险和报酬转移给购货方，就说明没有满足收入确认的各项条件，即使签订了商品销售合同，并已将商品交付给购货方，也不应当确认为销售收入，比如委托加工零部件。

6. 重要性原则

重要性原则是指财务报表在反映企业的财务状况和经营成果的同时，对于重要的会计事项应单独核算，单独反映。

西方法律上有一条原则是"de minimis non curat lex"，意思是说法庭不考虑琐碎事项。同样地，会计师也不打算去记录那些不重要的事项，因为记录的用处不大，不值得花那么多精力和费用去记录它们。

遗憾的是，重要事项与不重要事项之间没有一条公认的准确界限，这需要会计师的个人判断与常识。对于初学者来说，他们对收集会计信息的成本没有多少概念，通常会指望会计师事无巨细地去记录所发生的每一事项，而实务中会计师不可能这样做。

对于上市公司的总经理和财务总监来说，“重要性是指什么”这一问题非常重要，美国证券交易委员会（SEC）要求他们以书面形式作出保证，以证明他们已经审查过所有报送 SEC 的财务报告，报告中没有任何对重大事实的不实阐述，也没有遗漏任何重要事实。通常 SEC 的立场是，如果一个事项对投资者来说是重要的，那么它就具有重要性。

重要性概念也经常会用在会计活动的其他方面，比如，哲学和管理学中的抓主要矛盾和矛盾的主要方面，运筹学中顺序和时间安排等，都是所谓重要性概念的运用。因此可以这样说，重要性原则的运用几乎贯穿于社会生活中的方方面面。

7. 谨慎性原则

谨慎性原则又称稳健性原则，是指在处理企业不确定的经济业务时，若该项经济业务有多种会计处理方法可供选择时，应采取不导致夸大资产，虚增利润的做法。谨慎性原则要求应充分考虑可能的损失，而不应该考虑可能的收益。例如，要求企业对可能发生的资产减值损失计提资产减值准备，对售出的商品可能发生的保修义务等确认预计负债等，就体现了会计信息质量的谨慎性要求。

财务会计准则委员会认为：基于合理怀疑之上的谨慎报告有利于建立会计报告使用者对报告结果的信心，并在长期内更好地为所有利益各方服务。这一原则经常被阐释为一种倾向，即在衡量不确定性事项时，会计师们宁愿低估净收益与净资产也不愿高估它们。因此，如果对未来不确定事项的预计发生数量有两种可能结果，并且两种结果发生的可能性（概率）相同，那么，在计量资产或收入发生时倾向于采纳较小的数据。几十年来，这一原则被人们非正式地表述为：应尽可能充分估计所有的损失，不要去估计可能的收益。

可以将谨慎性原则的两个方面作如下正式表述：

（1）只有当收入可以合理确定时才确定收入（留存收益增加）；

（2）当具备合理的可能性时应立刻确认费用（留存收益减少）。

8. 及时性原则

及时性原则要求企业对于已经发生的交易或者事项，应当及时进行确认、计量和报告，不得提前或者延后。

会计信息的价值在于帮助使用者在作出经济决策时，具有时效性。因为即便是可靠、相关的会计信息，如果不能得到及时提供，就失去了时效性，对于使用者的效用就会大大降低，甚至不再具有实际意义。同时，如果上市公司的财务信息披露不及时，还将可能导致证券市场的内幕和欺诈性交易等操纵证券市场交易事项的发生。

及时性原则有两重含义：

（1）处理及时，对企业发生的经济活动应及时在本会计期间内进行会计处理，而不延至下期；

（2）报送及时，会计资料，如会计报表等，应在会计期间结束后，按规定日期及时报送出去。

本章小结

为提供一种通用模式的财务报表，需要对财务信息提供的载体、内容、格式和相互之间的关系作出规范，这就形成了会计要素、假设和原则。

会计要素是对会计反映和监督的内容，即会计对象的基本分类，是设定财务报表结构和内容的依据，也是进行会计确认和计量的重要前提。会计基本假设则是为了保证会计反映和监督工作的正常运行，以及所提供的财务信息的质量，而对会计活动的范围、内容、基本程序和方法所作的限定。会计信息的质量要求主要包括 8 条原则。

本章习题

一、单项选择题

1. 财务报表附注主要用于说明报表内有关项目的附加信息和（　　），是财务报表的一个不可缺少的组成部分。

A. 企业管理的信息　　B. 另外的补充财务信息

C. 企业决策的信息　　D. 企业内部的信息

2. 我国《企业会计准则——基本准则》将企业会计要素划分为（　　）六大要素。

A. 资产、负债、所有者权益、收入、费用和利得

B. 资产、负债、所有者权益、收益、费用和利润

C. 资产、负债、所有者权益、收入、费用和利润

D. 资源、负债、所有者权益、收入、费用和利润

3. 资产和权益究其实质是企业财产资源这个统一体的两种不同表现形式，客观上存在必然相等的平衡关系。这一平衡关系可用公式表示为（　　）。

A. 资产=所有者权益　　B. 资产=债权人权益

C. 负债=权益　　D. 资产=权益

4. 财务信息提供的基本假设（或称基本前提）包括（　　）。

A. 会计主体、持续经营、会计分期、货币计量和权责发生制假设

B. 会计主体、持续经营、会计分期、货币计量和收付实现制假设

C. 会计主体、持续经营、会计分期和货币计量

D. 会计主体、持续经营、货币计量和权责发生制假设

5. 下列不属于会计原则的有（　　）。

A. 期末存货计价采用可变现净值孰低法

B. 客观性原则

C. 可比性原则

D. 稳健性原则

二、多项选择题

1. 资产具有以下几个方面的特征：（　　）。

A. 资产预期会给企业带来经济利益

B. 资产应为企业拥有或者控制的资源

C. 资产是由企业过去的交易或者事项形成的

D. 资产包括所有者投入的资本、直接计入所有者权益的利得和损失、留存收益

2. 资产和权益究其实质是企业财产资源这个统一体的两种不同表现形式，客观上存在必然相等的平衡关系。这一平衡关系可用公式表示为（　　）。

A. 资产=负债+所有者权益+利润

B. 资产=负债+投入资本+收入−费用

C. 资产=负债+投入资本+留存收益+利润

D. 资产=负债+投入资本+留存收益

3. 权责发生制也称（　　）。

A. 应计制　　B. 应收应付制　　C. 现金制　　D. 收付实现制

4. 会计信息的质量要求主要包括（　　）等 8 条原则。

A. 客观性、相关性、明晰性、配比性、实质重于形式、重要性、谨慎性和及时性

B. 客观性、相关性、明晰性、可比性、配比性、重要性、谨慎性和及时性

C. 客观性、相关性、明晰性、可比性、实质重于形式、重要性、谨慎性和及时性

D. 客观性、相关性、明晰性、可比性、实质重于形式、重要性、稳健性和及时性

三、判断题

1. 财务报表是对企业财务状况、经营成果和现金流量的结构性表述。（　　）

2. 会计要素是对会计反映和监督的内容，即会计对象的基本分类，是设定财务报表结构和内容的依据，也是进行会计确认和计量的重要前提。（　　）

3. 任何企业为了达到自身的目标，完成各自的任务，都应该拥有一定数量的净资产，以作为从事经济活动的基础。（　　）

4. 会计分期假设就是认为会计主体将无限期地经营下去。（　　）

5. 几十年来，稳健性原则被人们正式地表述为：应尽可能充分估计可能的收益，不要去估计可能的损失。（　　）

四、简答题

1. 财务信息提供的载体有哪些，它们之间的关系如何？

2. 财务信息提供的要素有哪些，它们的作用是什么？

3. 有哪些会计假设和原则，有何意义？

4. 了解会计假设和原则对财务报表分析有何意义？

五、案例分析

在 20×1 年的中期财务报告（半年报）中，某电子公司取得了净利润 7 870 万元，比上年同期增长 258%，比上年全年的利润还要多 95%，实现了令人瞩目的高增长。但是，当投资者仔细阅读该公司的财务报表时就会发现，公司资产负债表的长期待摊费用中，待摊销的广告费用高达 8 807 万元，而这种广告费用的长期摊销在上年是没有的。公司在当年中期报

告中指出："集中发生的大额广告费用按3年摊销"。净利润的高增长和大额广告费用的待摊形成了鲜明的对比，加上中期财务报告中该公司推出的10配3，每股配股价18～20元的配股方案，引起了广大投资者和各类中介机构的广泛关注。

《中国证券报》的记者就该公司的广告费摊销问题采访了该公司董事会秘书吕先生，下面是吕先生就这一问题对记者的谈话。

吕先生说，审视公司对这一会计事项的处理，公司管理层与负责审计的注册会计师均认为判断是正确的，处理是妥当的，符合客观事实和国家有关规定。

吕先生认为，公司广告宣传的总体目标是立足于实施国际名牌战略，创立驰名商标，参与国际竞争，提升公司的品牌价值，为持续发展创造无形资产，公司本年1—6月增加了广告投入，这些广告既当年见效又利于长远。这些投资不仅仅着眼于推销公司目前的主要产品，更重要的是要为树立一个名牌企业长期发挥作用，它的部分价值也将自然而然的转化为公司信誉，这既是本年上半年广告费用应该分摊销的原因所在，也是公司为实施国际品牌战略而不懈努力的一项重要内容。

问题：此案例中的广告费用的会计处理究竟是否恰当，是否违反会计原则的要求？

参考答案

一、单项选择题

1. B　2. C　3. D　4. A　5. A

二、多项选择题

1. ABC　2. ABD　3. AB　4. CD

三、判断题

1. √　2. √　3. √　4×　5. ×

第3章

会计准则、会计政策和会计估计的解读

学习目标

1. 了解会计准则的起源和发展。
2. 明确会计准则的意义和作用。
3. 掌握会计政策的概念。
4. 理解会计估计的特点。

学习重点

1. 企业会计准则的核心是通过规范企业财务会计确认、计量和报告内容，提高财务信息质量，降低资金成本，提高资源配置效率。

2. 会计政策，是指企业在会计确认、计量和报告中所采用的会计原则、计量基础和会计处理方法。会计估计是指企业对结果不确定的交易或者事项，以最近可利用的信息为基础所作的判断。

现代企业财务会计的目标是通过定期编制与对外提供财务会计报告，帮助有关方面进行正确的经济决策。然而，仅有企业财务会计对外提供财务会计报告这种形式，而没有充分的质量保证，也不能发挥其应有的作用。因此，为了保证对外财务信息的质量，需要建立一套财务会计规范体系，也就是会计标准，以明确规定财务信息的质量要求。

3.1 会 计 准 则

3.1.1 企业会计的分类与企业会计准则

随着企业公司制的建立和所有权、经营权的分离及资本市场的发展，企业会计逐步演化为两大分支：一是服务于企业内部管理者的信息提供和决策需要的管理会计，或者叫对内报告会计；二是服务于企业外部使用者的信息提供和决策需要的财务会计，或者叫对外报告会计。财务会计由于专门服务于外部信息使用者，因而在保护投资者及社会公众利益，维护市场经济秩序及其稳定方面，扮演了越来越重要的角色，在社会经济生活中的地位也日显突出。因此，迫切需要建立一套社会公认的统一的会计规则来规范其行为，以维护一个公平、公正的社会环境。在这种情况下，企业会计准则应运而生，其核心就是通过规范企业财务会计确认、计量和报告内容，提高财务信息质量，降低资金成本，提高资源配置效率。

美国早期的会计准则被称为“公认会计原则”（GAAP），这种叫法一直持续到20世纪70年代初期。1972年3月，美国注册会计师协会（AICPA）下属的“会计原则制定研究委员会”提出一份题为《财务会计准则的制定》的研究报告，该报告用“会计准则”替代了“会计原则”。1973年，美国注册会计师协会所属的会计原则委员会（APB）被财务会计准则委员会（FASB）所取代，并开始发布“财务会计准则公告”（SFAS）。至此，“会计准则”正式取代了“公认会计原则”。

英国英格兰和威尔士特许会计师协会（ICAEW）在1942年成立了一个专门委员会，发布了29号会计原则建议书，这时英国职业界使用的是“会计原则”这一术语。1970年，由英格兰和威尔士特许会计师协会发起成立了会计准则筹划委员会（ASSC），1976年改称为会计准则委员会（ASC），它们的机构名称中都使用了“会计准则”这一术语，其制定和发布的关于财务会计确认、计量、报告的规范性文件称作“会计实务准则公报”（SSAPS）。1990年8月，会计准则理事会（ASB）取代了会计准则委员会，其制定和发布的财务会计确认、计量和报告的规范性文件称作“财务报告准则”（FRS）。

国际会计准则理事会（IASB），前身是国际会计准则委员会（IASC），在2000年进行全面重组，并于2001年年初改为国际会计准则理事会。理事会由13个国家的会计职业团体的代表，以及不超过4个在财务报告方面利益相关的其他组织的代表组成。除理事会外，IASC还成立了咨询团、顾问委员会和常设解释委员会三个机构，并从2002年开始，将国际会计准则（IAS）更名为国际财务报告准则（IFRS）。

1992年年底之前，我国实务界只有分行业、分部门、分所有制的会计制度，但在理论界，早在20世纪80年代初期便引入了“会计原则”“会计准则”等术语，当时学术界对这两个术语的争论很大，但较多地使用了会计原则的概念。1989年年初，中国会计学会“会计原则与基本会计理论研究组”在上海召开了我国第一次会计准则会议，这次会议达成的一个共识是：会计原则和会计准则的内容、作用大致相近，过多地讨论两个术语本身的孰优孰劣，意义不大。会议建议以后使用“准则”一词，同时，该研究组也改名为“会计理论与会计准则组”。

虽然对财务会计确认、计量和报告的规范，曾经出现过“会计原则”“会计标准”“会计制度”“会计准则”等多个术语，但是从目前的情况看，“会计准则”这一术语已被世界广泛接受和使用，各个国家也都制定了本国的会计准则。即使目前仍然有少数国家使用其他会计术语，但其制定机构一般都冠上了“会计准则”这一标签。

3.1.2 美国会计准则的发展变化过程

美国会计准则（规则）制定的历史演进可以划分为三个阶段。

第一阶段是1906年以前，为经营者独享会计规则制定权时期。由于当时缺乏相应的制度安排，导致大量分散的企业股东与少数集权的经营者之间，就会计规则制定而进行谈判的交易成本太高，为了能更多地获得双方合作的剩余收益，博弈的结果是：股东们放弃参与会计规则的制定权，让经营者独享之。但由于经营者滥用会计规则的制定权，典型的如铁路公司经营者，将股东追加投入的资本直接转化为留成收益，发放“自杀性”巨额股利，而将股东的资本回收作为资本报酬，于是股票价格上扬，公司又筹集到更多的资本，从而稀释了原有股东的权益。如此的恶意、非理性循环，给进行长期投资的股东带来了巨大损失，引起了长期投资者的愤怒。同时，对经营者报酬率管制的呼声，也触发了对会计准则制定博弈方式的变革，于是形成了第二阶段，即1906—1933年政府与经营者共享会计准则（规则）制定时期。

1909年美国开征了公司所得税，进一步促使美国政府介入会计准则（规则）的制定。1917年美国联邦储备委员会发布了一份叫作“统一会计”的文件，来规范企业向银行贷款时的财务报表的编制，它标志着统一会计准则（规则）的形成。

第三阶段是从1933年至今，政府享有一般会计准则的最终裁决权，准则的制定表现为多种势力博弈的结果。如果说在上述第二阶段的会计准则（规则）制定中的政府，还是“犹抱琵琶半遮面”的话，那么，1929年发生的，由于会计信息严重失真的行为，助长了纽约股票市场的崩溃及随后长达数年之久的经济大萧条的来临，使得美国政府最终走上了会计准则制定的前台。

可以这样来具体描述美国会计准则博弈的演进：1933年的《证券法》，授权联邦贸易委员会制定统一会计准则；1934年的《证券交易法》，则授权成立证券交易委员会这一新机构，取代联邦贸易委员会制定会计准则。而证券交易委员会成立后，立即就是否由自己来制定会计准则展开了激烈的争论，最终于1938年作出决定，把制定权转授给注册会计师职业界，后又转授给美国财务会计准则委员会（FASB）。

FASB是一个得到美国证券交易委员会（SEC）和会计职业界所承认的民间专业机构，由7名成员组成，每人任期5年，连任不得超过两届，每通过一项新准则必须有5人或以上赞同。而它的建立及其委员会的任命，则由财务会计基金会（FAF）负责，FAF并对FASB的活动进行一般性的监督，但技术性事务不在监督之列。

3.1.3 英国会计准则制定的变迁

英国是老牌资本主义国家，并且早在19世纪中叶，英国的《公司法》对资产负债表的标准格式就已经有所要求，但英国会计准则的发展却较为缓慢，直到20世纪60年代，英国都还没有正式制定会计准则。在此之前，只是由英格兰和威尔士特许会计师协会（ICAEW）从1942年起陆续发表了一些不具备约束力的“会计原则建议书”，作为企业会计实务的指导性规范。

1970年，ICAEW发表了一份题为“20世纪70年代会计准则意向书”的文件，提出了增强会计实务统一性、制定会计准则的目标。同时，作为该意向书的结果，ICAEW首次在1970年建立了会计准则筹划委员会（ASSC），以推动会计准则的制定工作。1970—1976年，英国另外5个会计职业团体陆续加入了ASSC的组织，ASSC获得了一次改组。1976年，英国六大会计职业团体联合成立了会计团体咨询委员会（CCAB），并将改组后的ASSC改名为会计准则委员会（ASC），从此以后，由ASC正式开始制定英国的会计准则。

在ASC与CCAB的关系上，首先由ASC制定会计准则的草案，然后提交CCAB理事会进行讨论。因此，ASC的会计准则草案必须经CCAB批准后才能正式实施。ASC在制定会计准则方面做了相当大的努力，它所发布的会计准则称为“标准会计实务公告”（SSAP）。ASC从1976年成立起直到1990年被新的会计准则制定机构ASB取代，15年间共发布了25项SSAP。至今，一部分SSAP仍在被采用。

ASC虽然为英国会计准则的制定奠定了基础，但由于ASC本身无权批准和实施会计准则，加上ASC为不同的准则项目设置了不同的工作小组，各工作小组之间的看法并不完全相同，同时又缺乏会计概念框架的指导，因此由ASC制定的会计准则不仅权威性不强，而且相互之间还存在着不一致与不协调的情况。此外，还有人批评ASC的成员均由会计职业界人士所组成，不能充分反映“公众的利益”，因此ASC曾在1982年进行过一次改组，增加了5位代表财务报表使用者的成员。但这一次改组并没有解决根本问题，其缺陷仍然很多。

1987年，英国成立了一个名为“德林委员会”的专门机构，对英国会计准则的制定机构设置及制定程序等进行了检讨与评价。德林委员会于1988年11月发表了一份题为“会计准则的制定”的报告，该报告对英国会计准则的发展产生了十分重要的影响。在该报告中，德林委员会建议成立一个财务报告委员会（FRC），负责制定会计准则政策上的指导；同时建议成立一个新的会计准则制定机构ASB，其主席由FRC的成员担任，并由ASB取代ASC具体负责会计准则的制定工作。

德林委员会的建议很快得到了全面采纳，1990年，一个带有部分官方色彩的、半独立的新会计准则委员会（ASB）成立，并取代了原先的ASC。ASB虽然在名义上仍然隶属于会计团体咨询委员会（CCAB），但它受到了具有更广泛代表性（其成员由会计师事务所、律师事务所、证券交易所、银行和上市公司的代表所组成）的财务报告委员会（FRC）的制约，并且由于在FRC的21名成员中，其他成员均可以由CCAB委派，唯独主席一职必须由英国贸易与工业大臣和英格兰银行总裁联合任命，因此FRC本身已经带有了一定的官方色彩。

ASB成立后，发布的会计准则改称为“财务报告准则”（FRS）。与ASC不同的是，ASB有权自行制定和批准会计准则，并且负责对以前由ASC发布的SSAP进行评审和修订。原先的SSAP，只要未被新发布的FRS所取代，则仍然有效。目前，ASB一方面继续对原由ASC发布的SSAP进行评审和修订；另一方面，则根据会计业务发展的需要不断发布新的FRS。

由此可见，英国会计准则的制定机构在最近几十年间，经历了由ASSC、改组后ASSC、ASC、改组后ASC到ASB的变迁。经过这些变迁，英国会计准则制定机构由纯粹的会计职业界民间组织，发展成一个带有官方色彩的、半独立的机构，会计准则制定机构的代表性逐渐加强，会计准则的制定程序也日渐完善。

3.1.4 国际会计准则的发展

会计准则的国际化过程尝试开始于1904年的首届国际会计师大会，1954年之后大会每隔5年举办一次。在1972年悉尼召开的第十届国际会计师大会上，成立了会计职业国际协调委员会（ICCAP），然后经过该国际组织的主要成员国的有关人员的协商，提出了设立国际会计准则委员会的方案，后经准备委员会的筹备，终于在 1973 年 6 月由来自澳大利亚、加拿大、法国、德国、日本、墨西哥、荷兰、英国、爱尔兰及美国 10 个国家的会计职业团体发起成立了国际会计准则委员会（IASC）。国际会计准则委员会是个国际民间组织，其宗旨是要制定和发布为各国、各地区所承认并遵守的国际会计准则，促进国际会计的协调发展。

国际会计准则委员会成立之初，并没有强有力的政治经济背景，只是选择国际上备受关注的主要会计项目，在适当比较和挑选的基础上，调和各国间同类或类似项目的相关规则，废除一些不正确或不适用的会计惯例，然后允许其他的多种会计处理规则和惯例并行，允许会计实务在多个备选会计程序和会计方法中选择，从而形成一套易于被各国和各地区接受与遵守的、宽松的国际会计准则。

初期国际会计准则的制定中虽然也强调以公众利益为目标，为改进和协调与编制财务报表有关的条例、会计准则和程序而开展广泛的合作，但更关注的是如何获得国际会计准则委员会全体成员的谅解，使国际会计准则能得到各国会计界的广泛认同。因此，如此制定出来的准则显然不可能是高质量的准则，而各国会计界对国际会计准则经常反映折中意见和保留自由选择的做法，一方面表示无奈接受，另一方面又表示有限不满。

在经济全球化已经成为当代社会一个显著特征的情况下，各国之间的政、经联系更加紧密，无论是投资者还是公司都在不断寻找跨越国界的商机，而各国企业也纷纷从单靠国内资本市场融资转向依靠国际资本市场融资。比如，伦敦证券交易所的股票市值总额中有 70%是非英国公司的，德国证券交易所市值总额中有 80%是非德国公司的，区域性或全球性的资本市场正在加速形成。显然，经济全球化的趋势对国际会计间协调的要求日益强烈，一个统一和较高质量的国际会计准则的出台，已成为各国政府、工商、证券、会计界和其他相关方面的共同需求。

2000 年 5 月，IASC 进行了重新改组，此次改组按照美国财务会计准则委员会的模式进行，设立了 IASC 基金会，下设国际会计准则理事会（IASB）、国际财务报告解释委员会（IFRIC）和准则咨询委员会（SAC）。其中，IASB 主要负责各项会计准则的研究、制定、发布等工作。这次改组使 IASC 在某种意义上实现了由各国会计准则“协调者”的身份转变成全球会计准则“制定者”的角色。

3.1.5　我国会计准则的发展变化过程

我国多年来一直重视会计准则的建设，尤其是改革开放以来，会计制度不断改革创新，从改革开放初期为了吸引外资而建立的外商投资企业会计制度，到后来为了适应股份制改革而建立的股份制企业会计制度，再到后来建立的不分行业、不分所有制的统一的会计制度，即《企业会计制度》《金融企业会计制度》《小企业会计制度》，适应了我国改革开放和市场经济发展的需要。

1992 年我国发布了第一项基本会计准则，即《企业会计准则》，之后又先后发布了包括关联方关系及其交易的披露、现金流量表、非货币性交易、投资、收入、或有事项、资产负债表日后事项、会计政策、会计估计变更和会计差错更正、借款费用、债务重组、固定资产、无形资产、存货、中期财务报告等在内的16项具体会计准则。之后，为适应我国市场经济发展和经济全球化的需要，按照立足国情、国际趋同、涵盖广泛、独立实施的原则，财政部对上述准则作了系统性的修改，并制定了一系列新的准则，于2006年2月15日，发布了包括《企业会计准则——基本准则》和38项具体准则在内的企业会计准则体系，2006年10月30日，又发布了《企业会计准则——应用指南》，从而实现了我国会计准则与国际财务报告准则的实质性趋同。

我国企业会计准则体系由基本准则、具体准则、会计准则应用指南和解释公告等组成。其中，基本准则在整个企业会计准则体系中扮演着概念框架的角色，起着统驭作用；具体准则是在基本准则的基础上，对具体交易或者事项进行会计处理的规范；应用指南是对具体准则的一些重点、难点问题所作出的操作性规定；解释公告是随着企业会计准则的贯彻实施，就实务中遇到的实施问题而对准则作出的具体解释。

在我国现行企业会计准则体系中，基本准则类似于国际会计准则理事会（IASB）的《财务报表编制框架》和美国财务会计准则委员会的《财务会计概念公告》，它规范了包括财务报告目标、会计基本假设、会计信息质量要求、会计要素的定义及其确认、计量原则、财务报告等在内的基本问题，是会计准则制定的出发点，是制定具体准则的基础。

截至2021年年末，我国累计发布的具体准则包括存货、投资性房地产、固定资产等42项，其中，2006年发布的第15号“建筑合同”准则，被2017年重新修订的第14号“收入”准则合并替代。因此，现有准则包括1项基本准则和41项具体准则。各项具体准则的内容和有关国际财务报告准则的内容基本一致，具体对应关系如表3-1所示。

表3-1 中国企业会计准则与国际财务报告准则具体项目比较表

中国企业会计准则	国际会计准则（IAS）国际财务报告准则（IFRS）
CAS 1 存货	IAS 2 存货
CAS 2 长期股权投资	IAS 27 合并财务报表和单独财务报表 IAS 28 联营中的投资 IAS 31 合营中的权益
CAS 3 投资性房地产	IAS 40 投资性房地产
CAS 4 固定资产	IAS 16 不动产、厂场和设备 IFRS 5 持有待售的非流动资产和终止经营
CAS 5 生物资产	IAS 41 农业
CAS 6 无形资产	IAS 38 无形资产
CAS 7 非货币性资产交换	IAS 16 不动产、厂场和设备 IAS 38 无形资产 IAS 40 投资性房地产
CAS 8 资产减值	IAS 36 资产减值
CAS 9 职工薪酬	IAS 19 职工薪酬
CAS 10 企业年金基金	IAS 26 退休福利计划的会计和报告

续表

中国企业会计准则	国际会计准则（IAS）国际财务报告准则（IFRS）
CAS 11 股份支付	IFRS 2 以股份为基础的支付
CAS 12 债务重组	IAS 39 金融工具：确认和计量
CAS 13 或有事项	IAS 37 准备、或有负债和或有资产
CAS 14 收入	IAS 18 收入
CAS 15 建造合同（被新“收入”准则代替，2021年1月1日起废止）	IAS 11 建造合同
CAS 16 政府补助	IAS 20 政府补助的会计和政府援助的披露
CAS 17 借款费用	IAS 23 借款费用
CAS 18 所得税	IAS 12 所得税
CAS 19 外币折算	IAS 21 汇率变动的影响 IAS 29 恶性通货膨胀经济中的财务报告
CAS 20 企业合并	IFRS 3 企业合并
CAS 21 租赁	IAS 17 租赁
CAS 22 金融工具确认和计量 CAS 23 金融资产转移 CAS 24 套期保值	IAS 39 金融工具：确认和计量 IFRS 9 金融工具：分类和计量
CAS 25 原保险合同 CAS 26 再保险合同	IFRS 4 保险合同
CAS 27 石油天然气开采	IFRS 6 矿产资源的勘探和评价
CAS 28 会计政策、会计估计变更和差错更正	IAS 8 会计政策、会计估计变更和差错
CAS 29 资产负债表日后事再	IAS 10 资产负债表目后事项
CAS 30 财务报表列报	IAS 1 财务报表的列报 IFRS 5 持有待售的非流动资产和终止经营
CAS 31 现金流量表	IAS 7 现金流量表
CAS 32 中期财务报告	IAS 34 中期财务报告
CAS 33 合并财务报表	IAS 27 合并财务报表和单独财务报表
CAS 34 每股收益	IAS 33 每股收益
CAS 35 分部报告	IFRS 8 分部报告
CAS 36 关联方披露	IAS 24 关联方披露
CAS 37 金融工具列报	IFRS 7 金融工具：披露 IAS 32 金融工具：列报
CAS 38 首次执行企业会计准则	IAS 1 首次采用国际财务报告准则

续表

中国企业会计准则	国际会计准则（IAS）国际财务报告准则（IFRS）
CAS 39 公允价值计量	IFRS 13 公允价值计量
CAS 40 合营安排	IFRS 11 合营安排
CAS 41 在其他主体中权益的披露	IFRS 12 在其他主体中权益的披露
CAS 42 持有待售的非流动资产、处置组和终止经营	IFRS 5 持有待售的非流动资产和终止经营

3.2 会计政策

3.2.1 会计政策的概念

会计政策，是指企业在会计确认、计量和报告中所采用的会计原则、计量基础和会计处理方法。其中，原则，是指按照企业会计准则规定的、适合于企业会计核算所采用的具体会计原则；计量基础，是指为了将会计原则应用于具体交易或者事项时，在会计核算中采用的计量基础，如《企业会计准则第 8 号——资产减值》中涉及的公允价值就是计量基础；会计处理方法，则是指按照会计原则和计量基础的要求，由企业在各自的会计核算中采用或者选择的、适合于本企业不同业务和管理需要的具体会计处理方法，如企业按照《企业会计准则第 14 号——收入》中第二十一条的规定，采用成本加成法或余值法等就是会计处理方法。会计原则、计量基础和会计处理方法三者之间是一个具有逻辑性的、密不可分的整体，通过这个整体，会计政策才能得以应用和落实。

企业应当披露重要的会计政策，不具有重要性的会计政策可以不予披露。而判断一项会计政策是否重要，应当考虑与此项会计政策相关的会计项目的性质和金额。企业应当披露的重要会计政策包括以下方面。

（1）发出存货成本的计量。指企业确定发出存货成本时所采用的会计处理方法，如企业发出存货时的成本计量是采用先进先出法，还是采用加权平均法或其他计量方法。

（2）长期股权投资的后续计量。指企业取得长期股权投资后的会计处理方法，如企业对被投资单位的长期股权投资是采用成本法，还是采用权益法核算。

（3）投资性房地产的后续计量。指企业在资产负债表日对投资性房地产进行后续计量所采用的会计处理基础，如企业对投资性房地产的后续计量是采用成本模式，还是公允价值模式。

（4）固定资产的初始计量。指对取得的固定资产初始成本的计量基础，如企业取得的固定资产初始成本是以购买价款，还是以购买价款的现值为基础进行计量。

（5）生物资产的初始计量。指对取得的生物资产初始成本的计量基础，如企业为取得生物资产而产生的借款费用，是准备予以资本化，还是计入当期损益。

（6）无形资产的确认。指对无形项目的支出是否确认为无形资产的方法，如企业内部研究开发项目在开发阶段的支出，是确认为无形资产进行累积摊销，还是在发生时计入当期损益。

（7）非货币性资产交换的计量。指非货币性资产交换事项中对换人资产成本的计量基础，如非货币性资产交换，是以换出资产的公允价值作为确定换人资产成本的计量基础，还是以换出资产的账面价值作为确定换入资产成本的计量基础。

（8）收入的确认。指收入确认所采用的会计标准，如企业确认收入时，要同时满足已将商品所有权上的主要风险和报酬转移给购货方，收入的金额能够可靠地计盘，相关经济利益很可能流入企业等条件。

（9）合同收入与费用的确认。指确认建造合同的收入和费用所采用的会计处理方法，如企业确认建造合同的合同收入和合同费用，是采用完工百分比法，还是采用合同完成确认法。

（10）借款费用的处理。指借款费用的会计处理方法，即对利息费用的处理，是采用资本化法，还是采用费用化法。

（11）合并政策。指编制合并财务报表时所采取的处理原则，如母公司与子公司的会计年度不一致的处理原则，合并范围的确定原则等。

（12）其他重要会计政策。

3.2.2 会计政策变更及其处理

会计政策变更，是指企业对相同的交易或事项，由原来采用的会计处理政策改变为另一种会计处理政策的行为。

1. 企业变更会计政策的条件

为保证会计信息的可比性，使财务报表使用者在比较企业一个以上期间的财务报表时，能够正确地判断企业的财务状况、经营成果和现金流量的趋势。一般情况下，企业采用的会计政策，在每个会计期间和前后各期应当保持一致，不得随意变更，否则势必会削弱会计信息的可比性。但是，在下述两种情形下，企业可以变更会计政策。

（1）法律、行政法规或者国家统一的会计制度等要求变更时。这种情况是指，按照法律、行政法规或者国家统一的会计制度的规定，要求企业采用新的会计政策时，企业应当按照法律、行政法规或者国家统一的会计制度的规定改变原采用的会计政策，按照新的会计政策处理相应的会计事项。例如，《企业会计准则第 1 号——存货》对发出存货成本的计价方法排除了后进先出法，这就要求企业按照新规定，将原来按后进先出法核算发出存货成本的计价方法，改为按新准则规定可以采用的发出存货成本的计价方法。

（2）会计政策变更能够提供更可靠、更相关的会计信息时。由于经济环境、客观情况的改变，使企业原采用的会计政策所提供的会计信息，已不能恰当地反映企业的财务状况、经营成果和现金流量等情况。在这种情况下应改变原有会计政策，按变更后新的会计政策进行会计处理，以便对外提供更可靠、更相关的会计信息。例如。企业原来一直采用成本模式对投资性房地产进行后续计量，如果企业能够从房地产交易市场上持续地取得同类或类似房地产的市场价格及其他相关信息，从而能够对投资性房地产的公允价值作出合理的估计时，企业就可以将投资性房地产的后续计量方法由成本模式变更为公允价值模式。

2. 不属于会计政策变更的情况

对会计政策变更的认定，会直接影响会计处理方法的选择，因此，在会计实务中，企业应当正确认定属于会计政策变更的情形，但下列两种情况不属于会计政策变更。

（1）本期发生的交易或事项与以前相比具有本质差别而采用新的会计政策。通常，会计政策是针对特定类型的交易或事项的，如果发生的交易或事项与其他交易或事项有本质区别，那么，此时企业实际上是在为新的交易或事项选择适当的会计政策，并没有改变原有的会计政策。例如，企业以往租入的设备均为临时需要而租入的，企业也按经营租赁会计处理方法核算，但自本年度起租入的设备均采用融资租赁方式，则该企业自本年度起对新租赁的设备采用融资租赁会计处理方法进行核算。由于该企业原租入的设备均为经营性租赁，本年度起新租赁的设备均改为融资租赁，经营租赁和融资租赁有着本质差别，因而为新租赁的设备改变会计政策不属于会计政策变更。

（2）对初次发生的或不重要的交易或者事项采用新的会计政策。对初次发生的某类交易或事项采用适当的会计政策，并未改变原有的会计政策。例如，企业以前年度没有建造合同业务，由于本年签订了一项新建造合同，为另一个企业建造三栋厂房，那对该项新建造合同采用完工百分比法确认收入，不是会计政策变更。至于对不重要的交易或事项采用新的会计政策，不按会计政策变更要求作出会计处理时，由于并不影响会计信息的可比性，所以也可不作为会计政策变更。例如，企业原在生产经营过程中使用少量的低值易耗品，并且价值较低，故企业在领用低值易耗品时一次计入费用；该企业于近期投产新产品，所需低值易耗品比较多，且价值较大，企业对领用的低值易耗品处理方法改为五五摊销法。由于该企业低值易耗品在企业生产经营中所占的费用比例并不大，改变低值易耗品处理方法后，对损益的影响也不大，属于不重要的事项，会计政策在这种情况下的改变就不属于会计政策变更。

3.2.3 会计政策变更的会计处理方法的选择

若发生会计政策变更，企业应当根据具体情况，分别采用不同的会计处理方法。

（1）法律、行政法规或者国家统一的会计制度等要求变更的情况下，企业应当分别以下情况进行会计处理：①国家发布相关的会计处理办法，则按照国家发布的相关会计处理规定进行处理；②国家没有发布相关的会计处理办法，则采用追溯调整法进行会计处理。

（2）会计政策变更能够提供更可靠、更相关的会计信息的情况下，企业应当采用追溯调整法进行会计处理，将会计政策变更累积影响数，调整列报前期最早的期初留存收益，其他相关项目的期初余额和列报前期披露的其他比较数据也应当一并调整。

（3）确定会计政策变更对列报前期影响数的调整是切实可行的，应当从可追溯调整的最早期间的期初开始，应用变更后的会计政策；但若在当期期初确定的会计政策，对以前各期的累积影响数的调整不切实可行的，应当采用未来适用法处理。

其中，不切实可行，是指企业在采取所有合理的方法后，仍然不能获得采用某项规定所必需的相关信息，而导致无法采用该项规定，则该项规定在此时是不切实可行的。

对于以下特定前期，对某项会计政策变更应用追溯调整法或追溯重述法，以更正一项前期差错，是不切实可行的：①应用追溯调整法或追溯重述法的累积影响数不能确定；②应用追溯调整法或追溯重述法，要求对管理层在该期当时的意图作出假定；③应用追溯调整法或追溯重述法，要求对有关金额进行重大估计，并且不可能提供有关交易发生时存在状况的证据（如有关金额确认、计量或披露日期存在事实的证据，以及在受变更影响的当期和未来期间确认会计估计变更影响的证据），以及该期间财务报表批准报出时能够取得的信息，并将这两类信息与其他信息客观地加以区分。

在某些情况下，调整一个或者多个前期比较信息，以获得与当期会计信息的可比性，是不切实可行的。例如，企业因账簿、凭证超过法定保存期限而销毁，或因不可抗力而毁坏、遗失，如火灾、水灾等，或因人为因素，如盗窃、故意毁坏等，可能导致当期期初确定的会计政策变更，对以前各期累积影响数无法计算，即属不切实可行，此时，会计政策变更应当采用未来适用法进行处理。

对根据某项交易或者事项确认、披露的财务报表项目，在应用会计政策时常常需要进行估计。本质上，估计是主观行为，而且可能在资产负债表日后才作出。因此，当追溯调整会计政策变更或者追溯重述前期差错更正时，要作出切实可行的估计更加困难，因为有关交易或者事项已经发生较长一段时间，要获得作出切实可行的估计所需要的相关信息就往往比较困难。

当在前期采用一项新会计政策或者更正前期金额时，不论是对管理层在某个前期的意图作出假定，还是估计在前期确认、计量或者披露的金额，都不应当使用“后见之明”。例如，按照《企业会计准则第 22 号——金融工具确认和计量》的规定，企业对原先划归为持有至到期投资的金融资产计量的前期差错，即便管理层随后决定不将这些投资持有至到期，也不能改变它们在前期的计量基础，即该项金融资产应当仍然按照持有至到期投资进行计量。

3.2.4　会计政策变更的披露

企业应当在财务报表附注中披露与会计政策变更有关的下列信息。

（1）会计政策变更的性质、内容和原因。包括专门对会计政策变更的简要阐述、变更的日期、变更前采用的会计政策和变更后所采用的新会计政策，以及会计政策变更的原因。

（2）当期和各个列报前期，财务报表中受影响的项目名称和调整金额。包括：采用追溯调整法时，计算出的会计政策变更的累积影响数；当期和各个列报前期，财务报表中需要调整的净损益及其影响金额，以及其他需要调整的项目名称和调整金额。

（3）无法进行追溯调整的，应说明该事实和原因，以及开始应用变更后的会计政策的时点、具体应用情况。包括：无法进行追溯调整的事实；确定会计政策变更对列报前期影响数不切实可行的原因；在当期期初确定会计政策变更，对以前各期累积影响数不切实可行的原因；开始应用新会计政策的时点和具体应用情况。

需要注意的是，在以后期间的财务报表中，不需要重复披露在以前期间的附注中已披露的会计政策变更的信息。

3.3 会计估计

3.3.1 会计估计概述

会计估计，是指企业对结果不确定的交易或者事项，以最近可利用的信息为基础所作的判断。会计估计具有以下特点。

（1）会计估计的存在是由于经济活动中内在的不确定性因素的影响。在会计核算中，企业总是力求保持会计核算的准确性，但有些经济业务本身就存在不确定性，例如，坏账、固定资产折旧年限、固定资产残余价值、无形资产摊销年限等，因而需要根据经验作出估计。所以，在进行会计核算和相关信息披露的过程中，会计估计是不可避免的。

（2）进行会计估计时，往往以最近可利用的信息或资料为基础。在企业会计核算中，由于经营活动中必然存在内在的不确定性，不得不经常进行估计。一些估计的主要目的是确定资产或负债的账面价值，例如，坏账准备、担保责任引起的负债；另一些估计的主要目的是确定将在某一期间记录的收益或费用的金额，例如，某一期间的折旧、摊销的金额。企业在进行会计估计时，通常应根据当时的实际情况和经验，以一定的信息或资料为基础进行。但是，随着时间的推移、环境的变化，进行会计估计的基础通常也可能会发生变化。因此，进行会计估计所依据的信息或者资料就不得不经常发生变化，由于最新的信息是最接近目标的信息，以其为基础所作的估计最接近实际，所以进行会计估计时，应以最近可利用的信息或资料为基础。

（3）进行会计估计并不会削弱会计确认和计量的可靠性。企业为了定期、及时地提供有用的会计信息，将延续不断的经营活动人为地划分为一定的期间，并在权责发生制的基础上对企业的财务状况和经营成果进行定期确认和计量。例如，在会计分期的情况下，许多企业的交易跨越若干会计年度，所以需要将某些收入和费用等在不同期间进行分摊，这样就需要对那些结果尚未确定的交易或事项予以估计入账，但分摊并不会导致总体收入和费用数额的改变。

3.3.2 会计估计变更

会计估计变更，是指由于考虑到资产或负债的当前状况，以及预期经济利益或义务发生了或可能发生的变化，从而对资产或负债的账面价值，或者资产的定期消耗金额所进行的调整。

由于企业经营活动中必然存在的内在的不确定因素，使得许多财务报表项目数据不能准确地计量，只能加以估计，而估计过程必然涉及以最近可以得到的信息为基础所作的判断。当然，估计毕竟是就现有资料对未来变化所作的判断，通常会发生某种不确定性，故随着时间的推移，如果赖以进行估计的基础发生了变化，或者由于取得了新的信息、积累了更多的经验，或者后来的发展发生了变化等，将可能导致不得不对原有估计进行修订，这就是会计估计变更。但无论如何，会计估计变更的依据应当真实、可靠。

会计估计变更的情形包括以下几种。

（1）赖以进行估计的基础发生了变化。企业进行会计估计，总是依赖于一定的基础，如果其所依赖的基础发生了变化，则会计估计也应相应发生变化。例如，企业的某项无形资产摊销年限原定为10年，以后发生的情况表明，该资产的受益年限已不足10年或超过10年，故应相应调减或调增估计摊销年限。

（2）取得了新的信息、积累了更多的经验。企业进行会计估计是就现有资料对未来所作的判断，随着时间的推移，企业有可能取得新的信息、积累更多的经验。在这种情况下，企业可能不得不对会计估计进行修订，即发生会计估计变更。例如，企业原根据当时能够得到的信息，对应收账款每年按其余额的5%计提坏账准备，但现在掌握了新的信息，判定不能收回的应收账款比例已达15%，故企业应改按15%的比例计提坏账准备。

会计估计变更并不意味着以前期间会计估计是错误的，只是由于情况发生变化，或者掌握了新的信息，积累了更多的经验，使得变更会计估计能够更好地反映企业的财务状况和经营成果。如果以前期间的会计估计是错误的，则属于会计差错，应按会计差错更正的会计处理办法进行处理。

3.3.3　会计估计变更的会计处理

企业对会计估计变更应当采用未来适用法处理，即在会计估计变更当期，以及以后期间采用新的会计估计时，不改变以前期间的会计估计，也不调整以前期间的报告结果。

（1）会计估计变更仅影响变更当期的，其影响数应当在变更当期予以确认。例如，企业原按应收账款余额的5%提取坏账准备，但由于目前企业不能收回应收账款的比例已达10%，则企业应改按应收账款余额的10%提取坏账准备。这类会计估计的变更数额，只影响变更当期，因此应于变更当期确认数额。

（2）既影响变更当期又影响未来期间的，其影响数应当在变更当期和未来期间予以确认。例如，企业的某项可计提折旧的固定资产，其有效使用年限或预计净残值的估计发生的变更，常常会影响变更当期及资产以后使用年限内各个期间的折旧费用，这类会计估计的变更数额，应于变更当期及以后各期分别确认。

（3）会计估计变更的影响数应计入变更当期与前期相同的项目中。为了保证不同期间的财务报表具有可比性，如果以前期间的会计估计变更的影响数额已计入企业日常经营活动的损益，则以后期间也应计入日常经营活动损益；如果以前期间的会计估计变更的影响数额已计入特殊项目中，则以后期间也应计入特殊项目中。

3.3.4　会计估计变更的披露

企业应当在报表附注中披露与会计估计变更有关的下列信息：

（1）会计估计变更的内容和原因。包括变更的内容、变更日期，以及为什么要对会计估计进行变更。

（2）会计估计变更对当期和未来期间的影响数。包括会计估计变更对当期和未来期间损益的影响金额，以及对其他各项目的影响金额。

（3）会计估计变更的影响数不能确定的。披露这一事实和原因。

本章小结

财务会计由于专门服务于外部信息使用者，因而迫切需要一套社会公认的统一的会计原则来规范其行为。在这种情况下，企业会计准则应运而生。与会计制度不同，会计准则的运用，存在着一定程度的判断空间，将导致并非一种纯粹机械化的结果。与此相伴的就是会计政策的确定和会计估计的要求。

会计政策，是指企业在会计确认、计量和报告中所采用的原则、计量基础和会计处理方法。会计估计，是指企业对结果不确定的交易或者事项，以最近可利用的信息为基础所作的判断。

本章习题

一、单项选择题

1. 截至 2021 年年末，我国会计准则包括（　　）。

A. 42 项具体准则　　B. 1 项基本准则和 42 项具体准则

C. 1 项基本准则和 41 项具体准则　　D. 42 项具体准则

2. 会计准则（　　）。

A. 是会计人员从事会计工作的行为规范和行动指南

B. 在各个国家均使用同一套

C. 在各个国家间各不相关

D. 在我国称会计制度

3. 下列属于企业会计政策的是（　　）。

A. 期末存货计价采用可变现净值孰低法

B. 客观性原则

C. 可比性原则

D. 一贯性原则

4. 会计政策是指（　　）。

A. 会计核算的一般原则

B. 具体会计准则

C. 企业在会计确认、计量和报告中所采用的原则、计量基础和会计处理方法

D. 一般会计处理方法

二、多项选择题

1. 应采用未来适用法处理会计政策变更的情况有（　　）。

A. 企业因账簿超过法定保存期限而销毁，引起会计政策变更累积影响数无法确定

B. 企业账簿因不可抗力而毁坏引起累积影响数无法确定

C. 会计政策变更累积影响数能够确定，但法律或行政法规要求对会计政策的变更采用未来适用法

D. 经济环境改变引起累积影响数无法确定

E. 政治环境改变引起累积影响数无法确定

2. 企业对于发生的会计政策变更，应披露的内容有（　　）。

A. 会计政策变更的内容

B. 采用追溯调整法时会计政策变更的累积影响数

C. 累积影响数不能合理确定的理由

D. 会计政策变更对当期以及比较会计报表所列其他各期净损益的影响金额

E. 会计政策变更的理由

3. 对于会计估计变更，应在会计报表附注中披露的事项有（　　）。

A. 会计估计变更的内容

B. 会计估计变更的原因

C. 会计估计变更对当期和未来期间的影响数

D. 会计估计变更的影响数不能确定的理由

E. 会计估计变更累积影响数不能确定的理由

4. 下列事项属于会计估计变更的有（　　）。

A. 建造合同收入的确认由原来的完成合同法改为完工百分比法

B. 应收账款坏账损失核算方法的改变

C. 无形资产摊销期限的改变

D. 固定资产净残值率的改变

E. 固定资产预计使用年限的变化

三、判断题

1. 我国新会计准则和国际会计准则已实现完全等同。（　）

2. 对于以前出现过的不具有重要性的经济业务改用新的会计政策，属于会计政策变更。（　）

3. 变更固定资产折旧年限时，只影响变更当期和该项资产未来使用期间的折旧费用，而不影响变更前已计提的折旧费用。（　）

4. 对于会计政策变更，当其累积影响数不能合理确定时，应采用未来适用法进行处理。（　）

四、简答题

1. 中国会计准则的发展主要经历了哪几个阶段？

2. 简述新会计准则的结构。

3. 企业应当披露的会计政策有哪些？

4. 会计估计变更的情形有哪些？

五、计算题

甲公司 2018 年 12 月 20 日购入一台管理用设备，原始价值为 100 万元，原估计使用年限为 10 年，预计净残值为 4 万元，按双倍余额递减法计提折旧。由于固定资产所含经济利益预期实现方式的改变和技术因素的原因，已不能继续按原定的折旧方法、折旧年限计提折旧。甲公司于 2021 年 1 月 1 日将设备的折旧方法改为年限平均法，将设备的折旧年限由原来的 10 年改为 8 年，预计净残值仍为 4 万元。甲公司所得税采用资产负债表债务法核算，适用的所得税税率为 25%。

要求：

1. 计算上述设备 2019 年和 2020 年计提的折旧额。
2. 计算上述设备 2021 年计提的折旧额。
3. 计算上述会计估计变更对 2021 年净利润的影响。

六、案例分析

AS 股份 20×1 年净利扭亏

AS 股份有限公司 20×1 年年报中董事会报告指出：

20×1 年度，公司控股子公司某能源有限责任公司根据财政部《企业会计准则解释第 3 号》(财会〔2009〕8 号) 的有关规定，高危行业企业按照国家规定提取的安全生产费，应当计入相关产品的成本或当期损益，同时记入“专项储备”科目。企业使用提取的安全生产费时，属于费用性支出的，直接冲减专项储备。企业使用提取的安全生产费形成固定资产的，应当通过“在建工程”科目归集所发生的支出，待安全项目完工达到预定可使用状态时确认为固定资产；同时，按照形成固定资产的成本冲减专项储备，并确认相同金额的累计折旧。该固定资产在以后期间不再计提折旧。“专项储备”科目期末余额在资产负债表所有者权益项下“减：库存股”和“盈余公积”之间增设“专项储备”项目反映。企业提取的维简费和其他具有类似性质的费用，比照上述规定处理。该解释发布前未按上述规定处理的，应当进行追溯调整。

由于上述会计政策变更，调增 20×1 年年初的专项储备 1 092 089.13 元，调减未分配利润 70 369 613.52 元，调减少数股东权益 54 432 340.61 元，调增累计折旧 165 657 005.37 元，调增在建工程 60 465.65 元，调减递延所得税负债 41 886 674.72 元。

由于此项会计政策变更，公司 20×1 年实现扭亏，净利润达到 2 476.32 万元。20×1 年，公司实现营业收入 18.71 亿元，同比减少 12.77%；每股收益 0.04 元。上年同期，公司净利亏损 856.43 万元，折合每股亏损 0.02 元。公司表示，公司主营的煤炭销售量和销售价格与上年同期相比有所下降；同时，金属矿采选产品、非金属矿采选产品增值税税率上升，且缴纳煤炭价格调节基金导致公司 20×1 年盈利同比有所回落。不过因会计政策变更，公司按规定提取安全生产费和维简费对上期进行追溯调整，促使净利润大幅增加。

问题：

1. 你觉得 AS 股份此项会计政策变更是否有操纵利润的嫌疑？
2. 结合 AS 股份的会计政策变更，讨论会计政策变更对企业业绩的影响。

参考答案

一、单项选择题

1. C 2. A 3. A 4. C

二、多项选择题

1. ABC 2. ABCDE 3. ABCD 4. ABCDE

三、判断题

1. × 2. × 3. √ 4. √

五、计算题

1. 该设备 2019 年计提的折旧额＝100×20%＝20（万元）

该设备 2020 年计提的折旧额＝（100－20）×20%＝16（万元）

2. 2021 年 1 月 1 日该设备的账面净值＝100－20－16＝64（万元）

该设备 2021 年计提的折旧额＝（64－4）/（8－2）＝10（万元）

3. 按原会计估计，该设备 2021 年计提的折旧额＝（100－20－16）×20%＝12.8（万元）

上述会计估计变更使该公司 2021 年净利润增加＝（12.8－10）×（1－25%）＝2.1（万元）

第4章

资产负债表解读

学习目标

1. 了解资产负债表的基本结构。
2. 理解资产负债表中各个项目的具体内容。
3. 掌握资产负债表中各个项目的会计核算方法。
4. 明确资产负债表与其他报表之间的勾稽关系。

学习重点

1. 读懂资产负债表中各项目所反映的经济业务的内容，各项目的会计属性及核算方法，是分析资产负债表的前提。

2. 资产负债表属存量报表，按历史成本编制，至期末，有关项目应如何按会计准则调整为现时成本。

若要能比较准确地分析资产负债表，首先必须要读懂资产负债表。通过解读资产负债表，可以了解一个企业在某一特定日期所拥有或控制的经济资源及其分布构成情况，以便对企业的生产经营能力和资产的流动性进行分析；可以了解一个企业在某一特定日期的负债总额及其分布构成情况，以明确企业未来需要动用多少资产或劳务清偿债务；还可以了解投资者在企业资产中所占的份额及其权益的分布构成情况，以评价企业的财务弹性和筹资能力。另外，资产负债表还能够提供据以进行一系列财务报表分析所需的其他基本资料。

4.1 资产负债表格式

由于资产负债表反映的是企业某一特定日期财务状况的报表，因而是一份存量报表，是根据资产、负债和所有者权益之间的相互关系，按照一定的分类标准和一定的列报顺序，把企业在某一特定日期的资产、负债、所有者权益各项目予以适当列示，并对日常工作中形成的大量数据进行高度浓缩整理后编制而成的。因此，对资产负债表的了解首先应从其格式开始。一般来说，国际上流行的资产负债表格式主要有账户式和报告式两种。

4.1.1 账户式资产负债表

账户式资产负债表又称横式资产负债表，它是根据"资产=负债+所有者权益"的会计等式，按照T形账户的格式列示各类项目，即资产类项目排列在表的左方，负债和所有者权益类项目排列在表的右方，并使资产负债表的左右两方数额保持平衡的一种报表形式。

表4-1是典型的账户式资产负债表，为我国《企业会计准则第30号——财务报表列报》应用指南中规定的一般企业资产负债表。表首部分概括地说明报表名称、编制单位、编制日期、货币单位等信息，正表部分是资产负债表的主体，列示了用以说明企业财务状况的各个项目。

2019年4月30日，财政部发布了《关于修订2019年度一般企业财务报表格式的通知》，这是继2017年年末和2018年6月发布的财务报表格式修订，以及2018年9月发布的对财务报表格式有关问题的解读之后，财务报表格式的又一次变化。表4-1就是根据最新要求列示的账户式资产负债表（适用于已执行新金融准则、新收入准则和新租赁准则的企业）。

表4-1　账户式资产负债表（一般企业）

资产负债表

编制单位：　　　　　　年　月　日　　　　　　单位：　　币种：

资产	期末余额	期初余额	负债和所有者权益	期末余额	期初余额
流动资产：			流动负债：		
货币资金			短期借款		
交易性金融资产			交易性金融负债		
衍生金融资产			衍生金融负债		
应收票据			应付票据		
应收账款			应付账款		
应收账款融资			预收款项		
预付款项			合同负债		
其他应收款			应付职工薪酬		
其中：应收利息			应交税费		
应收股利			其他应付款		
存货			其中：应付利息		
合同资产			应付股利		
持有待售资产			持有待售负债		
一年内到期的非流动资产			一年内到期的非流动负债		
其他流动资产			其他流动负债		
流动资产合计			流动负债合计		
非流动资产：			非流动负债：		
债权投资			长期借款		
其他债权投资			应付债券		

续表

资产	期末余额	期初余额	负债和所有者权益	期末余额	期初余额
长期应收款			其中：优先股		
长期股权投资			永续债		
其他权益工具投资			租赁负债		
其他非流动金融资产			长期应付款		
投资性房地产			预计负债		
固定资产			递延收益		
在建工程			递延所得税负债		
生产性生物资产			其他非流动负债		
油气资产			非流动负债合计		
使用权资产			负债合计		
无形资产			所有者权益（或股东权益）：		
开发支出			实收资本（或股本）		
商誉			其他权益工具		
长期待摊费用			其中：优先股		
递延所得税资产			永续债		
其他非流动资产			资本公积		
非流动资产合计			减：库存股		
			其他综合收益		
			专项储备		
			盈余公积		
			未分配利润		
			所有者权益合计		
资产总计			负债和所有者权益总计		

4.1.2 报告式资产负债表

报告式资产负债表又称垂直式资产负债表，它是根据“资产-负债=所有者权益”的会计等式，自上而下列示报表各项目，即资产类列示在上方，负债类列示在中间，所有者权益类列示在最下方的一种资产负债表格式。

虽然《企业会计准则第 30 号——财务报表列报》应用指南中规定的格式是账户式资产负债表，但现实生活中所见到、所使用的多为报告式资产负债表。因为企业一般都是使用计算机打印报表，使用的纸型一般都是 A4，使用报告式资产负债表，不仅文字、数字比较清晰，而且格式也比较美观，多为上市公司所采用。表 4-2 是按最新格式列示的报告式资产负债表。

表 4-2　报告式资产负债表（非金融上市公司合并报表）

资产负债表

编制单位：　　　　　　　　　　　　年　　月　　日　　　　　　　　　　单位：　　　币种：

项　　目	期末余额	期初余额
资　　产		
流动资产：		
货币资金		
结算备付金（合并报表）		
拆出资金（合并报表）		
交易性金融资产		
衍生金融资产		
应收票据		
应收账款		
应收账款融资		
预付款项		
应收保费（合并报表）		
应收分保账款（合并报表）		
应收分保合同准备金（合并报表）		
其他应收款		
其中：应收利息		
应收股利		
买入返售金融资产（合并报表）		
存货		
合同资产		
持有待售资产		
一年内到期的非流动资产		
其他流动资产		
流动资产合计		
非流动资产：		
发放贷款及垫款（合并报表）		
债权投资		
其他债权投资		
长期应收款		
长期股权投资		
其他权益工具投资		
其他非流动金融资产		
投资性房地产		
固定资产		
在建工程		
生产性生物资产		
油气资产		
使用权资产		
无形资产		
开发支出		
商誉		
长期待摊费用		
递延所得税资产		
其他非流动资产		
非流动资产合计		
资产总计		

续表

项　　目	期末余额	期初余额
负　　债		
流动负债：		
短期借款		
应付短期融资券（合并报表）		
向中央银行借款（合并报表）		
吸收存款及同业存放（合并报表）		
拆入资金（合并报表）		
交易性金融负债		
衍生金融负债		
应付票据		
应付账款		
预收款项		
合同负债		
卖出回购金融资产款（合并报表）		
吸收存款及同业存放（合并报表）		
代理买卖证券款（合并报表）		
代理承销证券款（合并报表）		
应付职工薪酬		
应交税费		
其他应付款		
其中：应付利息		
应付股利		
应付手续费及佣金（合并报表）		
应付分保账款（合并报表）		
保险合同准备金（合并报表）		
持有待售负债		
一年内到期的非流动负债		
其他流动负债		
流动负债合计		
非流动负债：		
长期借款		
应付债券		
其中：优先股		
永续债		
租赁负债		
长期应付款		
长期应付职工薪酬（合并报表）		
预计负债		
递延收益		
递延所得税负债		
其他非流动负债		
非流动负债合计		
负债总计		

续表

项　　目	期末余额	期初余额
所有者权益（或股东权益）		
实收资本（或股本）		
其他权益工具		
其中：优先股		
永续债		
资本公积		
减：库存股		
其他综合收益		
专项储备		
盈余公积		
一般风险准备（合并报表）		
未分配利润		
归属于母公司所有者权益合计（合并报表）		
少数股东权益（合并报表）		
所有者权益（或股东权益）合计		
负债和所有者权益（或股东权益）总计		

当然，无论是何种格式的资产负债表，其项目通常都按其流动性强弱程度进行排列，国外也有按其固定性的强弱程度排列的，但比较少见，比如英国。

4.2　资产负债表（一般企业）各项目解读

资产负债表项目分资产、负债、所有者权益三大类和若干小类。一般情况下，各项目的数额根据企业总分类账或明细分类账的期末余额填列，个别项目按有关账户的余额加工、调整后填列。报表中的“期初余额”栏内各项数字，若为年报，应根据上年末资产负债表“期末余额”栏内所列数字填列；若为季报、月报，则应根据上季季末、上月月末资产负债表的“期末余额”栏内所列数字填列。

4.2.1　资产类项目

1.“货币资金”项目

“货币资金”项目，是企业中流动性最强的一种资产，反映企业的库存现金、存入银行或其他金融机构的各种款项、外埠存款、银行汇票存款、银行本票存款、信用卡存款、信用证保证金存款、存出投资款等各种货币资金余额的合计数。

2.“交易性金融资产”项目

“交易性金融资产”项目，反映企业为交易目的所持有的债券投资、股票投资、基金投资等以公允价值计量，且其变动计入当期损益的交易性金融资产的期末账面余额。交易性金融资产是指企业为了近期内出售，或回购，或赎回而持有的债券、股票和基金投资，如以赚取差价为目的从二级市场购买的股票、债券、基金等。

该账户发生时的取得成本与资产负债表日公允价值之间的差额，分别计入“公允价值变动损益”和“投资收益”账户。其中，“公允价值变动损益”账户，核算企业持有“交易性金融资产”至资产负债表日时，因公允价值变动而形成的应计入当期损益的利得或损失。“投资收益”账户，核算企业购买、持有交易性金融资产期间，被投资单位宣告发放的现金股利或债券利息，以及处置交易性金融资产时实现的投资收益或投资损失。

3.“衍生金融资产”项目

“衍生金融资产”项目，反映企业从传统金融工具中派生出来的各项新型金融工具的公允价值，包括远期合约、金融期货、金融期权、互换四类。当一个衍生金融工具在资产负债表日其公允价值为正时（衍生金融工具的即时公允价值高于其账面余额的差额），则为“衍生金融资产”，若为负时（衍生金融工具的即时公允价值低于其账面余额的差额），则是“衍生金融负债”。

4.“应收票据”项目

“应收票据”项目，反映企业因销售商品、提供劳务等经营活动而收到的商业汇票，包括银行承兑汇票和商业承兑汇票。商业汇票既可以依法背书转让，也可以向开户银行申请贴现，至票据到期日，若款项尚未收到，应转至“应收账款”账户。

5.“应收账款”项目

“应收账款”项目，反映企业因销售商品、提供劳务等经营活动，应向购买单位收取的款项，包括应由购买单位或接受劳务单位负担的货款、劳务款、税金、代购方垫付的包装费和各种运杂费等。

6.“应收账款融资”项目

“应收账款融资”项目，反映企业因通过向商业银行质押或出售的应收票据、应收款项等，而形成的一种债权形式的融入资金的期末余额，本质上就是应收票据贴现和应收账款保理，是企业将赊销形成的未到期的应收款项，在满足一定条件的情况下，转让给商业银行，以获得银行的流动资金支持，加快资金周转的一种融资方式。

资产负债表日，企业应以公允价值计量已办理未到期的贴现或保理的应收款项，其与应收款项账面价值的差额计入其他综合收益，但已计提的减值损失或利得、汇兑损益等，应计入当期损益。

理论上讲，应收票据贴现包括票据贴现和背书转让。而保理则可以分为：买断型保理（非回购型保理）和非买断型保理（回购型保理）、有追索权保理和无追索权保理、明保理和暗保理、折扣保理和到期保理等。会计处理因不同贴现和保理类型而不同。

7.“预付款项”项目

“预付款项”项目，反映企业按照合同规定预付的购货、购买劳务等的款项，以及进行在建工程预付的工程价款。

8.“其他应收款”项目

“其他应收款”项目，反映企业除应收票据、应收账款、预付款项、应收款项融资，但包括应收利息、应收股利等在内的其他各种应收及暂付款项。其中的“应收利息”项目，反映企业交易性金融资产、持有至到期投资、可供出售金融资产、发放贷款、存放中央银行款项、拆出资金、买入返售金融资产等债券投资应收取的利息；“应收股利”项目，反映企业因股权投资而应收取的现金股利和应收取其他单位分配的利润。

企业应当定期对应收款项（应收账款和其他应收款）进行全面检查，并根据谨慎性原则的要求，选择恰当的坏账准备计提方法和比率，合理地预计各项应收款项可能发生的坏账。

资产负债表日，应收款项发生减值的，按应减记的金额分别借记“信用减值损失”，贷记“坏账准备”等账户，应收款项各项目按其账户余额，减去已计提的坏账准备后的净额列示在资产负债表中。

坏账是指企业无法收回，或收回可能性极小的应收款项。由于发生坏账而产生的损失，称为坏账损失。企业确认坏账时，应遵循财务报告的目标和会计核算的基本原则，具体分析各应收款项的特性、金额大小、信用期限、债务人的信誉和当时的经营情况等因素，分别按应收账款余额百分比法和账龄分析法计提。

9.“存货”项目

“存货”项目，反映企业期末在库、在途和在加工过程中的各项存货的实际成本，包括各种原材料、库存商品、在产品、半成品、包装物、低值易耗品、分期收款发出商品、委托（受托）代销商品等，减去已计提的存货跌价损失准备后的净额。

存货只有在同时满足以下两个条件时，才能加以确认：一是该存货包含的经济利益很可能流入企业；二是该存货的成本能够可靠的计量。

存货入账价值的基础，也即初始计量的基础，是历史成本或者实际成本。

存货的实际成本包括采购成本、加工成本和其他成本。其中，存货的采购成本一般包括采购价格、进口关税和其他税金、运输费、装卸费、保险费，以及其他可直接归属于存货采购的费用。

企业的存货是不断流动的，这种流动分实物流动与价值流动两种。存货有流入也有流出，流入与流出相抵后的结余即为期末存货，本期期末存货结转到下期，即为下期期初存货，下期继续流动，就形成了生产经营过程中的存货流转。

根据存货价值流转的假设，在期末存货与发出存货之间分配成本，就产生了不同的确认发出存货成本的方法，即发出存货的计价方法。按照《企业会计准则第 1 号——存货》的规定，企业应当根据各类存货的实际情况，确定发出存货的实际成本，可以采用的方法有：个别计价法、先进先出法、加权平均法。对于不能替代使用的存货，以及为特定项目专门购入或制造的存货，一般应当采用个别计价法确定发出存货的成本。除此以外，存货的实物流动应该都是先进先出。

发出存货计价方法的不同，对企业财务状况和盈亏情况都会产生不同的影响，主要表现在以下三个方面。

（1）发出存货计价对企业损益的计算有直接影响。表现在：①发出存货计价如果过低，当期的收益可能因此而相应增加；②发出存货计价如果过高，当期的收益可能因此而相应减少。

（2）发出存货计价对于资产负债表有关项目数额计算有直接影响，包括流动资产总额、所有者权益等项目，都会因为发出存货计价的不同而有不同的数据。

（3）发出存货计价方法的选择对计算缴纳所得税数额有一定的影响。因为不同的计价方法，对结转当期销售成本的数额会有所不同，从而影响企业当期应纳税利润数额的确定。

一项资产若被归类为存货，就必须在正常营业情况下被销售出去，或在产品生产过程中被使用或被消耗掉。在商业企业，通常只设一个存货账户（商品存货）。制造企业为销售而生产产品，制造企业的存货账户通常分为三个：生产准备中的存货（材料存货，包括原材料、辅助材料、燃料、外购半成品、修理用备件、包装物、低值易耗品等），生产过程中的存货（在产品存货），生产完工时的存货（产成品存货）。通常，在制造业比在商业企业更难以确定存货的数额。

分析企业存货时所涉及的确定存货价值及其流动性是一个相当复杂的问题，因为存货的成本随着时间的推移在不断地变动。如果能确定各种存货项目的专属成本，则该成本就是所使用存货的成本，那么存货的估值问题就会减少了。但实际上，由于存货种类繁多，各种存货不断流动，根本无法为每一种存货计算其专属成本，除非是一些大件的或昂贵的存货。因为不能实地估计每一个别存货的成本，所以企业通常使用一个存货成本流程假定。最普遍使用的存货成本流程假定有先进先出法、后进先出法、加权平均法。但由于存货价格的不断变动，不同的假定可能导致极为不同的结果。一般而言，通货膨胀率越高，各种方法的计算结果差异越大。

会计期末，存货应当按照成本与可变现净值孰低计量，所谓“成本与可变现净值孰低”，是指对期末存货按照成本与可变现净值两者之中较低者进行计价的方法，即当成本低于可变现净值时，存货按成本计价；当可变现净值低于成本时，存货按可变现净值计价。期末存货成本与可变现净值之间的差额，就是存货跌价损失准备。

可变现净值，是指在日常活动中，存货的估计售价减去至完工时估计将要发生的成本、估计的销售费用以及相关税费后的金额。

“存货跌价准备”项目，反映企业提取的存货可变现净值低于成本的跌价损失准备。企业应当定期或者至少于每年年终，对存货进行全面清查，如由于存货遭受毁损、全部或部分陈旧过时或销售价格低于成本等原因，使存货成本不可收回的部分，应当计提存货跌价准备。

企业每期都应当重新确定存货的可变现净值，企业在定期检查时，如果发现以下情形之一，应当考虑计提存货跌价准备：

（1）市价持续下跌，并且在可预见的未来无回升的希望；

（2）企业使用该项原材料生产的产品的成本大于产品的销售价格；

（3）企业因产品更新换代，原有库存原材料已不能适应新产品的需要，而该原材料的市场价格又低于其账面成本；

（4）因企业所提供的商品或劳务过时或消费者偏好改变而使市场的需求发生变化，导致市场价格逐渐下跌；

（5）其他足以证明该项存货实质上已经发生减值的情形。

10.“合同资产”项目

“合同资产”项目，反映企业已向客户转让商品而有权收取对价的权利，且该权利取决于时间流逝之外的其他影响。比如，企业向客户销售两项可明确区别的商品，企业因已交付其中一项商品而有权收取款项，但收取该款项还取决于企业交付另一项商品的，企业应将该收款权利作为合同资产。

合同资产和应收款项均为企业拥有的收取合同对价的权利，两者的会计处理也类同，两者的区别主要在于以下两点。

（1）应收款项代表的是一项无条件收取合同对价的权利，该权利仅随着时间的流逝即可实现，因而只需承担信用风险。

（2）合同资产并非一项无条件收款权，该权利的实现，除了时间流逝因素外，还取决于合同中其他履约条件的实现，才能收取相应的合同对价。因此，合同资产除了需要承担信用风险外，还需承担履约风险等其他风险。

《企业会计准则第 22 号——金融工具确认与计量》第 46 条规定，企业应当按照该准则规定，以预期信用损失为基础，对合同资产项目进行减值会计处理并确认损失准备。

信用损失，是指企业按照原实际利率折现的，根据合同应收的所有合同现金流量与预期收取的所有现金流量之间的差额，即全部现金短缺的现值。

应收款项或合同资产符合下列条件之一的，企业应当始终按照相当于整个存续期内预期信用损失的金额计量其损失准备：

（1）该项目未包含《企业会计准则第 14 号——收入》所定义的重大融资成分，或根据收入准则的规定，不考虑不超过一年的合同中的融资成分；

（2）该项目包含《企业会计准则第 14 号——收入》所定义的重大融资成分，同时企业作出会计政策选择，按照相当于整个存续期内预期信用损失的金额计量其损失准备。

以上两个条件说明，只要企业愿意计提其信用损失准备，即可计提。同时，可对应收款项类和合同资产类项目分别作出会计政策选择。

11.“持有待售资产”项目

“持有待售资产”项目，反映企业持有待售的非流动资产和持有待售的处置组（或处置组合）中的资产的账面余额。处置组，是指企业在一项交易中作为一个整体，通过出售或其他方式一并处置的一组资产，以及在该交易中转让的与这些资产直接相关的负债。处置组所属的资产组或资产组组合，如果分摊了企业合并中取得的商誉的，该处置组应当包含分摊至处置组的商誉。

本账户期末借方余额，反映企业持有待售的非流动资产和持有待售的处置组中资产的账面余额；期末贷方余额，反映企业持有待售的处置组中的负债的账面余额。持有待售的非流动资产，或持有待售的处置组中的资产与持有待售的处置组中的负债不应当相互抵销，应当分别作为流动资产和流动负债列示。

本科目核算持有待售的非流动资产和持有待售的处置组中的资产，并按资产类别进行明细核算。企业将相关非流动资产或处置组划分为持有待售类别时，借记本科目，按已计提的累计折旧、累计摊销等，借记“累计折旧”“累计摊销”等科目，按各项资产账面余额，贷记“固定资产”“无形资产”“长期股权投资”“应收账款”“商誉”等科目，已计提减值准备的，还应同时结转已计提的减值准备。本科目期末借方余额，反映企业持有待售的非流动资产和持有待售的处置组中资产的账面余额。

按《企业会计准则第 42 号——持有待售的非流动资产、处置组和终止经营》的相关规定，该科目应设置“持有待售资产减值准备”科目，核算适用持有待售准则计量规定的持有待售的非流动资产和持有待售的处置组中资产计提的减值准备。后续资产负债表日，持有待售的非流动资产或处置组中的资产减值转回的，按允许转回的金额，借记本科目，贷记“资产减值损失”科目。本科目期末贷方余额，反映企业已计提但尚未转销的持有待售资产减值准备。

12.“一年内到期的非流动资产”项目

“一年内到期的非流动资产”项目，反映企业将在一年内到期的各项非流动资产的实际成本。

13.“其他流动资产”项目

“其他流动资产”项目，反映企业除以上流动资产项目外的其他流动资产的实际成本。

14.“债权投资”项目

“债权投资”项目，反映企业资产负债表日，以摊余成本计量的长期债权投资的期末账面价值，该项目应根据“债权投资”账户的相关明细科目的期末余额，减去“债券投资减值准备”账户中相关减值准备的期末余额后的金额分析填列。但自资产负债表日起一年内到期的长期债权投资的期末账面价值，在“一年内到期的非流动资产”项目中反映。企业购入的以摊余成本计量的一年内到期的债权投资的期末账面价值，在“其他流动资产”项目中反映。

企业的长期股权投资和长期债权投资应当在每个会计期末按照账面价值与可收回金额孰低法的原则计量，对于可收回金额小于其账面价值的差额，应当计提“长期投资减值准备”，计入当期的投资损益之中。可收回金额大于长期投资的账面价值，一般不作账务处理，但若属于以前已计提减值准备的，其价值得以恢复的，则应在已计提的减值准备的限度之内进行冲减。

在计提减值准备时，债券的成本是关键，因为二级市场上多次买入的债券成本是变动的，因而债券的成本必须是经过每月或每季的溢、折价摊销后的成本，才能与市价相比较计提减值准备。债券成本的计价方法应遵循一贯性原则，前后各期应当保持一致，不得随意变更，在选择先进先出法、后进先出法、加权平均法、移动加权平均法等方法确定其实际成本时，计价方法一经确定，不应随意变更，如在年度内有必要变更，应当在变更前，将变更的内容和理由、变更的累积影响程度等在财务报表附注中予以说明。

15.“其他债权投资”项目

“其他债权投资”项目，反映企业资产负债表日，以公允价值计量且其变动计入其他综合收益的，除债券以外的其他债权投资，如超过 1 年以上（不含 1 年）的委托贷款等长期债权投资的期末账面价值。该项目应根据“其他债权投资”账户的相关明细科目期末余额分析填列。

16.“长期应收款”项目

“长期应收款”项目，反映企业的长期应收款项，包括融资租赁产生的应收款项，采用递延方式具有融资性质的销售商品和提供劳务等产生的应收款项等，也包括实质上构成对被投资单位净投资的长期权益。

17.“长期股权投资”项目

“长期股权投资”项目，反映企业持有的采用成本法和权益法核算的长期股权投资。

成本法，是指长期股权投资按投资成本计价的方法。通常情况下，持股比例是确定采用成本法还是采用权益法核算的主要依据。下列情况下一般应采用成本法核算：

（1）投资企业能够对被投资单位实施控制的长期股权投资；

（2）投资企业对被投资单位不具有共同控制或重大影响，并且在活跃市场中没有报价、公允价值不能可靠计量的长期股权投资。通常情况下，投资企业拥有被投资单位20%以下表决权资本的，则认为投资企业对被投资单位不具有共同控制或重大影响。

长期股权投资采用成本法核算的一般程序如下：

（1）初始投资或追加投资时，按照初始投资或追加投资时的初始投资成本，或追加投资后的初始投资成本，作为长期股权投资的账面价值；

（2）被投资单位宣告分派的利润或现金股利，投资企业按应享有的部分，确认为当期投资收益，但投资企业确认的投资收益，仅限于所获的被投资单位在接受投资后产生的累计净利润的分配额，所获得的被投资单位宣告分派的利润，或现金股利超过被投资单位在接受投资后产生的累计净利润的部分，作为初始投资成本的收回，冲减投资的账面价值。

权益法，是指长期股权投资最初以初始投资成本计价，以后根据投资企业享有被投资单位所有者权益份额的变动对投资的账面价值进行调整的方法。投资企业对被投资单位具有共同控制或重大影响时，长期股权投资应采取权益法核算。当投资企业因减少投资等原因对被投资单位不再具有共同控制或重大影响时，投资企业对被投资单位的长期股权投资应停止采用权益法，改按成本法核算。

在长期股权投资采用权益法核算情况下，进行初始投资或追加投资时，按照初始投资或追加投资后的初始投资成本作为长期股权投资的账面价值；投资后，随着被投资单位所有者权益的变动而相应增加或减少长期股权投资的账面价值。

事实上，投资企业的长期股权投资采用成本法还是权益法核算，很大程度上是一个判断的结果，取决于该企业的盈利战略，除非其投资额占到被投资单位50%以上的表决权资本。因为，一般情况下，若采用权益法，投资企业的投资收益是正还是负，完全取决于被投资企业是盈利还是亏损；若采用成本法，投资企业的投资收益只会是正数或零，而与被投资企业损益无关。

按照《企业会计准则第 2 号——长期股权投资》的要求，企业应对长期投资的账面价值定期或者至少每年年度终了时，逐项进行检查。如果由于市价持续下跌或被投资单位经常状况变化等原因导致其可收回金额低于投资的账面价值时，应当计提减值准备，并按其计提额，借记“投资收益”项目，进利润表，作为本期利润的减少；贷记本项目，进资产负债表，抵减“长期投资”项目的金额。

企业持有的长期股权投资，有的有市价，有的没有市价，对持有的长期股权投资是否计提减值准备，可以根据下列迹象判断。

（1）有市价的长期股权投资是否计提减值准备，可根据下列迹象判断：

① 市价持续 2 年低于账面价值；

② 该项投资暂停交易 1 年或 1 年以上；

③ 被投资单位当年发生严重亏损；

④ 被投资单位持续 2 年发生亏损；

⑤ 被投资单位进行清理整顿、清算或出现其他不能持续经营的迹象。

（2）无市价的长期股权投资是否计提减值准备，可根据下列迹象判断：

① 影响被投资单位经营的政治或法律环境的变化，可能导致被投资单位出现巨额亏损；

② 被投资单位所供应的商品或提供的劳务因产品过时，或消费者偏好改变而使市场的需求发生变化，从而导致被投资单位财务状况发生严重恶化；

③ 被投资单位所在行业的生产技术等发生重大变化，被投资单位已失去竞争能力，从而导致财务状况发生严重恶化；

④ 有证据表明该项投资实质上已经不能再给企业带来经济利益的其他情形。

长期股权投资的价值减值，是指长期投资未来可收回金额低于账面价值所发生的损失。这里的“可收回金额”是指企业资产的出售净价与其从该资产的持有和投资到期处置中形成的预计未来现金流量的现值两者之中的较高者。其中，出售净价是指资产的出售价格减去所发生的资产处置费用后的余额。“长期股权投资减值准备”项目，反映企业长期股权投资计提的跌价损失准备，是长期股权投资未来可收回金额低于账面价值所发生的损失。企业应当定期或者至少于每年年终，对长期投资逐项进行检查，如果由于市价持续下降或被投资单位经营状况恶化等原因导致其可收回金额低于账面价值的，应当计提长期股权投资减值准备。

18.“其他权益工具投资”项目

“其他权益工具投资”项目，反映资产负债表日，企业以公允价值计量且其变动计入其他综合收益的，企业发行的除普通股以外的归类为非交易性权益工具投资的期末账面价值，该项目应根据“其他权益工具投资”账户的期末余额填列。

19.“其他非流动金融资产”项目

“其他非流动金融资产”项目，反映企业持有的，但不能计入以上第14～18项非流动金融资产项目外的，其他非流动金融资产的实际成本或公允价值。

20.“投资性房地产”项目

“投资性房地产”项目，反映企业采用成本模式计量的投资性房地产的成本减去投资性房地产累计折旧（摊销）和投资性房地产减值准备后的金额，或采用公允价值模式计量投资性房地产的公允价值。

按新准则规定，投资性房地产是指以赚取租金，或资本增值，或两者兼而有之的目的而持有的房地产，主要包括已出租的土地使用权、持有并准备增值后转让的土地使用权和已出租的建筑物。企业可自行选择采用成本模式或公允价值模式进行会计核算，但模式一经选择不可随意变更。成本模式转为公允价值模式的，应当作为会计政策变更处理；已采用公允价值模式计量的投资性房地产，不得从公允价值模式转为成本模式。

选择成本模式时，其会计核算比照固定资产、无形资产的核算模式，需要计提折旧、进行摊销，以及计提减值准备，减值准备一经计提，不得转回；选择公允价值模式时，以期末公允价值为基础调整其账面价值，两者差额计入当期损益，并不再计提折旧或进行摊销以及准备计提。

21.“固定资产”项目

“固定资产”项目，反映企业持有的固定资产原价减去已计提的累计折旧和减值准备后的期末固定资产净额（固定资产账面价值），固定资产账面价值=固定资产原价－已计提的累计折旧=固定资产净值－已计提的减值准备=固定资产净额。

企业的固定资产，是指同时具有以下特征的有形资产：

（1）为生产商品、提供劳务、出租或经营管理而持有的；

（2）使用寿命超过一个会计年度。

由于企业的经营内容、经营规模等各不相同，固定资产的标准也不可能要求绝对一致，各企业可以根据会计制度中对定义的固定资产的标准，结合各自的具体情况，制定适合本企业实际情况的固定资产目录、分类方法、每类或每项固定资产的折旧年限、折旧方法，作为固定资产核算的依据。

固定资产折旧是指在固定资产的使用寿命内，按照确定的方法对应计折旧额进行的系统分摊。其中，应计折旧额是指应当计提折旧的固定资产原价扣除其预计净残值后的余额，如果已对固定资产计提减值准备，还应该扣除已计提的固定资产减值准备累计金额。

企业应当根据固定资产所含经济利益的预期实现方式选择折旧方法，可选择的折旧方法包括年限平均法、工作量法、年数总和法和双倍余额递减法。

固定资产发生损坏、技术陈旧或其他经济原因，导致其可收回金额低于其账面价值的，这种情况称为固定资产价值减值。

企业应当定期或者至少在每年年终，对固定资产逐项进行检查，如发现存在下列情况，应当计算固定资产可收回金额，以确定资产是否已发生减值：

（1）固定资产市价大幅度下跌，其减幅大大高于因时间推移或正常使用预计的下跌，并且预计在近期内不可能恢复；

（2）企业所处的经营环境，或者产品营销市场，在当期发生或在近期发生重大变化，并对企业产生负面影响；

（3）同期市场利率大幅度提高，进而很可能影响企业计算固定资产可收回金额的折现率，并导致固定资产可收回金额大幅度降低；

（4）固定资产陈旧过时或发生实体损坏等；

（5）固定资产预计使用方法发生重大不利变化，从而有可能对企业产生负面影响；

（6）其他有可能表明资产已发生减值的情况。

如果固定资产的可收回金额低于其账面价值，企业应当按可收回金额低于账面价值的差额计提固定资产减值准备，并计入当期损益。

固定资产减值准备应按单项资产计提。

当存在下列情况之一时，应该按照该项固定资产的账面价值全额计提固定资产减值准备：

（1）长期闲置不用，在可预见的未来不会再使用，且已无转让价值的固定资产；

（2）由于技术进步等原因，已不可使用的固定资产；

（3）虽然固定资产尚可使用，但使用后产生大量不合格品的固定资产；

（4）已遭毁损，以至于不再具有使用价值和转让价值的固定资产；

（5）其他实质上已经不能再给企业带来经济利益的固定资产。

已全额计提减值准备的固定资产，应当按照该固定资产的账面价值，以及尚可使用寿命重新计算确定折旧率和折旧额；如果已计提减值准备的固定资产价值又得以恢复，应当按照固定资产减值恢复后的账面价值，以及尚可使用寿命重新计算折旧率和折旧额。

如果有迹象表明以前期间据以计提固定资产减值的各种因素发生变化，使得固定资产的可收回金额大于其账面价值，则以前期间已计提的减值损失应当转回，但转回的金额不应超过原已计提的固定资产减值准备。

22.“在建工程”项目

“在建工程”项目，反映企业基建、更新改造等在建工程发生的支出减去已计提减值准备后的金额。其中的“工程物资”项目，反映企业为在建工程准备的各种物资的成本减去已计提减值准备后的金额，包括工程用材料、尚未安装的设备以及为生产准备的工、器具等；“固定资产清理”项目，反映企业因出售、毁损、报废等原因转入清理但尚未清理完毕的固定资产的账面价值，以及固定资产清理过程中发生的各项费用或收入的差额。

23.“生产性生物资产”项目

“生产性生物资产”项目，反映企业持有的生产性生物资产原价减去已计提的累计折旧和减值准备后的金额。

24.“油气资产”项目

“油气资产”项目，反映企业持有的矿区权益和油气井及相关设施的原价减去已计提的累计折耗和减值准备后的金额。

25.“使用权资产”项目

“使用权资产”项目，反映企业资产负债表日承租人企业持有的使用权资产的期末账面价值。该项目应根据“使用权资产”科目的期末余额，减去“使用权资产累计折旧”和“使用权资产减值准备”科目的期末余额后的金额填列。

按《企业会计准则第 21 号——租赁》的规定，取消了承租人对融资租赁和经营租赁的分类，也即，无论是融资租赁还是经营租赁，承租人都需通过统一设置“使用权资产”科目进行会计处理。

26.“无形资产”项目

“无形资产”项目，反映企业持有的无形资产成本减去已计提的累计摊销和减值准备后的金额，包括专利权、非专利技术、商标权、著作权、土地使用权等。

27.“开发支出”项目

“开发支出”项目，反映企业正在进行无形资产研究开发项目时，满足资本化条件的各项支出。该科目应当按照研究开发的具体项目，分别以“费用化支出”与“资本化支出”进行明细核算，其中费用化支出项目期末无余额，余额结转至“管理费用”。故“开发支出”项目的期末余额应为“资本化支出”金额，如果企业能够证明开发支出符合无形资产的定义及相关确认条件，则可将其确认为无形资产，余额结转至“无形资产”。

一个处于开发阶段的研发项目的支出，是作为“费用化支出”子目，还是“资本化支出”子目列支，取决于此项目未来最终形成成果的可能性，也即，取决于个人或组织的判断。

28.“商誉”项目

“商誉”项目，反映非同一控制下的企业购买合并中，合并企业投资成本超过被合并企业净资产公允价值的差额，减去减值准备后的金额（账面价值）。

根据《企业会计准则第 8 号——资产减值》的规定：商誉的减值测试及确认应结合与其相关的资产组或资产组组合进行。首先，企业对于因企业合并形成的商誉，应当自购买日起将商誉的账面价值按合理的方法分摊至相关资产组或资产组组合中去，此处的资产组或资产组组合应是由“若干个资产组组成的最小资产组组合”。其次，在会计期末，对包含商誉的相关资产组或资产组组合进行减值测试时，如与商誉相关的资产组或资产组组合存在减值迹象的，应先对不包含商誉的资产组或资产组组合进行减值测试，计算可收回金额，并与相关资产组或资产组组合的账面价值进行比较，确认减值损失。再次，再对包含商誉的资产组或资产组组合进行减值测试，以将各相关资产组或资产组组合的账面价值（包括所分摊的商誉的账面价值部分）与可收回金额进行比较，如果相关资产组或资产组组合的可收回金额低于其账面金额，则确认商誉的减值损失。最后，商誉的减值损失一经确认不得在以后的会计期间转回。

29.“长期待摊费用”项目

“长期待摊费用”项目，反映企业尚未摊销完毕的，应由以后各期负担的，分摊期限在1年以上的各项费用，如以经营租赁方式租入的固定资产发生的改良支出等。

30.“递延所得税资产”项目

“递延所得税资产”项目，反映企业确认的可抵扣暂时性差异产生的递延所得税资产。

31.“其他非流动资产”项目

“其他非流动资产”项目，反映除以上资产以外的其他非流动资产的实际成本。

4.2.2 负债类项目

32.“短期借款”项目

“短期借款”项目，反映企业向银行或其他金融机构等借入的，期限在1年以内（含1年）的各种借款。

33.“交易性金融负债”项目

“交易性金融负债”项目，反映企业采用短期获利模式进行融资所形成的负债，比如应付短期债券，对于投资方来说，就是交易性金融资产，而对于发行方来说，就是交易性金融负债。企业承担的交易性金融负债按公允价值计量，不包括企业持有的，直接指定为以公允价值计量，且其变动计入当期损益的金融负债的公允价值。

34.“衍生金融负债”项目

“衍生金融负债”项目，反映企业从传统金融工具中派生出来的各项新型金融工具的公允价值，包括远期合约、金融期货、金融期权、互换四类。当一个衍生金融工具在资产负债表日其公允价值为正时（衍生金融工具的即时公允价值高于其账面余额的差额），则为“衍生金融资产”，若为负时（衍生金融工具的即时公允价值低于其账面余额的差额），则是“衍生金融负债”。

35.“应付票据”项目

“应付票据”项目，反映因企业购买材料、商品或接受劳务等经营活动开出、承兑的，尚未到期的商业汇票的票面金额，包括银行承兑汇票和商业承兑汇票。

36.“应付账款”项目

“应付账款”项目，反映企业因购买材料、商品或接受劳务等经营活动应支付而尚未支付的款项等的期末余额。

37.“预收款项”项目

“预收款项”项目，反映企业按照规定预收的各项除销售商品、提供劳务以外的各种预收款项的期末余额，比如，预收租赁费、预收股东款等。

38.“合同负债”项目

“合同负债”项目，反映企业已收或应收客户对价而向客户转让商品，或提供劳务的义务。比如，企业在转让承诺的商品之前已收取的款项。

“合同资产”“合同负债”项目，应分别根据其相关明细科目的期末余额分析填列。其中，一年之内的合同资产、合同负债，分别在“合同资产”“合同负债”项下列示；长于一年的，分别在“其他非流动资产”“其他非流动负债”项下列示；长于一年但在一年内到期的，分别在“一年内到期的非流动资产”“一年内到期的其他非流动负债”项下列示。

不同合同下的合同资产和合同负债不得相互抵消。

同一合同下的合同资产和合同负债应当以净额列示，或设置“合同结算”科目核算。

39.“应付职工薪酬”项目

“应付职工薪酬”项目，反映企业根据有关法律、法规、契约规定应付而未付给职工的各种薪酬的期末余额。职工薪酬，是指企业在职工提供相关服务的年度报告期间结束后 12 个月内，需要全部予以支付的职工薪酬，因解除与职工的劳动关系给予的补偿除外。职工薪酬具体包括：职工工资、奖金、津贴和补贴，职工福利费，医疗保险费、工伤保险费和生育保险费等社会保险费，住房公积金，工会经费和职工教育经费，职工带薪缺勤，职工利润分享计划，非货币性福利以及其他职工薪酬等。

40.“应交税费”项目

“应交税费”项目，反映企业按照税法等规定计算应交纳而未缴纳的各种税费，包括增值税、消费税、所得税、资源税、土地增值税、城市维护建设税、房产税、土地使用税、车船使用税、教育费附加、矿产资源补偿费等税费的期末余额。

41.“其他应付款”项目

“其他应付款”项目，反映企业除应付票据、应付账款、预收账款、应付职工薪酬、应交税费、长期应付款等以外的其他各项应付、暂收的款项的期末余额。原“应付利息”和“应付股利”项目一并归至该项目，不再单独填列，即，根据新金融工具准则核算的利息、股利等与资金往来相关的其他各种应付、暂收的款项均归并至“其他应付款”项目下列示。

42.“持有待售负债”项目

“持有待售负债”项目，反映企业持有待售的处置组，或处置组合中划分为持有待售类别的资产直接相关的负债的期末账面贷方余额，该项目应按负债类别进行明细核算。

43.“一年内到期的非流动负债”项目

“一年内到期的非流动负债”项目，反映企业将在一年内到期的各项非流动负债。

44.“其他流动负债”项目

“其他流动负债”项目，反映企业除以上流动负债以外的其他流动负债。

45.“长期借款”项目

“长期借款”项目，反映企业向银行或其他金融机构借入的期限在一年以上（不含一年）的各项借款。

46.“应付债券”项目

“应付债券”项目，反映企业为筹集超过一年以上（长期）的资金而发行债券的本金和利息（包括企业发行的归类为金融负债的优先股、永续债等），并分别其二级账户进行明细核算。

企业发行的可转换公司债券，应当在初始确认时将其包含的负债成分和权益成分进行分拆，将负债成分确认为“应付债券”，将权益成分确认为“其他权益工具”，并将其发行时发生的交易费用，按其公允价值在两个账户之间进行分摊，只有分拆后形成的负债成分在本账户核算。

47.“租赁负债”项目

“租赁负债”项目，反映承租人在租入资产（承租人无需分经营租赁还是融资租赁），被确认为使用权资产的同时，所确认的（租赁）负债（短期租赁和低价值资产租赁除外）。此“租赁负债”项目的金额，按照租赁期开始日尚未支付的租赁付款额的现值，减去租赁期间支付的年租金（年租赁付款额），以及按以上两者差额（摊余成本）计算的利息后的余额列示。

在计算租赁付款额的现值时，承租人应当采用租赁内含利率作为折现率；无法确定租赁内含利率的，应当采用承租人增量借款利率作为折现率。后续计量中，承租人应当按照固定的周期性利率（折现率）计算租赁负债在租赁期内各期间的利息费用，并将利息费用计入当期损益。

“租赁负债”项目，反映资产负债表日承租人企业尚未支付的租赁付款额的期末账面价值。该项目应根据“租赁负债”科目的期末余额填列。自资产负债表日起一年内到期应予以清偿的租赁负债的期末账面价值，在“一年内到期的非流动负债”项目反映。

48.“长期应付款”项目

“长期应付款”项目，反映企业除长期借款、应付债券和“租赁负债”以外的其他各种长期应付款项，比如超过12个月支付期限的低价值资产租赁等发生的应付款项等。

49.“预计负债”项目

“预计负债”项目，反映企业确认的对外提供担保、未决诉讼、产品质量保证、重组义务、亏损性合同等预计负债的账面价值。

《企业会计准则第13号——或有事项》指出，或有事项是指过去的交易或者事项形成的，其结果须由某些未来事项的发生或不发生才能决定的不确定事项。

与或有事项相关的义务同时满足下列条件的，应当确认为预计负债：

（1）该义务是企业承担的现时义务；

（2）履行该义务很可能导致经济利益流出企业；

（3）该义务的金额能够可靠地计量。

预计负债应当按照履行相关现时义务所需支出的最佳估计数进行初始计量。所需支出存在一个连续范围，且该范围内各种结果发生的可能性相同的，最佳估计数应当按照该范围内的中间值确定。

待执行合同变成亏损合同的，该亏损合同产生的义务满足预计负债确认条件的，应当确认为预计负债。

企业承担的重组义务满足预计负债确认条件的，也应当确认为预计负债。

50.“递延收益”项目

“递延收益”项目，反映企业根据政府补助准则确认的，应在以后期间计入当期损益的政府补助金额。“递延收益”是指尚待确认的收入或收益，也可以说是指暂时未确认的收益，但企业在当期损益中确认的政府补助，在“营业外收入”账户核算，不在“递延收益”账户核算。

“递延收益”项目中摊销期限只剩一年或不足一年的，或预计在一年内（含一年）进行摊销的部分，不得归类为流动负债，仍在该项目中填列，不转入“一年内到期的非流动负债”项目。

51.“递延所得税负债”项目

“递延所得税负债”项目，反映企业根据所得税准则确认的应纳税暂时性差异产生的所得税负债。

52.“其他非流动负债”项目

“其他非流动负债”项目，反映企业除以上非流动负债外的其他非流动负债。

4.2.3 所有者权益类项目

53.“实收资本”或“股本”项目

“实收资本”或“股本”项目，反映企业实际收到的投资者投入的实收资本或股本总额。

54.“其他权益工具”项目

“其他权益工具”项目，反映企业发行的除普通股以外，分类为权益工具的金融工具的账面价值，并在“其他权益工具”项目下增设“优先股”和“永续债”两个项目，分别反映企业发行的分类为权益工具的优先股和永续债的账面价值。相应地，在“应付债券”项目下增设“优先股”和“永续债”两个项目，分别反映企业发行的分类为金融负债的优先股和永续债的账面价值。

“其他权益工具”如属流动负债的，应当比照上述原则在流动负债类的相关项目中列报。

55.“资本公积”项目

“资本公积”项目，反映企业收到投资者出资额超出其在注册资本或股本中所占份额的部分，还包括除直接计入“其他综合收益”账户以外的，其他直接计入所有者权益的利得和损失。

56.“库存股”项目

“库存股”项目，反映企业回购，但尚未转让或注销的，在适当的时机可再向市场出售或用于对员工激励的，本公司持有的已发行股份的实际成本。

57.“其他综合收益”项目

“其他综合收益”项目，反映企业未在损益中确认的各项非日常经营活动形成的利得和损失，扣除所得税影响后的净额，即原来记入“资本公积——其他资本公积”账户核算的部分业务，主要包括下面几种情况。

（1）可供出售金融资产的公允价值变动、减值及处置导致的其他综合收益的增加或减少。还包括将持有至到期投资重分类为可供出售金融资产时，重分类日公允价值与账面余额的差额部分。

（2）长期股权投资确认按照权益法核算的在被投资单位其他综合收益中所享有的份额导致的其他综合收益的增加或减少。这其中又分为以下两种情况。

第一种情况是对合营联营企业投资，采用权益法核算确认的被投资单位除净损益以外所有者权益的其他变动，导致的其他综合收益的增加，不是资本交易，是持有利得。因此，不论是在投资单位的个别报表还是合并报表中，均应归属于其他综合收益。

第二种情况是对子公司投资，在编制合并报表时，只有因子公司的其他综合收益而在合并报表中按权益法确认的其他综合收益和少数股东权益的变动才是其他综合收益，子公司因权益性交易导致的资本公积或留存收益的变动使得合并报表按权益法相应确认的其他资本公积和少数股东权益的变动不是其他综合收益。

（3）自用房地产或存货转换为采用公允价值模式计量的投资性房地产，转换当日的公允价值大于原账面价值，其差额计入所有者权益导致的其他综合收益的增加，以及处置时的转出。

（4）可供出售外币非货币性项目的汇兑差额。

58.“专项储备”项目

“专项储备”项目，反映高危行业企业按国家规定提取的安全生产费的期末账面价值。该项目应根据“专项储备”科目的期末余额填列。

59.“盈余公积”项目

“盈余公积”项目，反映企业按规定从净利润中提取的法定公积金和任意公积金，其中的法定盈余公积累计额达到注册资本的50%时可以不再提取。

60.“未分配利润”项目

“未分配利润”项目，反映企业从净利润（或亏损）中形成，留待以后年度进行分配的利润，或予以弥补的亏损。

需要说明的是，以上资产负债表（包括后面两章的利润表解读、现金流量表解读）的各项目在信息的揭示方面存在着许多不明确、不准确的问题，如果这些问题在报表附注中未予充分披露，这将给报表的分析者带来一定的困难。

首先，资产一般都按取得时的实际成本计价。但由于通货膨胀等因素的存在，往往造成报表上资产的账面价值与资产市价的不一致，导致报表分析者往往无法确定资产的实际市价或重置价值。

其次，资产的计价可采用许多不同的方法。如发出存货的计价可采用先进先出、加权平均等方法，从而造成报表分析者对资产估价的困难。

再次，大量采用的减值准备的计提，一定程度上是建立在财务会计人员的主观判断基础之上，这必然会导致报表数据的多样性，并给盈余管理带来广泛的操纵空间。

最后，财务会计人员的职业素质、专业素养、道德操守，以及其他一些表外事项的存在，也会影响对报表项目和数据的正确分析。

当然，这些问题并不会使财务报表分析成为不可能，只是要求将定性的判断应用于定量的比率与趋势分析之中，就可理性地评价这些问题的影响。

本章小结

资产负债表是反映企业某一特定日期财务状况的报表，总体是一份存量报告，因此，若要能比较准确地分析资产负债表，就首先要读懂资产负债表。读懂资产负债表的结构，读懂资产负债表中各个项目所反映的具体经济业务的内容，读懂会计人员在反映这些具体经济业务内容时所遵循的会计准则、所选择的会计政策和估计、所采用的会计方法和程序及与其他财务报表之间的关系。

本章习题

一、单项选择题

1. 坏账是指企业无法收回，或收回可能性极小的（　　）。

A. 应收账款　　B. 应收票据

C. 应付账款　　D. 应付票据

2. 企业的存货是不断流动的，这种流动分实物流动与（　　）流动两种。

A. 现金　　B. 价值

C. 先进先出　　D. 后进先出

3. 如果固定资产的可收回金额低于其账面价值，企业应当按可收回金额低于账面价值的差额计提固定资产减值准备，并计入（　　）。

A. 资本公积　　B. 盈余公积

C. 当期损益　　D. 其他综合收益

4. 由于（　　）的存在，往往造成报表上资产的账面价值低于该资产的市价。

A. 公允价值　　B. 货币时间价值

C. 通货紧缩　　D. 通货膨胀

二、多项选择题

1. 发出存货计价方法对企业损益的计算有直接影响：（　　）。

A. 发出存货计价如果过低，当期的收益可能因此而相应增加

B. 发出存货计价如果过低，当期的收益可能因此而相应减少

C. 发出存货计价如果过高，当期的收益可能因此而相应减少

D. 发出存货计价如果过高，当期的收益可能因此而相应增加

2. 无市价的长期股权投资是否计提减值准备，可根据下列迹象判断：（　　）。

A. 影响被投资单位经营的政治或法律环境的变化，可能导致被投资单位出现巨额亏损

B. 被投资单位所供应的商品或提供的劳务因产品过时，或消费者偏好改变而使市场的需求发生变化，从而导致被投资单位财务状况发生严重恶化

C. 被投资单位所在行业的生产技术等发生重大变化，被投资单位已失去竞争能力，从而导致财务状况发生严重恶化

D. 有证据表明该项投资实质上已经不能再给企业带来经济利益的其他情形

3.“衍生金融负债”项目包括（　　）。

A. 远期合约　　B. 金融期货

C. 金融期权　　D. 互换

4. 与或有事项相关的义务同时满足下列条件的，应当确认为预计负债：（　）。

A. 该义务是企业承担的现时义务

B. 该义务是企业承担的未来义务

C. 履行该义务很可能导致经济利益流出企业

D. 该义务的金额能够可靠地计量

三、判断题

1. 资产负债表是反映企业某一特定日期的财务状况的报表，是一份流量报表。（　）

2.“使用权资产”项目，反映企业资产负债表日承租人企业持有的使用权资产的期末账面价值。（　）

3. 资产减值损失一经确认，在以后会计期间不得转回。（　）

4.“商誉”项目，反映非同一控制下的企业购买合并中，合并企业投资成本超过被合并企业净资产公允价值的差额，减去减值准备后的金额（账面价值）。（　）

四、简答题

1. 为什么说资产负债表是一份存量报表？

2.“交易性金融资产”项目反映什么内容？

3. 你如何看待资产减值准备政策？

4. 何为“读懂资产负债表”？

五、案例分析

丁一是一家上市公司的总经理，该公司已连续两年亏损，处于退市边缘，重组工作已进行了一段时日，其他事务都比较顺利，但在财务报表的处理方面碰到了一些麻烦，为了此事，丁总找到了住在同一小区的许教授，并向他说明了自己公司资产负债表的情况。

该公司的资产总额为零；负债总额为10亿元，其中欠银行8亿元，欠其他方面2亿元；股东权益总额为−10亿元，其中股本和资本公积各为1亿元，共2亿元，未分配利润为−12亿元。

许教授听了丁总的介绍后，两人的对话如下。

许：“此次重组是否已获得相关政府部门的支持？”

丁：“那是毫无疑问的。”

许：“作为一家上市公司，尽管面临退市，但资产总额绝不可能为零，为零的情况一定是计提了全额准备所导致的结果。”

丁：“情况确实是这样。”

许：“那好，冲转准备，越多越好。一方面可以尽可能多地增加资产；另一方面可以尽可能多地增加利润，冲销负的未分配利润。”

丁：“然后呢？”

许：“找一家资产评估事务所，尽可能高地评估你们公司的现有资产，同时增加你们公司的资本公积。”

丁："再然后呢？"

许："成立一家空壳的集团公司，剥离你们公司的不良资产和与这些不良资产相对应的8亿元银行债务到这家集团公司，以便你们公司能轻装上阵，尽情描绘美好的未来。"

丁："最后呢？"

许："去找一家战略合作伙伴。"

要求：请分析评价许教授的建议是否符合相关会计准则的要求。

参考答案

一、单项选择题

1. A　2. B　3. C　4. D

二、多项选择题

1. AC　2. ABCD　3. ABCD　4. ACD

三、判断题

1. ×　2. √　3. √　4. √

第5章

利润表解读

学习目标

1. 了解利润表的基本结构。
2. 明确利润表中各个项目的基本内容。
3. 掌握利润表中各个项目的核算方法。
4. 理解利润表与其他报表之间的勾稽关系。

学习重点

1. 利润表是怎样把一定时期的营业总收入与其同一期间相关的营业总成本，以及利得或损失等进行配比，计算出企业一定时期的净利润和综合收益总额的。

2. 利润表中各项目的计算是基于权责发生制（应计制）的要求，以及运用会计政策和会计估计的结果，并非表示实际的现金流量，其收益与该企业实际的经营成果并不完全一致。

利润表往往被认为是一种最重要的财务报表，该表也可称损益表、收益表等。通过阅读、理解利润表提供的各项目数据，以及不同时期的比较数据（本期金额、上期金额），既可以帮助了解一个企业过去和现在的收入、费用、利得和利润，又可以在此基础上分析企业未来收入和费用的发展趋势和盈利能力，从而为投资者投入资本的风险和效益提供较为完整的分析信息。并且，由于利润是企业经营业绩的综合体现，又是进行利润分配的主要依据，因此，利润表是财务报表中的一份主要报表。

5.1 利润表格式

利润表是反映企业在一定会计期间累计经营、非经营成果的财务报表，因而是一份流量报表。利润表把一定时期的营业收入与其同一期间相关的各项营业费用进行配比，以计算出企业一定时期的净利润。通过利润表反映的收入和费用等情况，可以衡量企业生产经营的收入、费用、利得、利润等绝对量指标，表明企业一定时期的经营成果。

利润表是通过一定的规定格式项目来反映企业经营成果的财务报表，但由于不同的国家和企业对财务报表的信息要求不同，利润表中具体规定格式项目的排列也不完全相同，但目前使用比较普遍的利润表格式主要有多步式和单步式两种。

多步式利润表中的利润是通过多步收支配比计算而得来的，其编制通常分为以下几步。

第一步：从营业收入中减去营业成本和期间费用（减去营业总成本），然后加减投资收益、资产减值准备（利得和损失）等，计算得出营业利润。

第二步：在营业利润的基础上加减营业外收支，计算得出本期实现的利润总额，即税前利润。

第三步，从利润总额（税前利润）中减去所得税费用，计算得出本期净利润，即税后利润，最后加减其他综合收益得出综合收益总额。

多步式利润表的优点是便于对企业生产经营的各种情况进行分析，有利于不同企业之间进行比较。更重要的是，利用多步式利润表，可以帮助预测企业今后的持续盈利能力和经营能力。

单步式利润表是将企业当期的所有收入加在一起，然后将所有的支出也加总在一起，通过一次计算得出当期损益。其优点是结构简单，不存在牵强附会的中间指标；缺点是不能明晰企业发生的各项收支、损益，以及它们之间的配比关系。

多步式和单步式利润表中各项目的数据来源相同，计算出的净利润也相同，只是计算的步骤略有差异。表 5–1 是典型的多步式利润表，为《企业会计准则第 30 号——财务报表列报》应用指南中规定，并于 2019 年 4 月 30 日财政部发布公告修订的一般企业利润表，表 5–2 则为现实中上市公司常用的合并利润表。

表 5–1　多步式利润表（一般企业）

利 润 表

编制单位：　　　　　　　　　　年　月　日　　　　　　　　单位：　　币种：

项　目	本期金额	上期金额
一、营业收入		
减：营业成本		
税金及附加		
销售费用		
管理费用		
研发费用		
财务费用		
其中：利息费用		
利息收入		
加：其他收益		
投资收益（损失以“–”号填列）		
其中：对联营企业和合营企业的投资收益		
以摊余成本计量的金融资产终止确认收益		
净敞口套期收益（损失以“–”号填列）		
公允价值变动收益（损失以“–”号填列）		

续表

项　目	本期金额	上期金额
信用减值损失（损失以“－”号填列）		
资产减值损失（损失以“－”号填列）		
资产处置收益（损失以“－”号填列）		
二、营业利润（亏损以“－”号填列）		
加：营业外收入		
减：营业外支出		
三、利润总额（亏损总额以“－”号填列）		
减：所得税费用		
四、净利润（净亏损以“－”号填列）		
（一）持续经营净利润（净亏损以“－”号填列）		
（二）终止经营净利润（净亏损以“－”号填列）		
五、其他综合收益的税后净额		
（一）不能重分类进损益的其他综合收益		
1. 重新计量设定受益计划变动额		
2. 权益法下不能转损益的其他综合收益		
3. 其他权益工具投资公允价值变动		
4. 企业自身信用风险公允价值变动		
5. 其他		
（二）将重分类进损益的其他综合收益		
1. 权益法下可转损益的其他综合收益		
2. 其他债权投资公允价值变动		
3. 金融资产重分类计入其他综合收益的金额		
4. 其他债权投资信用减值准备		
5. 现金流量套期储备		
6. 外币财务报表折算差额		
7. 其他		
六、综合收益总额		
七、每股收益		
（一）基本每股收益		
（二）稀释每股收益		

表 5-2　多步式（非金融上市公司）合并利润表

合并利润表

编制单位：　　　　年　月　日　　　　单位：　　币种：

项　目	本期金额	上期金额
一、营业总收入（合并报表）		
其中：营业收入		

续表

项　目	本期金额	上期金额
利息收入（合并报表）		
已赚保费（合并报表）		
手续费及佣金收入（合并报表）		
二、营业总成本（合并报表）		
其中：营业成本		
利息支出（合并报表）		
手续费及佣金支出（合并报表）		
退保金（合并报表）		
赔付支出净额（合并报表）		
提取保险责任准备金净额（合并报表）		
保单红利支出（合并报表）		
分保费用（合并报表）		
税金及附加		
销售费用		
管理费用		
研发费用		
财务费用		
其中：利息费用		
利息收入		
加：其他收益（损失以“－”号填列）		
投资收益（损失以“－”号填列）		
其中：对联营企业和合营企业的投资收益		
以摊余成本计量的金融资产终止确认收益		
汇兑收益（损失以“－”号填列）（合并报表）		
净敞口套期收益（损失以“－”号填列）		
公允价值变动收益（损失以“－”号填列）		
信用减值损失（损失以“－”号填列）		
资产减值损失（损失以“－”号填列）		
资产处置收益（损失以“－”号填列）		
三、营业利润（亏损以“－”号填列）		
加：营业外收入		
减：营业外支出		
四、利润总额（亏损总额以“－”号填列）		
减：所得税费用		
五、净利润（净亏损以“－”号填列）		
（一）按经营持续性分类		
1. 持续经营净利润（净亏损以“－”号填列）		

续表

项　目	本期金额	上期金额
2. 终止经营净利润（净亏损以“－”号填列）		
（二）按所有权归属分类		
1. 归属于母公司股东的净利润（合并报表）		
2. 少数股东权益（合并报表）		
六、其他综合收益的税后净额		
（一）归属于母公司所有者的其他综合收益的税后净额（合并报表）		
1. 不能重分类进损益的其他综合收益		
（1）重新计量设定受益计划变动额		
（2）权益法下不能转损益的其他综合收益		
（3）其他权益工具投资公允价值变动		
（4）企业自身信用风险公允价值变动		
（5）其他		
2. 将重分类进损益的其他综合收益		
（1）权益法下可转损益的其他综合收益		
（2）其他债权投资公允价值变动		
（3）金融资产重分类计入其他综合收益的金额		
（4）其他债权投资信用减值准备		
（5）现金流量套期储备		
（6）外币财务报表折算差额		
（7）其他		
（二）归属于少数股东的其他综合收益的税后净额（合并报表）		
七、收益综合总额		
（一）归属于母公司所有者的综合收益总额（合并报表）		
（二）归属于少数股东的综合收益总额（合并报表）		
八、每股收益		
（一）基本每股收益		
（二）稀释每股收益		

5.2 利润表（一般企业）各项目解读

我国企业目前一般采用多步式利润表格式，报表中所反映的无论是收入还是费用，均为报告期内所发生的累计数。

1.“营业收入”项目

“营业收入”项目，反映企业确认的销售商品、在制品、材料、提供劳务等主营业务的收入，以及除主营业务活动以外的其他经营活动实现的收入，包括出租固定资产、出租无形资产、出租包装物和商品等通过让渡资产使用权而实现的收入。

我国2017年版的《企业会计准则第14号——收入》中有如下规定。

第二条 收入，是指企业在日常活动中形成的、会导致所有者权益增加的、与所有者投入资本无关的经济利益的总流入。

第三条 本准则适用于所有与客户之间的合同，但下列各项除外：

（一）由《企业会计准则第2号——长期股权投资》、《企业会计准则第22号——金融工具确认和计量》、《企业会计准则第23号——金融资产转移》、《企业会计准则第24号——套期会计》、《企业会计准则第33号——合并财务报表》以及《企业会计准则第40号——合营安排》规范的金融工具及其他合同权利和义务，分别适用《企业会计准则第2号——长期股权投资》、《企业会计准则第22号——金融工具确认和计量》、《企业会计准则第23号——金融资产转移》、《企业会计准则第24号——套期会计》、《企业会计准则第33号——合并财务报表》以及《企业会计准则第40号——合营安排》。

（二）由《企业会计准则第21号——租赁》规范的租赁合同，适用《企业会计准则第21号——租赁》。

（三）由保险合同相关会计准则规范的保险合同，适用保险合同相关会计准则。

本准则所称客户，是指与企业订立合同以向该企业购买其日常活动产出的商品或服务(以下简称“商品”）并支付对价的一方。

本准则所称合同，是指双方或多方之间订立有法律约束力的权利义务的协议。合同有书面形式、口头形式以及其他形式。

第四条 企业应当在履行了合同中的履约义务，即在客户取得相关商品控制权时确认收入。

取得相关商品控制权，是指能够主导该商品的使用并从中获得几乎全部的经济利益。

第五条 当企业与客户之间的合同同时满足下列条件时，企业应当在客户取得相关商品控制权时确认收入：

（一）合同各方已批准该合同并承诺将履行各自义务；

（二）该合同明确了合同各方与所转让商品或提供劳务（以下简称“转让商品”）相关的权利和义务；

（三）该合同有明确的与所转让商品相关的支付条款；

（四）该合同具有商业实质，即履行该合同将改变企业未来现金流量的风险、时间分布或金额；

（五）企业因向客户转让商品而有权取得的对价很可能收回。

在合同开始日即满足前款条件的合同，企业在后续期间无需对其进行重新评估，除非有迹象表明相关事实和情况发生重大变化。合同开始日通常是指合同生效日。

第六条 在合同开始日不符合本准则第五条规定的合同，企业应当对其进行持续评估，并在其满足本准则第五条规定时按照该条的规定进行会计处理。

对于不符合本准则第五条规定的合同，企业只有在不再负有向客户转让商品的剩余义务，且已向客户收取的对价无需退回时，才能将已收取的对价确认为收入；否则，应当将已收取的对价作为负债进行会计处理。没有商业实质的非货币性资产交换，不确认收入。

第七条 企业与同一客户（或该客户的关联方）同时订立或在相近时间内先后订立的两

份或多份合同，在满足下列条件之一时，应当合并为一份合同进行会计处理：

（一）该两份或多份合同基于同一商业目的而订立并构成一揽子交易。

（二）该两份或多份合同中的一份合同的对价金额取决于其他合同的定价或履行情况。

（三）该两份或多份合同中所承诺的商品（或每份合同中所承诺的部分商品）构成本准则第九条规定的单项履约义务。

第八条 企业应当区分下列三种情形对合同变更分别进行会计处理：

（一）合同变更增加了可明确区分的商品及合同价款，且新增合同价款反映了新增商品单独售价的，应当将该合同变更部分作为一份单独的合同进行会计处理。

（二）合同变更不属于本条（一）规定的情形，且在合同变更日已转让的商品或已提供的服务（以下简称“已转让的商品”）与未转让的商品或未提供的服务（以下简称“未转让的商品”）之间可明确区分的，应当视为原合同终止，同时，将原合同未履约部分与合同变更部分合并为新合同进行会计处理。

（三）合同变更不属于本条（一）规定的情形，且在合同变更日已转让的商品与未转让的商品之间不可明确区分的，应当将该合同变更部分作为原合同的组成部分进行会计处理，由此产生的对已确认收入的影响，应当在合同变更日调整当期收入。

本准则所称合同变更，是指经合同各方批准对原合同范围或价格作出的变更。

第九条 合同开始日，企业应当对合同进行评估，识别该合同所包含的各单项履约义务，并确定各单项履约义务是在某一时段内履行，还是在某一时点履行，然后，在履行了各单项履约义务时分别确认收入。

履约义务，是指合同中企业向客户转让可明确区分商品的承诺。履约义务既包括合同中明确的承诺，也包括由于企业已公开宣布的政策、特定声明或以往的习惯做法等导致合同订立时客户合理预期企业将履行的承诺。企业为履行合同而应开展的初始活动，通常不构成履约义务，除非该活动向客户转让了承诺的商品。

企业向客户转让一系列实质相同且转让模式相同的、可明确区分商品的承诺，也应当作为单项履约义务。

转让模式相同，是指每一项可明确区分商品均满足本准则第十一条规定的、在某一时段内履行履约义务的条件，且采用相同方法确定其履约进度。

第十条 企业向客户承诺的商品同时满足下列条件的，应当作为可明确区分商品：

（一）客户能够从该商品本身或从该商品与其他易于获得资源一起使用中受益；

（二）企业向客户转让该商品的承诺与合同中其他承诺可单独区分。

下列情形通常表明企业向客户转让该商品的承诺与合同中其他承诺不可单独区分：

1. 企业需提供重大的服务以将该商品与合同中承诺的其他商品整合成合同约定的组合产出转让给客户。

2. 该商品将对合同中承诺的其他商品予以重大修改或定制。

3. 该商品与合同中承诺的其他商品具有高度关联性。

第十一条 满足下列条件之一的，属于在某一时段内履行履约义务；否则，属于在某一时点履行履约义务：

（一）客户在企业履约的同时即取得并消耗企业履约所带来的经济利益。

（二）客户能够控制企业履约过程中在建的商品。

（三）企业履约过程中所产出的商品具有不可替代用途，且该企业在整个合同期间内有权就累计至今已完成的履约部分收取款项。

具有不可替代用途，是指因合同限制或实际可行性限制，企业不能轻易地将商品用于其他用途。

有权就累计至今已完成的履约部分收取款项，是指在由于客户或其他方原因终止合同的情况下，企业有权就累计至今已完成的履约部分收取能够补偿其已发生成本和合理利润的款项，并且该权利具有法律约束力。

第十二条 对于在某一时段内履行的履约义务，企业应当在该段时间内按照履约进度确认收入，但是，履约进度不能合理确定的除外。企业应当考虑商品的性质，采用产出法或投入法确定恰当的履约进度。其中，产出法是根据已转移给客户的商品对于客户的价值确定履约进度；投入法是根据企业为履行履约义务的投入确定履约进度。对于类似情况下的类似履约义务，企业应当采用相同的方法确定履约进度。

当履约进度不能合理确定时，企业已经发生的成本预计能够得到补偿的，应当按照已经发生的成本金额确认收入，直到履约进度能够合理确定为止。

第十三条 对于在某一时点履行的履约义务，企业应当在客户取得相关商品控制权时点确认收入。在判断客户是否已取得商品控制权时，企业应当考虑下列迹象：

（一）企业就该商品享有现时收款权利，即客户就该商品负有现时付款义务。

（二）企业已将该商品的法定所有权转移给客户，即客户已拥有该商品的法定所有权。

（三）企业已将该商品实物转移给客户，即客户已实物占有该商品。

（四）企业已将该商品所有权上的主要风险和报酬转移给客户，即客户已取得该商品所有权上的主要风险和报酬。

（五）客户已接受该商品。

（六）其他表明客户已取得商品控制权的迹象。

与2006年版的收入准则相比，2017年版的收入准则主要有以下几个方面的特点。

（1）保持了与国际会计准则理事会和美国财务会计准则委员会于2014年5月联合发布的《国际财务报告准则第15号——源于客户合同的收入》的趋同。

（2）新收入准则将原收入和建造合同两项准则纳入统一的收入确认模型，帮助解决了某些业务，因时间边界的清晰性不够，而导致的收入标准确认不明的现象，因为人们可能会采用不同的收入确认方法。并且，新收入准则根据履约义务和执行方式的不同，规定了在某一时点上，当商品或服务的控制权转移时应如何确认收入，以及规定了在一段时间内执行履约义务的标准，以及确认收入的三类情形，为收入的确认选择和判断提供了更明确的指引。

比如，当采用分期付款方式销售商品时，直到分期的付款全部付清之前，买方并不拥有该商品确定的所有权（汽车销售是一个典型的例子），但具有控制权，则按新准则第十三条，如果能够合理地确认这些付款可以分期偿付，就应在发出商品的同时确认销售收入。在这一点上，会计收入的确认与税务收入的确认不完全相同。

又如，在委托代销品的发运中，卖方或委托人，发运商品给代销这些商品的承销人，委托人依旧保存有这些商品的所有权，直到商品全部售出为止。在此过程中，承销人可以把任何未售出的商品退回给委托人，只有在承销人将商品售出，才算完全履行了销售的责任，所以，只有等到商品完全售出后，委托人才能确认收入的实现。因此，代销品的发运只是代表卖方的资产，即存货，从一个地方到另一个地方的移动，发出代售品的金额可以按其成本价登记在会计账户中。

（3）新收入准则按控制权是否转移来确认收入，而控制权是否转移是以合同义务是否履行来认定。因此，企业应当对合同进行评估，识别该合同所包含的各单项履约义务，并确定各单项履约义务是在某一时段内履行，还是在某一时点履行，然后在履行了各单项履约义务时分别确认收入。

现行税收法规对收入的确认主要以所有权是否转移来认定，因此新收入准则下收入的确认标准与现行税收法规规定的收入确认标准不一致，需要在计算所得税时进行纳税调整。

新收入准则以合同的识别为起点，从确认、计量、记录到报告，体现了一个完整的会计信息形成过程，并为不同类型的收入确定了一个统一的模型。

（4）新收入准则以控制权转移而非所有权转移作为收入确认时点的判断标准，也就是说，企业在收入确认之前应首先识别合同中的履约义务，当企业完成各项履约义务时，也就是相关商品或服务的控制权转移给客户时，才应当进行收入确认。

比如，房产交易中比较常见的，产权交易已经完成，但原房主仍然拒绝搬出的情况，并且合同中并未对此现象作出明确规范，就是典型的所有权已转移，但控制权尚未转移的现象，也就不应该确认收入。

更典型的例子是企业的不动产交易。很多企业通过销售合同卖出办公大楼，作为收入，但人员并未撤出，至下一年度，再通过购买合同取得大楼。最关键的是，销售合同并未对大楼销售以后的实际使用情况作出明确规定，因此，按新收入准则第十三条，不应确认收入。

类似的还有发生在产品或劳务的销售过程中，所谓推迟确认或提早确认收入的例子。

美国证券交易委员会的原主席 Arthur Levitt 认为，很多公司试图通过操纵收入时间的方法来提高收入。如果你的面前有一瓶酒，在没有准备好之前你是不会拔开瓶塞的，但是有些公司对他们的收入采取了这样的做法：在产品发送到客户那里之前，或者当客户仍然有权利选择终止交易、使销售无效或推迟销售之前就确认收入。

美国证券交易委员会发现的财务欺诈案件中，有半数以上涉及这种不适当的收入确认。

（5）新收入准则打破了商品和劳务的界限，不再区分商品销售和劳务服务提供不同的确认标准，不论企业销售商品还是提供劳务，均需要基于履约义务的执行情况，运用收入确认的“五步法模型”来进行收入的确认。也就是说，销售商品并不一定是在某一时点确认收入，提供劳务也并不一定是在一段时间内根据完工进度确认收入，关键是基于履约义务的履行方式的不同。

比如，由于高层建筑、桥梁、飞机、船舶、空间探测器，以及其他一些特殊的大型项目都会牵涉一个设计、开发和建造、生产等的一系列过程，有时这一过程可能要持续几年之久，而这些项目都是按照规定了产品规格的合同来完成的，合同中通常同时还规定：

① 客户在该项目的不同时点需要支付预定金额，成为固定价格合同；

② 以项目实际成本加上一部分合理的利润来确认客户的付款，成为成本补偿合同。

在合同当事人履约的会计期间，实际上就产生了经营业绩，如果可以合理地保证合同的边际利润及它的最终可实现程度，则应在每个这样的期间中，适当地确认收入。这种销售收入的确认方法，由于其收入的金额与本期所完成的全部工程项目的百分比相关，故称为完工百分比法。

在成本补偿合同中，每一会计期间所获取的收益的金额通常可以可靠地估计，如果股东同意支付成本加 10%的加成，而且工作是按计划进行的话，销售收入就是本会计期间所发生的成本的 110%。而固定价格合同则通常明确说明，如何确定项目的每一步骤满意的完工进度，这些时点在工程上被称为“里程碑”。如果项目计划制订得好，则所达到的“里程碑”的数量可以使合同履行人有效估计完工百分比，进而确定该合同所应确认的销售收入。

表 5-3 列示了对于一个 3 年期的项目，用两种长期合同的会计核算方法。请注意，每种方法在整个 3 年会计期间都提供了相同的项目收益总额，但只有完工百分比法把收益总额对应分配到 3 年中的每一年中。另外，值得注意的是，在任何一种方法下，客户的付款（资金流入量）都与每年所确认的收入金额没有直接关系。

表 5-3 长期合同的会计核算方法

单位：元

年份	收到的客户付款	发生的工程成本	年底已完工百分比/%	完全合同法			完工百分比法		
				收入	费用	收益	收入	费用	收益
1	120 000	160 000	20	0	0	0	180 000	160 000	20 000
2	410 000	400 000	70	0	0	0	450 000	400 000	50 000
3	370 000	240 000	100	900 000	800 000	100 000	270 000	240 000	30 000
合计	900 000	800 000		900 000	800 000	100 000	900 000	800 000	100 000

完工百分比法中的收入栏每年的金额，是当年所完成的完工百分比乘以全部的项目收入，在表 5-3 中第 1 年、第 2 年、第 3 年分别完成整个工作的 20%、50%、30%。

2.“营业成本”项目

“营业成本”项目，反映企业确认销售商品、提供劳务等主营业务收入时应结转的成本，以及除主营业务活动以外的其他经营活动所发生的支出，包括销售材料的成本、出租固定资产的折旧额、出租无形资产的摊销额、出租包装物的成本或摊销额等。

费用应按照权责发生制确认，凡应属于本期发生的费用，不论其款项是否支付，均应确认为本期费用；反之，不属于本期发生的费用，即使其款项已在本期支付，也不确认为本期费用。

在确认费用时，首先，应当划分生产费用与非生产费用的界限。生产费用是指与企业日常生产经营活动有关的费用，如生产产品所发生的原材料费用、人工费用和其他加工费用等；非生产费用是指不应由生产费用负担的费用，如用于购建固定资产所发生的费用，不属于生产费用。其次，应当分清生产费用与产品成本的界限，生产费用与一定的时期相联系，而与生产的产品无关；产品成本与一定品种和数量的产品相联系，而不论发生在哪一期。最后，应当分清生产费用与期间费用的界限，生产费用应当计入产品成本；而期间费用直接计入当期损益。

在确认费用时，对于确认为期间费用的费用，必须进一步划分为销售费用、管理费用和财务费用。对于确认为生产费用的费用，必须根据该费用发生的实际情况分别不同的费用性质将其确认为不同产品生产所负担的费用；对于几种产品共同发生的费用，必须按受益原则，采用一定方法和程序将其分配计入相关产品的生产成本。

若为制造企业，其主营业务成本是指已销售的完工产品的生产成本；若为商业企业，则是指已销售的商品的购进成本。

3.“税金及附加”项目

“税金及附加”项目，反映企业经营活动发生的消费税、城市维护建设税、资源税和教育费附加，以及房产税、土地使用税、车船使用税、印花税等相关税费。其中城市维护建设税和教育费附加属于附加税，是按企业当期实际缴纳的增值税、消费税相加后的税额的一定比例计算。

需要指出的是，此项目中不包括增值税，因为增值税属价外税，也即增值税不需要从销售价格中得到补偿，而由购买者直接予以补偿，并最终由消费者予以补偿。而其他流转税种（不包括原由管理费用列支的各项税费）属价内税，价内税需要从销售价格中直接得到补偿，由购买者间接予以补偿，即最终由消费者予以间接补偿。故而，凡消费者即为纳税人。

4.“销售费用”项目

“销售费用”项目，反映企业销售商品和材料、提供劳务等的过程中发生的各种费用，包括保险费、包装费、展览费和广告费、商品维修费、预计产品质量保证损失、运输费、装卸费等，以及为销售本企业商品而专设的销售机构（含销售网点、售后服务网点）等的职工薪酬、业务费、折旧费等经营费用。

5.“管理费用”项目

“管理费用”项目，反映企业为组织和管理企业生产经营活动所发生的所有费用，包括企业在筹建期间内发生的开办费、董事会和行政管理部门在企业的经营管理中发生的，或者应由企业统一负担的公司经费（包括行政管理部门职工工资及福利费、物料消耗、低值易耗品摊销、办公费和差旅费等）、工会经费、董事会费（包括董事会成员津贴、会议费和差旅费等）、聘请中介机构费、咨询费（含顾问费）、诉讼费、业务招待费、技术转让费、矿产资源补偿费、研究费用、排污费等。

会计实务界有句“名言”——如果你感到某项支出不知如何出账，那就进管理费用吧。

6.“研发费用”项目

“研发费用”项目，反映企业为开发新产品、新技术、新工艺而发生的研究、开发费用，主要包括人工费用、物料成本、设备折旧、分摊的制造费用、其他相关费用等。我国会计准则对研发费用处理分为两大部分：一是研究阶段发生的费用，以及无法区分研究阶段发生的研发支出和开发阶段发生的研发支出，所有支出全部费用化；二是企业内部研究开发项目开发阶段的支出，除能够证明符合无形资产形成条件的支出予以资本化，并分期摊销外，所有支出全部费用化。

我国企业会计准则明确规定，企业内部研究开发项目研究阶段的支出，应当于发生时计入当期损益，而企业内部研究开发项目开发阶段的支出，能够证明下列各项时，应当确认为无形资产。

（1）从技术上来讲，完成该无形资产以使其能够使用或出售具有可行性。

（2）具有完成该无形资产并使用或出售的意图。

（3）无形资产产生未来经济利益的方式，包括能够证明运用该无形资产生产的产品存在市场或无形资产自身存在市场；无形资产将在内部使用时，应当证明其有用性。

（4）有足够的技术、财务资源和其他资源支持，以完成该无形资产的开发，并有能力使用或出售该无形资产。

（5）归属于该无形资产开发阶段的支出能够可靠地计量。对于无法区分研究阶段研发支出和开发阶段研发支出的，应当将其全部费用化，计入当期损益（研发费用）。

7.“财务费用”项目

“财务费用”项目，反映企业为筹集生产经营所需资金等而发生的筹资费用，包括利息支出（减利息收入）、汇兑损益，以及相关的手续费、企业发生的现金折扣或收到的现金折扣、租赁资产租赁期间的利息费用等。

但在企业筹建期间发生的利息支出，应计入开办费；为购建或生产满足资本化条件的资产发生的，应予以资本化的借款费用，在“在建工程”“制造费用”等账户核算。

8.“其他收益”项目

“其他收益”项目，反映企业获得的，与日常活动相关、但不宜确认为收入，或作为成本、费用冲减的各项政府补助款项。而与企业日常活动无关的各项政府补助款项，则计入营业外收入。

9.“投资收益”项目

“投资收益”项目，反映企业确认的投资收益或投资损失。包括对外投资所分得的股利和收到的债券利息，以及投资到期收回，或债权到期前转让的款项高于其账面价值的差额等。

其中，对联营企业和合营企业的投资而分得或应分得的股利，企业因转让等情形导致终止确认后，以摊余成本计量的金融资产而产生的利得或损失。比如，“债权投资”的实际成本（期初摊余成本）与其转让时该债券的市场价格之差（投资当年），或期末摊余成本（=期初摊余成本-已回收本金±折、溢价（累积）摊销额-已发生的减值损失）与其转让时该债券的市场价格之差（投资期间的某一年中），应分别单独列示。

10.“净敞口套期收益”项目

“净敞口套期收益”项目，反映企业净敞口套期下被套期项目，累计公允价值变动转入当期损益的金额，或现金流量套期储备转入当期损益的金额。

套期，是指企业为管理外汇风险、利率风险、价格风险、信用风险等特定风险引起的风险敞口，分为公允价值套期、现金流量套期和境外经营净投资套期。而净敞口套期的目的是实现套期保值双方利得和损失的同期确认。

11.“公允价值变动收益”项目

“公允价值变动收益”项目，反映企业“交易性金融资产”“交易性金融负债”，以及采用公允价值模式计量的“投资性房地产”“衍生金融资产”“衍生金融负债”，以及指定为按公允价值计量，且其变动计入当期损益的其他金融资产或金融负债等，因公允价值变动形成的应计入当期损益的利得或损失。

由公允价值变动导致的损益，只是一种账面损益，并非现金流动引起的损益。

12.“信用减值损失”项目

“信用减值损失”项目，反映企业根据“应收账款”“其他应收款”“应收账款融资”，以及一年之内的“合同资产”“合同负债”和长于一年的“其他非流动资产”“非流动负债”等应收款项的期末余额计提的“坏账准备”余额，其期末贷方余额为损失，借方余额为冲回或转回。

13.“资产减值损失”项目

“资产减值损失”项目，反映企业根据“存货”“长期股权投资”“持有待售资产”“固定资产”“无形资产”“在建工程”“油气资产”“生产性生物资产”“商誉”，以及采用成本模式计量的“投资性房地产”等各项资产，计提的减值准备所形成的损失与转回的净差额。其中，除“存货”、采用成本模式计量的“投资性房地产”外的损失均不可转回。

将“资产减值损失”项目移至利得或损失版块中，显然是合理的，因为“资产减值损失”项目中各子目的性质明显属于资本利得或损失，原将此项目作为营业总成本的一部分显然不符合成本的属性。

资本利得或损失是资本性资产的买进与卖出价格的差额。若买进价格小于卖出价格，其差额为收益，称为资本利得；相反，若买进价格大于卖出价格，其差额则为损失，称为资本损失。

14.“资产处置收益”项目

“资产处置收益”项目，反映企业出售已划分为持有待售的非流动资产（“金融工具”“长期股权投资”“投资性房地产”除外）或处置组时确认的处置利得或损失，以及处置未划分为持有待售的“固定资产”“在建工程”“生产性生物资产”“无形资产”时而产生的处置利得或损失。

债务重组中，因处置非流动资产时产生的利得或损失，以及非货币性资产交换时产生的利得或损失，也包括在本项目内。

15.“营业利润”项目

“营业利润”项目，反映企业通过经营活动所获得的利润总额，是企业利润的主要来源，主要由营业收入减去营业成本、税金及附加、期间费用、利得或损失后的余额构成。

通常，以营业收入减去营业成本，可得毛利；再减去税金及附加，可得主营业务利润（虽然不是很贴切，因为这其中还包含其他业务利润），这也是表示一个企业盈利情况的重要财务指标。

而所谓期间费用就是指本期发生的、其效用不能递延的、不能直接或间接归入某种产品成本，因而直接计入损益的各项费用，包括销售费用、管理费用、研发费用和财务费用。

16.“营业外收入”项目

“营业外收入”项目，反映企业发生的各项营业外收入，主要包括债务重组利得、政府补助、盘盈利得、捐赠利得、无法支付的应付账款等。

17.“营业外支出”项目

“营业外支出”项目，反映企业发生的各项营业外支出，包括公益性捐赠支出、非常损失、盘亏损失、罚没支出等。

18.“利润总额”项目

“利润总额”项目，反映企业实现的税前利润总额，也即营业利润与营业外收支净额的差额。

19.“所得税费用”项目

“所得税费用”项目，反映企业确认的应从当期利润总额中扣除的所得税费用。

“所得税费用”一般不等于当期应交所得税，而是当期应交所得税和递延所得税之和，因为可能存在“暂时性差异”。但如果该企业的“利润总额”中只包含“永久性差异”，则“所得税费用”等于当期应交所得税，因为此时的“所得税费用”是按“利润总额”减去“永久性差异”后的差额，然后乘一个固定百分比计算的。

20.“净利润”项目

“净利润”项目，反映企业实现的税后利润，也即“净利润”减去“利润总额”后的余额。

公司的“净利润”按持续经营与否，可分为，持续经营净利润，即该公司正常持续经营状况下创造的净利润；非持续经营净利润，即终止经营净利润，指报告期该公司（或该公司属下的子、分公司）处于注销或终止经营时，截至注销日所创造的净利润。

公司的“净利润”按归属权（股权）份额，还可分为归属于母公司股东的净利润和归属于少数股东的净利润。

21.“其他综合收益的税后净额”项目

“其他综合收益的税后净额”项目，反映企业其他综合收益扣除所得税影响后的金额，即企业按照相关企业会计准则规定，未在损益中确认的各项利得和损失，扣除所得税影响后的净额，分别“不能重分类进损益的其他综合收益”和“将重分类进损益的其他综合收益”两部分。

（1）“不能重分类进损益的其他综合收益”分为以下 5 类。

① 重新计量设定受益计划变动额，反映企业对原设定受益计划（设定受益计划，是指除设定提存计划以外的离职后福利计划），进行重新计量后与原设定受益计划的差额。

② 权益法下不能转损益的其他综合收益，反映企业按权益法核算投资收益时，如果被投资单位其他综合收益属于“以后会计期间不能重分类进入损益”的类别，则投资方确认的份额也属于“以后会计期间不能重分类进入损益”的类别。比如，不包括“可供出售金融资产公允价值变动损益”“外币报表折算差额”等情况下产生的其他综合收益。

③ 其他权益工具投资公允价值变动，反映企业资产负债表日，其他权益工具投资的公允价值与其账面价值之间的差额。

④ 企业自身信用风险公允价值变动，反映企业指定为以公允价值计量，且其变动计入当期损益的金融负债，由于企业自身信用风险的变动引起的公允价值变动，在金融负债处置之前，而计入其他综合收益的金额。

⑤ 其他。

（2）“将重分类进损益的其他综合收益”分为以下 7 类。

① 权益法下可转损益的其他综合收益，反映企业按权益法核算投资收益时，所发生的“可供出售金融资产公允价值变动损益”“外币报表折算差额”“自用转投资性房地产并采用公允

价值计量”等情况下产生的其他综合收益。

② 其他债权投资公允价值变动，反映企业资产负债表日，其他债权投资的公允价值与其账面价值之间的差额。

③ 金融资产重分类计入其他综合收益的金额，反映企业将一项以摊余成本计量的金融资产重分类为以公允价值计量，且其变动计入其他综合收益的金融资产时，需要将之前计入其他综合收益的累计利得或损失转出，以得出该金融资产在重分类日新的公允价值，此新公允价值与其账面价值之间的差额。而经过调整后的新的公允价值，就是下一期的账面价值。

④ 其他债权投资信用减值准备，反映企业以公允价值计量且其变动计入其他综合收益的其他债权投资，以预期信用损失为基础计提的损失准备。

⑤ 现金流量套期储备，反映企业通过套期工具所产生的利得或损失中，属于套期有效的部分。

⑥ 外币财务报表折算差额，反映企业在编制财务报表时，把国外子公司或分支机构，按所在国家的货币编制的财务报表折算成以记账本位币表达的财务报表时，由于报表项目采用不同汇率折算而形成的汇兑损益。

由外币报表所导致的折算损益是一种未实现损益，它一般不能在账簿中反映，故只能反映在合并或汇总报表中。

⑦ 其他。

22.“综合收益总额”项目

“综合收益总额”项目，反映企业净利润与其他综合收益的合计金额。

23.“每股收益”项目

主要针对普通股或潜在普通股已公开交易的企业，以及正处于公开发行普通股或潜在普通股过程中的企业，包括基本每股收益和稀释每股收益两项指标。

我国《企业会计准则第34号——每股收益》有以下规定。

第四条 企业应当按照归属于普通股股东的当期净利润，除以发行在外普通股的加权平均数计算基本每股收益。

第五条 发行在外普通股加权平均数按下列公式计算：

发行在外普通股加权平均数=期初发行在外普通股股数+当期新发行普通股股数×已发行时间/报告期时间–当期回购普通股股数×已回购时间/报告期时间

已发行时间、报告期时间和已回购时间一般按照天数计算；在不影响计算结果合理性的前提下，也可以采用简化的计算方法。

第六条 新发行普通股股数，应当根据发行合同的具体条款，从应收对价之日（一般为股票发行日）起计算确定。通常包括下列情况：

（一）为收取现金而发行的普通股股数，从应收现金之日起计算。

（二）因债务转资本而发行的普通股股数，从停计债务利息之日或结算日起计算。

（三）非同一控制下的企业合并，作为对价发行的普通股股数，从购买日起计算；同一控制下的企业合并，作为对价发行的普通股股数，应当计入各列报期间普通股的加权平均数。

（四）为收购非现金资产而发行的普通股股数，从确认收购之日起计算。

第七条 企业存在稀释性潜在普通股的，应当分别调整归属于普通股股东的当期净利润和发行在外普通股的加权平均数，并据以计算稀释每股收益。

稀释性潜在普通股，是指假设当期转换为普通股会减少每股收益的潜在普通股。

第八条 计算稀释每股收益，应当根据下列事项对归属于普通股股东的当期净利润进行调整：

（一）当期已确认为费用的稀释性潜在普通股的利息；

（二）稀释性潜在普通股转换时将产生的收益或费用。

上述调整应当考虑相关的所得税影响。

第九条 计算稀释每股收益时，当期发行在外普通股的加权平均数应当为计算基本每股收益时普通股的加权平均数与假定稀释性潜在普通股转换为已发行普通股而增加的普通股股数的加权平均数之和。

计算稀释性潜在普通股转换为已发行普通股而增加的普通股股数的加权平均数时，以前期间发行的稀释性潜在普通股，应当假设在当期期初转换；当期发行的稀释性潜在普通股，应当假设在发行日转换。

第十条 认股权证和股份期权等的行权价格低于当期普通股平均市场价格时，应当考虑其稀释性。计算稀释每股收益时，增加的普通股股数按下列公式计算：

增加的普通股股数=拟行权时转换的普通股股数−行权价格×拟行权时转换的普通股股数/当期普通股平均市场价格

第十一条 企业承诺将回购其股份的合同中规定的回购价格高于当期普通股平均市场价格时，应当考虑其稀释性。计算稀释每股收益时，增加的普通股股数按下列公式计算：

增加的普通股股数=回购价格×承诺回购的普通股股数/当期普通股平均市场价格−承诺回购的普通股股数

第十二条 稀释性潜在普通股应当按照其稀释程度从大到小的顺序计入稀释每股收益，直至稀释每股收益达到最小值。

需要注意的是，利润表中各项目的计算是基于权责发生制的要求，而并非表示实际的现金流量，这给报表的分析者了解利润的质量带来一定的困难。

使用不同的会计政策和会计估计，必然会导致不同的收入和不同的费用，也即不同的收益，这也给报表的分析者带来一定程度的挑战。

本章小结

利润表往往被认为是一种最重要的财务报表，特别是对管理者和投资者而言。利润表把一定时期的营业收入与其同一期间相关的营业总成本，以及利得或损失等进行配比，以计算出企业一定时期的净利润，然而如何配比却有很大的不同，这必然导致不同的利润结果。

利润表的利润是基于会计规则的结果，而对会计规则的解读却因人而异，这也在一定程度上说明了会计的艺术性特征。

本章习题

一、单项选择题

1. 新收入准则按控制权是否转移来确认收入，而控制权是否转移是以（　　）是否履行来认定。

A. 法律义务　B. 合同义务　C. 劳务义务　D. 完工义务

2. 新收入准则运用收入确认的“五步法模型”来进行收入的确认，五步是指（　　）。

A. 识别与客户订立的合同，识别合同中的单项履约义务，确定交易价格，将交易价格分摊至各单项履约义务，履行每一单项履约义务时确认收入

B. 识别与客户订立的合同，识别合同中的双项履约义务，确定交易价格，将交易价格分摊至各单项履约义务，履行每一单项履约义务时确认收入

C. 识别与客户订立的合同，识别合同中的单项履约义务，确定交易价格，将交易价格分摊至各双项履约义务，履行每一单项履约义务时确认收入

D. 识别与客户订立的合同，识别合同中的单项履约义务，确定交易价格，将交易价格分摊至各单项履约义务，履行每一双项履约义务时确认收入

3. 由公允价值变动导致的损益，只是一种（　　）损益，并非现金流动引起的损益。

A. 浮动　B. 实际　C. 账面　D. 储备

4. 债务重组中，因处置非流动资产时产生的利得或损失，以及非货币性资产交换时产生的利得或损失，也包括在（　　）项目内。

A. 研发费用　B. 净敞口套期收益

C. 公允价值变动收益　D. 资产处置收益

二、多项选择题

1. 套期，是指企业为管理外汇风险、利率风险、价格风险、信用风险等特定风险引起的风险敞口，分为（　　）。

A. 公允价值套期　B. 账面价值套期

C. 现金流量套期　D. 境外经营净投资套期

2. 新准则所称合同，是指双方或多方之间订立有法律约束力的权利义务的协议。合同有（　　）。

A. 书面形式　B. 口头形式　C. 电子形式　D. 其他形式

3. “投资收益”项目，反映企业确认的投资收益或投资损失，包括（　　）等。

A. 对外投资所分得的股利

B. 收到的债券利息

C. 投资到期收回，或债权到期前转让的款项低于其账面价值的差额

D. 投资到期收回，或债权到期前转让的款项高于其账面价值的差额

4. 计算稀释每股收益，应当根据下列事项对归属于普通股股东的当期净利润进行调整：（　　）。

A. 该股息是企业承担的现时义务

B. 当期已确认为费用的稀释性潜在普通股的利息

C. 稀释性潜在普通股转换时将产生的收益或费用

D. 该股息的金额能够可靠地计量

三、判断题

1. 我国目前一般采用多步式利润表格式。（ ）

2. 资本利得或损失是资本性资产的买进与卖出价格的差额。（ ）

3. 新收入准则按控制权是否转移来确认收入，而控制权是否转移是以商品交割是否履行来认定。（ ）

4. “不能重分类进损益的其他综合收益”共分 8 类。（ ）

四、简答题

1. 为什么说利润表是一份流量报表？

2. 营业收入确认的“五步法模型”有何意义？

3. 何为“其他综合收益”？

4. “信用减值损失”项目，在利润表中的表达为“信用减值损失（损失以‘–’号填列）”，若改为“信用减值损失（冲回或转回以‘–’号填列）”，你认为哪一种表达方式更合理？

五、案例分析

某科技股份有限公司重大会计差错更正公告

本公司及董事会全体成员保证公告内容真实、准确和完整，没有虚假记载、误导性陈述或者重大遗漏。

根据中国证监会关于《公开发行证券的公司信息披露编报准则第 19 号——财务信息的更正及相关披露》的相关规定，2019 年 2 月 4 日公司第五届董事会第二十七次会议审议通过了《关于公司会计差错更正事项》，现就公司财务信息更正事项说明如下。

公司董事会和管理层对会计差错更正事项原因的说明。

1. 由于历史遗留的原因，本公司与下属 A 生产基地员工存在严重的劳资纠纷，从 2016 年开始，公司对在该生产基地内的资产（截至 2016 年 12 月 31 日，账面上存货净值为 116 851.41 元，固定资产净值为 18 742 061.72 元，其他应收款净值为 1 771 026.77 元）处于不可控状态并一直持续，因此，上述资产实质上已经不能再给企业带来效益。公司在重新编制 2017 年度合并财务报表时，对上述资产全额计提了减值准备，并进行了追溯调整，调整了相关项目的期末数、本年数、期初数和上年实际数。此项会计差错更正的累积影响数为 –20 629 939.90 元，对 2016 年度净利润的影响为 –20 629 939.90 元。

2. 公司 2016 年度多计提对甘肃 B 产业有限责任公司的投资减值准备 786 万元。在重新编制 2017 年度合并财务报表时，对该项差错进行了更正，并进行了追溯调整，调整了相关项目的期末数、本年数、期初数和上年实际数。此项会计差错更正的累积影响数为 786 万元，对 2016 年度净利润的影响为 786 万元。

3. 公司所属全资子公司 C 医疗器械公司、控股子公司 D 医用科技有限公司（出资比例 86.2%）均已资不抵债，经营全面停顿，营业执照分别于 2014 年 9 月 26 日、2016 年 7 月 20 日被工商部门吊销，其相关资产已经实际全部损失，公司在重新编制 2017 年度合并财务报表时，对其的应收款项全额计提了坏账准备，并进行了追溯调整，调整了相关项目的期末数、本年数、期初数和上年实际数。此项会计差错更正的累积影响数为–3 545 605.65 元，对 2016 年度净利润的影响为–3 545 605.65 元。

4. 公司控股子公司 E 贸易有限公司 2016 年度、2017 年度接受委托经销原控股股东 F 酒业有限公司生产的系列堆花酒。由于该交易不受公司控制，其产生的收入、成本不应在主营业务中反映，而应在其他业务利润中反映。同时，由于该关联交易两头在外，该交易产生的利润，应根据财会〔2001〕64 号文件的有关原则进行处理。公司在重新编制 2017 年度合并财务报表时，对上述差错进行了更正，并进行了追溯调整，调整了相关项目的期末数、本年数、期初数和上年实际数。此项会计差错更正的累积影响数为 0，对 2016 年度净利润的影响为–64 983.11 元，对 2016 年度资本公积的影响为 64 983.11 元。

5. 公司 2017 以前年度少计提税金 379 562.02 元，在重新编制 2017 年度合并财务报表时，对该项差错进行了更正，并进行了追溯调整，调整了相关项目的期末数、本年数、期初数和上年实际数。此项会计差错更正的累积影响数为–379 562.02 元，对 2016 年度净利润的影响为–379 562.02 元。

董事会

2019 年 2 月 15 日

问题：你对该公司重大会计差错更正公告有何评价？

参考答案

一、单项选择题

1. B　2. A　3. C　4. D

二、多项选择题

1. ACD　2. ABD　3. ABD　4. BC

三、判断题

1. √　2. √　3. ×　4. ×

第6章

现金流量表解读

学习目标

1. 了解现金流量表的基本结构。
2. 明确现金流量表中各个项目的基本内容。
3. 掌握现金流量表中各个项目之间的关系。
4. 理解现金流量表与其他报表之间的勾稽关系。

学习重点

1. 我国的现金流量表分现金流量表（主表）和补充资料（附表）两部分，要求主表采用直接法编制，补充资料采用间接法编制。

2. 由于现金流量表中各项目的计算是基于现金制（收付实现制）的要求，这对于更好地理解利润表中净利润的计算有很大的帮助。

现金流量表是以现金制为基础编制的财务状况变动表。编制现金流量表的目的，是为财务报表的使用者提供企业一定会计期间内，现金和现金等价物流入和流出的信息，说明企业可动用现金的能力和利润的质量，以便于报表使用者了解和评价企业创造现金和现金等价物的能力，并据以预测企业未来的现金流量。

6.1 现金流量表的编制基础

现金流量表以现金及现金等价物的流入和流出，来反映企业在一定会计期间内的经营活动、投资活动和筹资活动的动态发生状况，显示了企业全部经营活动中的现金收支变动，从而反映了企业现金及现金等价物流入和流出，以及净额的全貌。

1. 现金概念

现金流量表是以现金制为基础编制的财务状况变动表，这里的现金是指企业的库存现金、可以随时用于支付的银行存款，以及现金等价物等。具体包括：

（1）库存现金；

（2）银行存款；

（3）其他货币资金；

（4）现金等价物。

我国《企业会计准则第 31 号——现金流量表》中有以下规定。

第二条 现金流量表，是指反映企业在一定会计期间现金和现金等价物流入和流出的报表。

现金，是指企业库存现金以及可以随时用于支付的存款。

现金等价物，是指企业持有的期限短、流动性强、易于转换为已知金额现金、价值变动风险很小的投资。

本准则提及“现金”时，除非同时提及现金等价物，均包括现金和现金等价物。

第三条 合并现金流量表的编制和列报，适用《企业会计准则第 33 号——合并财务报表》。

2. 现金流量的概念

现金流量，是指某一会计期间内企业现金流入和流出的数量，影响现金流量发生的因素主要有经营活动、投资活动和筹资活动三个部分。了解企业现金流量的发生，以及发生内容非常重要，以此，可以衡量企业的经营情况是否良好，评价企业是否有足够的现金偿还债务，以及了解企业资产的变现能力等。

企业日常经营活动是影响现金流量发生的重要因素，但并不是所有的经营业务都会影响现金流量的产生，影响或不影响现金流量发生的主要因素包括以下内容。

（1）现金各项目之间的增减变动，不会影响现金流量净额的变动。如从银行提现或将现金存入银行，以银行存款购买 3 个月内到期的国库券等。

（2）非现金各项目之间的增减变动，也不会影响现金流量净额的变动。如生产产品领用材料，以无形资产对外投资等。

（3）只有现金各项目与非现金各项目之间的增减变动，才会影响现金流量净额的变动。如动用现金购买物资、销售商品收到现金等。

现金流量表主要反映现金各项目与非现金各项目之间的增减变动对现金流量净额的影响，非现金各项目之间的增减变动虽然不会影响现金流量净额，但属于重要的投资活动和筹资活动，应在现金流量表的补充资料中反映。

我国《企业会计准则第 31 号——现金流量表》中有如下规定。

第四条 现金流量表应当分别经营活动、投资活动和筹资活动列报现金流量。

第五条 现金流量应当分别按照现金流入和现金流出总额列报。但是，下列各项可以按照净额列报：

（一）代客户收取或支付的现金。

（二）周转快、金额大、期限短项目的现金流入和现金流出。

（三）金融企业的有关项目，包括短期贷款发放与收回的贷款本金、活期存款的吸收与支付、同业存款和存放同业款项的存取、向其他金融企业拆借资金，以及证券的买入与卖出等。

第六条 自然灾害损失、保险索赔等特殊项目，应当根据其性质，分别归并到经营活动、投资活动和筹资活动现金流量类别中单独列报。

第七条 外币现金流量以及境外子公司的现金流量，应当采用现金流量发生日的即期汇率或按照系统合理的方法确定的、与现金流量发生日即期汇率近似的汇率折算。汇率变动对现金的影响额应当作为调节项目，在现金流量表中单独列报。

第十二条 投资活动，是指企业长期资产的购建和不包括在现金等价物范围的投资及其处置活动。

第十四条 筹资活动，是指导致企业资本及债务规模和构成发生变化的活动。

6.2 现金流量表的格式

与资产负债表和利润表不同的是，现金流量表是以现金制为基础编制的财务报表，通常每年编制一次，反映的是一个企业现金流入和流出的累计数，因而是一份流量报告。

1. 现金流量表的基本格式

企业编制的现金流量表应当分别按照经营活动、投资活动和筹资活动列报现金流量，现金流量应当分别按照现金流入和现金流出总额列报。

我国的现金流量表分现金流量表（主表）和补充资料（附表）两部分，要求主表采用直接法编制，补充资料采用间接法编制。表 6–1 是典型的现金流量表，为《企业会计准则第 31 号——现金流量表》应用指南中规定的一般企业现金流量表。表 6–2 则为非金融上市公司的合并现金流量表。

表 6–1 现金流量表（一般企业）

现金流量表

编制单位： 年 月 日 单位： 币种：

项 目	本期金额	上期金额
一、经营活动产生的现金流量		
销售商品、提供劳务收到的现金		
收到的税费返还		
收到的其他与经营活动有关的现金		
经营活动现金流入小计		
购买商品、接受劳务支付的现金		
支付给职工以及为职工支付的现金		
支付的各项税费		
支付的其他与经营活动有关的现金		
经营活动现金流出小计		
经营活动产生的现金流量净额		
二、投资活动产生的现金流量		
收回投资收到的现金		
取得投资收益收到的现金		
处置固定资产、无形资产和其他长期资产收到的现金净额		
处置子公司及其他营业单位收到的现金净额		
收到的其他与投资活动有关的现金		
投资活动现金流入小计		

续表

项　目	本期金额	上期金额
购建固定资产、无形资产和其他长期资产支付的现金		
投资支付的现金		
取得子公司及其他营业单位支付的现金净额		
支付的其他与投资活动有关的现金		
投资活动现金流出小计		
投资活动产生的现金流量净额		
三、筹资活动产生的现金流量		
吸收投资收到的现金		
取得借款收到的现金		
收到的其他与筹资活动有关的现金		
筹资活动现金流入小计		
偿还债务支付的现金		
分配股利、利润或偿付利息支付的现金		
支付的其他与筹资活动有关的现金		
筹资活动现金流出小计		
筹资活动产生的现金流量净额		
四、汇率变动对现金及现金等价物的影响		
五、现金及现金等价物净增加额		
加：期初现金及现金等价物余额		
六、期末现金及现金等价物余额		

表6-2　合并现金流量表（非金融上市公司）

合并现金流量表

编制单位：　　　　年　月　日　　　　单位：　币种：

项　目	本期金额	上期金额
一、经营活动产生的现金流量		
销售商品、提供劳务收到的现金		
客户存款和同业存放款项净增加额（合并报表）		
向中央银行借款净增加额（合并报表）		
向其他金融机构拆入资金净增加额（合并报表）		
收到原保险合同保费取得的现金（合并报表）		
收到再保险业务现金净额（合并报表）		
保险储户及投资款净增加额（合并报表）		
收取利息、手续费及佣金的现金（合并报表）		
拆入资金净增加额（合并报表）		
回购业务资金净增加额（合并报表）		
代理买卖证券收到的现金净额（合并报表）		

续表

项　　目	本期金额	上期金额
收到的税费返还		
收到的其他与经营活动有关的现金		
经营活动现金流入小计		
购买商品、接受劳务支付的现金		
客户贷款及垫款净增加额（合并报表）		
存放中央银行和同业款项净增加额（合并报表）		
支付原保险合同赔付款项的现金（合并报表）		
拆出资金净增加额（合并报表）		
支付利息、手续费及佣金的现金（合并报表）		
支付保单红利的现金（合并报表）		
支付给职工以及为职工支付的现金		
支付的各项税费		
支付的其他与经营活动有关的现金		
经营活动现金流出小计		
经营活动产生的现金流量净额		
二、投资活动产生的现金流量		
收回投资所收到的现金		
取得投资收益收到的现金		
处置固定资产、无形资产和其他长期资产收到的现金净额		
处置子公司及其他营业单位收到的现金净额		
收到的其他与投资活动有关的现金		
投资活动现金流入小计		
购建固定资产、无形资产和其他长期资产支付的现金		
投资支付的现金		
质押贷款净增加额（合并报表）		
取得子公司及其他营业单位支付的现金净额		
支付的其他与投资活动有关的现金		
投资活动现金流出小计		
投资活动产生的现金流量净额		
三、筹资活动产生的现金流量		
吸收投资收到的现金		
其中：子公司吸收少数股东投资收到的现金（合并报表）		
取得借款收到的现金		
发行债券收到的现金（合并报表）		
收到的其他与筹资活动有关的现金		
筹资活动现金流入小计		
偿还债务支付的现金		

续表

项　目	本期金额	上期金额
分配股利、利润或偿付利息支付的现金		
其中：子公司支付给少数股东的股利、利润（合并报表）		
支付的其他与筹资活动有关的现金		
筹资活动现金流出小计		
筹资活动产生的现金流量净额		
四、汇率变动对现金及现金等价物的影响		
五、现金及现金等价物净增加额		
加：期初现金及现金等价物余额		
六、期末现金及现金等价物余额		

2. 现金流量表补充资料披露格式

我国《企业会计准则第 31 号——现金流量表》中有以下规定。

第十六条　企业应当在附注中披露将净利润调节为经营活动现金流量的信息。至少应当单独披露对净利润进行调节的下列项目：

（一）资产减值准备；

（二）固定资产折旧；

（三）无形资产摊销；

（四）长期待摊费用摊销；

（五）待摊费用；

（六）预提费用；

（七）处置固定资产、无形资产和其他长期资产的损益；

（八）固定资产报废损失；

（九）公允价值变动损益：

（十）财务费用；

（十一）投资损益；

（十二）递延所得税资产和递延所得税负债；

（十三）存货；

（十四）经营性应收项目；

（十五）经营性应付项目。

第十七条　企业应当在附注中以总额披露当期取得或处置子公司及其他营业单位的下列信息：

（一）取得或处置价格；

（二）取得或处置价格中以现金支付的部分；

（三）取得或处置子公司及其他营业单位收到的现金：

（四）取得或处置子公司及其他营业单位按照主要类别分类的非现金资产和负债。

第十八条　企业应当在附注中披露不涉及当期现金收支、但影响企业财务状况或在未来可能影响企业现金流量的重大投资和筹资活动。

第十九条 企业应当在附注中披露与现金和现金等价物有关的下列信息：

（一）现金和现金等价物的构成及其在资产负债表中的相应金额；

（二）企业持有但不能由母公司或集团内其他子公司使用的大额现金和现金等价物金额。

现金流量表补充资料如表 6–3 所示。

表 6–3 现金流量表补充资料

现金流量表补充资料　　　　单位：　　币种：

补 充 资 料	本期金额	上期金额
1. 将净利润调节为经营活动的现金流量		
净利润		
加：资产减值准备		
信用减值损失		
固定资产折旧、油气资产折耗、生产性生物资产折旧		
投资性房地产折旧		
使用权资产摊销		
无形资产摊销		
长期待摊费用摊销		
处置固定资产、无形资产和其他长期资产的损失（收益以“–”号填列）		
固定资产报废损失（收益以“–”号填列）		
公允价值变动损失（收益以“–”号填列）		
财务费用（收益以“–”号填列）		
投资损失（收益以“–”号填列）		
递延所得税资产减少（增加以“–”号填列）		
递延所得税负债增加（减少以“–”号填列）		
存货的减少（增加以“–”号填列）		
经营性应收项目的减少（增加以“–”号填列）		
经营性应付项目的增加（减少以“–”号填列）		
其他		
经营活动产生的现金流量净额		
2. 不涉及现金收支的重大投资和筹资活动		
债务转为资本		
一年内到期的可转换公司债券		
融资租入固定资产		
3. 现金及现金等价物净变动情况		
现金的期末余额		
减：现金的期初余额		
加：现金等价物的期末余额		
减：现金等价物的期初余额		
现金及现金等价物净增加额		

6.3 现金流量表各项目解读

在新收入准则和企业会计准则基本准则的应用指南中，对一般企业现金流量表和补充资料各项目作了如下解读。

6.3.1 “直接法”项目

我国企业目前采用“直接法”编制现金流量表，报表中所反映的无论是流入数还是流出数，均为报告期内所发生的累计数。

1.“销售商品、提供劳务收到的现金”项目

“销售商品、提供劳务收到的现金”项目，反映企业销售商品、提供劳务等所有销售活动实际收到的现金，具体包括：本期销售商品、半成品、材料、提供劳务等收到的现金，以及以前销售商品、半成品、材料、提供劳务等本期收到的现金和本期预收的款项，减去本期销售本期退回的商品和前期销售本期退回的商品支付的现金。

2.“收到的税费返还”项目

“收到的税费返还”项目，反映企业以现金形式收到的增值税销项税额和退回的增值税款，以及收到的除增值税外的所有其他各项税费返还和出口退税，如流转税、所得税、消费税、关税和教育费附加返还款等。

3.“收到的其他与经营活动有关的现金”项目

“收到的其他与经营活动有关的现金”项目，反映企业除了上述各项目外所有其他与经营活动有关的现金流入，如罚款收入、经营租赁固定资产收到的现金、逾期未退还出租或出借包装物没收的押金收入、流动资产损失中有个人赔偿的现金收入、除税费返还外的其他政府补助收入等。

企业实际收到的政府补助，无论是与资产相关还是与收益相关，均在“收到的其他与经营活动有关的现金”项目填列。

4.“购买商品、接受劳务支付的现金”项目

“购买商品、接受劳务支付的现金”项目，反映企业购买材料、商品、接受劳务等实际支付的现金，具体包括：本期购买商品、接受劳务等支付的现金，以及本期支付前期购买商品、接受劳务等的未付款项和本期预付款项，减去本期发生的购货退回收到的现金。

5.“支付给职工以及为职工支付的现金”项目

“支付给职工以及为职工支付的现金”项目，反映企业实际支付给职工的工资以及为职工支付的现金，包括企业为获得职工提供的服务本期实际支付给职工的工资、奖金、各种津贴、补贴等，以及为职工支付的医疗、养老、失业、工伤、生育等福利，保险基金、补充养老保险、住房公积金、商业保险金、因解除与职工劳动关系给予的各种补偿、现金结算的股份支付等各项短期和长期薪酬。但不包括支付给在建工程人员，以及为在建工程人员支付的现金。

6. “支付的各项税费”项目

“支付的各项税费”项目，反映企业按规定以现金实际支付的各项税费，包括本期发生并支付的税费，以及本期支付以前各期发生的税费和预付的税金，如支付的教育费附加、印花税、房产税、土地增值税、车船使用税、增值税、所得税等所有税费。

7. “支付的其他与经营活动有关的现金”项目

“支付的其他与经营活动有关的现金”项目，反映企业支付的除上述项目外，支付的其他与经营活动有关的现金，如罚款、差旅费、业务招待费、保险费、经营租赁支付的现金等。

8. “收回投资收到的现金”项目

“收回投资收到的现金”项目，反映企业出售、转让或到期收回除现金等价物以外的交易性金融资产、衍生金融资产、持有待售资产、债权投资、长期股权投资、投资性房地产等所有资产性投资而收到的现金。

9. “取得投资收益收到的现金”项目

“取得投资收益收到的现金”项目，反映企业因股权性投资而分得的现金股利，从子公司、联营公司或合营企业分回利润而收到的现金，因债权性投资而取得的现金利息收入等。

10. “处置固定资产、无形资产和其他长期资产收到的现金净额”项目

“处置固定资产、无形资产和其他长期资产收到的现金净额”项目，反映企业出售固定资产、无形资产、生产性生物资产和其他长期资产等所取得的现金，减去为处置这些资产而以现金支付的有关费用后的净额。

11. “处置子公司及其他营业单位收到的现金净额”项目

“处置子公司及其他营业单位收到的现金净额”项目，反映企业处置子公司、分公司及其他营业单位的资产或股份所取得的现金，减去子公司、分公司及其他营业单位持有的现金和现金等价物，需以现金偿还的债务，以及相关以现金支付的处置费用后的净额。

12. “收到的其他与投资活动有关的现金”项目

“收到的其他与投资活动有关的现金”项目，反映企业除上述各项目外，收到的所有其他与投资活动有关的现金。也即，如果无法辨别某投资活动的现金流入项目时，均计入该项目。

13. “购建固定资产、无形资产和其他长期资产支付的现金”项目

“购建固定资产、无形资产和其他长期资产支付的现金”项目，反映企业购买、建造固定资产、生产性生物资产、油气资产，取得无形资产和其他长期资产支付的现金，包括购买机器设备所支付的现金及增值税款、建造工程支付的现金、支付在建工程人员的工资等现金支出。

此项目与“处置固定资产、无形资产和其他长期资产收到的现金净额”项目相对应。

14. “投资支付的现金”项目

“投资支付的现金”项目，反映企业进行权益性投资和债权性投资所支付的现金，包括企业取得的除现金和现金等价物以外的交易性金融资产、衍生金融资产、持有待售资产、债权投资等而支付的现金，以及支付的佣金、手续费等交易费用。

此项目与“收回投资收到的现金”项目相对应。

15.“取得子公司及其他营业单位支付的现金净额”项目

“取得子公司及其他营业单位支付的现金净额”项目，反映企业取得子公司、分公司及其他营业单位购买出价中以现金支付的部分，减去子公司、分公司及其他营业单位持有的现金和现金等价物后的净额。

此项目与“处置子公司及其他营业单位收到的现金净额”项目相对应。

16.“支付的其他与投资活动有关的现金”项目

“支付的其他与投资活动有关的现金”项目，反映企业除上述各项目外，支付的所有其他与投资活动有关的现金。也即，如果无法辨别某投资活动的现金流出项目时，均计入该项目。

17.“吸收投资收到的现金”项目

“吸收投资收到的现金”项目，反映企业以发行股票、债券等方式筹集资金实际收到的款项净额（发行收入减去支付的佣金等发行费用后的净额）。

18.“取得借款收到的现金”项目

“取得借款收到的现金”项目，反映企业举借各种短期、长期借款所实际收到的现金。

19.“收到的其他与筹资活动有关的现金”项目

“收到的其他与筹资活动有关的现金”项目，反映企业除上述各项目外，收到的其他与筹资活动有关的现金。

20.“偿还债务支付的现金”项目

“偿还债务支付的现金”项目，反映企业偿还各种短期、长期债务的本金所支付的现金。

21.“分配股利、利润或偿付利息支付的现金”项目

“分配股利、利润或偿付利息支付的现金”项目，反映企业实际支付的现金股利，以现金支付给其他投资单位的利润，以及用现金支付的借款、债券利息等。

22.“支付的其他与筹资活动有关的现金”项目

“支付的其他与筹资活动有关的现金”项目，反映企业除上述各项目外，支付的其他与筹资活动有关的现金。

23.“汇率变动对现金及现金等价物的影响”项目

“汇率变动对现金及现金等价物的影响”项目，反映企业外币现金流量按发生日即期汇率，与资产负债表日该外币汇率，折算成记账本位币时的差额。

24.“现金及现金等价物净增加额”项目

“现金及现金等价物净增加额”项目，反映企业现金流量表经营活动、投资活动、筹资活动净额和汇兑损益的合计数。

现金是指各种货币形式的库存现金和企业存放于银行或其他金融机构，可以随时提取的各种活期存款。

现金等价物是指可以很容易地转换成现金的各项投资，此类投资必须是短期的，通常最长投资期限为3个月或更短。到期日超过90天的投资不应被视为现金等价物，因而股权投资大部分不包括在现金等价物中，除非它们本质上是现金等价物，例如，如果在较短的期限内并在指定的回收日期获得优先股。

需要注意的是，由于现金流量表的现金及现金等价物净增加额，与资产负债表中的货币资金及等价物期初、期末差额存在对应关系，以及现金流量表补充资料中披露将净利润调节为经营活动净现金流量的信息，“倒扎账”的现象会经常发生，这将给报表的分析者带来一种困惑，但同时也可以端正一种心态。

由于流量表是差额表，不能自动平衡，因此现金流量表最后两行的设计目的，就是希望通过与资产负债表现金及现金等价物期初及期末余额之间的差额，来保证现金及现金等价物净增加额计算的正确性；与此原理相同的还有利润表中的净利，在减去股利以后的净额应等于资产负债表中留存收益（盈余公积加未分配利润）的期初及期末余额之间的差额。这样就可以通过资产负债表的平衡关系来保证利润表和现金流量表的相对可靠性，这是基本的财务报表平衡式。

由于现金流量表中各项目的计算是基于现金制（收付实现制）的要求，与利润表中利润的计算有很大的不同，这反而会给报表的分析者带来某种挑战，因为可以据此帮助分析者明晰三大报表之间内在的关系。比如，从资产负债表的“应交税费”项目，可以了解至期末应交而尚未缴纳的各项税金（贷方余额）；从利润表的“税金及附加”项目，可以了解本期应该缴纳的、除增值税和所得税以外的所有税金总额；从现金流量表的“支付的各项税费”项目，可以了解本期实际缴纳的各项税金总额。

6.3.2 “间接法”项目

我国企业目前采用“间接法”编制现金流量表附表，表中所反映的各项数据，均为报告期内所发生的累计数。

1.“净利润”项目

“净利润”项目，反映企业本期净利润，其数据直接摘录自“利润表”之净利润。

2.“资产减值准备”项目

“资产减值准备”项目，反映企业本期计提的各项资产减值准备，包括存货跌价准备、投资性房地产减值准备、长期股权投资减值准备、持有待售资产减值准备、固定资产减值准备、在建工程减值准备、油气资产减值准备、生产性生物资产减值准备、无形资产减值准备、商誉减值准备等。由于这些准备在利润表中均属于净利润的减项，但并未导致实际的现金流出，故在此应作净利润的加项。

3.“信用减值损失”项目

“信用减值损失”项目，反映企业本期各种应收款项，以及一年之内的合同资产、合同负债和长于一年的其他非流动资产、非流动负债等账户计提的坏账准备，减去坏账冲回后的差额。由于这些损失在利润表中均属于净利润的减项，但并未导致实际的现金流出，故在此应作净利润的加项。

4.“固定资产折旧、油气资产折耗、生产性生物资产折旧”项目

“固定资产折旧、油气资产折耗、生产性生物资产折旧”项目，反映企业本期累计提取的各类固定资产、油气资产、生产性生物资产等的折旧或折耗。由于这些折旧（摊销）在利润表中均属于净利润的减项，但并未导致实际的现金流出，故应作净利润的加项。

5.“投资性房地产折旧”项目

“投资性房地产折旧”项目，反映企业采用成本模式计量的投资性房地产本期计提的累计折旧（摊销），减去成本模式转公允价模式时冲销“投资性房地产累计折旧”的差额。由于这些折旧属于净利润的减项，但并未导致实际的现金流出，故应作净利润的加项。

6.“使用权资产摊销”项目

“使用权资产摊销”项目，反映企业本期计提的使用权资产的累计摊销（折旧）。由于这些摊销属于净利润的减项，但并未导致实际的现金流出，故应作净利润的加项。

7.“无形资产摊销”项目

“无形资产摊销”项目，反映企业本期累计摊入成本费用的无形资产成本。由于这些摊销属于净利润的减项，但并未导致实际的现金流出，故应作净利润的加项。

8.“长期待摊费用摊销”项目

“长期待摊费用摊销”项目，反映企业本期累计摊入成本费用的长期待摊费用。由于这些摊销属于净利润的减项，但并未导致实际的现金流出，故应作净利润的加项。

9.“处置固定资产、无形资产和其他长期资产的损失”项目

“处置固定资产、无形资产和其他长期资产的损失”项目，反映企业本期由于处置固定资产、无形资产和其他长期资产而发生的净损失。由于这些损失属于净利润的减项，但并未导致实际的现金流出，故应作净利润的加项。但若本期该类资产的处置结果为净收益，则应从净利润中减去。

10.“固定资产报废损失”项目

“固定资产报废损失”项目，反映企业本期各类固定资产清理的净损失。由于这些损失属于净利润的减项，但并未导致实际的现金流出，故应作净利润的加项。但若本期各类固定资产清理为净收益，则应从净利润中减去。

11.“公允价值变动损失”项目

“公允价值变动损失”项目，反映企业持有的交易性金融资产、交易性金融负债、衍生金融资产、衍生金融负债、应收款项融资、采用公允价值模式计量投资性房地产、净敞口套期收益、其他债权投资、其他权益工具投资等账户的公允价值变动净损失。由于这些损失属于净利润的减项，但并未导致实际的现金流出，故应作净利润的加项。但若本期“公允价值变动损失”账户余额为负数，即为公允价值变动收益，则应从净利润中减去。

12.“财务费用”项目

“财务费用”项目，反映企业本期发生的本应属于投资活动或筹资活动的各类财务费用，因这些费用并非属于企业经营活动范畴，故应加回净利润中。但若本期财务费用账户余额为负数，则应从净利润中减去。

13.“投资损失”项目

“投资损失”项目，反映企业本期对外股票、债券等各项投资所发生的净损失，因这些投资损失并非属于企业经营活动范畴，故应加回净利润中。但若本期投资损失账户余额为负数，即为投资收益，则应从净利润中减去。

14.“递延所得税资产减少”项目

“递延所得税资产减少”项目，反映企业本期发生后期负担的递延所得税资产期初、期末

差额的净减少金额，此项目数额减少就说明转为本期的所得税费用增加了，但并未导致实际现金流出，其现金流出在计提递延所得税资产，形成应交税金时已发生，故应加入本期净利中。若该项目的期初、期末的差额为净增加，则应从本期净利中减去。

15.“递延所得税负债增加”项目

“递延所得税负债增加”项目，反映企业本期负担后期发生的递延所得税负债期初、期末差额的净增加金额，此项目数额增加就说明本期所得税费用增加了，但并未导致实际现金流出，其现金流出将在后期分摊递延所得税负债，形成应交税金时发生，故应加入本期净利中。若该项目的期初、期末的差额为净减少，则应从本期净利中减去。

16.“存货的减少”项目

“存货的减少”项目，反映企业各存货项目的期初、期末差额的净减少金额，说明企业本期发出各项存货的增加，也即营业成本的增加，但其并未导致实际现金流出的增加，故应加入本期净利中。当然，若相反，则以负数列示。

17.“经营性应收项目的减少”项目

“经营性应收项目的减少”项目，反映企业本期各项经营性应收项目，以及应收未收的其他收益中与经营活动有关的部分，以及应收的增值税销项税额期初、期末差额的净减少金额，说明企业本期实收大于应收，表明现金流量表中的经营活动的现金流入量，大于利润表中的各项收入合计，故需要调整，使之保持一致。当然，若相反，则以负数列示。

18.“经营性应付项目的增加”项目

“经营性应付项目的增加”项目，反映企业本期各项经营性应付项目中与经营活动有关的部分，以及应付的增值税进项税额期初、期末差额的净增加金额，说明企业本期实付大于应付，表明现金流量表中的经营活动的现金流出量，大于利润表中的各项费用支出合计，故需要调整，使之保持一致。当然，若相反，则以负数列示。

19.“其他”项目

“其他”项目，反映企业在将净利润调整为经营活动现金净流量时，如果存在不属于以上各调整项目，但又是需要调整的项目，则可通过其他项目进行调整。

采用间接法编制现金流量表附表，其要求是将利润表中的净利润调整为经营活动产生的现金流量净额。由于利润表的编制是以权责发生制为基础的，说明利润表中各项目的数据并非一定导致现金实际的收支流动，因而在将其数据调整为以现金制为基础编制的现金流量表时，就需要按以下两点进行调整。

（1）将利润表中涉及收支的各项目的数据，按本期发生，本期实际收到或实际支出的数据（包括本期预收或预支，后期发生的数据），加上前期发生，本期实际收到或实际支出的数据，减去本期发生，后期收到或支出的数据，进行调整。

（2）将利润表中不涉及经营活动的各项目的数据，予以剔除。

通过间接法编制出的现金流量表，便于将净利润和经营性现金净流量进行比较，不仅可以从现金流的角度分析净利润的质量，还可以与直接法编制的经营性现金净流量相互验证，以保证现金流量表编制的准确性。

本章小结

现金流量表是反映企业在一定会计期间内的现金和现金等价物流入和流出的报表，因而是一份流量表。现金，是指企业库存现金以及可以随时用于支付的存款。现金等价物，是指企业持有的期限短、流动性强、易于转换为已知金额现金、价值变动风险很小的投资，通常是指能在3个月内变现的各项投资。

我国的现金流量表分现金流量表（主表）和补充资料（附表）两部分，要求主表采用直接法编制，补充资料采用间接法编制，它们具有很大的不同。

现金流量表中各项目的计算是基于现金制（收付实现制）的要求，而利润表中利润的计算是基于权责发生制的要求，两者之间的差异，既可以更恰当地反映公司的财务成果，同时也能够更好地体现三大报表之间的互补关系。

本章习题

一、单项选择题

1. 现金等价物，是指企业持有的（　　）的投资。

A. 期限短、流动性弱、易于转换为已知金额现金、价值变动风险很小

B. 期限短、流动性强、易于转换为已知金额现金、价值变动风险很大

C. 期限长、流动性强、易于转换为已知金额现金、价值变动风险很小

D. 期限短、流动性强、易于转换为已知金额现金、价值变动风险很小

2. 现金流量表的（　　）与资产负债表中的货币资金及等价物期初、期末差额存在对应关系。

A. 现金流量　　　　B. 现金净流量

C. 现金及现金等价物净增加额　　　　D. 现金及现金等价物净流量

3. 通过（　）的平衡关系来保证利润表和现金流量表的相对可靠性，这是基本的财务报表平衡式。

A. 借或贷　　　　B. 资产负债表

C. 资产和负债　　　　D. 资产、负债、净资产

4. 以下项目中，不属于经营活动的现金流量项目的是（　　）。

A. 处置非流动资产所收到的现金　　　　B. 销售商品、提供劳务收到的现金

C. 购买商品、接受劳务支付的现金　　　　D. 支付的各项税费

二、多项选择题

1. 现金流量表的现金是指（　　）。

A. 库存现金　　B. 银行存款　　C. 其他货币资金　　D. 现金等价物

2. 现金流量应当分别按照现金流入和现金流出的总额列报。但是，下列各项可以按照净额列报：（　　）。

A. 代客户收取或支付的现金

B. 周转快、金额大、期限短项目的现金流入和现金流出

C. 向同一客户购买和销售商品的现金流入和现金流出

D. 金融企业的有关项目，包括短期贷款发放与收回的贷款本金、活期存款的吸收与支付、同业存款和存放同业款项的存取、向其他金融企业拆借资金，以及证券的买入与卖出等

3. 现金流量表是以（　　）为基础编制的财务状况变动表。

A. 权责发生制　　B. 收付实现制　　C. 现金制　　D. 应收应付制

三、判断题

1. 企业日常经营业务是影响现金流量的重要因素，但并不是所有的经营业务都会影响现金流量。（　　）

2. 企业应当采用间接法列示经营活动产生的现金流量。（　　）

3. 由于流量表是差额表，不能自动平衡，因此现金流量表最后两行的设计目的，就是希望通过与资产负债表现金及现金等价物期初及期末余额的差额，来保证现金及现金等价物净增加额计算的正确性。（　　）

4. 利润表中的净利在减去股利以后的净额，应等于资产负债表中留存收益（盈余公积加未分配利润）的期初及期末余额的差额。（　　）

四、简答题

1. 为什么将现金流量分为经营活动、投资活动和筹资活动？

2. 将现金流量表分现金流量表（主表）和补充资料（附表）两部分有何意义？

3. 为什么要编制现金流量表？

4. 现金流量表与资产负债表及利润表有何关系？

五、案例分析

现金流管理

年初时，乔治·弥尔士情绪很好，他是 CAM 产品公司的总经理，该公司是生产计算机连接器的，单位生产成本为$6，每件按$8 售出，计算机市场上在这方面的需求很旺盛。弥尔士保持 30 天里需要的产品存货，他付账迅速；对顾客的付款条件是 30 天净额（30 天到期付款），销售预测一直很准确，预计接下来的一年中销售会持续增长。

1 月 1 日，公司的账面显示为：

现金=$8 000

存货=$6 000

应收账款=$8 000

1 月份弥尔士售出 1 000 件连接器，生产成本为$6 000；并收回应收账款$8 000。1 月的利润总额为$2 000。

2 月 1 日，公司的账面显示为：

现金=$10 000=8 000+（8 000−6 000）

存货=$6 000=1 000 × 6

应收账款=$8 000=1 000 × 8

2月销售量上升到预料中的1 500件，为保持有30天的存货，生产量增长到2 000件，成本为$12 000。1月的所有应收账款都被收回，经过2月，利润总计为$5 000。

3月1日，公司的账面显示为：

现金=$6 000=10 000+8 000−12 000

存货=$9 000=1 500×6=12 000−9 000+6 000

应收账款=$12 000=1 500×8

3月销售量上升到2 000件，2月的应收账款也及时收回。为保持有2 000件存货，生产量增长到2 500件，该月的利润为$4 000（该年度累计利润为$9 000）。

4月1日，公司的账面显示为：

现金=$3 000=6 000+12 000−15 000

存货=$12 000=2 000×6

应收账款=$16 000=2 000×8

4月销售量上升为2 500件，弥尔士欣喜若狂，顾客仍按时付款。为保持有2 500件存货，生产量增长到3 000件，该月利润为$5 000（该年累计利润为$14 000），弥尔士去岛上度假了。

5月1日，公司的账面显示为：

现金=$1 000=3 000+16 000−18 000

存货=$15 000=2 500×6

应收账款=$20 000=2 500×8

5月销售量暴涨的新纪录为3 000件，生产量增长为3 500件，该年度前5个月的利润为$20 000，该月利润为$6 000。接着，弥尔士意外地接到他的会计师的电话，让他尽快回家，公司现金短缺了。

6月1日，CAM产品公司的账户余额为：

现金=0=1 000+20 000−3 500×6

存货=$18 000=3 000×6

应收账款=$24 000=3 000×8

弥尔士满腹困惑地回到家，他立刻与银行家开会商量了这一问题。

问题：你对此有何评价？

参考答案

一、单项选择题

1. D　2. C　3. B　4. A

二、多项选择题

1. ABCD　2. ABD　3. BC

三、判断题

1. √　2. ×　3. √　4. √

第7章

财务报表分析的基本方法

学习目标

1. 了解财务报表分析方法的意义。
2. 明确财务报表分析中常见的几种方法。
3. 掌握各基本分析方法的原理、作用和分析技巧。
4. 理解各基本分析方法之间的相互关系。

学习重点

1. 财务报表分析的方法是帮助报表分析者进行财务报表分析的手段，故而在实际分析时必然需要适应不同分析目标的要求，采用多样化的分析方法。

2. 财务报表分析的最终目的在于全面地、准确地、客观地揭示企业的财务状况，并借以对企业经营效益优劣作出合理的评价。因此，需要进行动态的系统分析。

财务报表分析的方法是帮助分析者进行财务报表分析的手段，因为报表分析者分析的目标、目的各不相同，因而在进行实际财务报表分析时，需要适应不同分析目标的要求，采用与分析目标要求相适应的分析方法。通常，客观全面的分析需要借助动态的系统分析实现，所谓动态分析，就是要将企业过去和目前的状况与未来的发展联系起来，比较适合的分析方法是趋势分析法等；所谓系统的分析，就是要注重各事项之间的相互联系，常见的分析方法有结构分析法、趋势分析法、因素分析法、综合分析法等。

7.1 结构分析法和趋势分析法

结构分析法和趋势分析法，是财务报表分析中比较常见的两种分析方法，其特点是可以利用“报表原数”直接进行横向和纵向的比例分析，而“报表原数”是指可以从财务报表中直接获得的、未经过任何加工的数据。以报表原数作为分析的对象，是一种最为简单且直观的分析视角，因为通过对财务报表原数进行结构和趋势这样不同视角的加工，可以发掘出更多额外的财务信息，以更好地服务于财务报表的分析过程。

7.1.1 结构分析法

1. 结构分析法的含义

结构分析法是指，以财务报表中某一关键项目（或合计项目）的数额作为基数（100%），而将其余各有关项目的数额分别换算成占该关键项目数额的百分比，以将各个项目占整体的相对地位明显地表现出来，从而揭示财务报表中各项目的相对重要性，以及财务报表的总体结构关系的分析方法。据此，结构分析的一般计算公式为：

结构百分比=（某项目数据/总体数据）×100%

由于财务报表的结构分析通常是以百分比的形式描述企业在一个特定期间内，其财务报表中的某项目数据与一共同项目数据之间的关系，反映的是财务报表各项目数据间的纵向关系，因而也称纵向分析或垂直分析。结构分析的作用主要体现在以下两个方面。

首先，结构分析反映了各组成项目数据的分布情况。由于结构分析的基本方法是确定报表中各项目数据占总体数据的比重或百分比，即通过计算各项目数据的比重，来分析各项目数据在企业经营中的重要性。一般而言，项目数据比重越大，说明其重要程度越高，对总体的影响也越大。

其次，结构分析对财务报表的横向比较尤为有用，因为在有着不同规模的企业之间使用绝对数直接进行财务报表的比较分析时，会因规模差异而产生误导。例如，A 公司的负债为 1 500 万元，B 公司的负债为 15 000 万元，如果依此认为 B 公司的财务风险比 A 公司高，就有可能是错误的，因为这还涉及两家公司的整体规模。如果假设 A 公司的总资产为 2 000 万元，而 B 公司的总资产为 30 000 万元，则 A 公司的资产负债率为 75%，B 公司为 50%。

为此，在横向比较前，首先要对财务报表数据进行垂直分析法处理，计算出结构相对数，以显示规模差异。处理后的报表通常称为结构百分比财务报表、同型财务报表或共同比财务报表等。可以说，编制结构百分比财务报表，是进行财务报表结构百分比分析的最主要内容之一，其格式可如表 7–1～表 7–4 所示。

表 7–1 A 公司简化的资产负债表 金额单位：万元

资产	2021 年	2020 年	权益	2021 年	2020 年
流动资产：			流动负债：		
货币资金	840	1 000	应付票据	1 800	1 000
应收账款	1 200	1 600	短期借款	2 400	2 000
存货	2 400	2 000	长期借款	2 400	2 000
流动资产合计	4 440	4 600	负债合计	6 600	5 000
固定资产	6 000	5 000	股本	4 440	4 000
其他长期资产	1 560	400	未分配利润	960	1 000
资产合计	12 000	10 000	权益合计	12 000	10 000

对表 7–1 中的数据进行分析后发现，A 公司总资产增加了 2 000 万元，主要是非流动资

产的增加，而流动资产除存货外则降低了，说明该公司的规模在扩张，但流动性降低了。来源方面，负债增加了，股本也在增加，但未分配利润在减少，说明该公司的筹资规模扩张了，但利润留存却减少了，或者盈利能力下降了。

表 7–2 A 公司简化的结构百分比资产负债表

资产	2021 年	2020 年	权益	2021 年	2020 年
流动资产：			流动负债：		
货币资金	7%	10%	应付票据	15%	10%
应收账款	10%	16%	短期借款	20%	20%
存货	20%	20%	长期借款	20%	20%
流动资产合计	37%	46%	负债合计	55%	50%
固定资产	50%	50%	股本	37%	40%
其他长期资产	13%	4%	未分配利润	8%	10%
资产合计	100%	100%	权益合计	100%	100%

对表 7–1 中的数据进行结构百分比处理后可得表 7–2，经结构分析可以发现，由于 A 公司存货的增幅与总资产增幅一致，但其他流动资产则明显下降，并导致流动资产合计大幅下降；固定资产（净额）的增幅也与总资产增幅一致，但其他长期资产占总资产的百分比从 2020 年的 4%增加到 2021 年的 13%，从而推动了非流动资产占总资产比重的增加，说明 A 公司的生产规模或能力在扩张。来源方面，短、长期借款的占比持平，应付票据增加了 5%，说明该公司的付款能力下降了，从而导致了负债合计占总资产的比重相对增加了，并同时导致股本和未分配利润占比相应下降 5%，尤其是股本，绝对数在增加，但相对数在下降，说明该公司吸纳外部投资的能力削弱了，同时，未分配利润的占比下降，则说明了该公司的盈利能力也下降了。

表 7–3 三家公司简化的利润表

金额单位：万元

项目	公司		
	A	B	C
营业收入	80 000	70 000	60 000
营业成本	57 432	42 000	48 000
营业费用	8 920	14 000	6 000
营业利润	13 648	14 000	6 000
所得税	3 896	3 500	1 800
净利润	9 752	10 500	4 200

分析表 7–3 中的数据可知，A 公司的营业收入最高，但净利润却是 B 公司最大，而 C 公司则无论是收入，还是利润均为最低。很明显，B 公司的净利最大主要是得益于毛利（营业收入–营业成本）最大，这一点从表 7–4 简化的结构百分比利润表中可以看得更清楚。说

明B公司虽然在市场开拓（营业收入）方面不及A公司，但在内部管理（控制成本、费用）方面却远超A公司。至于C公司，则内外两个方面均表现较差。

表7–4 三家公司简化的结构百分比利润表

项目	公司		
	A	B	C
营业收入	100%	100%	100%
营业成本	71.79%	60%	80%
营业费用	11.15%	20%	10%
营业利润	17.06%	20%	10%
所得税	4.87%	5%	3%
净利润	12.19%	15%	7%

通过观察和比较表7–4不同公司的结构百分比利润表，可以进一步发现A、B、C各家公司之间的账户结构和分布的差异，从而可以对差异的原因进行调查、了解和分析。例如，通过表7–4结构百分比利润表的比较，就可以发现A、B、C三家公司之间的营业利润率的差异，其中B公司的营业利润率相对最高，显然是由于其营业成本率的相对偏低，也即毛利率相对较高所致。由于B公司的营业成本率相对A公司低了11.79个百分点，而相对C公司则低了20个百分点，虽然费用占比最高，分别较A、C公司高8.85个百分点和10个百分点，但两项相抵后，B公司的营业利润率仍分别高出A、C公司2.94个和10个百分点。

显然，表7–4的相对数分析较表7–3的绝对数分析更直观。同时，通过结构百分比分析后，就可以进一步分析导致利润率差异的原因了。

2. 结构分析法的注意事项

对财务报表进行结构分析，主要是为了考察财务报表中各单个项目数据占总体数据的相对比重，其优点在于简洁明了，有助于对企业的财务状况、经营成果和现金流量情况进行更为深入的了解。但在对这些相对数据进行分析时，要想了解这些数据所反映的实际意义，通常要注意以下几个方面。

（1）结构百分比报表不能反映被分析公司的相对规模，这需要通过比较分析来评价。

（2）在进行结构百分比报表的分析时，通常还会延伸到检查特定子类项目的比例构成情况。例如，在评价流动资产的流动性程度时，不仅要了解各项流动资产占总资产的比例是多少，还要了解各项流动资产在流动资产合计数中的比例情况。

（3）在分析结构百分比利润表时，了解各成本、费用项目占销售收入的比例，对分析结论通常很有指导意义，但有一个例外就是所得税费用项目，它与税前收益直接相关而与销售收入无关。

（4）结构百分比报表更适合公司间的横向比较，尤其是在比较不同规模公司的财务状况和成果时，但在解释其变动趋势时应该慎重，要将绝对金额与相对比例结合起来分析。

综上所述，财务报表结构分析方法为财务报表分析活动提供了一个有效的视角，即既需要从报表的绝对数额，也需要从报表的相对数额，这两个方面去看问题，尤其是在比较不同规模公司时，相对数分析可以更有意义。这也给后续的财务报表分析方法提供了有益的思路，其他的财务报表分析方法亦应该以此为基础展开。

7.1.2 趋势分析法

1. 趋势分析法的含义

趋势分析法也称水平分析法，就是根据企业连续数期的财务报表，通过比较报表中各个有关项目的金额、增减方向和幅度，评判当期财务状况和经营成果的增减变化，及其未来发展趋势的一种方法。采用这种分析方法，可以帮助识别导致一个企业财务状况和经营成果发生变化的主要原因、变动的性质，并以此预测企业未来的发展前景。

趋势分析法可以利用统计图表，或采用移动算术平均法、指数平滑法等方法进行分析。通常采用简单的比较分析法，即将连续几期的同一类型报表加以比较，以计算趋势百分数。趋势百分数的计算公式为：

$$趋势百分数=（比较项目的数额/基期项目的数额）\times 100\%$$

2. 趋势分析法的类型

按不同的标准，趋势分析法可以分为以下两种类型。

（1）按照分析的具体形式，趋势分析法可以分为定比和环比两种形式。所谓定比分析法，即固定以某一时期数额为基数，其他各期数额均与该期的基数进行比较，以计算出趋势百分数；环比分析法，即分别以上一时期数值为基数，然后将本期数值与上一期数值进行比较，以计算趋势百分比。比较而言，前者更强调项目的静态变动趋势，而后者更侧重于说明项目的动态变动趋势。

若以 B 公司为例，该公司连续 3 年的利润表有关项目数据如表 7–5 所示。

表 7–5　B 公司连续 3 年的利润表有关项目数据　　金额单位：万元

项目	2021 年	2020 年	2019 年
营业收入	80 000	70 000	60 000
利润总额	8 000	6 000	6 600

利用表 7–5 的相关数据，采用定比和环比的方法，编制趋势变动分析简表，分别如表 7–6 和表 7–7 所示。

表 7–6　趋势利润表定比分析

项目	2021 年	2020 年	2019 年
营业收入	1.33	1.17	1.00
利润总额	1.21	0.91	1.00

表 7-7　趋势利润表环比分析

项目	2021 年	2020 年	2019 年
营业收入	1.14	1.17	1.00
利润总额	1.33	0.91	1.00

从表 7-6 和表 7-7 可知，就营业收入而言，B 公司 2021 年和 2020 年的营业收入较 2019 年都有一定幅度的增加，增幅分别为 33%和 17%（定比分析）。但 2021 年的增长较 2020 年的增长减缓了，增幅分别为 14%和 17%（环比分析）。而就利润总额而言，由于 B 公司 2020 年的利润总额较 2019 年是降低的，因而导致 2021 年利润总额的环比增长超过了定比增长，说明就趋势变动而言，该公司的收入增长呈下降之势，而利润的变化则表现出起伏不稳定之势。

（2）按照分析比较的具体对象来看，趋势分析可以按绝对数（报表原数）进行时间序列比较，也可以按相对数（结构百分比）进行时间序列比较。此外，还可以按财务比率（指标）进行趋势分析，以作为对趋势报表分析的扩展。

① 报表原数的趋势分析。所谓报表原数的趋势分析，就是将企业连续几个会计年度的财务报表上的相同项目进行横向趋势比较。通常，为了更直观地反映某个项目增减变动的数额和增减变动幅度，往往在并列连续几年财务报表的绝对额后面，设置“增减”栏，以反映增减的绝对数额和增减百分比。其计算公式如下：

绝对值变动数=分析期（报告期）某项指标实际数−基期该项指标实际数

变动率=（绝对值变动数/基期该项指标实际数）×100%

仍以上例 B 公司的各项目数据说明此种分析，如表 7-8、表 7-9 所示。

表 7-8　趋势利润表定比分析　　金额单位：万元

项目	2021 年	2020 年	2019 年（基期）	增减			
				2021 年		2020 年	
				金额	%	金额	%
营业收入	80 000	70 000	60 000	20 000	33	10 000	17
利润总额	8 000	6 000	6 600	1 400	21	−600	−9

表 7-9　趋势利润表环比分析　　金额单位：万元

项目	2021 年	2020 年	2019 年（基期）	增减			
				2021 年		2020 年	
				金额	%	金额	%
营业收入	80 000	70 000	60 000	10 000	14	10 000	17
利润总额	8 000	6 000	6 600	2 000	33	−600	−9

从表 7-8 和表 7-9 可知，就营业收入而言，B 公司 2021 年和 2020 年的营业收入较 2019

年都有一定幅度的增加，但由于其绝对数的增幅没有变化，导致 2021 年的相对数增长较 2020 年的增长减缓了；而就利润总额而言，由于 B 公司 2020 年的利润总额较 2019 年是降低的，所以导致 2021 年利润总额的绝对数增幅较 2020 年的增幅扩大了，并最终导致其相对数的环比增长率超过了定比增长率。

② 结构百分比的趋势分析。所谓结构百分比的趋势分析，就是将若干比较期间的结构百分比在财务报表中并列列示，进行趋势分析。在实际分析中，一般不编制单一期间的结构百分比财务报表，通常将财务报表结构分析与趋势分析相结合，用于财务报表的多期比较，使报表项目间的变化趋势表现得更为清晰，能够更为有效地揭示企业财务报表各项目变动情况的相对重要性，以及这些相对重要项目变动的趋势情况。

以表 7-4 的净利润项目为例，A 公司净利润较 C 公司增加了 5.19 个百分点，增幅为 74.14%；B 公司净利润较 C 公司增加了 8 个百分点，增幅为 114.29%；而 A 公司净利润较 B 公司减少了 2.81 个百分点，减幅为 18.73%。

③ 财务比率（指标）的趋势分析。财务比率趋势分析，主要是通过比较财务报表中的各项目之间财务指标的比率关系及其变动情况，分析和预测企业财务活动的发展趋势。通过将各财务指标的增减变化进行对比，可以判断增资与增产、增收之间是否协调，资产营运效率是否提高等情况。仍以表 7-5 数据为例，可以建立 B 公司财务比率（指标）趋势分析表，如表 7-10 所示。

表 7-10 B 公司财务比率趋势分析表

项目	2021 年	2020 年	2019 年
销售利润率	10%	8.57%	11%

从表 7-10 中可以看出，B 公司销售利润率（此比率为利润总额占营业收入的比重），由 2019 年的 11%下降到了 2020 年 8.57%，下降了 2.43 个百分点，减幅为 22.09%。2021 年时又回升到 10%，环比上升了 1.43 个百分点，增幅为 16.69%，但较 2019 年仍下降了 1 个百分点，减幅为 9.09%，表明该公司的盈利能力在 2020 年曾经下滑，在 2021 年又开始有回升趋势，但仍有待进一步提升，才能恢复到原有水平。

3. 趋势分析法的注意事项

采用趋势分析法时必须注意以下几点。

（1）用于进行对比的各个时期的指标，在计算口径上必须一致，因为会计政策和会计估计的变更会影响指标的前后一致性。

（2）分析前应剔除偶然因素的影响，以使供分析的数据能传递正常的经营状况、财务成果和其他信息。

（3）分析时需要突出经营管理上的重大特殊问题，所选择的分析项目应适合分析的目的。

（4）应特别关注差异发生的量度，以突出那些导致对生产经营活动产生影响的项目的变异情况的分析结论。

综上可以看出，结构分析和趋势分析对财务报表分别进行了纵向和横向的全面分析，包括绝对数分析和相对数分析。其中，结构分析强调了财务报表分析的静态性变化，而趋势分析则强调了财务报表分析的动态性变化。

7.2　因素分析法

如果说结构分析法和趋势分析法提供了对财务报表“原数”分析的两种不同视角，那么因素分析法则为寻找财务比率（指标）之间的关系提供了技术分析思路。

因素分析法是一种建立在财务指标分解法基础之上的分析方法，它通过评价各财务指标之间的内在逻辑关系，强调了各指标之间客观存在的因果关系。

7.2.1　因素分析法的基本含义

因素分析法是指通过对某项经济活动的总体进行因素分解，以确定影响该经济活动总体的各种因素构成，并按一定的方法确定各构成因素的变动对该经济活动总体的影响程度和影响方向的分析方法。

因素分析法是一种常用的定量分析方法，而财务报表因素分析法，就是在将一定的财务指标层层分解为若干个分项指标的基础上，对该财务指标所涉及的各影响因素的影响程度大小进行定量分析。这种分析方法，对于揭示和改进企业的财务状况、经营成果，以及改善企业的生产经营过程，均可以提供有益的帮助和参考。

7.2.2　因素分析法的种类

任一综合财务指标，均由多项因素构成，而其中的任一因素变动，也必然会对此综合财务指标产生不同程度的影响，因素分析法主要是就各分解因素对某一综合指标的影响程度进行衡量。其在具体运用中，又形成了以下几种具体的分析方法。

（1）主次因素分析法。这种分析法也称 ABC 分析法，一般是根据各种因素在总体中的比重大小，依次区分为主要因素、次要因素、一般因素，然后抓住主要因素进行深入细致的分析，以取得事半功倍的分析效果。

（2）因果分析法。这种分析法主要是通过分层次的方法，分析、解释引起某项综合经济指标变化的各分项因素变化的原因，以最终说明总体指标的变化情况。例如，产品销售收入的变化主要是受销售数量和销售价格变动等因素的影响，而销售价格变动又受产品质量、等级，零配件构成等因素变动的影响。由此，可依次对收入变动、价格变动、等级变动等因素进行分析，以最终揭示影响产品销售收入变动的深层次因果关系。

（3）平行影响法。这种分析法又称因素分摊法，适用于分析、解释引起某项综合经济指标变化的各分项因素同时变动、平行影响的情况。它进一步又可以分为差额比例分摊法、变动幅度分摊法、平均分摊法等。例如，甲车间生产 A、B、C 三种产品，共发生制造费用 10 万元，就需要按一定标准（工时、产品数量等）在三种产品之间进行分摊。

（4）连环替代法。这种分析法是在通过对某项综合经济指标的对比分析（计划对实际、上期对本期、本企业对同行业等），以确定其总差异的发生额，然后利用各个分项因素的顺序替代变动，连续地进行比较，从而测定各个分项因素的变动差异对经济指标总差异的影响程度的一种因素分析方法。

7.2.3 连环替代法的运用

连环替代法又称连锁替代法，是因素分析法的一种基本形式，其分析程序大致由以下几个步骤组成。

（1）确定分析综合指标与其影响因素之间的关系。通常使用的方法是指标分解法，即将财务指标在计算公式的基础上进行分解或扩展，从而得出各影响因素与分析指标之间的关系式。例如，对于总资产收益率指标，可以分解如下：

总资产收益率=（净利润/平均资产总额）×100%

=（营业收入/平均资产总额）×（净利润/营业收入）×100%

=总资产周转率×销售净利率×100%

（2）排列各项因素的顺序。一般遵循先数量后质量、先实物后价值、先主要后次要的原则。当然，排列顺序的先后，对最终计算结果并无影响，主要是为了体现一种内在的自我需求。

（3）以基期（或计划）综合指标为基础，然后将构成综合指标的各个因素的基期数，按照顺序依次以报告期（或实际）数来进行逐一替代，每替代完成一次，就计算一次结果，替代后的因素就予以保留。

例如，对于净资产收益率，可以分解并按下列顺序排列为：

净资产收益率=（净利/营业收入）×（营业收入/总资产）×（总资产/净资产）×100%

=营业利润率×总资产周转率×权益乘数×100%

替代过程为：

净资产收益率（基期）=营业利润率×总资产周转率×权益乘数×100%　①

第一次替代：营业利润率（报告期）×总资产周转率×权益乘数×100%　②

第二次替代：营业利润率（报告期）×总资产周转率（报告期）×权益乘数×100%　③

净资产收益率（报告期）=营业利润率×总资产周转率×权益乘数×100%　④

净资产收益率（报告期）–净资产收益率（基期）=［②–①］+［③–②］+［④–③］=④–①

其中：②–①说明，由于营业利润率的变动对净资产收益率的影响；

③–②说明，由于总资产周转率的变动对净资产收益率的影响；

④–③说明，由于权益乘数的变动对净资产收益率的影响。

（4）比较各因素的替代结果，确定各因素对分析指标的影响程度。

例如，A 公司财务报表中与总资产周转率相关的资料如表 7–11 所示。

表 7-11 A 公司关键财务指标

项目	2020 年	2021 年	差异
营业收入/元	49 896 709	58 300 149	8 403 440
平均总资产/元	18 924 089	28 729 179.50	9 805 090.50
平均流动资产/元	15 393 210.50	23 692 245.50	8 299 035.00
总资产周转率/次	2.64	2.03	−0.61
流动资产周转率/次	3.24	2.46	−0.78
流动资产占总资产比重/%	81.34	82.47	1.13

要求计算总资产周转率下降的原因。

解：

总资产周转率=营业收入/平均资产总额

=（营业收入/平均流动资产合计）×（平均流动资产合计/平均资产总额）

=流动资产周转率×流动资产占总资产比重

总资产周转率差异=2.03−2.64=−0.61（次）

其中，流动资产周转率的降低对总资产周转率的影响为：

（2.46−3.24）×81.34%=−0.64（次）

流动资产比重的提升对总资产周转率的影响为：

2.46×（82.47%−81.34%）=0.03（次）

合计为：−0.64+0.03=−0.61（次）

或者，总资产周转率（基期）=3.24×81.34%=2.64（次）

第一次替代：2.46×81.34%=2.001（次）

总资产周转率（报告期）：2.46×82.47%=2.03（次）

差异=−0.61=2.03−2.64=（2.001−2.64）+（2.03−2.001）=−0.61（次）

说明 A 公司总资产周转率的下降主要是由于流动资产周转率的下降所致，因而该公司应加强对流动资产周转率的管理。

7.2.4 因素分析法的注意事项

由于企业的活动是一个有机的整体，每个综合财务指标的高低，都不止受一个因素的影响，因而从数量上测定各因素的变动对指标的影响程度，可以帮助人们抓住主要矛盾，以便能更有说服力地评价企业的财务状况、经营成果或其他方面的情况。但采用因素分析法时必须注意以下几点。

（1）因素分解的相关性问题。所谓因素分解的相关性，是指分析指标与其影响因素之间必须真正相关，即有实际经济意义，各影响因素的变动确实能说明分析指标差异产生的原因。

（2）分析前提的假设性。所谓分析前提的假设性，是指分析某一因素对经济指标差异的影响时，必须其他因素都不变，否则就不能分清各单一因素对分析对象的影响程度。

（3）因素替代的顺序性。确定替代顺序的传统方法是依据数量指标在前、质量指标在后的原则进行排列，现在也有人提出依据重要性原则，即重要因素排在前面，次要因素排在后面。一般来说，为了分清责任，可以将对分析指标影响较大的、并能明确责任的因素放在前面，可能要好一些。

（4）因素替代的连环性。连环性是指在确定各因素变动对分析对象的影响时，都须将某因素替代后的结果与该因素替代前的结果对比，一环套一环，这样既能保证各因素对分析对象影响结果的可分性，又便于检查分析结果的准确性。

7.3 综合分析法

以上各种分析方法都是基于单项个体的报表项目分析方法，是一种建立在分项分析的前提下，了解财务指标内含财务信息的分析方法，这种分析方法的最大缺陷是注意到了点，但缺乏对面的了解。综合分析法就是要将财务报表这个面和财务指标这个点结合起来，作为一个整体进行分析，以评价企业整体财务状况和经营成果优劣。

财务报表分析的最终目的在于全面地、准确地、客观地揭示企业财务状况和经营成果，并借以对企业经济效益优劣作出合理的评价。显然，要达到这样一个分析目的，仅仅从企业的偿债能力、盈利能力和资产效率，以及资产负债表、利润表、现金流量表等报表的不同项目，分别对企业的财务状况和经营成果进行局部分析，是不可能得出合理、正确的综合结论的。因为企业的经营活动是一个有机的整体，同时企业报表的使用者包括不同的利益群体，要全面评价企业的经济效益，满足不同利益群体的不同诉求，仅仅满足于局部分析显然是不够的，而应该将相互联系的各种报表、各项指标联系在一起，从全局出发，进行全面、系统、综合的评价，才能达成财务报表分析的最终目标。

7.3.1 财务报表综合分析的特点

所谓综合分析是相对于财务指标单项分析而言的，它将各单项财务指标相结合，作为一个整体，系统、全面、综合地对企业财务状况、经营成果及现金流量进行剖析、解释和评价，说明企业整体财务状况和效益的优劣。与单项分析相比较，财务报表综合分析具有以下特点。

（1）分析方法不同。单项分析通常把企业财务活动的总体分解为各个具体部分，以认识每一个具体的财务现象，并据此对财务状况和经营成果的某一方面作出判断和评价；而综合分析则是通过把若干个财务现象放在企业财务活动的总体上作出归纳综合，着重从整体上概括财务活动的本质特征。因此，单项分析具有针对性、实务性和实证性，是综合分析的基础；综合分析则是对单项分析的抽象和概括，具有高度的抽象性、综合性和概括性，而如果不能把具体的问题提高到全局性的高度认识，就难以对企业的财务状况和经营业绩作出全面、完整和综合的评价。因此，综合分析应以各单项财务分析指标及各财务指标要素为基础，要求各单项财务指标要素，以及据以计算的各项财务指标一定要真实、全面和适当，所设置的评价指标必须能够涵盖企业赢利能力、偿还能力及营运能力等诸多方面总体分析的要求。因此，只有把单项分析和综合分析结合起来，才能提高财务报表分析的质量。

（2）分析重点和基准不同。单项分析的重点和比较基准是财务计划、行业或其他财务理论性标准，而综合分析的重点和基准是考虑企业整体发展态势的现实标准。因此，单项分析把每个分析指标放在同等重要的地位来加以关注，故难以考虑各项指标之间的相互、主次关系；而综合分析强调各项指标之间的主辅之分，强调关注主要指标，因为只有抓住主要指标，才能抓住影响企业财务状况变化的主要矛盾。当然，关注主要财务指标并非放弃次要财务指标，只是关注的重点差异而已。各主辅财务指标功能应相互协调匹配，在利用主辅指标时，还应注意主辅财务指标间的本质联系和层次关系。

（3）分析目的不同。单项分析的目的性通常明确，侧重于找出企业财务状况和经营成果某一方面存在的问题，并提出改进措施；综合分析的目的是要全面评价企业的财务状况和经营成果，并提出具有全局性的改进意见。显然，只有综合分析获得的结论才是最系统、最完整的，而单项分析因为仅仅涉及一个领域或一个方面，往往达不到这样的目的。

财务报表综合分析方法有许多，概括起来可以分为两类：一是财务报表原数综合分析，如经济增加值分析；二是财务指标体系综合分析，如杜邦财务分析体系。

7.3.2　综合分析法的具体类型

1. 杜邦分析法

杜邦分析法，是指根据各主要财务指标之间的内在联系，建立财务分析指标体系，综合分析企业财务状况和经营成果的一种财务分析方法。其特点是将若干反映企业盈利状况、财务状况和营运状况的比率，按其内在联系有机地结合起来，形成一个完整的指标体系，并最终通过净资产收益率这一核心指标来综合反映投资人的投资收益。这种方法由美国杜邦公司在 20 世纪 20 年代率先采用，故称杜邦分析法。其具体内容如图 7–1 所示。

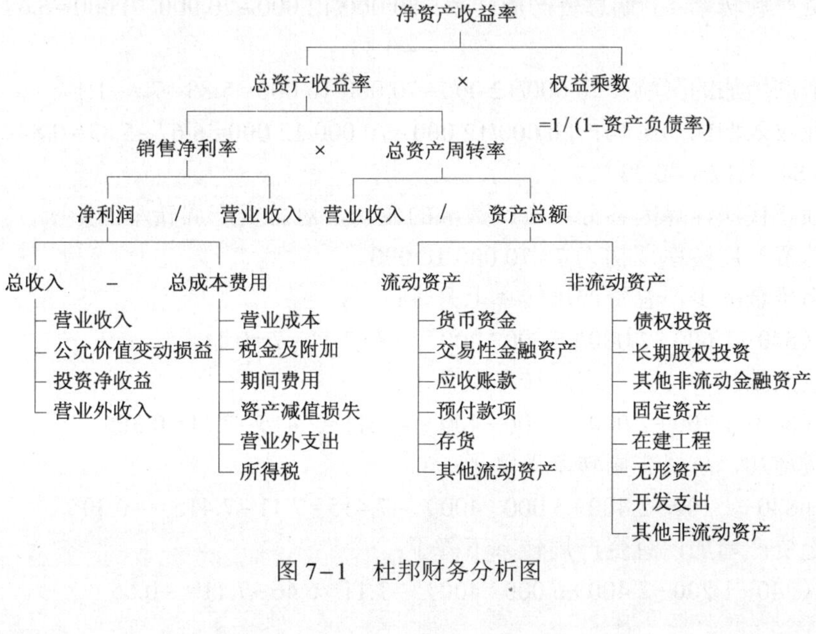

图 7–1　杜邦财务分析图

杜邦财务分析体系主要是站在所有者角度所进行的财务指标综合分析，所包括的分析方法有指标分析、因素分析、连锁替代分析等，是一种典型的财务指标综合分析方法，可以为进行企业的财务状况、经营成果等的综合分析提供极具价值的财务评价信息。

图 7-1 中，净资产收益率（所有者权益收益率）是综合性最强的财务指标，是企业综合财务指标分析的核心。这一指标反映了投资者的投入资本盈利能力的高低，体现了站在投资人立场的企业经营的目标。从企业财务活动和经营活动的相互关系上看，由于净资产收益率的变动取决于企业资本经营、资产经营和商品经营等所有各项活动，因而可以使企业财务活动效率和经营活动效率得到比较综合的体现。

以表 7-1 和表 7-3 中的数据按连锁替代法计算该公司净资产收益率如下（公式中的资产数取期末数，不取平均数），并假设表 7-3 中的 B 公司数据为 A 公司期初数，A 公司数据为期末数。

净资产收益率＝净利/净资产＝营业收入利润率×总资产周转率×权益乘数

其中：

期初净资产收益率＝10 500/5 000＝(10 500/70 000)×(70 000/10 000)×(10 000/5 000)
＝0.15×7×2＝2.1×100%＝210%

本期净资产收益率＝9 752/5 400＝(9 752/80 000)×(80 000/12 000)×(12 000/5 400)
＝0.122×6.67×2.22＝1.81×100%＝181%

差额＝本期－期初＝1.81－2.1＝－0.29，即影响了 29 个百分点。

由于权益乘数变动的影响：0.15×7×2.22＝2.331－2.1＝0.231

由于总资产周转率变动的影响：0.15×6.67×2.22＝2.221 11－2.331＝－0.109 89

由于营业收入利润率变动的影响：1.81－2.221 11＝－0.411 11

合计：0.231－0.109 89－0.411 11＝－0.29，即 29 个百分点。

继续以因素分析法计算总资产周转率。

本期总资产周转率－上期总资产周转率＝80 000/12 000－70 000/10 000＝6.67－7
＝－0.33

由于总资产增加的影响：70 000/12 000－70 000/10 000＝5.83－7＝－1.17

由于营业收入增加的影响：80 000/12 000－70 000/12 000＝6.67－5.83＝0.84

合计：0.84－1.17＝－0.33

再以连锁替代法计算因各分项资产数额的变动，对总资产周转率的影响。

其中，总资产周转率期初为 7＝70 000/10 000。

由于货币资金减少，总资产周转率上升了：

70 000/（840+1 600+2 000+5 000+400）－7＝7.11－7＝0.11

由于应收账款减少，总资产周转率上升了：

70 000/（840+1 200+2 000+5 000+400）－7.11＝7.415－7.11＝0.305

由于存货增加，总资产周转率下降了：

70 000/（840+1 200+2 400+5 000+400）－7.415＝7.11－7.415＝－0.305

由于固定资产增加，总资产周转率下降了：

70 000/（840+1 200+2 400+6 000+400）－7.11＝6.46－7.11＝－0.65

由于其他长期资产增加，总资产周转率下降了：

70 000/12 000−6.46=5.83−6.46=−0.63

合计：0.11+0.305−0.305−0.65−0.63=−1.17

验证：70 000/12 000−70 000/10 000=5.83−7=−1.17

依据同样的方法，还可以验证其他总体因素（比如利润表和资产负债表来源方各项目）中因各分项因素的变动对总体因素的影响。

2. 雷达图分析法

雷达图分析法是日本企业界为进行综合实力评估而采用的一种财务指标综合评价方法，按这种方法所绘制的财务指标综合图状似雷达，故得此名，它是一种对客户财务能力分析的重要工具，并能从动态和静态两个方面分析客户的财务状况、经营成果和其他方面的情况。其中的静态分析将客户的各种财务指标与其他相似客户或整个行业的财务指标作横向比较，而动态分析则把客户现时的财务指标与先前的财务指标作纵向比较，以此来发现客户财务及经营情况的发展变化方向。

与杜邦分析法站在股东的角度不同，雷达图分析法站在整个企业的角度，把纵向和横向的分析比较方法结合起来，综合计算客户的收益性、成长性、安全性、流动性及生产性这 5 类指标，其指标大致内容如表 7−12 所示。

表 7−12 雷达图指标

收益性指标	成长性指标	安全性指标	流动性指标	生产性指标
资产报酬率	营业收入增长率	流动比	总资产周转率	人均营业收入
所有者权益报酬率	税前利润增长率	速动比	固定资产周转率	人均净利润
普通股权益报酬率	固定资产增长率	资产负债率	流动资产周转率	人均资产总额
普通股每股收益	人员增长率	股东权益比	应收账款周转率	人均工资
股利发放率	产品成本降低率	利息保障倍数	存货周转率	
市盈率				
销售利税率				
毛利率				
净利率				
成本费用利润率				

假设表 7−13 中的实际值是根据 D 公司实际相关资料计算的指标，行业值是 2021 年企业绩效评价标准值的相关行业指标，经配比后得雷达图分析数据如表 7−13 所示。

表 7-13　雷达图分析数据

指标项目	分类项目	实际值	行业值	对比值
收益性指标	净资产收益率	0.03	0.089	0.34
	净利率	0.02	0.113	0.15
安全性指标	速动比	0.35	0.743	0.47
	资产负债率	1.16	0.719	1.61
	利息保障倍数	3.06	2	1.53
流动性指标	总资产周转率	2.15	1.3	1.65
	流动资产周转率	3.94	1.7	2.32
	应收账款周转率	9.72	4.5	2.16
	存货周转率	11.49	4.5	4.6
成长性指标	营业收入增长率	0.08	0.115	0.7
	税前利润增长率	1.64	0.169	9.7
	固定资产增长率	−0.1	0.057	−1.74

然后，取表 7-13 第 2 列（分类项目）、第 4 列（行业值，并将全部数据改为 1）和第 5 列（对比值）作雷达图，如图 7-2 所示。可以借助 Excel 工具绘制雷达图，一般可以将比较值（比较值指标一般选择行业数据指标）设定为 1，然后将实际值除以比较值得到的对比值与比较值代入 Excel 工具绘制雷达图，并最终得到雷达分析图。

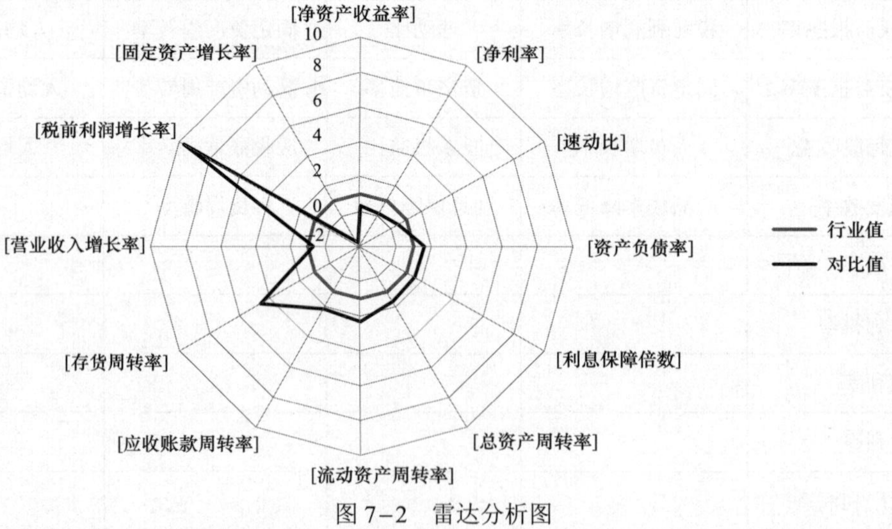

图 7-2　雷达分析图

根据雷达图相关指标分析数据可知，该公司收益性指标、成长性指标和安全性指标均较行业（全行业）指标要差，其中的利润增长指标实际比行业高，主要是因为去年为亏损，而资产负债率高也并非说明就更好，利息保障倍数比较高，说明该公司的偿债能力强于行业指标；流动性指标则较行业指标要强，显然主要是由于本年度营业收入大幅增长所致，因为此种增长主要与关联交易相关，故不具可持续性。

3. 经济增加值分析法

经济增加值分析法，是由美国学者 Stewart 提出，并由美国著名的思腾思特咨询公司注册并实施的一套以经济增加值理念为基础的财务报表信息分析方法。它以一定时期公司的收入扣除所有经营成本以后所得的剩余收入，即税后营业净利润减去考虑时间和风险价值的资本成本后所获得的剩余收益，即经济增加值，评价一个项目是否可行。其基本理念是：投入资本所获得的收益，至少应该在补偿了投资者承担的财务风险后仍有剩余，也就是说，股东必须赚取高于资本市场上类似风险投资回报项目的投资收益率。其计算公式为：

$$\begin{aligned}\text{经济增加值（EVA）} &= \text{税后营业净利润} - \text{资本成本} \\ &= (R - K_W)\,\mathrm{NA} \\ &= R \times \mathrm{NA} - K_W \times \mathrm{NA}\end{aligned}$$

其中，R 是资本收益率，等于税前营业利润减去所得税再除以全部投入资本；K_W 是加权平均资本成本率；NA 即全部投入资本，包括所有者权益和全部有息负债；$R\times\mathrm{NA}$ 为税后营业净利润，$K_W\times\mathrm{NA}$ 为资本成本。税后营业净利润，即不包括投资和筹资活动的营业利润×（1–所得税税率）。

在经济增加值的标准下，资本收益率本身的高低与否，并非投资效益和企业经营状况好坏的评估标准，关键在于资本收益率是否能超过加权平均资本成本率。因此，若资本收益率＞加权平均资本成本率，说明资本增值，获得了经济增加值；若资本收益率=加权平均资本成本率，说明资本保值，没有获得经济增加值；若资本收益率＜加权平均资本成本率，说明资本贬值，经济增加值发生了负增长。

仍以表 7–1 中的 A 公司数据为例，并假设加权平均资本成本率为 10%（本例资本概念取全部有息负债），则该公司 2021 年的经济增加值为：

$$\begin{aligned}\mathrm{EVA} &= 9\,752 - (5\,400 + 2\,400 + 2\,400) \times 10\% = 8\,732\text{（万元）} \\ &= (9\,752/10\,200 - 10\%) \times 10\,200 = 8\,732\text{（万元）}\end{aligned}$$

说明 A 公司所获得的资本收益率远高于加权平均资本成本率，资本增值了，获得了 8 732 万元的经济增加值。

4. 平衡计分卡分析法

当企业管理进入战略管理阶段时，就要求企业制定相应的战略管理规划，即要求企业按以下步骤进行管理：确定目标，制定战略，编制和执行计划（预算），按计划评价实际业绩。这就是所谓的战略管理，就是指对一个企业或组织在一定时期内的全局性、长远性的发展方向、目标、任务和政策，以及资源调配所作出的决策和管理活动。平衡计分卡就是一套能快速且全面地考察企业绩效的业绩评价系统，它从四个方面来观察和评价企业的战略管理活动，每个方面的重要性取决于企业战略管理不同阶段的要求，这四个方面的内容分别是：财务、客户、内部流程、创新和学习。其中，财务指标说明了已采取的行动产生的结果，同时，通过对顾客满意度、内部程序及组织的创新和提高活动进行测评得出业务指标，业务指标是未来财务业绩的推进器。平衡记分卡分析法尤其强调财务指标与非财务指标的结合，强调对外报表信息和对内报表信息的综合使用，能有效地克服传统的财务分析方法的滞后性，偏重短期利益和账目效率门面性，以及忽视无形资产建设的收益能力等不足。

平衡计分卡分析法是一套基于战略管理的业绩评价指标体系，体现了多方面的平衡性，除了包括以上提到的财务与非财务评价方法之间的平衡，长期目标与短期目标评价方法之间的平衡等多个方面的平衡外，还包括以下几个方面的财务指标平衡。

首先，结果指标与动因指标的平衡。在平衡计分卡中，财务方面的指标是企业追求的结果，是目的，而其他三个方面的指标是为了取得这种结果的动因，即为了取得目标所发生的过程。显然，这就需要在建立评价指标体系时，考虑结果和过程评价指标之间的平衡。

其次，日常指标和战略指标的平衡。能够用于业绩评价的财务指标多种多样，但哪些指标能够最终纳入基于战略管理的业绩评价体系中，需要根据企业不同的发展战略及阶段的需要，来确定不同的关键业绩财务指标及其延伸指标。因此，这就需要考虑在管理业绩和经营业绩评价指标之间达成平衡。

最后，利益相关者之间的指标平衡。企业业绩评价系统的一个最基本，也是最重要的作用就是维系契约双方的交易，这取决于契约双方的期望是否均能得到了满足，因而需要设计出一套既能满足交易双方的需求，又能加以不断改进的财务指标体系。同时，恰当的业绩评价指标体系还需要考虑和满足企业内部利益相关者之间的不同需求，以最终达成企业在外部和内部评价指标之间的平衡。

本章小结

为了正确揭示财务报表所传递的各项信息，为了能使财务报表的使用者通过财务报表来全面地了解有关企业的财务状况和经营成果，并合理地预期该企业的发展前景，有必要运用一些财务分析技巧对掌握的财务数据进行分析。

在运用分析技巧对财务数据进行分析时，为了强调所提供数据的可比性及相关的重要性，以及为了合理评价企业的整体状况，要运用各种各样的方法，这些方法包括结构分析法、趋势分析法、因素分析法、综合分析法等。通过这些分析方法可将这些所得到的财务数据加以定量和综合，以判断企业的整体财务状况和经营成果。需要说明的是，任何一种分析结果都不可能说明全部的结论或满足各种不同类型使用者的要求。

本章习题

一、单项选择题

1. 按照分析的具体形式，趋势分析法可以分为（　　）两种形式。

A. 定量和定比分析法　　B. 垂直和趋势分析法

C. 定比和环比分析法　　D. 因素和因子分析法

2. 杜邦财务分析体系的核心指标是（　　）。

A. 权益乘数　　B. 总资产收益率　　C. 净资产收益率　　D. 销售利润率

3. 结构分析法的基本计算公式为（　　）。

A. 某项目结构比率=（某个组成部分数额/总体数额）×100%

B. 某项目结构比率=（总体数额/某个组成部分数额）×100%

C. 某项目结构比率=（本期某个组成部分数额/上期总体数额）×100%

D. 以上都不是

4. 按经济增加值的标准，只要（　　），即说明项目可行，获得了经济增加值。

A. 资本收益率＞加权平均资本成本率

B. 资本收益率=加权平均资本成本率

C. 资本收益率＜加权平均资本成本率

D. 营业净利润＞资本成本

二、多项选择题

1. 属于财务报表分析方法的有（　　）。

A. 趋势分析法　B. 垂直分析法　C. 因素分析法　D. 综合分析法

2. 属于因素分析法的有（　　）。

A. 因果分析法　B. 连环替代法　C. 平行影响法　D. 结构分析法

3. 当企业管理进入战略管理阶段时，就要求企业制定相应的战略管理规划，即要求企业按以下几个步骤进行管理：（　　）。

A. 确定目标　B. 制定战略

C. 编制和执行计划（预算）　D. 按计划评价实际业绩

4. 雷达图分析法的指标包括5类，下列说法不准确的有（　　）。

A. 收益性、成长性、安全性、流动性、生产性

B. 收益性、发展性、安全性、流动性、生产性

C. 收益性、流动性、安全性、风险性、生产性

D. 收益性、成长性、安全性、流动性、速动性

三、判断题

1. 以报表原数作为分析的对象，是一种最为简单且直观的分析视角。（　　）

2. 因素分析法的分类结果只适用于特定的多因素分析样本。（　　）

3. 财务报表分析只能评价过去，不能预测未来。（　　）

4. 连环替代法中各因素的替代顺序是可以颠倒的。（　　）

5. 杜邦分析法是以净资产收益率为核心的。（　　）

四、简答题

1. 财务报表分析的基本方法有哪些？各有什么应注意的问题？

2. 什么叫结构百分比报表？它有什么作用？

3. 简述趋势分析法的含义。

4. 综合分析方法有哪些具体类型？它们各自有何特点？

五、计算题

1. 凯达公司2020—2021年年末两年的趋势资产负债表中的有关数据如表7-14所示。要求：根据此资料对该公司资产和权益的变动情况进行分析。

表 7-14 趋势资产负债表

编制单位：凯达公司　　　　金额单位：万元

项目	2020 年	2021 年	增减差额	增减/%
流动资产				
速动资产	3 000	2 800	−200	−6.67
存货	5 000	6 200	1 200	24.00
流动资产合计	8 000	9 000	1 000	12.50
固定资产净额	14 000	16 000	2 000	14.29
资产总计	22 000	25 000	3 000	13.64
负债				
流动负债	4 000	4 600	600	15.00
长期负债	2 000	2 500	500	25.00
所有者权益				
实收资本	13 000	13 000	—	—
盈余公积	1 800	2 700	900	50.00
未分配利润	1 200	2 200	1 000	83.33
所有者权益合计	16 000	17 900	1 900	11.88
权益合计	22 000	25 000	3 000	13.64

2. 美雅公司 2018—2021 年连续 4 年的销售额及净利润的资料如表 7-15 所示。

要求：

（1）以 2018 年为基年，对美雅公司 4 年的经营趋势作出分析。

（2）说明选择基年应注意什么问题。

表 7-15 销售额及净利润表　　　　金额单位：万元

项目	2018 年	2019 年	2020 年	2021 年
销售额	5 000	5 100	6 000	7 000
净利润	400	430	620	750

参考答案

一、单项选择题

1. C　2. C　3. A　4. A

二、多项选择题

1. ACD　2. ABC　3. ABCD　4. BCD

三、判断题

1. √　2. √　3. ×　4. ×　5. √

第 8 章

偿债能力分析

学习目标

1. 了解偿债能力的各项指标。
2. 明确偿债能力指标的计算方法和意义。
3. 掌握偿债能力各项指标之间的关系。
4. 理解偿债能力指标与其他指标之间的相互关系。

学习重点

1. 通过对短期偿债能力指标的计算及其运用，可以评价企业资产的流动性，以及企业抵御流量破产的能力。

2. 通过对长期偿债能力指标的计算及其运用，可以评价企业总体的财务状况，以及企业抵御存量破产的能力。

企业的偿债能力是指在一定期间内清偿各种到期债务的能力，按其债务到期时间的长短可分为短期偿债能力和长期偿债能力两种类型。对于大多数企业来说，资金来源除了通过吸纳投资形成所有者权益外，还有相当一部分资金来自对外负债。同时，由于任何一笔债务都负有支付利息和到期偿还本金的责任，因此企业支付利息和到期偿还本金的能力就是其偿债能力。通过对企业偿债能力的分析，可以了解企业的财务状况，了解企业所承担的财务风险程度和抵御财务风险的能力等。

8.1 偿债能力分析的意义和作用

评价偿债能力强弱是衡量企业经营效绩的一项重要财务指标，不仅关系到企业本身的生存和发展，同时也与债权人、投资者的利益密切相关。对企业内部而言，通过测定自身的偿债能力，有利于科学合理地进行筹资决策和投资决策；从企业外部来看，债权人将根据企业偿债能力的强弱确定贷款的数额和时间，以及其他信用决策。因此，通过对企业偿债能力的分析，可以了解企业的财务状况，了解企业所承担的财务风险程度等。

对企业偿债能力的了解，是建立在对其短期偿债能力和长期偿债能力的了解，及其相互关系的全面了解之上的。首先，即使一个盈利很高的企业，如果不能按期偿还到期债务，也会面临破产清算的风险，即所谓的流量破产。其次，如果企业不能保持其短期偿债能力，说明其丧失了持续经营的能力，也就不可能保持长期偿债能力，从而可能发生存量破产。因此，对于财务报表的分析者而言，若仅考察短期偿债能力指标是片面的，因为在追求持续发展和获得长期经济利益的财务目标下，长期偿债能力指标应该更能反映企业的综合财务状况。

偿债能力的强弱涉及企业不同利益主体的切身利益，而由于不同利益主体对财务报表的使用目的不同，因此对企业偿债能力分析就有不同的意义。

1. 对于债权人而言，有利于其判断债权收回的保障程度

在市场经济条件下，企业总会面临风险，这就要求企业必须拥有一定量的主权资本以承担财务风险。在对资产的要求权需要清偿时，由于债权人具有优先受偿权，而所有者权益仅是一种剩余权益，因此，融资结构不同，债权人所面临的财务风险就不同。一般而言，所有者权益在企业资本结构中的比重越高，对债权人的债权保障程度就越高。

例如，甲、乙、丙三家公司 2021 年度末的资产总额均为 72 860 万元，负债总额分别为 18 215 万元、58 288 万元和 91 075 万元，则三家公司的资本结构如表 8-1 所示。

表 8-1 甲、乙、丙三家公司的资本结构

金额单位：万元

项目	资产总额	负债	所有者权益	负债比重	所有者权益比重
甲公司	72 860	18 215	54 645	25%	75%
乙公司	72 860	58 288	14 572	80%	20%
丙公司	72 860	91 075	−18 215	125%	−25%

从表 8-1 可以看出，甲公司的所有者权益在资本结构中的比重最高，负债的比重最低，因而对债权人的保障程度也最高；而丙公司由于所有者权益为负数，故而所有者权益比重也为负数，负债比重则最高，甚至超过了 100%，资产总额已经小于负债总额，即处于所谓的资不抵债（存量破产）状况，因此，即使债权人优先受偿，也不能收回全部债权。

需要说明的是，无论是“流量破产”还是“存量破产”，都是一种财务概念，并不表示企业的实质破产。而企业的实质破产与否，需要通过诉讼，由法院判决。

2. 对于投资者而言，有利于其进行投资决策

所有者是企业终极风险的承担者，也是剩余权益的拥有者，因此，在偿债能力衡量方面，投资者一方面需要关心投入的资本能否保全，还要关心通过财务杠杆获得杠杆收益的情况。若企业具有良好偿债能力，就意味着企业具有较低的融资风险，这是投资者获取杠杆收益和剩余权益的前提。因此，投资者无论是转移资本还是追加资本，都需要面临对风险和收益的权衡。

在上例中，若甲、乙两公司的总资产的盈利能力同为 10%，并假设其平均债务利息率均为 5%。那么，尽管甲公司的负债比最低，但是乙公司仅用较低的自有资本就获得相当的收益水平，说明乙公司股东能获得相对更多的杠杆收益和剩余收益，因而对股东价值的提升更加有利，当然，同时意味着需要承担更大的财务风险。至于丙公司，由于其所有者权益为负数，说明其累积亏损已超过投入资本，所谓 10%的盈利能力仅为一种假设，即使有，也是偶然，故而没有比较意义。

3. 对于经营者而言，有利于其优化融资结构、降低融资成本

良好的偿债能力是企业对外清偿债务、承担风险的后盾，是企业保持良好财务形象的基础，也是企业能获得源源不断的投资和贷款的保障。通过偿债能力分析，可以确定和保持最佳融资结构，以使企业的综合风险降至最低，并在此基础上降低融资成本。如上例中，由于甲公司的负债比重较低，故而其进一步举债的能力就相对较强，债务融资成本也会相对较低，所承担的财务风险也相对较低，但相对而言，对股东的回报就会较低；而乙公司由于债务比重较高，说明其所有者权益比重较低，尽管其财务风险较高，但在同等资产总额和盈利能力的情况下，因能为股东创造更高的价值，也就能够获得更多投资者的青睐，同时又能稀释其财务风险。至于丙公司，破产、清算、重组，或许是一条最合适的路径。

4. 对于政府而言，有利于其进行宏观经济管理

对政府有关经济管理部门而言，评价偿债能力风险的主要目的，是判断企业是否可以进入有限制的领域进行经营和财务运作，以保证整个社会经济的协调运转，维护市场秩序。例如，我国《公司法》规定，发行公司债券必须符合累计债券总额不超过公司净资产的40%、最近3年平均可分配利润足以支付公司债券1年的利息等条件。

5. 对于经营性关联企业而言，有利于各自开展业务往来

对企业的供应商而言，购货企业短期偿债能力的强弱意味着该企业履行合同能力的强弱，而长期偿债能力则反映该企业是否具有稳定的长期支付能力。因此，了解购买企业的偿债能力，有助于判断购货企业的信用状况和未来的业务往来能力，并据此作出是否应该建立长期稳定的业务合作关系的决策。

8.2　短期偿债能力指标分析

在分析企业的短期偿债能力时，了解流动资产与流动负债之间的相互关系十分关键，因为，一般来说，偿还流动负债需要动用现金，而现金主要产生于流动资产的运动。短期偿债能力的强弱并不完全取决于企业盈利的多寡，因为在权责发生制下，企业可能有很高的盈利，但却并不一定有很强的短期偿债能力，因为它可能缺乏可立即动用的现金。

短期偿债能力的衡量，主要是看企业是否拥有足够的现金以偿付其流动负债，应付当前业务的需要，因而短期偿债能力指标主要反映企业的流动资产与流动负债的比率关系。所涉及的财务指标主要有：反映短期偿债能力的绝对数指标，如营运资本；反映短期偿债能力的相对数指标，如流动比、速动比、现金比等。

8.2.1　营运资本

1. 营运资本指标的计算

营运资本或营运资金有广义和狭义之分，广义营运资本是指流动资产合计，但一般使用狭义营运资本概念，是指企业流动资产超过流动负债的剩余部分，也称净营运资本，该指标是表现企业短期偿债能力的绝对数指标，其计算公式如下。

营运资本=流动资产−流动负债

根据上述公式可以看出，营运资本越多说明流动资产越多，则短期偿债越有保障。在企业的流动资产中，来源于流动负债的部分由于面临着债权人的短期求索权，因而企业无法在较长期限内自由运用，而扣除短期负债后的剩余流动资产，即营运资本，能够为企业提供一个较为宽松的自由使用期间。根据资产（流动资产+非流动资产）=负债（流动负债+长期负债）+所有者权益（股东权益）这一平衡关系式可知，营运资本=流动资产−流动负债=长期负债+所有者权益−非流动资产。因此，所谓营运资本实际上等于企业以长期负债和股东权益为来源的那部分流动资产。

例如，A 公司 2019—2021 年度资产负债表中流动资产与流动负债的相关数据如表 8−2 所示。

表 8−2　A 公司 2019—2021 年度资产负债表中流动资产与流动负债摘录　　单位：万元

项目	2021 年	2020 年	2019 年
货币资金	9 397	367	51
应收账款	6 108	3 359	1 820
预付账款	371	305	161
其他应收款	29 277	6 231	5 081
存货	3 690	1 932	1 695
其他流动资产	0	3	0
流动资产合计	48 843	12 197	8 808
流动负债合计	25 259	11 719	10 862

根据表 8−2 的相关数据，可以计算该公司 3 个年度的营运资本如下。

2019 年度末营运资本=8 808−10 862=−2 054（万元）

2020 年度末营运资本=12 197−11 719=478（万元）

2021 年度末营运资本=48 843−25 259=23 584（万元）

表 8−2 及以上计算说明，该公司连续三年的营运资本中，以 2019 年的状况最为极端，表现为负数，2020 年和 2021 年则有了很大程度的改善，表现为正数。营运资本为正，一方面说明该公司的短期偿债能力提升了，另一方面也说明该公司资产的流动性削弱了。

需要说明的是，很多财务指标的数值，比如偿债能力指标的数值，无所谓好坏之分。因为若站在债权人角度，从评价偿还债务的能力出发，该公司 2021 年的偿债能力，也即对债权人的保障能力，以及抵御财务风险的能力是最强的，而 2019 年则是相对最差的。但若站在投资人和管理者的角度，2021 年该公司资产的流动性相对是最弱的，而 2019 年则是相对最好的。如果假设企业的性质、类型及市场地位不变，资产流动性即资产的利用效率，一般情况下，资产的利用效率越高，则财务成果就越高，因此，该公司 2021 年的营运资本并非最合理，至少对投资人和管理者而言是如此。

2. 营运资本指标的分析

首先，营运资本为正时，流动资产大于流动负债，说明企业不能偿债的风险较小；反之，营运资本为负时，流动资产小于流动负债，说明营运资本出现短缺，企业不能偿债的风险加大。

其次，营运资本并非总是越多越好。若站在债权人角度，当然希望营运资本越多越好，这样就可以减少放贷人的风险。但是，若站在投资人或管理者的角度，过高的营运资本意味着流动资产过多而流动负债较少，意味着流动资产占用了大量长期资金来源，因而可能导致大量资金闲置，相应产生资金成本的增加，以及丧失产生更多经济利益的机会。同时，若流动资产过多是因为货币资金过多，则说明企业可能缺乏良好的投资机会，因而其发展潜力可能受到限制；若是因为应收款（包括应收账款和应收票据，下同）过多，则说明企业的资金回笼发生了困难，将会导致更多坏账；若是因为存货过多，则说明企业在存货管理方面发生了问题，将会导致存货的过时贬值，以及存货的霉烂变质等情况的发生。因此，企业应该保持适当的营运资本，以平衡财务风险和发展机会。

当然，营运资本究竟保持多少才算适当没有统一的标准，加上由于营运资本是一绝对数指标，对于不同规模、不同类型的企业，该指标也缺乏可比性，即使计算出两个公司的不同营运资本，也不能比较出两公司偿债能力的高低，因而在企业规模和企业类型差异较大时，就不能使用营运资本来评价企业的短期偿债能力。

需要说明的是，财务指标分析起源于银行服务，故很多指标的设计主要是为了满足放贷人的需求，然而放在现代社会，若所处角度、立场等不同，结论也往往不同。财务指标如此，世事示如此。

8.2.2 流动比

1. 流动比指标的计算

流动比也可称流动比率，是另一个表现短期偿债能力的指标，该指标是用流动资产除以流动负债得到的比值，表明每 1 元流动负债有多少元流动资产可作补偿，因而是一种倍数指标。流动比指标比营运资本指标更能表现企业的短期偿债能力，因为营运资本只反映了流动资产与流动负债的绝对数差异，而流动比还考虑到了流动资产规模与流动负债规模之间的关系，从而使指标更具有可比性，其计算公式如下。

流动比=流动资产/流动负债

仍以表 8–2 中的数据为例，则该公司：

2019 年流动比=8 808/10 862=0.81（倍）

2020 年流动比=12 197/11 719=1.04（倍）

2021 年流动比=48 843/25 259=1.93（倍）

与营运资本的计算结果类似，该公司的流动比指标持续上升，2021 年的流动比较 2020 年和 2019 年的流动比分别上升了 0.89 倍和 1.12 倍，增幅为 85.58%和 138.27%，说明在该公司的短期偿债能力原本就不是很低的情况下，又有进一步提升的趋势，2021 年更是达到了每 1 元流动负债有接近 2 元的流动资产作为保障。

2. 流动比指标的分析

传统上认为，合理的流动比应被确认为2:1，但到20世纪80年代中期以后，美国许多制造业企业的流动比开始低于2倍，趋于1.5倍，甚至更低，这说明许多企业的流动性在提升，但这并非一定说明其短期偿债能力在降低。

流动比越高，企业偿还短期债务的流动资产保障程度通常越强，但这并不等于说企业已有足够的现金用来偿债，因为流动比高也可能是由于存货积压、应收款增多且收账期延长，以及待摊费用等的增加所致。

从短期债权人角度看，自然希望流动比越高越好，但从企业经营者的角度看，在其他情况正常的条件下，过高的流动比通常意味着企业闲置资产的持有量过多，这必然造成企业流动资产的周转率下降，导致机会成本的增加、盈利能力的降低和资产质量的下降。同时，流动比过高也意味着更多的长期资金将被占用于流动资产环节，这必然加大企业的资本成本。

在分析一个企业的流动比时，很有必要将其与该行业的平均流动比进行对比，因为在一些行业流动比低于2倍被认为是正常的，但另一些行业则要求流动比必须大于2倍。一般而言，营业周期越短，流动比应相对越低；营业周期越长，流动比则应相对越高。

将同一企业不同时期的流动比相比，以及与行业平均水平相比，有助于确定流动比的高低，尽管这种比较并不能反映出为什么高或为什么低，但可以从流动资产和流动负债的逐项分析上找出原因，特别是从应收款和存货的详细分析中找出原因。

在比较流动比之前，分析者应首先计算出应收账款周转率和存货周转率，这种计算能够帮助分析者了解企业流动性问题存在于应收账款或存货方面的原因。如果应收账款或存货的流动性存在问题，则要求流动比应更高些。

另外，用流动比还是流动比率作为指标名称的意义在于，前一个指标名称说明的是偿还倍数的意思，而后一个指标名称说明的则是占用百分比的意思。当然，如果你喜欢将倍数也称之为百分比，那意义就一样了。

8.2.3 速动比

1. 速动比指标的计算

流动比指标是在考虑了流动资产和流动负债关系后，对企业资产的流动性及其偿还短期债务的能力状况的评价。由于考虑到存货的变现能力相对较差，人们期望获得比流动比指标所反映的更及时和更准确的变现和偿债能力指标，速动比指标满足了这样一种了解最具流动性的资产（速动资产）与流动负债相互之间关系的愿望。

关于速动资产应包括哪几项流动资产尚有争议，一般认为，速动资产是指流动资产减去变现能力较差且不稳定的存货、预付账款、其他流动资产等后的余额。在计算速动比指标时，之所以应从流动资产中剔除存货部分，是因为存货的流动速度较慢，变现能力较差，且存货也有可能已经过时、损坏、变质等情况，部分存货还可能作为特定债权人的抵押品；至于剔除预付账款、其他流动资产等，是因为它们几乎不具有变现能力。但实务中由于考虑到预付账款等的发生数额较少，为计算方便起见，一般仅剔除存货。速动比指标的一般计算公式如下。

速动比=（流动资产－存货）/流动负债

还可以采样一种比较保守的方法计算速动比指标，就是将货币资金、交易性金融资产、衍生金融资产和应收款项（包括合同资产）相加后，除以流动负债，其中应收款项应包括应收账款、应收票据，因为应收票据可通过转让或贴现后变现，而应收账款则可通过在金融市场上让售或办理保理（应收账款融资）后变现。保守的速动比指标计算公式如下。

速动比=（货币资金+交易性金融资产+衍生金融资产+应收票据+应收账款+其他应收款+合同资产）/流动负债

仍以表 8–2 的数据为例，则该公司按一般计算公式计算的速动比指标为：

2019 年速动比=（8 808－1 695）/10 862=0.65（倍）

2020 年速动比=（12 197－1 932）/11 719=0.88（倍）

2021 年速动比=（48 843－3 690）/25 259=1.79（倍）

这一计算结果的变动状况与流动比指标的计算结果基本相同，但上升幅度更大一些，该公司 2021 年的速动比指标较 2020 年和 2019 年分别上升了 0.91 倍和 1.14 倍，增幅为 103.41%和 175.38%，增幅在减缓，与流动比指标相比，除了表明该公司偿还短期债务的能力在持续上升，公司的偿债风险逐年下降，还表明该公司存货的数量在相对下降，即存货的增幅低于流动资产的增幅，应引起关注。之所以说存货数量相对下降是因为，一方面，该公司 2021 年较 2020 年和 2019 年的速动比指标增幅，比流动比指标的增幅均略高；另一方面，该公司存货占流动资产的比重也均持续降低，分别是 2019 年的 19.24%、2020 年的 15.84%和 2021 年的 7.55%，同时比一般制造业存货占流动资产比重标准的 40%～50%也低出很多。另外，该公司若能同时计算保守和非保守的速动比，并比较两者之间差异的话，还能反映出该公司在预付账款、持有待售资产和其他流动资产等项目上发生的变化。

2. 速动比指标的分析

同流动比一样，多高水平的速动比才算合理并无一定的标准，西方企业传统经验认为，速动比为 0.75～1 倍时是安全边际，因为如果速动比小于此范围，将使企业面临较大的偿债风险。但如果速动比大于 1 倍，尽管债务偿还的安全性提高了，却会因企业现金及应收账款等资金占用过多，而大大增加企业的机会成本和其他成本，导致企业的经营风险增加。当然，如果企业的速动比持续下降，将会导致企业破产机会增加，债权人和投资者的财务风险加大。

流动比保持在 1.5～2 倍之间，而速动比保持在 0.75～1 倍之间，是站在制造业存货占流动资产的比重一般为 50%这样一个假设基础上，合理与否，涉及不同行业、不同企业的管理水平，以及现实社会中的物流水平等不同标准。同样，在计算速动比指标前，应先计算应收账款周转率，从应收账款的质量上帮助分析速动比指标的情况。

8.2.4　现金比

1. 现金比指标的计算

有时分析者需要从最保守的角度对企业资产的流动性进行分析，例如，在企业已将应收账款和存货作为质押品的情况下，或者分析者怀疑企业的应收账款和存货存在流动性问题时，评价短期偿债能力的最好指标就是现金比，或现金净流量对流动负债比。

现金比是指货币资金和交易性金融资产与流动负债的比率，其计算公式如下。

现金比=（货币资金+交易性金融资产）/流动负债

仍以表 8-2 的数据为例，则该公司：

2019 年现金比=（51+0）/10 862=0.005（倍）

2020 年现金比=（368+0）/11 719=0.03（倍）

2021 年现金比=（9 397+0）/25 259=0.37（倍）

这一计算结果的变动状况与流动比和速动比的计算结果基本相同，但上升幅度更大，该公司 2021 年的现金比较 2020 年和 2019 年分别上升了 0.34 倍和 0.365 倍，增幅为 1 133.33%（11.33 倍）和 7 300%（73 倍）。不过，从指标角度看，2019 年和 2020 年的倍数均过低，远低于一般要求的 0.3～0.5 倍的水平，2021 年的倍数算比较合适，说明该公司以现金偿还债务的能力总体还是比较低的，应当引起债权人的足够重视。

也可以用现金净流量对流动负债比，或经营活动现金净流量对流动负债比这样的动态现金比指标，来评价一个企业的即期债务偿还能力，其计算公式如下。

现金净流量与流动负债比=现金净流量/流动负债

经营活动现金净流量与流动负债比=经营活动现金净流量/流动负债

由于资产负债表所反映的是时点数（期末数），故而利用其数据计算的财务指标通常称为静态指标，而由于利润表和现金流量表所反映的是本期累计数，故而利用其数据计算的财务指标通常称为动态指标。理论上，利用时点数对比时点数，或利用累计数对比累计数，计算的结果都是可比的，但利用时点数对比累计数，就应该是不可比的。故以上两个所谓动态现金比指标，理论上与上述的流动比、速动比指标并不可比，但考虑到总体上财务指标的计算本身并不精细，财务报表数据提供的现状也并非尽如人意，所以跨时点数和累计数构成的财务指标经常可见，不必细究。

2. 现金比指标的分析

在评价企业流动性时，分析者很少重视这个指标，因为如果要求企业有足够的货币资金、交易性金融资产等以偿还流动负债是不现实的，如果企业的流动性不得不依赖货币资金、交易性金融资产等这些现金和现金等价物，那么它的偿债能力显然是削弱了。

除非企业处于财务困境中，否则分析者很少重视现金比指标，但在某些企业，如应收账款和存货周转速度很慢的和高度投机的企业，现金比就很重要。

在企业的流动资产中，现金及现金等价物的变现能力最强，一般可以百分之百地保障相等数额短期负债的偿还。但企业的现金比不能过高，现金比过高说明该企业的现金没能发挥出最大效益，没能将现金置于企业的经营过程中运用；现金比也不能过低，现金比过低表明企业不能支付即付款项，从而影响企业的持续经营能力。当然，在给企业现金比的高低下结论之前，应首先对企业的经营状况有一个细致的了解，并了解企业管理者对现金的运用是否有计划等。

现金净流量对流动负债比，是用来反映企业偿还当年到期债务能力大小的指标，这里的当年到期债务是指企业的流动负债与当年到期的长期债务之和。该指标数值越高，一方面说明企业立即变现能力越强，企业随时可以偿还债务的能力越大，较其他衡量企业短期偿债能力指标而言，该指标更直接、更明了、更具现实性。不过，过高的比率虽然能保证企业有足够的偿债能力，但另一方面也说明了企业现金的盈利能力较低，即缺乏良好获利机会的投资，现金不能得到充分有效的利用，容易造成资源的浪费；而如果该指标过低，又会使企业陷于财务困境，支付能力不足，债务偿还缺乏保证。所以，该指标过高或过低都是不正常的情况，因此，运用现金净流量对流动负债比指标时应结合行业的特点、经营状况和信用状况作进一步具体分析。

现金比与经营现金净流量对流动负债比的差别在于，一个以资产负债表期末现金及现金等价物的静态数，而另一个以现金流量表经营活动净现金流量的本期累计数，来评价一个企业的即期债务偿还能力。

综合上述营运资本、流动比、速动比和现金比可以看出，A 公司的短期偿债能力总体上是合理的，并呈持续上升趋势，但各项资产的结构似乎不太合理，比如，货币资金占用偏低，尤其是 2019 年；其他应收款和应收款项的占用比例过大，尤其是 2021 年。且各项比例在各年度的变化也过大，说明该公司的资产管理能力一般，经营状况也不是很稳定。

一般来说，将流动比定为 1.5～2 倍，速动比定为 0.75～1 倍，则现金比就应控制在 0.3～0.5 倍之间，因为即便是流动负债，其偿还期在年度内也应该是均衡的。当然，这一比例的合理性，是建立在假设其他流动资产项目的数字均合理，即较低的基础上，但以上 A 公司的其他应收款 3 年分别占流动资产的 60%（2019 年）、51%（2020 年）、58%（2021 年），就显得非常突兀和不合理，也就会破坏流动比、速动比和现金比之间的比例关系。因此，究竟何种比例适度，还应该考虑不同时期、不同规模和不同类型企业的具体情况而定。同时，短期债权人在关注和分析各项短期偿债能力指标时，还应分析一下企业的营运能力指标，以考查企业流动资产的不同构成和质量。

8.3　长期偿债能力指标分析

相对于短期债权人，长期债权人主要关心从长期角度来看企业资产对债务的保障程度，以及企业是否有能力在借款期限内按时付息，在借款到期时按时清偿借款本金，这些反映企业现时经营状况和未来盈利预期的长期偿债能力指标。而考察企业长期偿债能力指标主要有两种途径。

一种途径是按照资产负债表所反映的数据考察企业的长期偿债能力，涉及的指标主要有资产负债率和产权比率等。通过这些指标，可以分析债务总额与企业资本结构规模之间的关系，可显示出由债权人所提供的资金数额与企业所有者所提供的资金数额之间的关系。如果企业财力的绝大部分是由外部债权人所提供的，则表明企业经营的风险实际上已经转移给了外部债权人。当然，如果资本结构中债务所占比例很大，就会增加不能偿还债务本金和利息的财务风险，导致企业可能无法获得足以满足企业经营需求的债务资金。

另一种途径是按照利润表所反映的数据考察企业的长期偿债能力，涉及的指标主要有利息保障倍数等。从长期来看，采用权责发生制基础，会计所得出的报告收益与企业偿还长期债务的能力是相联系的，虽然从短期看报告收益并不等于可运用的现金，但收入和费用最终会导致现金的流动。由于报告收益与企业预期的增长，以及偿还长期债务能力之间关系密切，因此，企业的盈利能力是决定企业未来持续、稳定、健康发展和保障长期偿债能力的一个非常重要的因素。

8.3.1 资产负债率

1. 资产负债率指标的计算

资产负债率也称债务比率，是指企业的全部负债与企业的全部资产总额之比，即全部负债占全部资产的比重，该指标反映的是企业从债权人处所筹集的资金占总资产的百分比，表达的是债权人对企业资产的索取权，它有助于确定在企业破产情况下对债权人保护的程度。对债权人而言，资产负债率反映债权人向企业提供信贷资金的财务风险程度，比率越高本息收回的风险就越大；而对所有者来说，只要企业为负债所支付的利息率，小于利用负债进行投资所获得的投资报酬率，举债越多对股东就越有利，因为由于债务利息率是固定的，若回报率越高，股本份额越低，则每股收益就会越高，每股的市场价值也就会越高，当然，财务风险也会增加。但若从长期偿债能力的观点来看，这一比率越低，说明企业债务偿还的稳定性、安全性越强，财务弹性也越大，即进一步获得贷款的机会也越大。如何取舍，一方面取决于投资者对未来企业发展趋势的预期，投资者和企业管理者本身的胆略；另一方面也取决于未来整体市场基本面的变化，以及债权人对贷款企业未来发展趋势的预期。对国内企业，则还应该考虑一条，企业的所有制性质。

有关资产负债率的计算公式有两种意见：一种意见认为应排除短期负债，因为短期负债不是长期资金的来源，如果不排除，就不能恰当地显示企业的债务状况；另一种意见认为从长期来看，短期资金已经变成外部资金来源总额的一部分，故债务应包括短期负债。按第二种意见，债务比率计算公式为：

资产负债率=（负债总额/资产总额）×100%

例如，E公司2019—2021年资产和权益状况如表8-3所示。

表8-3　E公司2019—2021年资产和权益状况表

单位：万元

项目	2021年	2020年	2019年
流动资产合计	48 843	12 197	8 808
长期投资合计	1 503	1 531	1 180
固定资产净额	22 500	6 625	5 815
资产总计	72 846	20 353	15 803
流动负债合计	11 525	3 171	2 586
长期负债合计	9 268	9 268	9 268
负债合计	20 793	12 439	11 854
所有者权益合计	52 053	7 914	3 949

根据表 8–3 的相关数据，可以计算该公司 3 个年度的资产负债率如下。

2021 年资产负债率=（20 793/72 846）×100%=28.54%

2020 年资产负债率=（12 439/20 353）×100%=61.12%

2019 年资产负债率=（11 854/15 803）×100%=75.01%

上述表 8–3 中的数据及计算结果说明，该公司三个年度的负债总额呈逐年上升之势，主要是流动负债呈逐年上升之势，长期负债数据没有变化，其中 2021 年的流动负债上升最为明显，上升幅度高达 263.45%。同时，总资产的上升幅度也非常大，也是 2021 年的上升最为明显，上升幅度高达 257.91%，与流动负债的上升幅度基本持平。总资产的上升主要是流动资产和固定资产的大幅上升所致，其中 2020 年和 2021 年流动资产的环比上升幅度分别为 38.48%和 300.45%，而 2020 年和 2021 年固定资产的环比上升幅度分别为 13.93%和 239.62%。

该公司长期负债未变，流动负债大幅上升，更大可能应该是应付款大幅上升所致，这点可从该公司流动资产的大幅上升得到验证。因为流动资产的大幅上升可能与存货的大幅上升相关，而存货的大幅上升又与应付款的大幅上升相关。同时，该公司的固定资产也发生了大幅上升的情况，这应该与该公司的生产规模大肆扩张有关，而生产规模的扩张又应该与该公司的市场的扩张相关，这一点可从存货的大幅增长和股东权益的大幅增长得到验证，说明该公司对市场前景看好。市场扩张的直接体现就是营业收入的大幅上升，这又必然会导致应收款和存货的大幅上升，以及生产规模的扩张。总体而言，该公司的经营状况似乎被看好，至少该公司的股东有如此看法，对市场前景表示乐观。

从资产负债率指标看，该公司三年资产负债率逐年走低，从 2019 年偏高的 75.01%，到 2021 年明显偏低的 28.54%，下跌了 61.95%。更关键的是，这种下跌变化的形式，并非由于通常的资产总额和负债总额的此增彼降后果所导致，而是因资产总额、负债总额和所有者权益的全面上升所形成，只是资产、负债和所有者权益总额的上升幅度不同所致，其中 2021 年较 2019 年负债总额上升了 75.41%，资产总额上升了 360.96%，所有者权益上升了 1 218.13%。显然，该公司资产负债率的明显走低，最主要是因所有者权益的急剧走高导致，而所有者权益的急剧走高极大概率应该是增资所致，因为留存收益很难有急剧上升的可能，说明了该公司股东对市场前景的看好。但一边倒的股权高比例上升，显然会稀释每股收益。同时，维持不变的长期负债，似乎说明该公司对债务融资的不够重视，或者，债权人不愿跟进。如果是债权人不愿跟进，则说明债权人对该公司的前景与投资人的看法不一致，这将会导致该公司经营风险的加剧。

2. 资产负债率指标的分析

如果单纯从资产负债率指标角度考虑，而不考虑权属、规则、风险等其他影响构成资产负债率指标项目的因素，即使一个企业的资产负债率在 100%以内，也并非说明该企业具有稳定的偿还债务的能力，因为企业不是所有的资产都可以作为偿债的物质保证，比如待摊费用、递延资产及无形资产等。况且，即使是有形资产，其变现能力也是要打些折扣的，因为资产负债表的数据是基于持续经营下的历史成本而非现时价值，若再发生清算可能，则企业资产的价值就会大幅走低。因此，在某些企业，还计算一种保守的债务比率，称有形资产债务率，其计算公式为：

有形资产债务率=（负债总额/有形资产（或可辨认资产）总额）×100%

有形资产总额=资产总额-（无形及递延资产+长期待摊费用）

当然，一个企业的资产负债率即使超过 100%，也并非说明企业会即刻破产，因为企业实际破产（包括流量破产和存量破产）与否，最终取决于诉讼和法院的判决，而非企业的财务报表和资产负债率。这也是现实社会中很多企业资产负债率很高，净资产为负数，但始终不破产的原因。

同样的道理，一个企业的资产负债率即使很低，也并非就说明企业的经营状况良好。因为资产负债率过低，可能是因为企业举不到债，也可能是因为通过举债获得的资金，进行再投资后的获利率低于债务利率，导致企业不敢举债，或者是因为企业的投资人、管理者出于观念上的原因不愿举债，认为不差钱，当然也或者是因为企业的投资人、管理者出于小富即安的理念，不想因企业扩张而举债，不一而足。不过无论出于何种原因，只要存在资产负债率，就必然存在财务风险，只是相对资产负债率高的企业而言，财务风险比较低而已，与企业的经营状况良好无关。因此，资产负债率的高低从来没有一个恒定的、普遍接受的标准，通常取决于一个企业的投资回报率的高低，并以对每股收益的影响为依据。毕竟，按目前的财务理论，企业理财的终极目标，因以股东收益的最大化为标准。

当然，从财务报表分析角度，总应该有一个标准。一般的，一个企业的资产负债率，应与行业平均数和该企业的历史数据进行比较，然后确定自身的定位。收益稳定的行业可以接受一个比较高的资产负债率，而收益有周期性的行业，保持一个稳定且适中的资产负债率应该更为合理。至于以上 E 公司，适度提高资产负债率，或通过减少股本，或通过吸纳更多债务，增加资金来源，降低经营风险，应该是一个更合理的选择。

8.3.2 产权比率

1. 产权比率指标的计算

另一个用于测定企业长期偿债能力的指标是债务与权益比（准确一些应该称债务与所有者权益比，因为负债又称债权人权益，与所有者权益一起，合称权益），又称产权比率。债务与权益比表示企业的负债与所有者权益之间此增彼减的关系，因而也可以作为帮助确定债权人在企业破产时的被保护程度指标。从债权人的角度来看，这一比率越低，说明企业的偿债能力状况越好。其计算公式如下。

产权比率=（负债总额/所有者权益总额）×100%（百分比指标）

债务与权益比=负债总额/所有者权益总额（倍数指标）

从表 8–3 中可以看出，E 公司 2021 年、2020 年、2019 年年末的负债总额分别为 20 793 万元、12 439 万元和 11 854 万元，而所有者权益总额分别为 52 053 万元、7 914 万元和 3 949 万元，则该公司：

2021 年产权比率=（20 793/52 053）× 100%=39.95%=0.40（倍）=债务与权益比

2020 年产权比率=（12 439/7 914）× 100%=157.18%=1.57（倍）=债务与权益比

2019 年产权比率=（11 854/3 949）× 100%=300.18%=3.00（倍）=债务与权益比

上述计算结果说明，该公司三个年度的债务与权益比减幅惊人，2020 年较 2019 年下跌了 1.43 倍，2021 年较 2020 年又下跌了 1.17 倍，主要是因为该公司的债务总额和净资产总额双双上升，尤其是净资产的增幅更甚所致。

2. 产权比率指标的分析

从债权人的角度看，该项比率越高，意味着企业的财务风险主要由债权人承担，这对债权人来说是不利的；而从投资者的角度看，由于债务利息的偿还是固定的，只要所获资金的报酬率大于债务的利息率，此项比率越高越有利，因为一方面可使投资者的每股收益提高，另一方面投资者对企业的控制权也不会受到削弱。当然，债务与权益比过高，会使企业发生筹资困难，筹资成本也会提高，财务风险也会增加。

资产负债率与债务与权益比的作用基本相同，所使用的数据也大致相同，只是形式不同，资产负债率侧重于分析债务偿付安全性的物质保障程度，而债务与权益比则侧重于揭示财务结构的稳健程度及所有者权益对偿债风险的承受能力。比如以上该公司 2019 年的债务权益比为 3 倍，说明该公司每 1 元所有者权益承担 3 元（3 倍）的清偿债务，但 2020 年和 2021 年就分别下降到 1.57 倍和 0.4 倍，说明该公司的财务结构开始变得稳定，股东对债务的承受能力上升了，偿债风险下降了。

虽然资产负债率与债务与权益比的作用基本相同，所使用的数据也大致相同，但由于一些财务机构可能报告资产负债率，而另一些可能报告债务与权益比，所以应对这两个比率都比较熟悉。当然，还有一个类似的指标也应该了解并熟悉，就是权益乘数，也是一种倍数指标，主要用于杜邦分析过程，其计算公式如下。

权益乘数=总资产/所有者权益=1/（1–资产负债率）=1+产权比率

从表 8–3 中可以看出，E 公司 2021 年、2020 年、2019 年年末的资产总额分别为 72 846 万元、20 353 万元和 15 803 万元，而所有者权益总额分别为 52 053 万元、7 914 万元和 3 949 万元，则该公司：

2021 年权益乘数=72 846/52 053=1.40（倍）

2020 年权益乘数=20 353/7 914=2.57（倍）

2019 年权益乘数=15 803/3 949=4.00（倍）

上述计算结果说明，该公司三个年度的权益乘数同样变动幅度惊人，且均比债务与权益比多了 1 倍，2020 年较 2019 年的下跌了 1.43 倍，2021 年较 2020 年又下跌了 1.17 倍，主要是因为该公司的净资产和净资产总额双双上升，尤其是净资产增幅更甚，导致总资产相应大幅上升所致。其余理由与资产负债率、产权比率的分析类似，不再重复。

权益乘数指标反映的是，每 1 元净资产所支撑的总资产数额，即资产总额相当于所有者权益的倍数，也是反映企业财务杠杆大小程度的指标，即权益乘数越大，表示企业对外融资的财务杠杆倍数也越大，企业将承担的风险越大。当然，若企业的经营状况比较好，总资产利润率比较高，则较高的权益乘数就能帮助企业的所有者得到一个杠杆效应，获得更高的所有者权益报酬率，并影响企业的股票价值和企业价值。反之亦然。该指标与资产负债率和债务与权益比指标的关系式为：

资产负债率×权益乘数=债务与权益比

即：（负债总额/资产总额）×（资产总额/净资产总额）=负债总额/净资产总额

若资产负债率为 50%，则，权益乘数为 2，而债务与权益比为 1。

比如上例中，E 公司 2019 年的资产负债率为 75.01%，债务与权益比为 3.00，权益乘数为 4.00，则：

75.01%（资产负债率）×4.00（权益乘数）=3.00（倍）（债务与权益比）

同样地，与设置有形资产债务率指标的原因相同，为更加切实可靠地评价企业资本对债务的承受能力与物资保障程度，也可设置债务与有形净值比率。

债务与有形净值比也是用于测定企业长期偿债能力的比例，这一比率也显示债权人在企业破产时的被保护程度。从长期偿债能力角度看，与资产负债率和债务与权益比一样，这一比例也是越低越好。

但债务与有形净值比更保守，这一比例将无形资产从净资产中扣除，因为从保守的观点来看，这些资产不会提供给债权人任何资源。其计算公式如下。

债务与有形净值比=负债总额/（所有者权益−无形资产）

8.3.3 利息保障倍数

1. 利息保障倍数指标的计算

与以上指标的数据取之于资产负债表不同，利息保障倍数（或称：已获利息倍数）指标数据来自利润表，是从利润表角度考察企业长期偿债能力的指标，因而可以称之为动态偿债能力指标。若站在债权人角度，该指标越大越好，越大，说明其偿债能力越强，财务风险越低，当然，同时也说明企业对债务融资的利用不够，其计算公式如下。

利息保障倍数=息税前利润/包括资本化利息的利息费用

式中，分子是指扣除债务利息与所得税前的正常业务经营利润，故亦称息税前利润，即支付了所得税和利息之前的利润。

如果利息保障倍数适当，表明企业不能偿付其利息债务的风险很小，而如果企业的利息债务偿还情况很好，当本金到期时企业也就能够重新筹集到资金。实际上，如果企业在偿付利息费用方面有良好的记录，企业很可能永远不需要动用流动资金来偿还债务本金，而可以是不断地举新债还旧债。如果各年都有较高的、稳定的偿付利息的能力，表明企业有良好的偿债记录，而保持良好记录的企业就能够筹集到与其所有者权益相比更高比例的债务，也比较容易获得较优惠的借款条件，筹资成本就较低。但若各年偿付利息的能力低且波动，则说明企业难以保证用经营所得来按时、足额支付债务利息，这必将引起债权人的担心。因此一般来说，企业的利息保障倍数至少应该大于 1 倍。

若假设上述 E 公司 2019—2021 年度末税前利润（利润总额）分别为 200 万元、−102 万元和 120 万元，财务费用（假定全部为利息费用）分别为 779 万元、845 万元和 1 575 万元，假定没有资本化利息，则该公司：

2019 年利息保障倍数=（200+779）/779=1.26（倍）

2020 年利息保障倍数=（−102+845）/845=0.88（倍）

2021 年利息保障倍数=（120+1 575）/1 575=1.08（倍）

以上计算说明，该公司 2019 年和 2021 年的利息保障倍数均大于 1 倍，即所得基本能够保障债务利息的偿还，不过也仅是基本覆盖，略有多余而已，边际距离不大，所得利润不足以偿还利息的风险很大。尤其是 2020 年的利息保障倍数还小于 1 倍，2021 年虽大于 1 倍，但仍低于2019年的倍数。说明该公司的利润空间不大，偿债能力存在相当的风险，应引起债权人的警觉。

除了通过利润表计算的利息保障倍数，还可以计算一种利用现金流量表数据计算的动态的利息保障倍数，这一指标被称为“现金利息保障倍数”或“现金净流量利息保障倍数”，该指标与利息保障倍数指标的不同在于，利润表基于权责发生制，而流量表基于现金制。由于当期的利息支付往往需要动用现金，但当期利润并非等于现金，故使用现金净流量利息保障倍数较使用利润表利息保障倍数，对于债权人而言，其保障的力度更可靠。其计算公式如下：

现金净流量利息保障倍数=经营活动现金净流量/包括资本化利息的利息费用

2. 利息保障倍数指标的分析

企业为取得资金而发生的债务，其利息率应低于因运用这些资金而获得的收益率，这就是所谓的“举债经营”或“杠杆经营”的目的。若利息率高，且企业若无力赚取比利息成本更多的利润时，财务风险就会增加，经营就很难持续；反之，当一个企业通过举债方式形成的资金来源所创造的利润大于所承担的利息费用时，经营就会顺利，对股东的回报就会增加，也可避免财务风险的发生。以此为评价标准，利息保障倍数应该是一个非常明确且有效的偿债能力指标。

需用说明的是，利润表中包含的各项数据，应在计算利息保障倍数指标时加以分析利用，一般来说，根据利润表对企业利息保障倍数指标所做的基本分析，应该只包括在后续期间预计还会发生的收益，即所谓的经常性收益。所以，下列项目应该加以分析利用。

（1）利息费用。如果在计算利息保障倍数指标时，若其分子仅包括税前利润，不加上利息费用，就会低估企业偿付利息的能力，所以利息费用应加回到税前利润中去。

（2）所得税费用。所得税是在支付了利息费用之后才计算的，所以它不影响利息支付的安全性，故不应考虑调整税前利润。

（3）非合并子公司的权益损益。除非记录权益收益的同时得到现金股利，权益收益是不能用于偿付利息的，所以不应考虑调整该指标的分子。

（4）其他类似非合并子公司的权益损益，比如公允价值变动损益，因不能用于偿付利息，所以也不应考虑调整该指标的分子。

（5）为购建固定资产而发行的债券或取得的长期借款，只要固定资产还在建造中，其发生的利息就应计入资产负债表的“在建工程”项目，作为固定资产价值的增加而不作费用处理，因而形成“资本化利息”。这项利息不反映在利润表中，但资本化利息也是利息支付额的一部分，因此也应列入在利息保障倍数指标的分母中，却不应作为分子的加项列入，因为其并没有作为计算利润的减项。

资本化利息一般应在报表附注中加以说明，至于非资本化利息，由于我国现行利润表中没有单独列示“利息费用”，故一般情况下外部分析者可根据利润表的“税前利润”加“财务费用”作为公式的分子即可，尽管“财务费用”并非全部是利息支出，当然也可以从报表附注中得知其具体的利息支出。

为考察偿付利息能力的稳定性，一般应计算5年的利息保障倍数，因为企业在坏年景和在好年景时一样都需要偿付利息，所以应该选择这5年中最低的利息保障倍数指标作为最基本的偿付利息能力指标。因为在经营有周期性的企业，在获利高的年度，可能有一个非常高的利息保障倍数指标，但在利润低的年度则可能无力偿付利息。

有时除正常的利息保障倍数指标外，还可单独计算偿付长期债务利息的能力。

从长期看，企业必须拥有支付其所有费用的资金，但从短期来看，由于一些费用，如折旧费用、摊销费用等短期内并不需要动用现金支付，所以甚至当利息保障倍数指标小于 1 倍时，企业通常也能偿还其利息债务。

为了更好地显示短期内企业偿付利息的能力，可将非现金费用，如折旧和摊销等费用加回到利息保障倍数指标的分子中，所得出的这项不太稳健的比率，是一种建立在现金收付制基础上的利息保障倍数，可用于评价企业的短期偿债能力。

本章小结

企业的偿债能力按其债务到期时间的长短分为短期偿债能力和长期偿债能力两种类型。其中短期偿债能力指标衡量的主要是企业是否拥有足够的现金以偿付其流动负债，以满足偿还即期债务的需要。而长期偿债能力指标则通过分析债务总额与企业资本结构规模之间的关系，以显示出由债权人所提供的资金数额与企业所有者所提供的资金数额之间的匹配状况，以反映企业的企业经营状况和财务风险。

本章习题

一、单项选择题

1. 若流动负债小于流动资产，则期末用现金偿付一笔短期借款后会导致（　　）。

A. 流动比提高　　B. 流动比降低　　C. 营运资金减少　　D. 营运资金增加

2. 如果流动比大于 1，则下列结论成立的是（　　）。

A. 短期偿债能力绝对有保障　　B. 速动比大于 1

C. 营运资本大于 0　　D. 现金比大于 1

3. 下列业务中，能够提升企业短期偿债能力的是（　　）。

A. 企业采用分期付款方式购置一台大型机械设备

B. 企业从某银行取得 3 年期 500 万元的贷款

C. 企业按权益法计算的投资收益增加

D. 企业向股东发放股票股利

4. 某企业银行存款 80 万元，库存现金 10 万元，可交易性金融资产 90 万元，其他非流动资产 20 万元，存货 120 万元，流动负债 400 万元。因此，该企业的现金比率为（　　）。

A. 0.3　　B. 0.4　　C. 0.45　　D. 0.5

5. 若一个企业的产权比率为 3:4，则资产负债率为（　　）。

A. 3:7　　B. 7:3　　C. 3:4　　D. 4:3

二、多项选择题

1. 评价短期偿债能力的指标主要有（　　）。

A. 营运资本　　B. 速动比
C. 资产负债率　　D. 利息保障倍数
E. 现金比

2. 下面各项资产属于速动资产的有（　　）。

A. 货币资金　　B. 存货
C. 其他非流动资产　　D. 衍生金融资产
E. 应收账款

3. 关于已获利息倍数指标的说法中错误的有（　　）。

A. 已获利息倍数是指企业利润总额、利息支出之和与利息支出的比率
B. 已获利息倍数计算公式分母的利息支出指实际支出的借款利息、债券利息等
C. 已获利息倍数应当小于1倍为好
D. 已获利息倍数越小，说明企业支付负债利息的能力越强
E. 已获利息倍数是指企业税后利润与利息支出的比率

4. 企业采取备抵法核算坏账损失，如果实际发生一笔坏账，冲销应收账款，则会引起（　　）。

A. 流动比提高　B. 流动比降低　C. 流动比不变　D. 速动比不变
E. 营运资金不变

5. 下列经济业务会影响到产权比率的有（　　）。

A. 发行股票　　B. 建造固定资产
C. 可转换债券转换为普通股　　D. 偿还银行借款
E. 银行存款购买无形资产

三、判断题

1. 企业用现金购买无形资产不会影响流动比。（　　）
2. 流动比越高，表明企业资产运用效果越好。（　　）
3. 对债权人而言，企业的资产负债率越高越好。（　　）
4. 盈利能力强的企业，其偿债能力也强。（　　）
5. 为了考察偿付利息能力的稳定性，一般应计算多年的利息保障倍数。（　　）

四、简答题

1. 计算偿债能力指标有何意义？
2. 短期偿债能力指标如何计算？有何意义？
3. 长期偿债能力指标如何计算？有何意义？
4.偿债能力还可以有哪些指标？

五、计算题

1. 某企业年末简化的资产负债表如表8-4所示。

表 8-4 资产负债表

单位：万元

资产	年初数	年末数	权益	年初数	年末数
货币资金	2 000	1 920	短期借款	4 000	5 600
应收账款	?	3 840	应收账款	2 000	1 600
其他应收款	0	128	其他应收款	1 200	400
存货	?	8 800	长期借款	8 000	8 000
固定资产	11 584	12 800	股东权益	11 360	11 888
总计	26 560	27 488	总计	26 560	27 488

补充资料：

（1）年初速动比为 0.75，年初流动比为 2.08；

（2）该企业所在行业的平均流动比为 2。

要求：

（1）计算该企业年初应收账款、存货项目的金额。

（2）计算该企业年末流动比，并作评价。

（3）分析该企业流动资产的质量及短期偿债能力。

2. 某企业 2021 年年末负债总额为 900 000 元，全部资产总额为 1 700 000 元；2022 年年末负债总额为 1 100 000 元，全部资产总额为 1 800 000 元。

要求：

（1）计算两年的资产负债率并作评价。

（2）计算两年的产权比率并作评价。

六、案例分析

东方公司 2021 年有关财务比率分析如表 8-5 所示。

表 8-5 东方公司 2021 年有关财务比率分析表

东方公司部分财务比率（2021 年）

项目	1月	2月	3月	4月	5月	6月	7月	8月	9月	10月	11月	12月
流动比	2.2	2.3	2.4	2.2	2.0	1.9	1.8	1.9	2.0	2.1	2.2	2.2
速动比	0.7	0.8	0.9	1.0	1.1	1.15	1.2	1.15	1.1	1.0	0.9	0.8
资产负债率/%	52	55	60	55	53	50	42	45	46	48	50	52
资产报酬率/%	4	6	8	13	15	16	18	16	10	6	4	2
销售净利率/%	7	8	8	9	10	11	12	11	10	8	8	7

问题：

1. 企业生产经营有什么特点？

2. 流动比与速动比的变动趋势为什么会产生差异？怎么消除这种差异？

3. 资产负债率的变动说明了什么问题？3 月资产负债率最高能说明什么问题？
4. 资产报酬率与销售净利率的变动程度为什么不一致？
5. 该企业在筹资、投资方面应注意什么问题？

参考答案

一、单项选择题

1. A　2. C　3. B　4. C　5. A

二、多项选择题

1. ABE　2. ADE　3. BCDE　4. CDE　5. ACD

三、判断题

1. ×　2. ×　3.×　4.×　5. √

五、计算题

1. 该企业年初流动资产合计=7 200×2.08=14 976（元）
该企业年初速动资产合计=7 200×0.75=5 400（元）
则：该企业年初存货=14 976–5 400=9 576（元）
该企业年初应收账款=14 976 – 9 576 – 2 000=3 400（元）
该企业年末流动比=14 688/7 600=1.93（倍）
（分析、评价略）
2. 两年的资产负债率分别为 52.94%（2021 年）和 61.11%（2022 年）。
两年的产权比分别为 1.125 倍（2021 年）和 1.57 倍（2022 年）。
（评价略）

第 9 章

营运能力分析

学习目标

1. 了解营运能力分析的意义。
2. 明确资产周转能力指标的计算方法和意义。
3. 理解获现能力指标的计算方法和意义。
4. 掌握营运能力指标与其他指标之间的相互关系。

学习重点

1. 营运能力的强弱主要是通过资产所创造的收入来衡量，因此，可以通过资产周转率指标的计算及其运用，来反映一个企业的营运能力与质量。

2. 获现能力分析主要是通过评价经营活动现金净流量与净利润（产出与产出）之间，现金净流量与全部资产、流通在外的普通股股数（产出与投入）之间的指标计算及其运用，来反映一个企业获取现金的能力。

营运能力分析主要用来衡量企业资产管理和运营的效率，其实质是以尽可能少的资产占用，尽可能短的时间周转，生产尽可能多的产品，创造尽可能多的收入。因此，营运能力体现了企业占用资产的质量，反映了企业资产运用的效果，而对效果的衡量标准，可以是投入产出之间的此消彼长；也可以是产出的变现能力变化。因此，营运能力指标可分为资产周转能力指标和获现能力指标两个方面。

周转能力指标分析是以利润表和资产负债表数据为主要依据，来衡量企业运用资产创造营业收入的有效程度；而获现能力指标分析则主要是以现金流量表和资产负债表数据为主要依据，来衡量企业营运能力的质量，强调企业在创造利润的同时还应该创造等量的现金流量。

9.1 营运能力分析的意义和作用

通过营运能力分析能评价一个企业的经营水平和管理水平的层级，并能在此基础上预期它的发展前景，因而与企业各个利益主体关系紧密。

（1）有助于衡量企业资产投入的合理性和有效性，以促进资产的合理配置。

对于企业内部管理者而言，他们在追求企业价值最大化的过程中，不仅需要清楚企业的盈利水平，而且还要关心盈利取得的原因和过程。而通过营运能力分析，就可以了解企业生产经营对资产的需求状况，发现与企业整体经营水平不相适应的资产使用状况，从而进一步加强资产管理，并据此调节资产结构比例，促进资产的合理配置，最终改善财务状况，提高资金周转的速度。

（2）有助于合理判断企业的盈利能力，以准确评估企业价值。

一般而言，企业存量资产的周转速度越快，实现收益的能力就越强，这就是所谓薄利多销的原理。但是，企业净利润的增加，并不一定反映为现金净流量的增加，这就是所谓的收益质量不佳。而通过获现能力分析，就可以对收益的质量作出合理评价，从而可以进一步合理、准确地评估企业价值。

（3）有助于合理评价企业的偿债能力和支付能力，以充分反映企业财务状况的安全性。

企业偿债能力指标都是一种基于资产存量的静态指标，而通过进一步分析资产的盈利能力和获现能力就可以了解这些资产的质量，并进而显示企业偿债能力的质量。因为当企业的资产能够在周转中创造更高的收益，并产生更多的现金流量净额时，就表明企业具备了更强的偿债能力和支付能力，则企业的经营和财务风险也就会相应降低。

9.2　周转能力指标分析

营运能力的强弱主要通过资产所创造的收入来衡量，因为企业经营的目的就是通过资产的使用来获取收入，并与相应发生的成本进行配比后，来计算盈利，因而在计算财务比率指标时，通常应保持其分子和分母的一致性。但利用收入来衡量资产运用效果时会产生困难，例如，通过某台生产设备所产生的收入究竟是多少，其实是一个很难量化的问题，因为一般无法将收入分配于个别资产，或太过烦琐，或花费太高。因此，只能选择使用资产的周转率来说明资产使用与营业收入之间的关系，即利用资产周转率来反映一个企业的营运能力与质量。通常，如果一个企业资产周转的速度越快，就说明该企业资金的利用率越高，利用效果越好，则企业的营运能力就越强，质量就越好。

反映企业资产周转能力的指标通常有资产周转率（次数）和周转天数两种，公式分别为：

资产周转率=周转额/平均资产

资产周转天数=计算期天数/资产周转率

常见的资产周转能力指标主要包括应收账款周转率、存货周转率、流动资产周转率、固定资产周转率、总资产周转率和营业周期等。

9.2.1　应收账款周转率

1．指标的计算

应收账款周转率主要是一种表明企业应收账款（包括应收票据）的流动性及其质量的财务指标，可分别用两个指标形式来表示，一个是应收账款周转率（次数），另一个是应收账款周转天数。其计算公式如下。

应收账款周转率=赊销净额/应收账款平均余额

应收账款平均余额=（期初应收账款+期末应收账款）/2

应收账款周转天数=计算期天数/应收账款周转率

=应收账款平均余额/（赊销净额/360 天）

上述应收账款周转率公式的分母之所以用平均数，是因为其分子取之于动态的利润表，是累计数，而分母则取之于静态的资产负债表，是时点数。为使分子、分母能在时间上保持一致，而将分母折算为平均数，这是一种折中方法。当然，若能按月度（或按天数）平均后合计计算则更好。同时说明，累计数的分子和时点数的分母其实不可比，按其方式计算的结果往往只是一个大致数，即便使用平均数其结果仍然如此，故而在实际使用分母数据时，也可直接按某期的期末数据计算，无须平均。为方便计算，本书若无特殊说明，均使用期末数。

举例，F 公司 2019—2021 年资产负债表相关数据如表 9-1 所示，利润表相关数据如表 9-2 所示。

表 9-1　F 公司 2019—2021 年资产负债表相关数据　　金额单位：万元

项目	2021 年	2020 年	2019 年
应收账款	6 108	3 359	1 820
存货	3 690	1 932	1 695
流动资产合计	18 843	12 197	8 808
固定资产	22 500	16 625	15 815
资产总计	52 846	30 353	25 803
股本	15 000	15 000	10 000

表 9-2　F 公司 2019—2021 年利润表相关数据　　金额单位：万元

项目	2021 年	2020 年	2019 年
营业收入	11 939	9 259	7 216
营业成本	10 495	8 797	5 539
毛利	1 444	462	1 677
净利润	458	–125	521

根据表 9-1 和表 9-2 的相关数据，可以计算该公司 3 个年度的应收账款周转率、应收账款周转天数如下。

2019 年应收账款周转率（次数）=7 216/1 820=3.96（次）

2019 年应收账款周转天数=360/3.96=91（天）

2020 年应收账款周转率（次数）=9 259/ 3 359=2.76 （次）

2020 年应收账款周转天数=360/2.76=130（天）

2021 年应收账款周转率=11 939/ 6 108=1.95（次）

2021 年应收账款周转天数=360/1.95=185（天）

应收账款周转率是指在一个完整的会计年度内，一个企业通过信用销售方式所取得的营业收入（赊销收入），与所占用的尚未收到的款项之间的比例，反映的是企业应收款项所支撑的营业收入的倍数，计算的是企业从获得收取账款的权利，到最终收到现金的平均次数和平均天数的财务指标。因此，应收账款周转率表明了企业流动资产中应收账款的质量。一般而言，应收账款周转率越高，说明支撑的倍数越大，或占用的时间越短，即应收账款的质量越好，反之则越差。应收账款的质量越高意味着企业流动资产的变现能力越强，从而也意味着企业偿债能力和支付日常开支能力越强，并相应地可以减少机会成本、收账费用和坏账损失，相对增加企业流动资产的投资效益。因此，在销售收入不变的情况下，应收账款余额应越小越好。

需要说明的是，资产负债表中的应收账款，是指应收账款的净额，即应收账款账面价值减去坏账准备后的余额。因此，若两家公司采用的坏账准备的计提方法或计提比例不同，必然会影响应收账款的净额，最终影响应收账款周转率。其他需要计提准备的资产，同样存在此类问题。

上述计算表明，该公司 2021 年的应收账款周转率较 2019 年和 2020 年有较大幅度降低，从 2019 年的 3.96 次、91 天，到 2020 年的 2.76 次、130 天，降低至 2021 年的 1.95 次、185 天，说明该公司应收账款的质量在降低。该公司 2021 年应收账款周转一次居然大致需要 6 个月，究其原因，一方面受营业收入提升的影响，该公司 2021 年较 2020 年营业收入提升了 29%，但另一方面该公司应收账款占用额则提升了 81.84%，应收账款占用额的上升幅度，明显大幅超过了营业收入的上升幅度，从而导致了应收账款周转率的大幅下降。

2. 指标的分析

通常，在计算以上应收账款周转率指标时，为使得该指标的计算更为方便、有效和准确，还应注意以下几个方面的情况。

（1）在内部分析时，应尽量采用赊销净额，因为只有赊销才会产生应收账款；但外部分析时，因很难明确赊销与现销比例，故可采用销货净额，即直接采用利润表的营业收入。

（2）为消除季节性的影响，应收账款最好采用月度平均余额计算，即先计算月度余额，然后相加并除以 12 计算出年度平均余额。不过，在实际工作中，为方便起见，一般直接采用月度或年度余额计算应收账款周转率，因为，若一贯如此计算，则各月、各年度之间的应收账款周转率指标仍然是可比的。

（3）公式中的应收账款包括资产负债表中的应收账款和应收票据两部分内容，并以其净额，也即扣除坏账准备后的余额列示。

（4）会计年度应为 365 天，简化起见用 360 天。

（5）由于资产负债表中的应收账款是扣减坏账准备后的净额，因此，坏账准备计提方式和计提比例的改变，必然影响应收账款周转率的高低。

9.2.2 存货周转率

1. 指标的计算

存货周转率反映企业存货的流动性及其质量，它和应收账款周转率反映应收账款流动性及其质量很相似，也可分别用两个指标来表示：存货周转率（次数）和存货周转天数，计算公式如下。

存货周转率=营业成本/存货平均余额

存货平均余额=（期初存货+期末存货）/2

存货周转天数=计算期天数/存货周转率

从存货周转率公式可知，其分母仍用期末存货，这一点与应收账款周转率的分母使用应收账款期末余额的意义相同，但其分子却没有使用营业收入数据，而使用了营业成本数据，因为一般认为，存货与营业成本直接相关，而与营业收入间接相关，毕竟是已销存货构成营业成本，而未销存货则形成期末存货，其成本构成内容是一致的。当然，如果销售单价与单位生产成本之间的关系式是线性的，则该公式的分子使用营业收入也是可比的。

根据表 9–1 和表 9–2 的相关数据，可以计算该公司 3 个年度的存货周转率和存货周转天数如下。

2019 年存货周转率=5 539/1 695=3.27（次）

2019 年存货周转天数=360/3.27=110（天）

2020 年存货周转率=8 797/1 932=4.55（次）

2020 年存货周转天数=360/4.55=79（天）

2021 年存货周转率=10 495/3 690=2.84（次）

2021 年存货周转天数=360/2.84=127（天）

上述计算结果表明，2021 年的存货周转率较 2019 年和 2020 年均有下降，较 2020 年的下降幅度更大，下降了 1.71 次，表明该公司在存货控制方面的能力大幅削弱，存货变现能力变差。究其原因主要是，2021 年该公司的营业成本上升了大致 19%，也即销货大致上升了 19%，而同期的存货却上升了将近 1 倍，达 90.99%，明显说明该公司的购货盲目了，或者库存积压了，从而导致了存货周转率的大幅下降。当然，总体水平究竟如何还需要与其他同类型企业比较后才能得出结论。

2. 指标的分析

与其他财务指标相同，存货周转率指标也是由营业成本和期末存货两个因素构成，其提高还是降低，均是两个因素互动的结果。

应该注意的是，如果企业是季节性经营，则根据年初和年末存货计算的平均存货将导致误解。解决这个问题的办法就像计算应收账款周转率那样，使用月度（或天）平均存货，或直接使用期末数。

由于营业成本体现的是已销商品的生产成本，而存货体现的是已完工入库产品的生产成本，所以将营业成本除以该会计期间内的存货平均余额后，就可以求出存货更迭的平均次数，这比使用营业收入作为分子更合理。如果营业成本不变，存货周转次数越多，存货的流动性就越大。在既定毛利率的情况下，一年内所得毛利是随存货周转率的增加而增加的。如果存货周转次数下降，不但会使企业的毛利额下降，并且可能意味着企业的残、次、冷、背货增加。而残、次、冷、背货的增加会使企业在存货上的投资增加，经营风险增大，企业的利息支出和机会成本也相应增加。

如果是因为存货或营业成本的金额数据不合理，而影响存货周转率指标的合理性时，可以采用实物数量指标代替金额指标。另外，应同样关注"存货跌价损失准备"的数额，因为不同的准备计提政策，也会影响存货周转率指标的计算。

9.2.3 流动资产周转率

1. 指标的计算

流动资产周转率指标是指企业一定时期的营业收入与平均流动资产合计之间的比率，反映的是流动资产整体的利用效率及其质量的财务指标，同样包括流动资产周转率（次数）和流动资产周转天数两种形式，其计算公式如下。

流动资产周转率=营业收入/平均流动资产

平均流动资产=（期初流动资产合计+期末流动资产合计）/2

流动资产周转天数=计算期天数/流动资产周转率

流动资产周转率越高，表明流动资产周转速度越快，企业流动资产占用越合理，各项流动资产配置越恰当，流动资产的利用效率越高。

根据表 9-1 和表 9-2 的相关数据，可以计算该公司 3 个年度的流动资产周转率和流动资产周转天数如下。

2019 年的流动资产周转率=7 216/8 808=0.82（次）

2019 年的流动资产周转天数=360/0.82=439（天）

2020 年的流动资产周转率=9 259/12 197=0.76（次）

2020 年的流动资产周转天数=360/0.76=474（天）

2021 年的流动资产周转率=11 939/18 843=0.63（次）

2021 年的流动资产周转天数=360/0.63=571（天）

上述计算结果表明，F 公司 2021 年的流动资产周转率较 2020 年和 2019 年分别下降了 0.13 次和 0.19 次，说明 F 公司流动资产的利用效率在退步，从 2019 年的每 1 元流动资产创造 0.82 元的营业收入，下降到 2021 年的每 1 元流动资产创造 0.63 元的营业收入，反映了该公司流动资产质量的下降。同时，考虑到该公司流动资产周转率与同期应收账款周转率大致相同的下降幅度，以及较 2020 年存货周转率 1.71 次的下降幅度，说明流动资产周转率的下降主要是受存货和应收账款周转率下降的影响，提示该公司应加强对存货和应收账款的管理。当然，该公司持续发生的每 1 元流动资产创造不足 1 元的营业收入并持续下降的现状，是否说明该公司的流动资产总体配置过高，因而导致流动性不足的情况，应结合该公司的行业特点，以及行业平均的流动资产周转率作出相应的评价。

2. 指标的分析

我们知道，资产负债表的右方反映一个企业的资金来源渠道，左方反映企业的资金运用项目，它们之间始终保持平衡关系。资产负债表的这种关系式实质说明，企业通过不同渠道所取得的资金，最终总会落实为不同的资金运用项目，这些项目就是不同类型的资产占用。当然，企业占用这些资产的目的，并非占用本身，他们必然希望通过对这些占用资产的使用产生回报，即创造收入，然后与资产创造收入时所导致的消耗，即成本、费用进行配比，形成利润。这样，就将资产负债表与利润表联系了起来，其中，资产显然是导致收入、成本、费用发生的因，而收入、成本、费用则明显是资产经使用后所形成的果，它们之间具有典型的因果关系。

对一个制造企业而言，在所形成的全部资产中，必然需要包含一部分作用于流通环节的流动资产，比如货币资金、应收款项、存货等，必然还需要包含另一部分形成生产能力，作用于非流通环节的非流动资产，比如固定资产、无形资产等。就流动资产而言，其配置的合理性和恰当性，不仅会影响其收入的产出，成本、费用的发生，同时也必然影响流动资产中各占用项目此增彼减的变化，并最终影响一个企业正常生产经营活动的进行。当然，此种影响不仅对流动资产，对企业的所有资产均如此，因为对任何一个企业而言，资金总是有限的，使用资金也总是有代价的。

而就 F 公司而言，其流动资产周转率的下降，显然说明了其总体流动资产配置的非合理性和正当性，说明了其投入产出能力的下降，说明了其经营、管理能力的不足。同时，相对过高的资产配置，必然导致相对过高的消耗，形成相对过多的成本、费用，最终导致相对过低的利润。

当然，在分析 F 公司流动资产周转率下降的同时，需要特别关注该公司应收账款周转率和存货周转率的变动情况，以及它们对流动资产周转率变动的影响，尤其是在坏账准备和存货跌价准备等政策发生明显变化的情况下。

9.2.4 固定资产周转率

1. 指标的计算

固定资产周转率指标是指企业一定时期的营业收入与固定资产平均余额之间的比率，是反映固定资产利用效率及其质量的财务指标，同样包括固定资产周转率（次数）和固定资产周转天数两种形式，其计算公式如下。

固定资产周转率=营业收入/固定资产平均余额

固定资产平均余额=（期初固定资产余额+期末固定资产余额）/2

固定资产周转天数=计算期天数/固定资产周转率

固定资产周转率越高，表明固定资产周转速度越快，投入产出越高，说明企业固定资产投资得当，资产结构分布合理，固定资产的运用效率高，营运能力强。

仍根据表 9-1 和表 9-2 的相关数据，可以计算该公司 3 个年度的固定资产周转率和固定资产周转天数如下。

2019 年的固定资产周转率=7 216/15 815=0.46（次）

2019 年的固定资产周转天数=360/0.46=783（天）

2020 年的固定资产周转率=9 259/16 625=0.56（次）

2020 年的固定资产周转天数=360/0.56=643（天）

2021 年的固定资产周转率=11 939/22 500=0.53（次）

2021 年的固定资产周转天数=360/0.53=679（天）

上述计算结果表明，F 公司 2021 年的固定资产周转率较 2019 年上升了 0.07 次，而较 2020 年则下降了 0.03 次，但总体持平，和流动资产周转率的较大幅度下降相比，保持了基本稳定。但该公司各年度每 1 元固定资产大致创造 0.50 元的营业收入，均反映出该公司固定资产利用的低效率状况。虽然固定资产的配置具有一定的超前性，但该公司持续发生的每 1 元固定资产仅能创造大致一半的营业收入的情况，显然应该与配置的超前性无关，而与配置的盲目性或固定资产的质量更相关。当然，究竟是否合适，是否说明该公司的固定资产总体配置过高，因而导致其生产能力过剩的情况，还应结合该公司的行业特点，以及行业平均的固定资产周转率作出相应的评价，因为国企的资产利用效率普遍偏低。

2. 指标的分析

固定资产周转率指标与流动资产周转率指标类似，即使是相同数额的固定资产，由于不同企业之间计提折旧、减值准备存在差异，也会影响固定资产净额的计算，从而影响该指标的可比性，就像流动资产中的应收账款和存货计提准备一样。

不同的是，由于固定资产属于生产能力、生产资料型资产，而生产能力型资产的配置较流动资产（比如材料这种劳动对象型资产）的配置存在更强的前置性，以及相对稳定性。同样一个企业，即使营业收入不变，但固定资产净额却会自然逐年减少，从而导致固定资产周转率指标会呈现自然上升趋势，但这并不是企业营运能力增强的体现。同样，固定资产的阶段性增加，也会影响该指标的历史趋势分析。

另外，由于固定资产折旧和准备的计提并不影响固定资产的实际使用，因而在计算此一指标时，应特别关注固定资产原价、净值、净额的变动幅度，并与该指标的变动幅度进行比较，以便更准确地评价一个公司固定资产的质量。

相应地，在通货膨胀的情况下，企业的固定资产一般采用历史成本记账，而营业收入则会因为物价上涨而增加，导致企业在营运能力不变的情况下，固定资产周转率却会有所提升，这也应该引起分析者的关注。

9.2.5　总资产周转率

1. 指标的计算

总资产周转率是指企业在一定时期内的营业收入与总资产平均余额的比率，是反映企业全部资产利用效率和资产质量的财务指标，同样包括总资产周转率（次数）和周转天数两种形式，其计算公式如下。

总资产周转率=营业收入/总资产平均余额

总资产平均余额=（期初资产总额+期末资产总额）/2

总资产周转天数=计算期天数/总资产周转率

总资产周转率可以用来分析企业全部资产的使用效率，其高低取决于营业收入和总资产平均余额两个因素。通常为了寻找提高总资产周转率的途径，可以将总资产分解为固定资产和流动资产，然后分别计算各自的周转率及其影响，而流动资产周转率又可以进一步分解为应收账款和存货周转率等。

仍根据表9–1和表9–2的相关数据，可以计算该公司3个年度的总资产周转率和总资产周转天数如下。

2019年的总资产周转率=7 216/25 803=0.28（次）

2019年的总资产周转天数=360/0.28=1 286（天）

2020年的总资产周转率=9 259/30 353=0.31（次）

2020年的总资产周转天数=360/0.31=1 161（天）

2021年的总资产周转率=11 939/52 846=0.23（次）

2021年的总资产周转天数=360/0.23=1 565（天）

上述计算结果表明，F公司2021年的总资产周转率较2020年和2019年分别下降了0.08次和0.05次，相较流动资产周转率的0.13次和0.19次下降，和固定资产周转率的0.03次下降和0.07次上升，算是取了一个中值，说明F公司总资产利用效率的下降主要是受流动资产利用效率下降的影响，表明了该公司未来进行资产管理的方向。但无论如何，该公司持续发生的每1元总资产创造大致0.30元的营业收入，周转一次需要超过1千天的时间的情况，似乎实在过低，应该引起足够的关注。

2. 指标的分析

总资产是企业各项资产的总和，包括流动资产、长期股权投资、持有至到期金融资产、固定资产、无形资产等。由于总资产中的对外投资部分产生的收益计入投资收益，不会增加营业收入，所以总资产周转率指标公式中的分子与分母的计算口径并不完全一致，进而导致这一指标受企业对外投资资产变动的影响，可能导致前后期数据之间缺乏可比性。

同时，总资产周转率指标集中反映了企业各单项资产周转率的综合水平，也包含了所有单项指标的不足之处，从而导致所有影响前述单项指标的因素都会影响总资产周转率指标的计算。因此，这就要求在计算总资产周转率指标时，需要辨明每一单项资产周转率的变动对总资产周转率变动的影响。

9.2.6 营业周期

1. 指标的计算

营业周期是指从购入存货支付货款，到存货售出收取现金为止的这一段时间间隔，如果企业购进存货的同时就支付货款，则一般可以根据应收账款周转天数和存货周转天数推算出大约的营业周期，其计算公式如下。

营业周期=应收账款周转天数+存货周转天数

而如果企业购进存货和支付货款的时间不一致，则营业周期的计算公式如下。

营业周期=应收账款周转天数+存货周转天数–应付账款周转天数

以应收账款周转天数和存货周转天数相加得到的营业周期指标，是假设在现购状况下的营业周期，其含义就是需要多长时间才能将期末存货变为现金。一般情况下，一个企业的营业周期短，说明资金周转速度快；营业周期长，说明资金周转速度慢。

仍根据表9–1和表9–2的相关数据，可以计算该公司3个年度的以应收账款周转天数和存货周转天数相加得到的营业周期如下。

2019 年的营业周期=91+110=201（天）

2020 年的营业周期=130+79=209（天）

2021 年的营业周期=185+127=312（天）

计算结果表明，该公司 2020 年与 2019 年相比，营业周期稳中有升，2020 年较上年快了 8 天，但 2021 年却有了大幅度上升，应收账款和存货周转天数较 2020 年分别上升 55 天和 48 天，合计为 103 天，说明该公司销货的收款时间延迟了，同时存货的周转也迟滞了，但公司的营业收入却没有同比例增长，总体说明该公司的市场环境恶化了，管理能力下降了。

2. 指标的分析

在比较同一企业不同期间和相似企业之间的营业周期时，这一指标十分有效。只要计算公式内各个数据具有可比性，不管其被低估还是被高估，在比较分析时，总是有实际意义的。

但如果一个企业存货计价方法、坏账准备的提取方法发生改变，或者企业之间存货计价方法及提取坏账准备的方法存在较大差异，就会影响存货周转天数和应收账款周转天数的计算，因而也会影响营业周期计算结果的可比性。

此外，外部报表使用者通常只能根据销售净额而非赊销净额计算应收账款周转天数，在企业存在大量现金销售的情况下，就会缩短应收账款的周转天数，进而会缩短企业的营业周期。

9.2.7　周转能力综合分析

假设某公司 2019—2021 年度资产负债表和利润表摘要如表 9-3 所示，周转能力指标如表 9-4 所示。

表 9-3　某公司 2019—2021 年度资产负债表和利润表摘要　单位：元

项目	2019 年	2020 年	2021 年
存货	43 826.76	57 996.58	57 916.38
应收账款	22 944.79	19 327.96	12 421.47
流动资产	95 994.09	106 474.60	104 344.86
固定资产	30 018.16	26 828.26	33 823.02
资产总额	137 125.89	144 413.12	145 979.06
营业收入	102 613.34	186 654.37	223 006.43

表 9-4　某公司 2019—2021 年度周转能力指标

财务指标	2019 年	2020 年	2021 年
存货周转率/次	2.34	3.22	3.85
应收账款周转率/次	4.47	9.66	17.95
营业周期/天	154+81=235	112+37=149	94+20=114
流动资产周转率/次	1.07	1.75	2.14
固定资产周转率/次	3.42	6.96	6.59
总资产周转率/次	0.75	1.29	1.53

注：表 9-4 中的各项指标均按表 9-3 中的期末数计算，未考虑平均额。为统一起见，方便分析，存货周转率的分子也取营业收入。

从表 9-4 可以看出，该公司 2019—2021 年度各项周转能力指标，除固定资产周转率外，其余各项指标均有所增强，显示该公司的经营绩效和资产质量稳步提升。同时，与上述 F 公司相比，该公司的流动资产占比相较固定资产明显偏高，说明该公司是一典型的人工密集型企业，而 F 公司偏高的固定资产占比，说明了其是一比较典型的资本、技术密集型公司，这会影响两个公司的财务指标结果。

从流动资产周转能力的比率看，最为显著的变化是应收账款周转率，从 2019 年的 4.47 次上升到了 2021 年的 17.95 次，增长了 2 倍之多，这一结果是在营业收入逐年较大幅度增长，而应收账款逐年较大幅度下降的情况下取得的，一方面说明了公司应收账款质量的提升，另一方面也说明了公司所销售产品质量的提升，以及市场地位的提升。此外，存货周转率也从 2019 年 2.34 次上升到 2021 年的 3.85 次，虽然在营业收入上升的同时存货也在上升，但存货上升的幅度显然低于营业收入上升的幅度，这同样也说明了存货质量的提升。同时，由于存货周转率和应收账款周转率的双双提升，也导致公司的营业周期从 2019 年的 235 天下降到 2021 年的 114 天，下降幅度高达 51.49%，以及流动资产周转率的大幅提升，这均说明了由于该公司的资金周转速度的加快，流动资产质量的提升，导致资金利用效率的很大提升。

从长期周转能力的比率及趋势看，固定资产周转率在 2020 年有一个大的提升，其后保持平稳，结合公司固定资产的变动情况看，应该是与公司生产能力的提前配置相关，说明固定资产的配置达到了预期的效应。而总资产周转率从 2019 年的 0.7 次上升到 2021 年的 1.53 次，加快了一倍，这应该主要是得益于营业收入的大幅增加和流动资产周转速度，特别是应收账款周转速度加快的结果。

总体而言，从资产看，该公司为一劳动密集型企业，资产配置恰当，资产质量良好，资产利用效率也较高；从营业收入看，该公司营业收入增长快速，说明市场开拓能力良好，市场前景光明。总之，该公司管理和经营能力均属优良，企业也有较好的发展可能，当然，最好能结合同类型企业的各项指标一并对照分析，以比较差异和优劣。

9.3 获现能力指标分析

获现能力指标的计算类似于财务指标中的盈利能力指标，只是将此类指标中的分子由利润改为现金流量。盈利能力指标分析主要从利润与收入（产出与产出），利润与资产（产出与投入）之间的比例关系所作出的评价，而获现能力指标分析主要是通过经营活动现金净流量与净利润（产出与产出）之间的比例关系，现金净流量与全部资产、流通在外的普通股股数（产出与投入）之间的比例关系所作出的评价。其指标主要包括销售获现比、净利润现金保障比、每股经营现金净流量及总资产现金回收率等。

9.3.1 销售获现比

1. 指标的计算

销售获现比，也称销售获现倍数，是指销售商品、提供劳务收到的现金与营业收入之间的比值，它反映企业通过销售商品（产品、劳务）获取现金的能力，用于衡量当期营业收入的资金收现情况，其计算公式如下。

销售获现比=销售商品、提供劳务收到的现金/营业收入

如果销售获现比等于 1 倍，即 100%，说明企业本期销售商品、提供劳务收到的现金与营业收入基本一致，市场地位稳定，资金周转良好；如果该指标大于 1 倍，说明企业前期的应收收入在本期得以收回，或者，前期的应收款的收回大于本期未收回的应收款，再或者，本期预收款较上年在增长，表示企业信用政策合理，收益质量较高，资产变现能力强；如果该指标小于 1 倍，则说明企业账面收入高于实际收到的现金，企业营业收入没有能创造相应的现金流入，此时需要关注企业债权资产的质量。

仍以表 9–2 F 公司利润表相关数据为例，列示 F 公司现金流量表相关数据，如表 9–5 所示。

表 9–5 F 公司现金流量表相关数据 金额单位：万元

项目	2021 年	2020 年	2019 年
销售商品、提供劳务收到的现金	12 813	9 860	7 990
经营活动产生的现金流量净额	–379	291	3 554

根据表 9–2 和表 9–5 的相关数据，可以计算该公司 3 个年度的销售获现比指标如下。

2019 年销售获现比=7 990/7 216=1.11（倍）=111%

2020 年销售获现比=9 860/9 259=1.06（倍）=106%

2021 年销售获现比=12 813/11 939=1.07（倍）=107%

从指标的计算结果可以看出，该公司 2019 年的获现比最高，2020 年最低，但基本持平，销售获现比指标 3 年持续超过 1 倍，说明该公司的经营进入了相对稳定期，也说明了该公司的销售获现能力稳定。但销售获现比指标连续 3 年均未达到 116%（假设增值税税率为 16%）以上，则说明该公司每年总有应收账款的积欠，或预收账款不稳定。

2. 指标的分析

销售商品、提供劳务收到的现金与营业收入两者并非因果关系，分析时，应注意公式中的分子（销售商品、提供劳务收到的现金）是来源于当期的收入，还是收到的前期的收入。短期内该指标在 1 倍左右不一定意味着企业的销售一定以现销为主，只是说明前期的收入在本期收到的数额与本期收入递延下期的数额可能相一致而已。但在销售量稳定的情况下，若长期能保持在 1 倍的水平上下，则说明企业的信用政策适当，销售环境良好，资金处于良性循环之中。反之，如果该指标持续走低，则说明企业销售形势不佳，或信用政策不合理。

当然，如果一个企业能够取得持续增长或发生持续下降的预收账款，在应收款项的回笼稳定的情况下，也会导致该项指标持续超过或不足 1 倍。由于基于权责发生制的营业收入反映的是“已收”和“应收”收入，而基于收付实现制的销售商品、提供劳务收到的现金反映的是“已收”和“预收”收入，故，若该指标不为 1 倍，也可能是“应收”收入与“预收”收入之间的差异所致。

9.3.2 净利润现金保障比

1. 指标的计算

净利润现金保障比，也称净利润现金保障倍数，是指企业一定时期经营活动现金净流量与净利润之间的比值，该指标是评价净收益质量的重要指标，反映以现金流量为基础的投资回报率，其计算公式如下。

净利润现金保障比=经营活动现金净流量/净利润

净利润现金保障比主要衡量当期实现的净利润中创造的现金净流量程度，说明形成净利润的收入和支出中所包含的现金流量情况，一般该比值越高，表明净利润中已经收到现金的程度越高，利润质量越好。当然，由于经营活动现金净流量基本只包含经营活动本身，而净利润中既包含经营活动损益，还包含投资和筹资活动损益，故而该指标的高低势必受到非经营活动损益等的影响，分析时应加以关注。一般而言，该指标以等于或大于 1 为宜。

根据表 9–2 和表 9–5 的相关数据，可以计算该公司 3 个年度的净利润现金保障比指标如下。

2019 年净利润现金保障比=3 554/521=6.82（倍）

2020 年净利润现金保障比=291/–125=–2.33（倍）

2021 年净利润现金保障比=–379/458=–0.83（倍）

以上计算结果说明，该公司 2019 年的净利润现金保障比最高，主要是因为经营现金净流量远超净利润所致。但 2020 年、2021 年的净利润现金保障比均为负数，2020 年为负是因为净利润为负，而 2021 年为负则是因为净现金流量为负。很难评价这两个年度保障倍数指标的高低，因为净利润为负，实际说明净流量对净利润的保障程度相对更高，反之，净流量为负，则应该说明其已基本丧失了保障程度。故，就像本书前面的说法，分式中，一方为负，往往会导致分式结果的不准确，尤其是当分母为负时。当然，总体而言，该公司的净利润现金保障比正在逐年大幅下降，这是与以上各项周转率指标最不同的结果，显然应该是净利和经营现金净流量双重影响的结果。

将该项指标与销售获现比指标对比可以看出，该公司无论是营业收入还是营业现金流量应该均属正常，则净利润为负就说明应该是营业总成本过高，或非营业活动的损益（包括投资收益等）变动所致，而净流量为负，则说明该公司的经营现金流出超过了流入。至于该公司 2020 年净利为负，2021 年净流量为负，最大的可能是，净流量由于流出持续超过流入，导致不断降低，而 2021 年净利由负变正，则应该是投资收益和营业外收入的增长所致。

2. 指标的分析

一般而言，企业在创造净利润的同时，应该创造出相应的现金净流量，这样，企业盈利质量和财务状况才能得到保障。如果企业的净利润现金保障比小于 1，或者说明其利润中包含大量的应收款项，或者说明其利润中包含大量的非营业活动的成果，也即净利润中所包含的非现金因素过多，表明企业通过自身生产经营活动创造现金流量的能力较差，或利润的质量较差，最终说明该企业自身生产经营活动的可持续性较差。

由于经营活动的现金净流量仅反映经营活动的现金流入和流出，而净利除反映营业收入、成本、费用外，还同时反映投资活动的损益，会计政策运用的差异，营业外收支的结果，以及所得税费用和财务费用的发生，也就是说，利润表涵盖了经营、投资和筹资，甚至汇兑损益这些流量表的全部内容，故分析此指标时，需要明晰这些不同。同时也说明了，单纯利用既定财务指标进行财务分析时的尴尬之处。

如果该项指标用经营现金净流量去除营业收入与不包括财务费用的营业总成本后的差额，得出的结论应该能更准确一些。

9.3.3　每股经营现金净流量

1. 指标的计算

每股经营现金净流量是经营活动现金净流量与流通在外的普通股股数的比率，反映流通在外的每股普通股平均占有的现金流量，依然是一个倍数指标，其计算公式如下。

每股经营现金净流量=（经营活动现金净流量－优先股股利）/流通在外的普通股股数

每股经营现金净流量是从现金流量的角度分析普通股每股的产出效率与分配水平，与每股收益指标相比，由于该指标的计算不涉及会计政策的主观选择，因而具有更强的可比性。同时，在评价公司当期资本支付和股利支付能力等方面，每股经营现金净流量也更为全面、真实。该比率越大，表明企业进行资本支出和支付股利的能力越强，当然，该指标反映了企业最大的分派股利的能力，超过此限度，就要借款分红。

根据表 9-1 和表 9-5 的相关数据，可以计算该公司 3 个年度的每股经营现金净流量指标如下。

2019 年每股经营现金净流量=3 554/10 000=0.355 4（元）

2020 年每股经营现金净流量=291/15 000=0.019 4（元）

2021 年每股经营现金净流量=−379/15 000=−0.025 27（元）

以上计算结果说明，该公司普通股利的现金支付保障逐年大幅走低，至 2019 年已无保障可能，说明该公司创造现金净流量的能力逐渐丧失。相比该公司 3 年的每股收益 0.052 1 元（2019 年）、0.008 3 元（2020 年）和 0.030 5 元（2021 年），更是毫无起色，说明该公司的利润不仅低，且质量更差。

2. 指标的分析

每股经营现金净流量是从现金流量角度分析普通股每股的产出效率与分配水平，反映企业通过经营活动创造的最大现金红利的支付能力。与每股收益指标反映企业每一普通股能分享的净利份额相比，由于该指标的计算不涉及会计政策的主观选择，因而具有更强的可靠性，尤其是在评价公司当期资本支付和股利支付能力等方面，该指标也更为全面、真实。若两种指标之间产生差异，一方面就是基于权责发生制和收付实现制之间的差异，另一方面就是计算范围之间的差异了，即因净利的计算范围更大，故一般情况下，每股收益应大于每股经营现金净流量，但并不说明其现金红利的支付能力也大。

该指标的分母是发行在外的普通股股数。在报告期内，企业发行在外的普通股因增资配股等因素而发生变化时，应考虑普通股在该会计期间实际发行在外的时间，计算全年发行在外的加权平均普通股股数，以使计算结果更为合理。如果公司有可转换债券、认股权证等可稀释证券时，则可以采用稀释的约当普通股股数。（具体计算公式可见第 11 章的 11.2.1 节）

9.3.4 总资产现金回收率

1. 指标的计算

总资产现金回收率，也称总资产现金回收倍数，是指经营活动现金净流量与总资产平均余额之比，反映企业运用全部资产获取现金的能力，用于衡量企业总资产获现能力的强弱，其计算公式如下。

总资产现金回收倍数=经营活动现金净流量/总资产平均余额

一般来说，总资产现金回收率越高，表明企业资产的利用效率越高，质量越高，资产获现能力越强；同时，它也是衡量企业资产综合管理水平的重要指标。

仍根据表 9-1 和表 9-5 的相关数据，可以计算该公司 3 个年度的总资产现金回收率指标如下。

2019 年总资产现金回收倍数=3 554/25 803=0.137 7（倍）

2020 年总资产现金回收倍数=291/30 353=0.009 6（倍）

2021 年总资产现金回收倍数=−379/52 846=−0.007 2（倍）

上述计算结果说明，F 公司 2020 年总资产现金回收倍数较 2019 年有大幅度下降，2021 年更是负值，主要是因为该公司的总资产与经营活动现金净流量的变化正好相悖所致，一方面是总资产的大幅提升，另一方面是经营活动现金净流量的急剧下降，凸显出该公司投资的盲目性和资产使用效率的低下。

2. 指标的分析

由于经营活动现金净流量是全年的金额，所以理论上，计算该指标时分母应当是资产的平均余额，这样会使计算结果更为合理，不过本书一以贯之地采用期末余额，希望不要造成误会。企业在分析该指标时，应以企业以前年度水平、同行业平均水平作标准进行对比分析，方便企业发现问题，并采取措施加强管理力度，提高资产的利用效率。

总资产现金回收倍数指标反映以企业全部投入资产创造经营活动现金净流量的能力，主要是依据资产与收入、支出之间的因果关系而设定，并假设收支的发生基于收付实现制，以此评价企业投入资产的合理性、匹配性和有效性。同时，与上例每股经营现金净流量与每股收益两指标的比较类同，总资产现金回收率指标也可与总资产净利率指标进行比较，以发现其中的不同，不过，就 F 公司而言，其分析结论应该与每股经营现金净流量与每股收益两指标的分析结论一致。

9.3.5 收益质量指标的计算与分析

1. 营运指数指标的计算

收益质量分析主要是分析企业会计收益与经营活动净现金流量之间的比例关系，以评价企业的收益质量，其财务指标主要是（现金）营运指数，其公式如下。

营运指数=经营活动产生的现金净流量/经营应得现金

其中： 经营应得现金=经营净收益+非付现费用

经营净收益=净收益−非经营收益

有关计算收益质量的信息，列示在现金流量表的补充资料中。

假设S公司2021年度现金流量表补充资料的相关数据如表9−6所示。

表9−6 S公司2021年度现金流量表补充资料 单位：万元

将净利润调节为经营活动的现金流量	金额	说明
净利润	12 846 413	
加：资产减值准备	−58 899	没有支付现金的费用共 3 346 997 万元，如果少提取这类费用，将增加收益却不增加现金流入，会使收益质量下降
信用减值损失		
使用权资产摊销		
固定资产折旧、油气资产折耗、生产性生物折旧	2 448 221	
无形资产摊销	809 877	
长期待摊费用摊销	147 798	
处置非流动资产损失（减：收益）	−162 137	非经营净收益3 408 299万元，不代表正常的经营收益能力
固定资产报废损失（减：收益）	10 646	
公允价值变动损失（减：收益）	−95 467	
财务费用（减：收益）	1 003 952	
投资损失（减：收益）	−4 654 512	
递延所得税资产减少（减：增加）	−69 407	
递延所得税负债增加（减：减少）	558 626	
存货的减少（减：增加）	−2 254 994	经营资产净增加2 744 547万元，收益不变，现金减少，收益质量下降
经营性应收项目的减少（减：增加）	−489 553	
经营性应付项目的增加（减：减少）	2 057 186	负债增加 2 057 186 万元，收益不变，现金增加
其他	−2 487 018	
经营活动产生的现金流量净额	9 610 730	

根据表 9–6 的相关数据，可以计算该公司 2021 年度的营运指数指标如下。

经营净收益=净收益–非经营收益=12 846 413–3 408 299=9 438 114（万元）

经营应得现金=经营净收益+非付现费用

=9 438 114+3 346 997=12 785 111（万元）

营运指数=经营活动产生的现金净流量/经营应得现金

=9 610 730/12 785 111=0.75（倍）

即，该公司若剔除非经营收益（处置固定资产的损失、固定资产报废损失、投资收益、财务费用等均属于投资、筹资活动），同时假设全部收入均收到现金，并考虑加上非付现费用，再剔除谨慎性原则的考虑，实际经营所得现金应为 12 785 111（万元），高于经营活动产生的现金净流量，说明该公司创造经营现金净流量的能力较差，同时也说明该公司经营活动的现金流出确实过大，影响了该公司经营活动现金净流量的发生额。

2. 营运指数指标的分析

营运指数是反映企业现金回收质量、衡量现金获得风险的指标。理想的现金营运指数应为 1，小于 1 的现金营运指数反映了公司部分收益没有取得现金，而是停留在实物或债权形态，而实物或债权资产的风险远大于现金。现金营运指数越小，以实物或债权形式存在的收益占总收益的比重越大，收益质量越差。

营运指数指标是假设营业收入已全部以现金形式收到，然后扣除（加或减）形成净利润的全部非经营性收支（扣除属于流量表中投资活动和筹资活动的那部分收益、损失、费用等），加上那些没有导致现金流出的各项支出（折旧、摊销、减值准备等），以使净利润所包含的内容与经营现金净流量的内容保持一致，并比较两者之间差异的一种财务指标。

至于其营业收入的假设部分的证实，则可以通过销售现金比指标来达成。通过这两个指标的计算，就可以达到比较准确地评价一个企业净利润质量的目的。

9.3.6 应注意的问题

在运用上述财务分析指标对现金流量进行分析时，应注意以下几个方面的问题。

（1）不要拘泥于以上有限的财务分析指标，还可以考虑根据公司管理当局的需要适当改变现金流量表，设计更具说服力的指标，获取其他更有意义的信息。

（2）全面、完整、充分地掌握信息，不仅要充分理解报表上的信息，还要重视公司重大会计事项的揭示，以及注册会计师对公司报表的评价；不仅要分析现金流量表，还要将资产负债表、利润表等各种报表有机地结合起来，这样才能全面而深刻地揭示公司的偿债能力、盈利能力、管理业绩和经营活动中存在的成绩和问题。

（3）报表使用者应在全面评价的基础上选择特定项目进行重点分析，如分析公司的营运指数等，并将全面分析和重点分析结论相互对照，以保证分析结果更有效。

本章小结

营运能力指标分析主要是通过评价一个企业存量资产的周转速度，来达到评价一个企业资产质量和经营业绩目的的分析，并以此评价企业的经营能力、管理水平和市场地位。

资产周转能力分析即通过对周转能力指标的分析揭示一个企业的营运能力与质量。反映企业资产周转能力的指标主要有应收账款周转率、存货周转率、流动资产周转率、固定资产周转率、总资产周转率和营业周期等。通常企业资产周转速度越快，则企业营运能力越强，质量越好。

获现能力分析即分析企业通过经营活动获取现金能力的高低。主要通过销售获现比、净利润现金保障比、每股经营现金净流量、总资产现金回收率等指标来衡量。一般来说，上述四项指标越好，表明企业获取现金的能力越强。

收益质量分析的实质是公司的报告收益能否真实地反映公司的业绩，主要通过净收益营运指数和现金营运指数来衡量。两项指标比值越大，表明收益质量越好；反之，则表明收益质量越差。

资产负债表中的各项资产，都是指该项资产的净额，若两家公司采用的准备计提方法或比例不同，必然会影响该项资产的净额，并最终影响其周转率指标，以及其他相关指标。

本章习题

一、单项选择题

1. 当流动资产平均余额增加，同时流动资产周转速度加快时，企业一定存在流动资产的（　）情况。

A. 绝对浪费　　B. 相对节约

C. 同时存在绝对节约和相对节约　　D. 相对浪费

2. 某公司 2020 年和 2021 年的固定资产平均余额分别为 2 100 万元和 2 800 万元，固定资产周转率分别为 2 次和 2.5 次，则 2021 年比 2020 年的营业收入增加了（　　）。

A. 2 000 万元　　B. 3 650 万元　　C.1 200 万元　　D.2 200 万元

3. 如果某企业完全采用现销且收款正常，也没有预收等除营业收入以外的其他现金收入，则营业收入应该（　　）销售商品、提供劳务收到的现金。

A. 大于　　B. 等于　　C. 小于　　D. 不确定

4. 反映收益质量的财务指标主要是（　　）。

A. 营运指数　　B. 销售获现比

C. 净利润现金保障比　　D. 每股经营现金净流量

二、多项选择题

1. 在下列各项目中，属于反映企业营运能力的指标有（　　）。

A. 总资产报酬率　　B. 总资产周转率
C. 存货周转天数　　D. 总资产现金回收倍数

2. 在下列各项目中，属于影响企业营业收入净额的因素有（　　）。
A. 营业收入总额　　B. 销售退回金额
C. 营业成本　　D. 销售折扣和折让

3. 每股经营现金净流量指标与每股收益指标相比，（　　）。
A. 具有更强的可靠性　　B. 更为全面、真实
C. 一般小于每股收益　　D. 一般大于每股收益

4. 影响资产运用效率的深层原因包括（　　）。
A. 公司所处行业及其经营背景　　B. 宏观经济环境
C. 经营规模　　D. 公司资产构成及质量

三、判断题

1. 资产周转越快，说明等额资产实现收益的能力越强。（　　）
2. 应收账款和存货周转率对流动资产周转率没有影响。（　　）
3. 营运指数和销售现金比两指标是互补的。（　　）
4. 营运能力分析主要用来衡量企业资产管理和运营的效率。（　　）

四、思考题

1. 简述企业周转能力指标分析的意。
2. 获现能力分析常用的指标有哪些？分别怎样评价？
3. 如何进行营运指数指标分析？

五、计算题

1. 已知某公司2021年资产负债表、利润表和现金流量表有关资料为：流动负债20 000万元，非流动负债30 000万元，营业收入90 000万元，营业成本60 000万元，总资产100 000万元，当期固定资产净额30 000万元，应收账款净额15 000万元，存货净额20 000万元，流动资产合计50 000万元，实现净利3 000万元（其中非经营损益1 000万元），非付现费用500万元，发放优先股股利500万元，发放普通股现金股利500万元，该公司发行在外的普通股股数为30 000万股，销售商品收到的现金为100 000万元，经营活动净现金流为2 000万元。

要求：计算该公司应收账款、存货、流动资产、固定资产、总资产周转率，销售获现比，净利润现金保障比，每股经营现金净流量，总资产现金回收率，营运指数，并作简要分析。

参考答案

一、单项选择题

1. B　2. D　3. B　4. A

二、多项选择题

1. BCD　2. ABD　3. ABC　4. ABCD

三、判断题

1. √　2. ×　3. √　4. √

五、计算题

该公司应收账款周转率=90 000/15 000=6（次）

该公司存货周转率=60 000/20 000=3（次）

该公司流动资产周转率=90 000/50 000=1.8（次）

该公司固定资产周转率=90 000/30 000=3（次）

该公司总资产周转率=90 000/100 000=0.9（次）

该公司销售获现比=100 000/90 000=1.11（倍）

该公司净利润现金保障比=2 000/3 000=0.67（倍）

该公司每股经营现金净流量=(2 000−500) /30 000=0.05（元）

该公司总资产现金回收率=2 000/100 000=0.02（倍）

该公司营运指数=2 000/ (3 000−1 000+500)=0.8（倍）

（分析略）

第10章

盈利能力分析

学习目标

1. 了解盈利能力的各项指标。
2. 明确盈利能力指标的计算方法和意义。
3. 掌握盈利能力各项指标之间的关系。
4. 理解盈利能力指标与其他指标之间的相互关系。

学习重点

1. 企业的盈利能力涉及所有利益相关者，但各自的关注重点不尽相同，盈利能力分析应该尽可能满足和平衡各利益群体的不同需求。

2. 盈利能力指标包括销售盈利能力指标和资产盈利能力指标两个部分，分别用于考察和评价一个企业产出的质量和投入产出的效果。

企业盈利能力（或获利能力）指标，主要用于反映企业经营活动创造利润的能力。该指标一方面体现企业通过经营活动创造利润的多少和所获得利润的稳定程度，另一方面也可体现企业投入资金的收益能力，以及通过加速企业资产周转创造收益的盈利能力。同时，由于盈利能力是反映企业在一定时期内赚取利润的能力，而最大限度地赚取利润是企业持续、稳定发展的前提，因此，企业的盈利能力对企业的所有利益关系人来说都是非常重要的，当然不同报表使用者对盈利能力的分析有着不同的目的。企业的盈利能力水平是衡量企业经营业绩的重要指标，也是投资人正确决定其投资去向，判断企业能否保全其资本的依据。至于债权人，则需要通过对盈利状况的分析以准确评价企业偿还的债务能力，以控制其信贷风险。所以，无论是投资人、债权人还是企业经营管理人员，都日益重视企业盈利能力的分析。当然，在盈利能力分析中，全面领悟分析的内容、正确掌握分析的方法至关重要。

10.1　盈利能力分析的意义、作用和局限性

10.1.1　盈利能力分析的意义和作用

盈利能力是指企业在一定时期内获取利润的能力，体现的是企业运用其所能支配的经济资源开展某种经营活动，从中赚取利润的能力。企业的经营活动是否具有较强的盈利能力，对企业的生存、发展至关重要。

盈利能力分析要借助一定的指标分析方法。企业盈利能力的高低无论是用于衡量企业的投资者、债权人的投资安全保障，还是用于衡量企业经理人员的经营业绩和企业职工的工作效率等都是至关重要的。因此，盈利能力分析是企业利益相关者了解企业、认识企业、改进企业经营管理的重要手段之一。但由于不同的报表使用者对盈利能力分析的侧重点不同，因而企业盈利能力分析对不同的报表使用者来说，就有着不同的意义，通常可以起到如下作用。

（1）企业的投资者进行投资的目的是获取更多的利润，因而投资者总是将资金投向盈利能力更强的企业或项目，为此，投资者需要对企业的盈利能力进行分析，以判断企业盈利能力的大小、盈利能力的稳定性和持久性，以及未来盈利能力的变化趋势。特别是在市场经济条件下，投资者尤其关心企业获取利润率的高低，并重视对利润率指标这一相对值的分析，因为企业的相对盈利能力越强，投资项目的性价比就越高，投资者的实际获利数额也就会越高。此外，利润率指标越高，还会使得企业的股票价格上升，从而使投资者获得额外的资本收益。

（2）对于债权人来说，利润是偿债的一种重要来源。债权人通过分析企业的盈利能力指标来衡量其收回本息的可能性，以及其债务的安全程度，从而可使借贷资金流向更安全、利润率更高的社会生产部门或项目。其中，由于短期债权人主要关注的是企业在短期内的还本付息能力，因此他们主要是评价和分析企业当期的获利水平；而长期债权人主要关注的是企业在较长时期的债务到期时，能否及时足额地收回本息，故而就当期而言，他们主要是评价和分析其到期利息收回的保障程度。

（3）利润是企业管理当局管理业绩主要的衡量指标，也是其管理业绩的综合体现，是所有者（股东）与经营者（管理层本身）共同利益的集中点。因此，对于企业经理人来说，分析企业的盈利能力指标具有十分重要的意义。首先，用已经实际达到的盈利能力指标与标准、预期、基期、同行业平均水平、其他企业相比较，可以衡量经理人员工作业绩的优劣；其次，通过对盈利能力指标的深入分析或因素分析，可以发现经营管理中存在的重大问题，进而采取措施解决问题，提高企业经营管理水平。

总之，盈利能力分析能够用以了解、认识和评价一个企业过去的经营业绩、管理水平、市场地位，以及通过对过去经营业绩、管理水平等的评价，预测其未来的发展前景。因此，盈利能力分析理应成为企业及其利益相关者群体极为关注的一个重要内容。

10.1.2 盈利能力分析的内容及局限性

盈利能力，是指企业获得利润的能力，而盈利能力的分析应包括获利水平分析，以及获利的稳定性、持久性分析两方面的内容。在企业盈利能力分析中，人们往往重视对企业获得利润数量多少的分析，而忽视对企业获利数量稳定性、持久性的分析。而实际上，企业盈利能力的强弱不能仅以企业利润总额的高低水平来衡量，因为虽然利润总额可以揭示企业当期的获利总规模或总水平，但是它却不能表明这一利润总额是怎样形成的，也不能反映企业的盈利能力能否按照现在的水平维持，或按照一定的速度增长下去，即无法揭示这一盈利能力的内在品质。所以，对盈利能力的分析不仅要进行总量的分析，还要在此基础上进一步进行盈利能力结构的分析，以把握企业盈利能力的稳定性和持久性，尤其是后者，在报表分析中更为重要，其主要表现为以下几点。

（1）盈利能力稳定性的分析。盈利能力的稳定性主要应从各种业务的利润结构角度进行分析，即通过分析各种业务利润在利润总额中的比重，以判别其盈利能力的稳定性。我国损益表中的利润按照业务的性质划分为销售商品（产品）或提供服务的利润、投资收益、资本收益、营业外收益等，并分别形成毛利、营业利润、利润总额和净利润四个利润项目。通常，各利润项目又是按获利的稳定性程度顺序排列，凡是靠前的项目在营业收入中所占比重越高，说明该企业盈利能力的稳定性越强，反之则弱。同时，由于营业收入是企业的主要经营业务收入来源，故而一个持续经营的企业总是力求保证营业收入的稳定，从而使得总体获利水平保持稳定，所以在盈利能力稳定性的分析中，应侧重对主营业务利润（或毛利）比重，即主营业务利润率（或毛利率）的分析，重点应分析主营业务利润率对企业总获利水平的影响趋势和影响程度。

（2）盈利能力持久性的分析。盈利能力的持久性，即企业盈利能力长期变动的趋势。分析盈利能力的持久性通常采用将两期或数期的损益表进行比较的方式，各期间各项目的对比既可以是绝对额的比较，也可以是相对数的比较。其中绝对额的比较方式就是将企业经常发生的收支、经营费用、利润各项目的绝对额进行对比，以分析其发生额的变动，以及对盈利能力是否能维持或增长的影响。而相对数的比较方式，则是选定某一会计年度为基年，通过定比或环比的方法，用各年损益表中各收支、费用、利润等项目的绝对数或相对数去除以基年相同项目的数据，然后乘以 100%，求得各有关项目变动的百分率，从中判断企业获利水平是否具有持续保持和增长的可能性，如果企业经常性的商品销售或经营业务利润稳步增长，则说明企业盈利能力的持久性较强。

（3）盈利能力水平分析的几个指标。分析企业的盈利能力水平，主要通过计算相对性财务指标，以评价企业的盈利能力水平。这些指标一般根据资源投入效益和经营管理效率分为四大类：资本经营盈利能力指标分析、资产经营盈利能力指标分析、商品经营盈利能力指标分析和市场经营盈利能力指标分析。包含的基本指标有净资产收益率、总资产报酬率、收入利润率、成本利润率、每股收益、普通股权益报酬率和股利发放率等。

（4）盈利能力指标分析的局限性。我国企业的资产负债表和利润表是建立在传统会计概念和收入费用配比基础之上的业务业绩报表，在这些报表中列报的主要是基于历史成本的资产和负债，基于应收应付制的收益，它在物价基本稳定、市场经济活动单一、外部风险较低的经济环境下是适用的，能基本准确地反映企业经营活动的状况和成果。但是，随着经济市场化程度的提高，物价波动的加剧，特别是20世纪80年代兴起的金融创新，出现了价格波动性强的金融资产和金融负债等不少新兴的金融工具，改变了传统上的资产价值是由社会必要劳动时间所决定，因而价值相对稳定的观念。于是，采用公允价值作为资产，尤其是金融资产的计量属性就成为一种需要，但同时又带来了一个问题，即由于公允价值变化而产生的损益如何在收益表中确认。如果不在收益表中确认，就会使得收益表无法如实地反映企业当期的全部收益，而将未实现的增值摒弃在收益计算之外，这样会使得收益计算缺乏逻辑上的一致性，不能达到公允而充分披露的要求，从而降低会计信息的可靠性。

10.2　销售盈利能力分析

销售盈利能力分析是指，企业通过销售活动所创造的收入与其所相应支付的成本费用之间的差额，此差额越大就说明该企业的盈利能力越强，而反映这些差额的最直接体现就是利润表中的毛利、营业利润、利润总额（税前利润）和净利润（税后利润）。所有关心企业盈利能力方面信息的财务报表的使用者都会非常重视这些数据，以及通过这些数据计算的销售盈利能力指标及其变动，因为这是衡量一个企业资产报酬率指标、偿债能力指标、市场价值指标和其他各种投入产出财务指标的基础，也是同一行业中各个企业之间比较工作业绩的好坏和考察管理水平高下的重要方面。反映销售盈利能力的指标主要有销售毛利率、营业利润率、销售利润率和销售净利率等。

10.2.1　销售毛利率

1. 指标的计算

销售毛利率是指销售毛利占营业收入的比例，而销售毛利则是指营业收入与营业成本之差，原本用于商业企业，是指商品的销售收入与该商品的直接购货成本之差，其计算公式如下。

销售毛利率=（销售毛利/营业收入）×100%

=［（营业收入−营业成本）/营业收入］×100%

从上述公式可以看出，企业的销售毛利率主要用来反映企业商品生产、销售（包括提供劳务）等的盈利能力，此种能力的高低取决于该企业通过销售所创造的收入与其所耗费的直接成本之间的比例。同时，由于毛利是企业净利润形成的基础，如果单价、单位成本不变，即单位毛利不变，则销售数量越多，销售毛利总额就会越高，抵补各项期间费用的能力就会越强，企业的盈利能力也就越强。反之，则盈利能力就会越弱。就一般企业而言，影响企业营业收入与营业成本或毛利的因素主要有以下3种。

（1）销售商品的价格和数量。由于营业收入是销售数量和单价的乘积，故而销售价格的高低和销售数量的多少会直接影响收入的多少，从而影响毛利的高低。

（2）购货成本或产品的生产成本。对于商业企业而言，购货成本就是其营业成本；而对于制造企业而言，营业成本则是指已销产品的生产成本。由于营业成本是销售数量和单位成本的乘积，故而单位成本的高低和销售数量的多少就会直接影响营业成本的多少，并最终与营业收入配比后影响毛利的高低。

（3）企业生产或经营商品的品种结构。由于企业销售商品的品种繁多，且每种商品的边际利润（或毛利）通常不同，故而企业生产或经营商品的品种结构必然影响成本的多少，以及收入的形成，最终影响毛利的高低。

所以，就单个商品而言，提高价格或降低单位成本是提高毛利率的主要手段，但就整个企业而言，除了单价和单位成本因素，提高销售数量、优化生产或经营商品的品种结构也是影响毛利和利润的主要因素。但若仅针对报表数据分析而言，综合分析是其唯一选择。

【例 10-1】假设 T 公司 2021 年度简化利润表如表 10-1 所示。

表 10-1　T 公司 2021 年度简化利润表　　单位：万元

项目	2021 年	2020 年
一、营业收入	3 000	2 850
减：营业成本	2 644	2 503
税金及附加	28	28
销售费用	22	20
管理费用	46	40
财务费用	110	96
加：公允价值变动收益	0	0
投资收益	6	0
资产处置收益	—	—
资产减值损失	0	0
二、营业利润	156	163
加：营业外收入	45	72
减：营业外支出	1	0
三、利润总额	200	235
减：所得税费用	50	58.75
四、净利润	150	176.25

根据表 10-1 的相关资料，可计算 T 公司两年的销售毛利率指标如下。

2021 年销售毛利率=［（3 000−2 644）/3 000］×100%=11.87%

2020 年销售毛利率=［（2 850−2 503）/2 850］×100%=12.18%

变动幅度=11.87%−12.18%=−0.31%

以上计算结果说明，2021 年与 2020 年相比，T 公司的销售毛利率下降了 0.31 个百分点。毛利率下降的原因主要是营业收入的增长率为 5.26%，而营业成本的增长率为 5.63%，成本的增长超过了收入的增长，实质也就是单位成本的增长超过了单价的增长，表明企业的盈利能力在减弱。

2. 指标的分析

在对销售毛利率指标进行分析时应注意，该指标具有明显的行业特点。一般来说，营业周期短、营业成本中所含固定费用低、需要弥补的期间费用（间接费用，下同）高的行业，要求的毛利率水平一般比较高，如饮食、软件和商品零售行业；而营业周期长、营业成本中所含固定费用高、需要弥补的期间费用低的行业，则要求的毛利率水平就相对较低，如工业企业，尤其是资本和技术密集型企业。因此，在分析毛利率指标时，还应将毛利率与不同类型企业，以及本企业不同时期、同行业平均水平、先进水平进行比较，以正确评价企业的盈利能力，并从中找出差距，提高企业的获利水平。

毛利率指标分析对很多报表使用者都有帮助，一般情况下，一个企业若毛利率较高，其营业利润率和净利润率也不会太差。因此，毛利率指标还可用于对营业成本和期间费用控制的分析和评价，商业企业还可以利用毛利率指标来评估其报表中存货的水平和质量，因为如果单位毛利率不变，但营业收入和营业成本发生了变化，则说明销售数量的结构发生了变化，导致毛利额也发生了变化，而销售数量结构的变化显然与存货的变动相关。当然，如果制造业的生产、经营稳定，此关系式同样成立。另外，审计和税务部门也可利用毛利率指标判断企业会计系统的稳定性和准确性。

其实，就毛利的原有意义而言，毛利指的是商业企业商品的进销差价，原本与制造业无关，但现实意义上的毛利通常是指营业收入和营业成本之间的差额，其中当然也包括制造业的已销产品的生产成本。也有人将税金及附加也作为营业收入的减项来计算毛利，严格来说，这是不符合毛利的原有意义的，一般将此称为主营业务利润，这其实也不准确，因为它们实际已包括了企业的其他业务，况且，新利润表中的税金还包含了非营业（流转）税金。

最后，若一个企业的非营业税金稳定，毛利率指标还可以帮助分析和评价一个企业的存货变化。比如上例，该公司营业收入上升了 5.26%，但税金及附加没有变化，说明该公司本年度实际缴纳的增值税没有变化，当然城建税和教育费附加也就没有变化，如果我们同时假设其他非营业税金也没有变化，则，收入上升，说明销项税上升，但考虑到本期实际缴纳的增值税不变，故进项税应该与销项税保持了同比增加，也即存货应随收入发生同比变动，如果存货变动不同比，就说明该公司的存货管理或存货本身发生了问题。

10.2.2 营业利润率

1. 指标的计算

营业利润率是指企业营业利润与营业收入之间的比率，该指标主要用来衡量企业整个营业活动的盈利能力，反映每 1 元营业收入创造营业利润的能力，其计算公式如下。

$$营业利润率=（营业利润/营业收入）\times 100\%$$

营业利润是最能体现企业经营活动业绩的项目，因为营业利润是企业利润总额中最基本、最常用，同时也是最稳定的一个组成部分。由于营业利润包含了企业全部经营活动的内容，故其占营业收入比重的多少，即营业利润率的高低，是最能说明企业盈利能力质量优劣的重要指标。另外，营业利润作为一种反映企业经营活动的净获利额，比销售毛利更好地说明了企业营业活动的净盈利情况，从而能更全面、更完整地体现企业的盈利能力。营业利润率越高，表明企业每 1 元营业收入的盈利能力越强；反之，则盈利能力越弱。

仍根据表 10-1 中的相关数据，计算 T 公司两个年度的营业利润率指标如下。

2021 年营业利润率=（156/3 000）×100%=5.20%

2020 年营业利润率=（163/2 850）×100%=5.72%

变动幅度=5.20%-5.72%=-0.52%

以上计算表明，该公司 2021 年的营业利润率比 2020 年有所降低，下降了 0.52 个百分点，主要是因为毛利率下降了 0.31 个百分点所致，当然财务费用的大幅增长也是影响营业利润率下降的一项重要因素。同时，该公司营业利润率的总体水平，包括毛利率的水平也是较低的，说明该公司在开源（收入）、节流（成本、费用）两方面都可能存在一些问题，应结合企业具体情况进行分析。

2. 指标的分析

从营业利润率指标的计算公式可以看出，企业的营业利润率与营业利润的高低成正比，与营业收入成反比。所以，企业在增加收入的同时，必须相应地获得更多的营业利润，才能保证营业利润率保持不变或者有所提高，这就要求企业在扩大销售、增加收入的同时，还要注意提升自己的经营管理水平，努力降低营业成本和各项期间费用，以及提升非自身经营活动的投资活动和其他活动的能力，以最终提高企业的获利水平。

显然，要提高企业的营业利润率水平，还需要对营业利润率的构成要素及其各项目的结构比重的变动情况分别进行分析，这就需要采用多年数据进行趋势分析，从而找出影响营业利润率增减变动的具体原因，以及各要素项目对营业利润率变动的影响程度，以改善企业的盈利能力水平。

对单个企业来说，营业利润率指标当然是越大越好，但由于不同行业之间的竞争能力、经济状况、利用负债融资的程度，以及行业经营的特征等不同，都会使得不同行业的各企业之间的营业利润率的构成内容大不相同。因此，在使用该指标分析的同时，还需要特别注意在将企业的个别营业利润率指标与同行业的其他企业，或不同行业的企业进行对比分析时，务必关注构成营业利润的各项目的变化对营业利润率指标的影响，并通过对营业利润率指标的同业比较分析，发现企业盈利能力的相对地位，从而更好地评价企业盈利能力的状况，以及影响企业盈利能力的各因素变化情况。

10.2.3 销售利润率

1. 指标的计算

销售利润率指标是指一个企业的利润总额与营业收入之间的比率，它也是以营业收入为基础分析企业盈利能力，反映企业营业收入收益水平的指标，其实质是反映每 1 元营业收入所获得的利润总额。与营业利润率相比，该指标主要用于评价营业外收支对公司利润的影响，计算公式如下。

销售利润率=（利润总额/营业收入）×100%

仍根据上述表 10–1 相关数据，计算该公司两年的销售利润率如下。

2019 年销售利润率=（200/3 000）×100%=6.67%

2018 年销售利润率=（235/2 850）×100%=8.25%

变动幅度=6.67%–8.25%=–1.58%

以上计算结果说明，2021 年与 2020 年相比，T 公司的销售利润率下降了，下降了 1.58 个百分点，除了之前分析的由于单位成本的上升超过单价上升所导致的毛利率下降，以及财务费用的大幅增长所导致的营业利润下降，影响销售利润下降的另一重要因素就是营业外收入的大幅降低。与营业利润率的变动比较，该公司除了存在开源、节流这一经营和投资活动的能力不足问题，在非营业活动的营业外活动方面显然也存在较大的能力不足问题，需要引起足够的重视。

与营业利润率指标主要用于评价一个企业的经营活动盈利能力不同，销售利润率指标本质上主要用于评价一个企业的营业外收支对该企业盈利能力的影响。如果你认为营业外收支理论上作为一种非持续性、非经营性收支，对企业盈利能力的影响有限，那你也可以不计算和分析此项指标。但令人遗憾的是，现实中营业外收支项目对很多企业而言，不仅是持续发生，而且是持续稳定发生，对企业盈利能力的影响非常明显，实在有必要关注此项目的发生及变化，并通过对比营业利润率指标和销售利润率指标之间的变化，分析和评价营业外收支项目的变化对企业利润总额，以及最终对净利润的影响。

2. 指标的分析

销售利润率指标的变动，通常是由利润表中的各个项目金额的综合变动所导致，因此，逐项分析每一项目的变化对利润总额的影响，对正确评价企业的经营和非经营活动的业绩很有帮助。表 10–2 为 T 公司利润表结构百分比变动表。

表 10–2　T 公司利润表结构百分比变动表　金额单位：万元

项目	2021 年金额	2020 年金额	变动金额	变动百分比	2021 年结构	2020 年结构
一、营业收入	3 000	2 850	150	5.26	100.00%	100.00%
减：营业成本	2 644	2 503	141	5.63	88.13%	87.82%
税金及附加	28	28	—	—	0.93%	0.98%
销售费用	22	20	2	10.00	0.73%	0.70%
管理费用	46	40	6	15.00	1.53%	1.40%
财务费用	110	96	14	14.58	3.67%	3.37%
资产减值损失	—	—	—	—	—	—
投资收益	6	—	6	—	0.20%	—
二、营业利润	156	163	–7	–4.29	5.20%	5.72%
加：营业外收入	45	72	–27	–37.50	1.50%	2.53%
减：营业外支出	1	—	1	—	0.03%	—
三、利润总额	200	235	–35	–14.89	6.67%	8.25%
减：所得税费用	50	58.75	–8.75	–14.89	1.67%	2.06%
四、净利润	150	176.25	–26.25	–14.89	5.00%	6.18%

根据表 10–2 可作分析如下。

（1）金额变动分析：本年度利润总额比上年度减少 35 万元，下降率为 14.89%。其中经营活动影响较大的不利因素是销售成本增加 141 万元，增长比率为 5.63%，较营业收入的增长比率 5.26%，多出了 0.37 个百分点；除税金及附加没有发生变动外，其他三大费用，销售费用、管理费用、财务费用均发生了不同程度的增长，且增长比率也均超过了营业收入的增长比率，显然不尽合理，其中财务费用的增加绝对额为 14 万元，虽然比率为 14.58%，略低于管理费用的 15.00%，但由于其金额较大，也应引起足够关注。虽然营业收入也增长了 150 万元，增长比率为 5.26%，但终究抵御不了成本、费用的全面上涨，最终导致营业利润下降了 4.29%。

非经营活动方面，营业外收入下降了 27 万元，下降比率为 37.50%，而营业外支出保持了不变，最终导致该公司利润总额下降了 35 万元，下降比率为 14.89%。虽然在此我们不知道营业外收入下降的具体内容，但很明显，营业外收入的下降对该公司利润总额的下降影响很大，理应引起足够的重视。

（2）结构比率分析：由于营业成本的上升，导致毛利率下降了 0.31 个百分点；由于其他各项期间费用的上升，导致营业利润下降了 0.52 个百分点；最后由于营业外收支的变化，导致利润总额下降了 1.58 个百分点。很明显，营业外收支的变化，当然主要是营业外收入的下降对该公司利润总额的影响程度最大。

更进一步的分析就需要具体了解该公司影响利润总额变动的各项目的发生内容，尤其是营业成本、财务费用和营业外收入的具体内容，以便作出有针对性的调整和改进，提升该公司的经营效率和管理质量，取得更好的经营成果。

10.2.4 销售净利率

1. 指标的计算

销售净利率或净利润率，是指企业净利润与营业收入之间的比率，表明每 1 元营业收入能够获得的净利润，它显示每 1 元营业收入扣除各项成本、费用，以及其他各收支项目后可以“挤”出来的净利润，该比率越大则企业的盈利能力越强，其计算公式如下。

销售净利率＝（净利润/营业收入）×100%

仍根据上述表 10–1 相关数据，可计算该公司两年的销售净利率如下。

2021 年销售净利率＝（150/3 000）×100%=5.00%

2020 年销售净利率＝（176.25/2 850）×100%=6.18%

变动幅度=5.00%–6.18%=–1.18%

以上计算结果说明，2021 年与 2020 年相比，T 公司的销售净利率下降了，下降了 1.18 个百分点，仍然是毛利率较低，以及管理、财务费用的较大幅度增长所致，营业外收入的大幅降低也是一项重要因素。与销售利润率的变动比较，由于该公司的所得税费用严格按所得税税率的 25%计算，因而所得税费用对净利润没有产生影响，导致销售利润率和净利润率的变动幅度相同。然而，两者往往会由于实际支付的所得税费用的不同而产生差异。这种实际发生的不同所得税费用所导致的不同所得税税率，主要是利润总额计算中存在的时间性差异和永久性差异的影响所致。

2. 指标的分析

销售净利率的变动，同样是由利润表中的各个项目金额的综合变动所引起的。

仍根据表 10–2 对该公司净利润可作分析如下。

（1）金额变动分析：该公司 2021 年度净利润减少 26.25 万元，影响较大的不利因素是销售成本增加了 141 万元，财务费用增加了 14 万元和营业外收入减少了 27 万元；影响较大的有利因素是营业收入增加了 150 万元。

除了以上分析的几个影响较大的不利因素，还有一个影响净利润数额的因素就是所得税费用。所得税本质上也是企业的一种费用或支出，其发生额受企业的利润总额和政府制定的所得税税率双重影响，而其中的利润总额的计算又受政府税务机构制定的税务政策的影响，也即受所谓“永久性差异”和“时间性差异”的影响。而就本例而言，本例假设 T 公司不存在任何差异，同时假设所得税税率稳定，均为 25%。但由于该公司 2021 年度的利润总额较 2020 年度下降了 35 万元，下降比率为 14.89%，从而导致了该公司的所得税费用和净利润发生了同比率的下降，其金额分别下降了 8.75 万元和 26.25 万元。

（2）结构比率分析：该公司销售利润率下降了 1.58 个百分点，下降率为 19.15%，而净利润率则是下降了 1.18 个百分点，下降率同样为 19.15%，显然是因为利润总额的下降导致了所得税费用的相对同比下降所致，使得净利润率的下降百分点低于了销售利润率的下降百分点 0.4 个百分点，尽管并非喜事，但也算聊胜于无，但无论如何该公司的净利润总额是下降了，照此趋势，还有进一步下降的可能，应该引起该公司足够的重视。至于对销售净利率减少影响较大的不利因素，主要是销售成本率上升 0.31 个百分点，财务费用占比上升了 0.30 个百分点，以及营业外收入比率减少 1.03 个百分点。

因此，进一步的分析应重点关注利润表中金额变动和结构百分比变动较大的项目，如 T 公司的销售成本、财务费用和营业外收入，并关注更多年份的数据，以分析和评价该公司净利润的趋势变动情况。

3. 利润表各项目分析

当报表分析者在确定了需要进行分析的重点项目之后，还需要进一步对各项目的具体发生内容进行更详细的分析，以便探究实质，作出更准确、可靠的评价。而此时的分析，若仅靠利润表或财务报表本身已显然不够，更需要依靠财务报表附注所提供的资料，以及其他可以收集到的相关资料。

通常，毛利率的变动，即营业收入和营业成本的变动原因，可以分部门、分产品，分顾客群、分销售区域，或分推销员进行更进一步的分析。具体的分析方法和内容，应视分析的目的，以及可以取得的资料而定。

一般情况下，销售费用、管理费用和研发费用的公开披露信息十分有限，外部分析人员很难将其深入下去，对其分析，除了通过报表附注获取资料，应特别关注比较分析。一般而言，管理费用是一项生产能力费用，因而基本是一种固定费用，其费用的大起大落都说明存在一定的问题；而销售费用的构成基本包括广告费用、专设销售机构的费用、销售佣金 3 部分，故对其分析可分项考虑；至于研发费用，分析者的关注点应放在其各项支出的资本化和期间化的处理上。

财务费用、公允价值变动损益、资产和信用减值损失、投资和其他收益及营业外收支等项目的明细资料，在报表附注中一般均有较详细的披露，为进一步分析提供了具体的分析依据。但需要注意的是，除财务费用外，其他几个项目通常都会涉及相对复杂的会计技巧的运用，非常考验报表分析者的会计艺术能力，故分析时需要特别加以注意。

10.3 资产盈利能力分析

一个企业的盈利能力，一方面可以从收入与利润的比例关系来评价，另一方面还可以从投入资产与获得利润的关系来评价。由于企业可以采用高销售利润率、低资产周转率的政策，也可以采用低销售利润率、高资产周转率的政策，所以销售利润率通常会受到企业经营政策的影响。但是，这种经营政策选择却很难改变企业的资产利润率，原因在于投资政策的选择对企业的经营具有长期的影响，从而使得资产利润率比销售利润率更能全面地反映企业的盈利能力。

销售盈利能力分析主要是以企业的营业收入为基础，就与利润表本身相关项目的盈利能力水平指标所进行的分析，故没能考虑投入与产出之间的关系，只是在产出与产出之间进行了比较分析，因而它是一种企业盈利能力的基础表现方式，未能全面反映企业盈利能力的全貌，因为高利润率指标可能是靠高资本投入实现的。因此，如果希望更完整地了解一个企业的盈利能力状况，就有必要从资产的运用效率和资本投入的角度进一步进行分析，这样才能公正和完整地评价一个企业的盈利能力。

10.3.1 总资产利润率

1. 指标的计算

总资产利润率又称资产净利率、资产收益率，是企业一定期限内实现的净利润与该时期总资产平均余额之间的比率，它是反映企业资产综合利用效果的指标，也是衡量企业总资产盈利能力的重要指标，它反映了企业每 1 元受托资产（不管资金来源）中所得到的净利润，其计算公式如下。

总资产利润率=（净利润/总资产平均余额）×100%

总资产平均余额=（期初资产总额+期末资产总额）/2

总资产利润率越高，表明企业的资产利用效率越好，利用资产创造的利润越多，企业的盈利能力越强，经营管理水平越高；否则相反。

根据 T 公司的资产负债表数据编制简化资产负债表，简表如表 10-3 所示。

表 10-3 T 公司简化资产负债表 金额单位：万元

项目	2021 年	2020 年
流动资产	700	610
非流动资产	1 300	1 070
总资产	2 000	1 680
负债合计	1 040	800
股东权益合计	960	880

根据表 10−3 及表 10−1 的相关数据，可得该公司两年的总资产利润率（本书的指标计算仍直接采用期末数，而非平均数）分别为：

2021 年总资产利润率=（150/2 000）×100%=7.50%

2020 年总资产利润率=（176.25/1 680）×100%=10.49%

变动幅度=7.50%−10.49%=−2.99%

以上计算结果表明，该公司 2021 年的总资产利润率较 2020 年下降了 2.99 个百分点，下降率为 28.5%。其中，由于净利润的下降导致总资产利润率下降了 1.56 个百分点（[（150−176.25）/176.25］×10.49%），由于资产总额的上升导致总资产利润率下降了 1.43 个百分点（[（1 680−2 000）/1 680］×7.50%），两者合计为 2.99 个百分点，说明该公司总资产的上升并未导致净利润的同时上升，甚至是，总资产上升了，净利润反而下降了。这一变化，总体上说明了该公司的资产利用效率下降了，这完全可能影响到该公司的净资产利润率指标，也即影响对该公司股东的回报，应引起该公司有关管理者和股东的足够重视。

2. 指标的分析

总资产利润率是评价企业盈利能力的一个关键指标，因为就企业的最终经营目标而言，就是最大化股东权益报酬率，虽然股东的报酬由总资产利润率和财务杠杆两项指标共同决定，但提高财务杠杆会同时增加企业的财务风险，并且还往往并不一定增加企业的价值，故而股东会更青睐总资产利润率。此外，财务杠杆的提高一般存在诸多限制，可能会导致企业经常处于财务杠杆不可能再提高的临界状态，因此，可以说驱动权益净利率（净资产利润率）提升的最基本动力就是总资产利润率。

需要说明的是，上述公式中分母“总资产”的计算一般可以有以下三种选择。

（1）使用年末总资产余额，其缺点是年内数据变化大时不具有代表性，优点是简便。

（2）使用年末与年初平均数，由于季节性企业的期初、期末数往往可能偏高，或偏低，代表性也不理想；优点是，比第一种方式合理，比第三种方式简便。

（3）使用 12 个月末的平均数，但外部分析者的数据来源会有问题，也比较麻烦。

总体而言，凡是财务比率计算的分子和分母，若一个是使用期间流量数据，另一个是使用期末存量数据的，在确定存量数据时都会遇到类似的问题。本书使用期末数据只是为了简便，它不如平均数合理。

3. 指标的驱动因素

所谓驱动因素，是指构成某综合指标的各分项指标，而它们的变动对综合指标的影响即称驱动。

影响总资产利润率指标的驱动因素是销售净利率和总资产周转率(次数)，其表达式如下。

总资产利润率=（净利润/总资产）×100%=（净利润/销售收入）×100%×（销售收入/总资产）=销售净利率×总资产周转率

总资产周转次数说明每 1 元资产所创造的营业收入，而销售净利率则是每 1 元营业收入创造的净利，两者共同决定了总资产利润率，即每 1 元总资产所创造的净利润。

以上驱动因素分解式说明，一个企业的净利润通过营业收入创造，而营业收入的多寡，又取决于该企业总资产的投入，如果企业的投入过大，不能同比例创造等值的营业收入，则“总资产周转率”指标就会被稀释，导致总资产利润率的降低。相应地，即使投入的资产与创造的收入能保持同步，但如果所创造的营业收入不能同比获得等量的净利润，显然也会同样影响总资产利润率的获得。故，总资产利润率指标同时受销售净利率和总资产周转率两个驱动因素指标的共同影响。

有关总资产利润率指标因素分解的数据准备，可如表 10-4 所示。

表 10-4　T 公司有关数据变动表

项目	2021 年	2020 年	变动
营业收入	3 000.00	2 850.00	150.00
净利润	150.00	176.25	−26.25
总资产	2 000.00	1 680.00	320.00
总资产利润率	7.50%	10.49%	−2.99%
销售净利率	5.00%	6.18%	−1.18%
总资产周转次数	1.50	1.70	−0.20

根据表 10-4 可知，T 公司的总资产利润率比上年降低了 2.99%，其原因是销售净利率和资产周转率都降低了，但究竟哪一个驱动指标的影响程度更大，可以使用连环替代法进行定量分析。

2021 年总资产利润率指标变动百分点=7.50%−10.49%=−2.99%

其中：销售净利率变动的影响=销售净利率变动×上年总资产周转率

=−1.18%×1.7=（5.00%−6.18%）×1.70=−2%

总资产周转次数变动的影响=本年销售净利率×总资产周转率变动

=5.00%×（−0.20）=5.00%×（1.50−1.70）=−1%

合计=−2%−1%=−3%≈−2.99%

上述连锁替代法分析说明，由于销售净利率的降低，使该公司的总资产利润率下降了 2%；而由于总资产周转率的下降，又使该公司的总资产利润率下降了 1%，两者共同作用使该公司的总资产利润率下降了 3%，其中销售净利率的下降是导致该公司总资产利润率下降的主要影响因素。

总资产利润率的分析要点如下。

（1）按照会计平衡式，企业的总资产来源于所有者投入的股权资本和企业通过不同渠道取得的债权人的债务资本两个方面，而获得的利润的多少也通常与企业资产的规模和结构有密切关系。一般来说，高资本投入、高技术密集型企业，会创造更多的营业收入，通常也会获取更多的利润，同时承担更大的经营风险。因此，评价一个企业的总资产利润率时，务必要与企业的资产结构、经济周期、企业特点、企业战略，以及管理能力结合起来进行分析，这样的分析才会更有意义。

（2）对总资产利润率公式中的分子“净利润”的表达，存在两种观点。

一种观点是采用“税后净利润”，在杜邦分析体系中就是采用此种利润额概念，因为它展示了一个重要的关系式：

总资产利润率=销售净利率×总资产周转率

以此可以进一步分析并显示经营盈利能力和资产周转速度对总资产利润率的影响。但是由于税后净利润已经扣除负债利息，它必然会受到资本结构的影响，因而导致不同时期，不同企业的总资产利润率会因为资本结构等因素的不同而缺乏可比性。

另一种观点是采用“息税前利润”，其理由如下。

第一，从经济学角度看，利息支出的本质是企业收入的分配，是企业创造利润的一部分，为了促使企业加强成本、费用管理，保证利息的按期支付，可将利息费用化的部分列作财务费用，从营业收入中获得补偿，而将利息资本化的部分记入资产原价，以折旧、摊销等形式逐期收回。所以，为使分子、分母相一致，应将这部分费用化利息支出加回利润总额中。

第二，权益性融资成本是股利，而股利是税后支出的，故其数额应包含在利润总额之中；虽然债务性融资成本是利息支出，但在计算利润总额时已将其扣除，为了使得分子、分母的计算口径一致，分子中应该包括利息支出。

第三，息税前利润可以避免因为资本结构不同而导致不同的利润，能够较好地体现资产的总增值情况，而且便于企业之间的横向比较，因而这是一种最常态的方式。但其不足之处是它未能反映企业的终极所得，所以不太符合所有者的分析需求。

（3）仅仅分析企业某一个会计年度的总资产利润率，不足以对企业的资产管理状况作出全面的评价，因为利润总额中可能包含着非经常或者非正常的因素。因此，应进行连续几年的总资产利润率的比较分析，并对其变动趋势进行分析和判断，这样才能取得相对准确的信息。因此，只有在此基础上再进行同业比较分析，才能更有利于提高分析结论的准确性。

（4）从总资产利润率的计算公式可以看出，该指标的分子是净利润，而净利润属于所有者，但其分母则使用总资产，而总资产是由所有者和债权人共同所有，所以，该指标分子与分母的计算口径不一致，这是该种计算方法最主要的缺陷，因而限制了它的运用，但如果采用息税前利润，则可弥补这一缺陷。

当分析中使用息税前利润时候，可以采用总资产报酬率这一指标以示区别，其计算公式如下。

总资产报酬率=［（税前利润+利息费用）/总资产平均余额］×100%

在使用上式评价企业资产的运用效率时，可将其进行分解，将利息及利率因素引入总资产报酬率的公式中，由此可以将总资产报酬率公式进一步分解为：

总资产报酬率=（息税前利润/总资产平均余额）×100%

=（利息费用/负债总额）×（息税前利润/利息费用）×（负债总额/总资产平均余额）×100%

=利率×利息保障倍数×资产负债率

从上述公式中可以看出，利率、利息保障倍数和资产负债率与总资产报酬率成正相关关系，当息税前利润为正数时，负债率越高，总资产报酬率越大；反之，当息税前利润为负数时，负债率越高，总资产报酬率越低。这表明企业只有在获利的条件下，才可以适当地增加负债；而当企业发生亏损时，负债越多，企业的效益越差。

将总资产报酬率与偿债能力结合起来分析，就是将盈利能力与偿债能力、利润表与资产负债表结合起来进行动态分析，与使用单个指标、单个财务报表分析相比较，更有实际意义。但是上述公式在分解过程中也有缺陷，即将“利息费用/负债总额”与利率之间画了等号，而实际情况是，并非企业的所有负债均要求支付利息费用，同时财务费用中还包括利息收入，而利息收入按存款计算，而非贷款。

（5）由于并非企业的所有资产均直接参与企业的生产经营活动，故还可以计算一种与企业直接生产经营活动相关的资产利润率指标，其计算公式如下。

经营资产利润率=（经营利润/年平均经营资产）×100%

其中：经营利润是指来自营业活动的（税前或税后）利润，但不包括投资收益（公允价值变动损益）、资产处置收益、其他收益，以及非常项目（营业外收支）等；经营资产是指从总资产中扣除投资、无形资产及其他非实物资产后的余额。

这一指标的意义是，反映企业直接投入生产经营的资产的获利水平。若将其与息税前总资产利润率进行比较，可以发现企业资金配置的合理性。

10.3.2 权益净利率

权益净利率又称净资产收益率（净资产利润率），是企业净利润与股东权益的比率，它反映了每 1 元股东投入资本所赚取的净收益，可用以衡量企业的总体股东权益的盈利能力，其计算公式如下。

权益净利率=（净利润/股东权益）×100%

根据表 10–1 和表 10–3 中 T 公司财务报表的相关数据计算可得：

2021 年权益净利率=（150/960）×100%=15.63%

2020 年权益净利率=（176.25/880）×100%=20.03%

以上计算结果表明，T 公司 2021 年的净资产收益率较 2020 年下降了 4.40 个百分点，下降率为 21.97%，应该是受到净资产数额上升和净利润数额下降两个因素的共同影响，但究竟哪一个驱动指标的影响程度更大，可以使用连环替代法进行定量分析。

2021 年权益净利率=（净利润/股东权益）×100%=（净利润/总资产）×100%

×（总资产/净资产）=总资产利润率×权益乘数

=（150/2 000）×100%×（2 000/960）=15.63%

2020 年权益净利率=（176.25/1 680）×100%×（1 680/880）=20.03%

2021 年净资产利润率指标变动百分点=15.63%−20.03%=−4.40%=−4.40（百分点）

其中：总资产利润率变动影响=（150/2 000−176.25/1 680）×（1 680/880）

=（0.075−0.105）×1.91=−0.057

权益乘数变动影响=（2 000/960−1 680/880）×（150/2 000）

=（2.08−1.91）×0.075=0.013

合计=−0.057+0.013=0.044=4.40%=4.40（百分点）

以上计算说明，由于总资产利润率的下降，使净资产利润率下降了 5.70 个百分点，但由于权益乘数的上升，又使净资产利润率上升了 1.30 个百分点，两者共同作用使净资产利润率下降了 4.40 个百分点，其中总资产利润率的下降是主要影响因素。

权益净利率的分母是股东的投入，分子是股东的所得，主要反映企业为全体股东所投入资本赚取利润的能力，因此，对于股权投资人来说，该指标具有非常好的综合性，概括了企业的全部经营业绩和财务业绩。上例中，T 公司本年股东的回报率减少了，该公司的净资产利用效率下降了，总体上看不如上一年。

本章小结

盈利能力是企业在一定时期内赚取利润的能力，最大限度地赚取利润是企业持续、稳定发展的目标。企业的盈利能力对企业的所有利益关系人来说都是非常重要的，但不同报表使用者对盈利能力的分析有着不同的诉求。

关心企业盈利能力指标的各方面信息使用者都非常重视销售盈利能力指标的变动，因为这是衡量总资产报酬率、资本回报率的基础，也是同一行业中各个企业之间比较工作业绩和考察管理水平的重要一环。

企业的盈利能力指标，可以从收入与利润的比例关系来评价，还可以从投入资产与获得利润的关系来评价。但总体而言，资产盈利能力指标较销售盈利能力指标对企业盈利能力的反应更完整。

本章习题

一、单项选择题

1. 净资产收益率是权益乘数和（　　）的乘积。

A. 销售净利率　B. 总资产周转率　C. 总资产利润率　D. 经营资产利润率

2. 某公司资产负债率为40%，平均资产总额为2 000万元，利润总额为300万元，所得税费用为87万元，则该公司的净资产收益率为（　　）。

A. 21.33%　B. 17.75%　C. 17.5%　D. 18.67%

3. 下列财务指标中，属于盈利能力分析的指标是（　　）。

A. 流动资产周转率　B. 销售净利率　C. 资产负债率　D. 销售现金比

4. 某公司本年营业收入为1 200万元，营业成本为1 000万元，财务费用为20万元，利润总额为100万元，净利为80万元，则该公司毛利和毛利率为（　　）。

A. 80万元，6.67%　B. 180万元，9.00%

C. 100万元，8.33%　D. 200万元，16.67%

5. 以下途径中，不能使企业增加利润的是（　　）。

A. 降低股利支付率　B. 提高销售价格

C. 降低固定成本总额　D. 增加销售数量

二、多项选择题

1. 下列各项目中，属于反映企业盈利能力的指标有（　　）。

A. 总资产利润率　B. 销售净利率　C. 总资产周转率　D. 总资产报酬率

2. 下列指标中比率越高，说明企业盈利能力越强的有（　　）。

A. 总资产净利率　B. 销售成本率　C. 销售毛利率　D. 应收账款周转率

3. 下列各项目中，属于销售盈利能力的指标包括（　　）。

A. 毛利率　　B. 营业利润率　　C. 每股收益　　D. 净资产收益率

4. 下列各项目中，影响净资产收益率的指标有（　　）。

A. 销售利润率　　B. 总资产利润率　　C. 总资产周转率　　D. 权益乘数

三、判断题

1. 影响总资产报酬率的因素有利率、利息保障倍数和资产负债率。（　　）

2. 总资产收益率是评价企业自有资本获取报酬的最具有综合性和代表性的指标，它反映了企业资本运营的综合收益。（　　）

3. 将总资产报酬率与偿债能力结合起来分析，就是将盈利能力与偿债能力、利润表与资产负债表结合起来进行动态分析。（　　）

4. 销售利润率指标本质上主要用于评价一个企业的营业外收支对该企业盈利能力的影响。（　　）

四、思考题

1. 简述对企业盈利能力指标分析的意义。

2. 盈利能力分析常用的指标有哪些？

3. 如何进行净资产利润率指标的替代分析？

4. 企业资产对收益形成的影响表现在哪些方面？

五、计算题

C 公司 2020 年和 2021 年营业利润的数额如表 10-5 所示。

项　目	2020 年	2021 年
一、营业收入	565 324	609 348
减：营业成本	482 022	508 168
税金及附加	1 256	2 004
营业费用	134	204
管理费用	6 684	5 621
财务费用	3 056	2 849
加：投资收益	2 648	3 512
减：资产减值准备	0	988
二、营业利润	74 820	93 026

要求：试对该公司营业利润率的变动状况进行具体分析。

参考答案

一、单项选择题

1. C　2. B　3. B　4. D　5. A

二、多项选择题

1. ABD　2. AC　3. AB　4. ABCD

三、判断题

1. √　2. ×　3. √　4. √

第 11 章

市场价值分析

学习目标

1. 了解市场价值分析的意义。
2. 明确市场价值分析指标的内容和作用。
3. 掌握市场价值分析指标之间的关系。
4. 理解市场价值分析指标与其他财务指标之间的关系。

学习重点

1. 市场价值分析是财务报表分析的重要内容之一，具有广泛的用途，也是现代财务分析的一个必要组成部分，是进行财务估价的一种特殊形式。

2. 市场价值指标分析是指站在投资者的角度，对企业股东的价值最大化所进行的分析，而财务管理的目标就是股东价值最大化。

市场价值指标分析是指站在投资者的角度，对企业股东价值的最大化所进行的分析，因为按目前主流财务管理理论，财务管理的目标就是股东价值最大化。虽然企业投资者对企业股东价值最大化分析所运用的指标可能是多样化的，但市场价值分析指标肯定是其中最主要的指标，因为企业股东价值最大化的市场体现是最公平的。市场价值分析指标主要包括每股收益、市盈率、股利支付率、市净率、每股账面价值、每股现金净流量、现金股利保障倍数等。

11.1 市场价值分析的意义和作用

市场价值分析是财务报表分析的重要内容之一，具有广泛的用途，也是现代财务估值分析的一个必要组成部分，既可用于对股东价值最大化的评估，同时也是进行企业价值评估的一种特殊形式。

11.1.1　企业市场价值分析的意义

企业市场价值分析就是通过分析和衡量企业的公平市场价值、投资者的盈利状况及盈利的分配状况等，向市场信息需求者提供进行企业及股东市场价值分析的信息，以帮助投资人和管理当局作出改善经营、投资和筹资的决策。

企业市场价值分析提供的信息不仅是衡量企业价值的一个数字，还包括在企业价值产生过程中所形成的其他大量信息。例如，企业价值是由哪些因素驱动的，销售净利率对企业价值的影响有多大，提高投资资本报酬率对企业价值的影响有多大等。即使企业价值的最终评估值不是非常准确，仅这些中间信息的提供也是很有意义的。因此，不要过分关注最终结果，而忽视企业价值产生过程中所形成的其他信息。

企业的市场价值分经济价值和会计价值。经济价值是经济学家所持的价值观念，它是指一项资产的公平市场价值，通常用该资产所产生的未来现金流量的现值来计量。而对于习惯于使用会计价值和历史成本价格的会计师来说，特别要注意区分会计价值与经济价值、现时市场价值与公平市场价值之间的关系。

1. 会计价值与市场价值

会计价值是指资产、负债和所有者权益的账面价值，即由于过去的交易形成这些资产、负债和所有者权益时的市场价值；而市场价值是指当前交易时所产生的市场价值。显然，会计价值与市场价值是两个不同的概念。

例如，某上市公司 2021 年合并资产负债表中显示，该公司股东权益的账面价值为 204 390 791 407.29 元，而股份数为 11 683 461 365 股，该公司股票 2021 年 12 月 31 日的收盘价为每股 23.78 元，则市场价值约为 277 832 711 259.70 元，显然与股权的会计价值相差悬殊。其实，可以随便找一家上市公司，都可以发现其账面价值与市场价值的不同，因为会计价值反映的是过去，而市场价值体现的是未来。

会计报表以交易价格为基础，例如，某项资产以 1 000 万元的价格购入，该价格客观地计量了该项资产当时的市场价值，并且有原始凭证支持，会计师已将它记入账簿。过了几年，由于技术更新、折旧或其他原因，该资产的市场价值已经大大低于 1 000 万元；或者由于通货膨胀的影响，导致其价值已远高于最初的购入价格。显然，无论何种原因，记录在账面上的历史成交价格与现实的市场价值已经毫不相关了，但会计师仍然不能修改原始记录，而只有在资产需要折旧或摊销时，会计师才能修改资产账面价值的记录。

会计师选择历史成本而舍弃现行市场价值的理由有以下几点。

（1）历史成本具有客观性，可“重复验证”，这正是现行市场价值所缺乏的，而会计师以及审计师的职业地位，需要客观性的支持。

（2）如果说历史成本是一种“沉默成本”，与投资人的现行决策不相关，那么现行市场价值也同样与投资人的决策不相关，因为投资人购买股票的目的是获取未来收益，而不是企业现行资产的价值。在持续经营假设条件下，企业的资产不是被出售，而是被使用并在产生未来收益的过程中消耗殆尽，因此，与投资人决策相关的信息，是资产在使用中可以带来的未来收益，而不是其现行市场价值。

由于财务报告采用历史成本报告资产价值，其符合逻辑的结果之一，就是否认未来的资产收益和股权成本，只承认已实现的收益和已发生的费用。

会计规范的制定者，出于某种原因，要求会计师在一定程度上使用市场价值计价，但是效果并不好。美国财务会计准则委员会要求对市场交易活跃的资产和负债使用现行市场价值计价，引起很大争议。我国在企业会计具体准则中曾要求使用公允市价报告，也引起很大争议，并在新的《企业会计准则》中被修改，回到历史成本，仅要求部分资产使用公允市价报告。

其实，如果一定要说会计报表数据存在缺憾，主要不是没有采纳现时价格，而在于没有关注未来价值。因为会计准则的制定者不仅很少考虑现有资产可能产生的未来收益，而且把许多影响未来收益的资产和负债项目从报表中排除了。比如，表外的资产项目理应包括良好的管理、忠诚的顾客、先进的技术等；而表外的负债项目则应包括过时的生产线、低劣的管理等。然而问题是如何量化这些因素，并对这种因素的发生形成一种共识。

历史成本计价也受到很多批评，主要有以下几点。

（1）制定经营或投资决策必须以现实的和未来的信息为依据，历史成本会计提供的信息是面向过去的，与管理人员、投资人和债权人的决策缺乏相关性。

（2）历史成本不能反映企业真实的财务状况，资产的报告价值是未分配的历史成本（或剩余部分），并不是可以支配的资产或可以抵偿债务的资产。

（3）现实中的历史成本计价会计缺乏方法上的一致性，其货币性资产不按历史成本反映，非货币性资产在使用历史成本计价时也有很多例外，所以历史成本会计是各种计价方法的混合，不能为经营和投资决策提供有用的信息。

（4）历史成本计价缺乏时间一致性，资产负债表把不同会计期间的资产购置价格混合在一起，使之缺乏明确的经济意义。因此，价值评估通常不使用历史购进价格，只有在其他方法无法获得恰当的数据时才将其作为质量不高的替代品。

2. 公平市场价值与现时市场价值

企业市场价值分析的目的是确定一个企业的公平市场价值，而所谓“公平市场价值”是指在公平的交易中，熟悉情况的双方，自愿进行资产交换或债务清偿的金额。当资产被定义为未来的经济利益时，所谓的“经济利益”，其实就是现金流入，资产就是未来可以带来现金流入的资源。但由于不同时间的现金不等价，需要通过折现处理，因此，资产的公平市场价值就是未来现金流入的现值。然而未来的现金流及持续时间很难确定，充其量就是一个粗糙的估值；同时，用以折现的折现率也会受很多客观和人为因素的影响，这些因素都会导致所谓“公平市场价值”的不公平、不准确和不具现实操作性。

现时市场价值是指按现行市场价格计量的资产价值，然而考虑到现时市场价格的多样性，它可能是公平的，也可能是不公平的。

首先，作为交易对象的企业，通常没有完善的统一市场，也就没有现成的市场价格。比如，非上市企业或者它的一个部门，由于没有在市场上挂牌，其价格也就不得而知。而对于上市企业来说，每天参加交易的只是少数股权，多数股权不参加日常交易，因此市价只是少数股东认可的价格，未必代表公平价值。

其次，以企业为对象的交易双方，由于存在比较严重的信息不对称，人们对于企业的预期会有很大差距，所以即使成交的价格也不一定是公平的。

再次，股票价格是经常变动的，人们不知道哪一个是公平的价格。

最后，评估的目的之一是寻找被低估的企业，也就是价格低于价值的企业，而如果用现时市价作为企业的估价，则企业价值与价格相等，那么就什么有意义的信息也得不到了。

11.1.2 企业整体经济价值的类别

以上分析只是明确了价值评估的对象是企业的整体价值，但这并不够，还需要进一步明确是“哪一种”整体价值。

1. 实体价值与股权价值

当一家企业收购另一家企业的时候，可以收购卖方的全部资产，而不承担其债务；或者购买它的股份（全部净资产），同时承担其债务。例如，A企业以10亿元的价格买下了B企业的全部股份，并承担了B企业原有的5亿元的债务，收购的经济成本是15亿元。通常，人们只会说A企业以10亿元收购了B企业，其实并不准确，因为对于A企业的股东来说，他们不仅需要支付10亿元现金（或者是用价值10亿元的股票换取B企业的股票），而且要以书面契约形式承担5亿元债务。即，实际上他们需要支付15亿元，其中10亿元现在支付，另外5亿元将来支付，总共用15亿元购买了B企业的全部资产。因此说，企业全部资产的总体价值与股权价值是不同的。

企业全部资产的总体价值，称为“企业实体价值”，而企业实体价值是股权价值与债务价值之和。

$$企业实体价值=股权价值+债务价值$$

股权价值在这里不是所有者权益的会计价值（账面价值），而是股权的公平市场价值。债务价值也不是它们的会计价值（账面价值），也是债务的公平市场价值。

大多数企业购并是以购买股份的形式进行的，因此评估的最终目标和双方谈判的焦点是卖方的股权价值。但是，买方的实际收购成本应等于股权成本加上所承接的债务价值。

2. 持续经营价值与清算价值

企业能够给所有者提供价值的方式有两种：一种是由经营活动所产生的未来现金流量的现值，称为持续经营价值；另一种是停止经营，出售资产产生的现金流，称为清算价值。这两者的评估方法和评估结果有明显区别，因此评估时必须明确拟评估的企业是一个持续经营的企业还是一个准备清算的企业，评估的价值是其持续经营价值还是其清算价值。在大多数的情况下，评估的是企业的持续经营价值，而一个企业的公平市场价值，应当是持续经营价值与清算价值中较高的一个。

一个企业持续经营的基本条件，是其持续经营价值超过清算价值。依据理财的“自利原则”，当未来现金流的现值大于清算价值时，投资人会选择持续经营。但如果现金流量持续下降，或者资本成本持续提高，使得未来现金流量的现值低于清算价值时，则投资人会选择清算。

如果一个企业的持续经营价值已经低于其清算价值，本应当进行清算，但是，也有例外，就是控制企业的人拒绝清算，企业就得以持续经营。但这样的持续经营，摧毁了股东本来可以通过清算得到的价值。

3. 少数股权价值与控股权价值

企业的所有权和控制权是两个极为不同的概念。首先，少数股权对于企业事务发表的意见无足轻重，只有获取控制权的人才能决定企业的重大事务。比如，我国的多数上市企业“一股独大”，大股东决定了企业的生产经营，少数股权基本上没有决策权。其次，从世界范围看，多数上市企业的股权高度分散化，导致没有哪一个股东可以完全控制企业，此时有效控制权就被授予董事会和高层管理人员，而所有股东只是“搭车的乘客”，不满意的乘客可以“下车”，但是无法控制“方向盘”。

在股票市场上交易的只是少数股权，大多数股票并没有参加交易，掌握控股权的股东，也不参加日常的交易。市场上看到的股价，通常只是少数已经交易的股票价格，它们衡量的只是少数股权的价值，而少数股权与控股权的价值差异，则明显地出现在收购交易当中。因此，在评估企业价值时，必须明确拟评估的对象是少数股权价值，还是控股权价值。

买入企业的少数股权和买入企业的控股权，是完全不同的两回事。买入企业的少数股权，是承认企业现有的管理和经营战略，此时的买入者只是一个旁观者；而买入企业的控股权，投资者就获得了改变企业生产经营方式的充分自由，或许就可能增加企业的价值。

这两者是如此不同，以至于可以认为，这是同一企业的股票在两个分割开来的市场上的交易，一个是少数股权市场，它交易的是少数股权代表的未来现金流量；另一个是控股权市场，它交易的是企业控股权代表的现金流量。获得控股权不仅意味着取得了未来现金流量的索取权，而且同时获得了改组企业的特权。因此可以说，在两个不同市场里交易的，实际上代表不同的资产。

从少数股权投资者来看，$V_{当前}$是企业股票的公平市场价值，它是现有管理和战略条件下企业能够给股票投资人带来的现金流量现值。而对于谋求控股权的投资者来说，$V_{新}$是企业股票的公平市场价值，它是企业进行重组、改进管理和经营战略后可以为投资人带来的未来现金流量的现值。新的价值与当前价值的差额称为控股权溢价，它是由于转变控股权增加的价值。

$$控股权溢价=V_{新}-V_{当前}$$

总之，在进行企业市场价值分析时，首先要明确拟评估的对象是什么，搞清楚是企业的实体价值还是股权价值，是持续经营价值还是清算价值，是少数股权价值还是控股权价值。它们是不同的评估对象，有不同的评估目的，需要使用不同的方法进行评估。

11.2 市场价值财务指标分析

市场价值财务指标是分析企业财务状况、股票价格、盈利能力和盈利分配状况的重要指标，一般包括以下内容。

11.2.1 普通股每股收益

普通股每股收益（EPS）也称普通股每股利润或每股盈余，是指公司净利润与流通在外

（国内为发行在外）普通股股数的比值。该比率反映的是每股普通股的获利水平，是衡量上市公司盈利能力的重要财务指标，其计算公式如下。

每股收益=净利润/年度末普通股股数

1. 计算时应注意的问题

（1）对于编制合并报表的上市公司，应当以合并报表的数据为基础计算。

（2）对于有优先股的上市公司，净利润应当扣除优先股股利，即：

每股收益=（净利润−优先股股利）/年度末普通股股数

（3）如果年内股份总数有增减时，应当按照加权平均股数计算年末股数（当月发行，当月不计，从下月开始计算）。

【例 11−1】LZ 公司 2019 年、2020 年年末发行在外的股数有 1 000 万股，2021 年 5 月 8 日增发了 500 万股，而 2019 年、2020 年、2021 年全年净利润分别为−5 801 万元、10 500 万元和 521 万元，则该公司：

2021 年加权平均发行在外的普通股股数=1 000+500×（7/12）=1 292（万股）

2019 年每股收益=−5 801/1 000=−5.80（元）

2020 年每股收益=10 500/1 000=10.50（元）

2021 年每股收益=521/1 292=0.40（元）

该公司 2019 年和 2020 年的每股收益发生了颠覆性的变化，主要是净利的变化所致，但一家公司在两个年度间的利润会发生如此大的变化，实在是匪夷所思，如果不是因为市场对其产品的需求发生了颠覆性的改变，也就只能从人为因素的角度猜测了，一般需特别关注非经营活动收益的变化，比如资产减值损失、投资收益、非公允价值变动损益、资产处置收益、营业外收入等项目的变化。

而 2021 年度每股收益较 2020 年度的大幅缩水，一方面是该公司利润的大幅降低，另一方面就是发行在外股数的增加。一般而言，一家公司若能有资格配股，按现行规则应该是连续 3 年盈利才行，即使是定增新规也不应该发生此种情况，当然送红股例外，而此例只是虚构，主要是想说明导致该公司每股收益变化的几种可能性。

（4）根据《企业会计准则第 30 号——财务报表列报》的规定，企业应当在利润表的下端列示每股收益，并且对具有复杂资本结构的企业，要求列示基本每股收益和稀释每股收益。

而根据《企业会计准则第 34 号——每股收益》的规定，发行在外普通股加权平均数计算公式为：

发行在外普通股加权平均数=期初发行在外普通股股数+当期新发行普通股股数×已发行时间/报告期时间−当期回购普通股股数×已回购时间/报告期时间

已发行时间、报告期时间和已回购时间一般按照天数计算；在不影响计算结果合理性的前提下，也可以采用简化的计算方法。

稀释性潜在普通股，是指假设当期转换为普通股会减少每股收益的潜在普通股。

潜在普通股，是指赋予其持有者在报告期或以后期间享有取得普通股权利的一种金融工具或其他合同，包括可转换债券、认股权证、股份期权等。

如果公司有可转换债券、认股权证等稀释性潜在普通股时，则可计算稀释每股收益指标，但计算时应注意以下几点：

① 现阶段，能够稀释每股收益指标的项目基本有可转换债券和认股（认沽）权证；

② 有关分母的计算，可遵照我国《企业会计准则第 34 号——每股收益》的相关要求；

③ 如果是可转换债券，由于在转换为股票前其利息已经在税前列支，因此转换后需要对其净利进行调整，调整后分子的金额是，未稀释前的净利+已转换的可转换债券利息×（1−所得税税率）；

④ 如果是认股（认沽）权证，则分子无需调整。

【例 11－2】假设 LW 公司 2022 年年初发行了 3 年期、面值为 100 元的可转换公司债券 1 万份，票面利率为 5%，每年末支付，转换价格为 10 元；另发行认股权证 1 万份，每份行权价格 4 元，本期内加权平均普通股股价为 5 元，公司还有可转换优先股 1 万股，每股价格 10 元，股利也为 5%。该公司当年归属于普通股股东的净利为 100 万元，普通股 100 万股。假设该公司所得税税率为 25%。

每股收益=100/100=1（元）

稀释的每股收益=（100+5×75%+0.5）/（100+10+0.2+1）=（净利+可转换债券利息+优先股股利）/（普通股股数+可转换债券转换股数+认股权证+优先股股数）=0.937 5（元）

其中：净利=100（万元）

可转换债券利息=100×1×5%×（1−25%）=3.75（万元）

优先股股利=1×10×5%=0.5（万元）

普通股股数=100（万股）

可转换债券转换股数=（100×1）/10=10（万股）

认股权证=1×（1−4/5）=0.2（万股）=增加的普通股股数=拟行权时转换的普通股股数−行权价格×拟行权时转换的普通股股数/当期股票平均市场价格

优先股股数=1（万股）

2. 分析时应注意的问题

（1）每股收益不反映股票所包含的风险，仅反映每一份额的股票所应获得的收益，与股票的价格变动无关。

（2）股票是一个“份额”概念，不同股票，或同一股票在不同阶段的每一股份在经济上的价值不等量，它们所包含的净资产和市价不同，即换取每股收益的投入量不相同，从而限制了每股收益在不同公司之间和不同时段的比较。

（3）每股收益多不一定意味着多分红，还要看公司的股利分配政策，以及公司的现金流储备。

（4）由于不同公司、不同时段每股收益所含的净资产和市价不同，即每股收益的流入量不同，因而限制了不同公司之间每股收益的比较，但股票价格的变动与每股收益的发生之间还是有相关性的。

（5）股票投资是对公司未来的投资，而每股收益反映的是过去的情况，投资者应结合公司其他财务指标进行综合分析和判断。

（6）理论上，企业净利润中通常包含部分非经常性项目的发生额，而在计算确定每股收益时重点考虑的应该是经营性项目的发生额，故若有可能，应该将非经营性项目的发生额剔除，这样计算的每股收益将会更有利于投资者对公司业绩进行评价。

（7）所谓简单资本结构是指股东权益中，或者只保持一种股本，即普通股；或者还包括那些非潜在稀释收益的有价证券（如不可转换优先股）。

（8）所谓复杂资本结构是指包括除上述简单资本结构以外的所有资本结构。倘若企业发行了对每股收益有潜在匀减影响的可转换债券、股票期权和认股权证，那么其资本结构便称得上是复杂的。

11.2.2 市盈率

市盈率（PE）亦称价格收益比，是一种倍数指标，市盈率是指在一个考察期（通常为12个月的时间）内，股票的价格和每股收益的比例。若假定企业取得每股收益后均完全分配，该指标可反映投资者投资额的回收期，其倒数就是投资回报率，其计算方法如下。

市盈率=普通股每股市场价格/普通股每年每股收益

1. 计算时应注意的问题

市盈率越低，代表投资者能够以较低价格购入股票以取得回报。假设某股票的市价为24元，而过去12个月的每股收益为3元，则市盈率为24/3=8，该股票被视为有8倍的市盈率，即每付出8元可分享1元的盈利，投资回报率为12.5%，若该公司的每股收益不变，则说明该投资的回收期为8年，即8年可收回投资。投资者计算市盈率的主要目的是用来比较不同股票的价值，理论上，股票的市盈率越低，越值得投资，但实务中，股票的市盈率越低，说明投资者越少，说明投资者对该股票的未来前景不看好。因此，比较不同行业、不同国家、不同时段的市盈率往往不大可靠，而比较同类市场、同一时段、同类股票的市盈率较有实用价值。

投资者通常利用该指标来估量某股票的投资价值，或者用该指标在不同公司的股票之间进行比较，作为比较不同价格的股票是否被高估或低估的依据。然而，用市盈率指标衡量一家公司股票的质量时，并非总是准确的。一般认为，如果一家公司股票的市盈率过高，那么该股票的价格具有泡沫，价值被高估。然而，当一家公司增长迅速，以及对未来的业绩增长非常看好时，股票目前的高市盈率可能恰好准确地估量了该公司的价值。需要注意的是，利用市盈率指标比较不同股票的投资价值时，这些股票必须属于同一个行业，因为此时公司的每股收益比较接近，相互比较才有效。

如果某股票有较高市盈率，则代表：

① 市场预测未来的盈利增长速度可能较快；

② 该企业一贯盈利可观，但在前一个年度出现一次性的特殊支出，降低了盈利；

③ 出现泡沫，该股票被追捧；

④ 该企业有特殊的优势，保证能在低风险情况下持久获得未来盈利；

⑤ 市场上可选择的股票有限，在供求定律下，股价将上升，这令跨时段的市盈率比较变得意义不大。

单纯以“市盈率”来衡量不同证券市场的优劣和贵贱具有一些片面性，因为投资股票只是对上市公司未来发展的一种期望，而已有的市盈率只能说明上市公司过去的业绩，并不能代表公司未来的发展，但同业的市盈率有参考比照的价值，比如以同类股来说，历史平均市盈率就有参照的价值。任何股票，若市盈率大大超出同类股票的价格，都需要有充分的理由支持，而这往往离不开该公司未来盈利预料将会有一个快速增长的动因这一重点。一家公司享有非常高的市盈率，说明投资人普遍相信该公司未来每股盈余将快速成长，以至于数年后市盈率才可降至合理水平。而一旦盈利增长不理想，支撑高市盈率的力量无以为继，股价往往会大幅回落。

市盈率指标用来衡量股市平均价格是否合理存在以下内在的不足。

（1）计算方法本身的缺陷。成份股指数中样本股的选择具有随意性，因为各国市场计算的平均市盈率均与其选取的样本股有关，样本调整一下，平均市盈率也跟着变动。即使是综合指数，也存在亏损股与微利股对市盈率的影响不连续的问题。

（2）市盈率指标很不稳定。随着经济的周期性的波动，上市公司每股收益也会大起大落，这样算出的平均市盈率就会大起大落，以此来调控股市，必然会带来股市的动荡。

（3）每股收益只是股票投资价值的其中一个影响因素。投资者选择股票，不一定要看市盈率，因为你很难根据市盈率进行套利，也很难根据市盈率的大小来判定某股票有投资价值或没有投资价值。

2. 分析时应注意的问题

市盈率是一个非常粗略的指标，考虑到可比性，对同一指数不同阶段的市盈率进行比较更有意义，而对不同市场的市盈率进行横向比较时应特别小心。

（1）综合指数的市盈率与综合指数的市盈率比，成份指数的市盈率与成份指数的市盈率比。综合指数的样本股包括市场上所有类型的股票（沪深市场上 ST 股除外），市盈率一般比较高，而成份指数的样本股是精挑细选的，通常平均股本较大、平均业绩较好，所以其市盈率比较低一些。而经常看到的国外股票的市盈率大多是成份指数的市盈率，如果将它们与我们综合指数的市盈率相比较，则犯了概念性错误。

（2）市盈率应与基准利率挂钩。基准利率是人们投资收益率的参照系数，也反映了整个社会资金成本的高低。一般来说，如果其他因素不变，基准利率的倒数与股市平均市盈率存在正向关系。

（3）市盈率应与股本挂钩。平均市盈率与总股本和流通股本都有关，总股本和流通股本越小，平均市盈率就会越高，反之，就会越低，中外莫不如此。

（4）市盈率应与股本结构挂钩。市盈率跟股本结构也有关系，因为这与供求关系相关，如果股份是全流通的，市盈率就会低一些，如果股份不是全流通的，那么流通股的市盈率就会高一些。比如目前的中国 A 股市场，相当多公司的非流通股占到总股本的 50%以上，在它们没有流通的情况下，流通股的市盈率较高，也是正常的。

（5）市盈率应与成长性挂钩。同样是 20 倍市盈率，上市公司平均每年利润增长 7%的市场，就要远比上市公司平均每年利润增长 3%的市场有投资价值。

（6）市盈率与一些文化性因素有关。比如，居民投资方式的可选择性，以及投资理念、一国文化（制度、传统、风俗、习惯等）、外汇管制等因素，都与平均市盈率水平的高低有关。

承例 11－1，LZ 公司 2019 年、2020 年、2021 年年末的股价分别为 10 元、15 元、12 元，则该公司：

2019 年市盈率=10/−5.80=−1.72（倍）

2020 年市盈率=15/10.50=1.43（倍）

2021 年市盈率=12/0.40=30.00（倍）

评价该公司 2019 年的市盈率显然没有任何意义，因为它既不能反映投资的回收期，也不能准确表达投资的回报率，但它又确实是资本市场中的一种现实存在，说明了市盈率指标本身的缺陷。

单纯评价 2020 年该公司市盈率指标的意义其实也不大，因为即使从纵向角度看该公司股价的回升，也仅仅说明了投资者对该公司未来发展的谨慎乐观，与市盈率指标本身的意义关系不大。而纵向的每股收益指标的颠覆性变化，只能加深投资者对其净利润变化的疑惑。因此，对该类公司市盈率的变动，需要深入了解其报表的详细内容，发现导致其利润变化的动因，弄清其利润变动的实质性内容，以及可持续性发生的可能，方能对该公司 2020 年市盈率指标的变化作出合理的评价。

似乎只有 2021 年的市盈率指标表现得比较正常，30 年的回收期，3.33%的平均年投资回报率，但显然它不是一个稳定的发生，与市盈率指标计算的假设不符。或者说，该公司并非是一个可持续发展的公司，因为该公司的盈利能力不具可持续性。

需要说明的是，之所以认为该公司 2021 年的市盈率指标表现得比较正常，是因为该项指标与普通投资者的期望报酬率的预期相关，当然这也与该公司经营业务的大众化相关。因为在 2010 年之前，在整体经济增长较快、企业利润率较高时，一般投资者的期望回报率大致为 5%～10%，则相对应的市盈率倍数为 10～20 倍，故当时新股上市时一般要求的市盈率不超过 15 倍，而目前要求的市盈率为 30 倍，其对应的回报率则为 3%～5%，否则即视为特殊。

11.2.3　股利支付率

股利支付率，也称股息发放率，是指净收益中现金股利所占的比重，是衡量企业普通股的每股收益中，股东可以获得多大比例的现金股利，即现金股利占收益的比重，它反映了公司的股利分配政策和支付股利的能力，其计算公式如下。

股利支付率=普通股每股现金股利/普通股每股收益

1. 计算时应注意的问题

一般来说，公司发放的现金股利越多，股利的分配率就越高，因而对股东和潜在的投资者的吸引力就越大，也就越有利于建立良好的公司信誉。

需要注意的是，一方面，较高的股利支付率会增强投资者对公司的信任，会使公司股票供不应求，从而使公司股票市价上升。而公司股票的市价越高，对公司吸引投资、再融资就越有利。但另一方面，过高的股利分配率政策，不仅会使公司的留存收益减少，并且如果公司要维持高股利分配政策而对外大量举债，就会增加资金成本，最终必定会影响公司的未来收益和股东权益。

一般认为，股利支付率是股利政策的核心，因为确定股利支付率，首先要弄清公司在满足未来发展所需的资本支出需求和营运资本需求中，有多少现金可用于发放股利，这是评价该指标的首要条件，然后再考察公司所能获得的投资项目的效益如何。如果现金充裕，投资项目的效益又很好，则应少发或不发现金股利，以首先满足投资项目的现金需求；如果现金充裕但投资项目效益较差，则应多发现金股利，以满足建立良好的公司信誉的需求。

2. 分析时应注意的问题

从稳健性原则出发，计算股利支付率指标时，分母可采用稀释的每股收益，以降低每股收益的倍数，从而提升股利支付率。

多数公司不愿意降低股利，因为这样可能会对普通股股票的市价产生不利影响。关于多高的股利支付率比较适中尚无定论，有些股东愿意多拿股利，而还有一些股东愿意把更多的收益用于投资，以期获得更多的资本收益。在后一种情况下，股利支付率指标会比较低。

承例 11–1，若 LZ 公司 2019 年、2020 年、2021 年年末的股利支付政策分别为：不分配股利、每 10 股送 1 股红股、每 10 股支付 0.10 元现金股利，则该公司：

2019 年股利支付率=0/−5.80=0

2020 年股利支付率=0/10.50=0

2021 年股利支付率=0.10/（0.40×10）=2.50%

该公司 2019 年、2020 年均未支付现金股利，可能仅是其股利支付政策而已，也可能是其没有足够的现金用于支付股利，后一种可能性更大一些，因为 2019 年毕竟是亏损，而 2020 年尽管是盈利，但却要弥补以往的亏损，况且已用送红股的方式给予股东回报。当然，2019 年、2020 年尽管是亏损或弥补亏损年，但并非说明不可以支付现金股利，因为红利的支付与否，取决于该公司是否具有足够的留存收益，以及充分的现金储备。

应该说该公司对于应给予股东的回报还算是足够重视的，这一点可以从其 2021 年的股利支付率看出。2.50%的股利支付率，虽然较低，但对于一个刚走出经营困境的企业而言，应该也算是说明了其对股东的诚意。

通常，某些投资者还会计算一种与股利支付率类似的股利率指标，该指标反映普通股每股股利与每股市场价格之间的关系，即公司所支付的现金股利占市价的比重，其计算公式如下。

股利率=普通股每股现金股利/普通股每股市价

=股利支付率/市盈率

股利率指标主要应用于非上市公司的少数股权，在这些公司，股东难以出售其股票，也没有能力影响股利分配政策，其持有股票的主要动机就在于获得稳定的股利收益，因为不能得到像上市公司那样的资本收益（利得），股利率就成为衡量此种股票投资价值的主要依据。

就上述 LZ 公司 2019 年的股利率而言，其股利率为：

2019 年股利率=股利支付率/市盈率=2.50%/30=0.08%

=普通股每股现金股利/普通股每股市价=（0.10/10）/12=0.08%

应该说该公司的股利率真的是很低了，不过相较于某些时期银行的活期存款利率，似乎也不算太低，这样的股利率，不知投资者是否感兴趣。

11.2.4 市净率

市净率是指每股市价与每股净资产账面价值之间的比值，也称净资产倍率，是一种倍数指标，其计算公式如下。

市净率=每股市价/每股净资产账面价值

1. 计算时应注意的问题

净资产即股东权益（所有者权益）合计，也即股本（实收资本）、资本公积、盈余公积和未分配利润等项目的合计，它代表全体股东共同享有的权益，也称股票净值。净资产的多少是由股东的投入和股份公司经营状况、经营业绩决定的，股东投入越多，股份公司的经营业绩越好，其净资产的增值就越快，股票净值就越高，因而股东所拥有的权益也就越多。

一般认为，净资产是决定一个企业的股票市场价格走向的主要根据。如果上市公司的每股内含净资产账面价值高而每股市价不高的股票，即市净率指标越低的股票，其投资价值也就越高。相反，其投资价值就越低。

市净率指标能够较好地反映出“有所付出，即有回报”的理念，它能够帮助投资者比较方便地去寻求哪个上市公司能以较少的投入得到较高的产出，尤其是对于那些大的投资机构，它能帮助其辨别投资风险。

市净率指标还可用于投资价值分析。由于每股净资产是股票的账面价值，它是用成本计量的资产价值，而每股市价是这些资产的现在市场价值，它是证券市场上交易的结果，当市价高于账面价值时说明企业资产的质量较好，有较强的发展潜力；反之，则说明资产质量较差，没有良好的发展前景。优质股票的市价通常都会超出每股净资产许多，一般来说，当市净率指标达到 3 倍以上时，就可以形成较好的公司形象。而市价低于每股净资产的股票，就像售价低于成本的商品一样，属于“处理品”。当然，“处理品”也不是没有购买价值，问题在于该公司今后是否有转机，或者购入后经过资产重组能否提高盈利能力。

2. 分析时应注意的问题

严格来说，市净率指标并非衡量企业盈利能力的指标，因为每股净资产指标仅反映了流通在外（或发行在外）的每股普通股所代表的企业登记在账面价值上的股东权益额。一般来说，市场价值与其账面价值并不接近，账面价值反映的是成本，是过去付出的，而股票的市价反映的是现时的价值，体现对未来发展的预期。至于市净率指标，只是一个将企业净资产的账面历史数据与现时市场数据放在一起比较的方式，由于其本身的计算口径并不一致，故只能是一种对过去价值的现时衡量标准。

因此，运用市净率指标，可以对股票的市场前景进行判断，若投资者对某种股票的发展前景持悲观态度，股票市价就会低于其账面价值，即市净率指标小于 1 倍，表明投资者看淡该公司的发展前景；反之，当投资者对某种股票的前景表示乐观时，股票的市价就会高于其账面价值，市净率指标就会大于 1 倍。市净率指标越大，说明投资者普遍看好该公司，认为该公司具有良好的发展前途。

市净率指标与市盈率指标不同，市盈率指标主要是从股票的获利性角度所进行的考量，而市净率指标主要是从股票的账面价值角度所进行的考量。当然，与市盈率指标一样的是，市净率指标也必须是建立在完善、健全的资本市场基础之上，唯此才能据以对公司的价值和盈利能力作出合理、正确的分析评价。

仍承例 11–1，若 LZ 公司 2019 年、2020 年、2021 年年末的净资产分别为 500 万元、1 000 万元和 1 200 万元，则该公司：

2019 年每股净资产=500/1 000=0.5（元/股）

2020 年每股净资产=1 000/1 000=1（元/股）

2021 年每股净资产=1 200/1 292=0.93（元/股）

2019 年市净率=10/0.5=20（倍）

2020 年市净率=15/1=15（倍）

2021 年市净率=12/0.93=13（倍）

一般来说，市价高于账面价值时，即倍率指标较高时，说明外部投资者认为企业资产的质量较高，有良好的发展潜力；反之，则说明资产质量较差，发展潜力较弱。但也可以这样认为，倍率指标较低时，投机价值就较大；反之，则较小。而结合该公司的经营状况、经营业绩和股价变动情况，应该是说明了后一种可能，表明了投资者对该公司后市的看淡，是一种对投资风险的警示。

11.2.5 其他市场价值分析指标

除以上几项反映企业市场价值的指标外，通常报表分析者还会计算以下几项反映企业市场价值的指标。

1. 每股账面价值

反映发行在外的每股普通股所代表的股东权益，故也称每股净资产或每股权益，其计算公式如下。

每股账面价值=（股东权益总额–优先股权益）/发行（流通）在外的普通股股数

每股账面价值在理论上提供了股票的最低价值，如果企业的股票价格低于净资产的成本，即低于净资产的账面价值，而成本又接近可变现价值，则说明企业已无存在价值，清算应该是股东最好的选择。

仍承例 11–1，若 LZ 公司 2019 年、2020 年、2021 年年末的净资产账面价值分别为 500 万元、1 000 万元和 1 200 万元，年末发行在外的股数分别为 1 000 万股、1 000 万股、1 292 万股，则该公司：

2019 年每股账面价值=500/1 000=0.50（元/股）

2020 年每股账面价值=1 000/1 000=1.00（元/股）

2021 年每股账面价值=1 200/1 292=0.93（元/股）

以上计算说明，该公司每股账面价值 3 年均等于或小于 1 元/股，虽然净资产账面价值逐年提升，但因受发行在外普通股股数的变化，从而导致了该公司每股账面价值的变化，说明该公司的每股账面价值已基本低于净资产的成本，投资价值已经不大。

2. 每股现金净流量

反映发行在外的每股普通股所能获得的净现金流量，它与每股收益指标不同，每股收益指标的分子基于利润表，而该指标的分子基于现金流量表，故可作为每股收益指标的补充，其计算公式如下。

每股现金净流量=（现金净流量）/发行（流通）在外的普通股股数

在短期经营中，每股现金净流量在反映企业进行资本支出和支付股利的能力方面，要优于每股收益，但该指标不能代替衡量企业盈利能力的每股收益，可作为与市场价值指标有关的补充指标。

仍承例 11－1，若 LZ 公司 2019 年、2020 年、2021 年年末的现金净流量分别为 100 万元、200 万元和 300 万元，则该公司：

2019 年每股现金净流量=100/1 000=0.10（元）

2020 年每股现金净流量=200/1 000=0.20（元）

2021 年每股现金净流量=300/1 292=0.23（元）

以上计算结果说明，该公司以全部现金支付的普通股股利的支付能力逐年大幅走高，均高于该公司 2021 年的股利支付率，说明了该公司若按现行的股利分配政策，还是具备一定的股利支付能力，虽然能力不算大。同时，相比该公司 3 年的每股收益－0.58 元（2019 年）、10.50 元（2020 年）和 0.40 元（2021 年），虽然比较低，但还算稳定。

每股现金净流量反映企业通过全部活动产生的最大现金红利的支付能力，而每股收益反映的是企业每一普通股能分享的净利份额，公式的分母相同，分子不同。故，若两种指标之间产生差异，一方面就是基于权责发生制和收付实现制之间的差异，另一方面就是计算范围之间的差异了，即，每股现金净流量的计算范围更大。

该指标与第 9 章的每股经营现金净流量指标类同，只是所使用的分子为全部现金净流量。

3. 现金股利保障倍数

反映的是企业用经营现金净流量支付现金股利的能力，该比例越高说明企业支付现金股利的能力越强，其计算公式如下。

现金股利保障倍数=每股经营现金净流量/每股现金股利支付率

该指标属于财务弹性分析指标，表明企业用年度经营活动所产生的现金净流量来支付股利的能力。该指标还可用来体现支付股利的现金来源及其可靠程度，是对传统的股利支付率的修正和补充。但由于股利发放与管理当局的股利政策有关，因此，该指标对财务分析只起参考作用。

仍承例 11－1，若 LZ 公司 2019 年、2020 年、2021 年年末的经营现金净流量分别为 50 万元、300 万元和 150 万元，则该公司：

2019 年每股经营现金净流量=50/1 000=0.05（元）

2020 年每股经营现金净流量=300/1 000=0.30（元）

2021 年每股经营现金净流量=150/1 292=0.12（元）

2019 年现金股利保障倍数=0.05/0=∞（倍）

2020 年现金股利保障倍数=0.3/0=∞（倍）

2021 年现金股利保障倍数=0.12/0.025=4.80（倍）

以上计算结果说明，该公司尽管所创造的经营现金净流量并不算高，但以经营现金净流量反映的普通股股利的现金支付保障却非常高，原因显然是该公司 2019 年、2020 年没有发放现金股利，2021 年也只是发放了极低的现金股利，但至少说明，在该公司现行的（量入为出式的）股利分配政策下，还是具备一定的股利支付能力，虽然说这种能力会随所创造的现金流量的变动而变动。

本章小结

市场价值分析是财务报表分析的重要内容之一，主要是站在投资者的角度对股东的价值最大化所进行的分析，其分析指标主要包括每股收益、市盈率、股利支付率、市净率、每股账面价值、每股现金净流量、现金股利保障倍数等。分析时，应注意各指标之间，以及本章指标与前、后章相关指标之间的关联性，通常，相关指标之间的组合分析，往往会使分析更接近实际结果。

对于习惯于使用会计价值和历史成交价格的会计师而言，应特别注意区分会计价值与经济价值、现时市场价值与公平市场价值之间的关系，这样可以帮助分析者更深入地了解通过分析指标所得到的结果，以及分析者希望达成的目标。

本章习题

一、单项选择题

1. 会计价值是指资产、负债和所有者权益的（　　），即过去的交易形成这些资产、负债和所有者权益时的市场价值。

A. 账面价值　　B. 公允价值

C. 市场价值　　D. 重置价值

2. 现时市场价值是指按（　　）市场价格计量的资产价值，然而考虑到现时市场价格的多样性，它可能是公平的，也可能是不公平的。

A. 过去　　B. 现行

C. 未来　　D. 重置

3. 一个企业持续经营的基本条件，是因其持续经营的价值超过了（　　）。

A. 市场价值　　B. 购买价值

C. 清算价值　　D. 重组价值

4. 稀释性潜在普通股，是指假设当期转换为普通股会减少每股收益的（　　）。

A. 潜在优先股　　B. 潜在库藏股

C. 潜在库存股　　D. 潜在普通股

二、多项选择题

1. 如果公司有可转换债券、认股权证等稀释性潜在普通股时，则可计算稀释每股收益指标，但计算时应注意以下几点：（　　）。

A. 现阶段，能够稀释每股收益指标的项目基本有可转换债券和认股（认沽）权证

B. 有关分母的计算，可遵照我国《企业会计准则第 34 号——每股收益》的相关要求

C. 如果是可转换债券，由于在转换为股票前其利息已经在税前列支，因此转换后需要对其净利进行调整，调整后分子的金额是，未稀释前的净利+已转换的可转换债券利息×（1−所得税税率）

D. 如果是认股（认沽）权证，则分子无需调整

2. 如果某股票有较高市盈率，则代表：（　　）。

A. 市场预测未来的盈利增长速度可能较快

B. 该企业一贯盈利可观，但在前一个年度出现一次性的特殊支出，降低了盈利

C. 出现泡沫，该股票被追捧

D. 市场预测未来的盈利增长速度可能较慢

3. 净资产即股东权益（所有者权益）合计，也即（　　）等项目的合计，它代表全体股东共同享有的权益，也称股票净值。

A. 股本　　B. 资本公积

C. 盈余公积　　D. 未分配利润

4. 市场价值分析指标主要包括（　　）等指标。

A. 每股收益、市盈率、股利支付率、市净率、现金股利保障倍数

B. 每股收益、市盈率、股利支付率、利息保障倍数、每股现金净流量

C. 每股账面价值、每股现金净流量、现金股利保障倍数、每股净资产

D. 股利支付率、每股现金净流量、现金股利保障倍数、每股账面价值

三、判断题

1. 每股账面价值，反映发行在外的每股普通股所代表的股东权益，故也称每股净资产或每股权益。（　　）

2. 市场价值指标分析是指站在债权人的角度，对企业股东价值的最大化所进行的分析，因为按目前主流财务管理理论，财务管理的目标就是股东价值最大化。（　　）

3. 每股现金净流量，反映发行在外的每股普通股所能获得的净现金流量。（　　）

4. 现金股利保障倍数，反映的是企业用经营现金净流量支付现金股利的能力，该比例越高说明企业支付现金股利的能力越强。（　　）

四、简答题

1. 简述会计价值与经济价值、现时市场价值与公平市场价值之间的关系。

2. 简述市盈率和市净率指标的意义和计算方法。

3. 简述每股现金净流量和现金股利保障倍数指标的意义和计算方法。

4. 简述市场价值分析指标之间的相互关系。

五、计算题

已知某公司有关报表数据如表 11−1 所示。

表 11−1　某公司报表数据　　　　金额单位：元

项目	2020 年	2021 年
流动资产	3 000 000	4 000 000

续表

项目	2020 年	2021 年
非流动资产	5 000 000	6 000 000
总资产	8 000 000	10 000 000
负债总额	4 000 000	6 000 000
净资产	4 000 000	4 000 000
其中：普通股本	1 000 000	1 000 000
净利润（50%现金股利）	1 000 000	2 000 000
经营现金净流量	1 000 000	1 500 000
每股市价	10	12

要求：根据以上资料计算相关指标，并作简要分析。

参考答案

一、单项选择题

1. A　2. B　3. C　4. D

二、多项选择题

1. ABCD　2. ABC　3. ABCD　4. ACD

三、判断题

1. √　2. ×　3. √　4. √

五、计算题

财务指标	2020 年	2021 年
每股收益/元	1	2
市盈率/倍	10	6
股利支付率/%	0.05	0.083
市净率/倍	2.5	3
每股现金净流量/元	1	1.5

（分析略）

第12章

财务报表综合分析

学习目标

1. 了解杜邦分析法的含义、运用及局限性。
2. 明确雷达图分析法的含义、运用及优缺点。
3. 掌握传统杜邦分析体系和改进杜邦分析体系之间的关系。
4. 理解杜邦分析法与雷达图分析法之间的关系。

学习重点

1. 杜邦分析法本质上就是一种连锁因素替代法，该分析方法从股东收益最大化的角度，可以考察一家企业资产、负债、收入、支出的任一项目变化对其收益率的影响，因而更具想象力。

2. 雷达图分析法主要从动态和静态两个方面，分析和评价客户的财务状况、经营成果、成长风险和其他经营业绩，侧重比较分析，因而比较机械。

前面各章都是从不同的角度（不同财务指标、不同会计项目等）对财务报表的某一方面进行的分析和评价，本章是把财务报表分析的各个方面统一起来，作为一个整体进行分析，故称为综合分析。本章在阐述综合分析的意义之后，着重介绍杜邦分析法与雷达图分析法，以及它们之间的相互关系，并将这两种分析方法具体运用于现实生活中企业的案例分析。

12.1 财务报表综合分析概述

12.1.1 财务报表综合分析的内涵与特征

财务报表综合分析，就是以企业的财务会计报告等核算资料为基础，将各项财务分析指标作为一个整体，全面、系统、综合地对企业财务状况、经营成果及现金流量情况进行剖析、解释和评价，以说明企业整体财务状况和经营效益优劣的一种分析方法。

财务报表分析的最终目的在于全面、准确、客观地揭示企业财务状况和经营成果，并借以对企业的财务状况和经济效益优劣作出合理评价。显然，要达到这样一个分析目的，仅仅从企业偿债能力、盈利能力和营运能力，以及资产负债表、利润表、现金流量表、会计报表附注分析的不同侧面，分别对企业的财务状况和经营成果进行具体的分析，是不可能得出合理、正确、完整的综合性结论的，有时候甚至可能得出错误的结论，这就像盲人摸象的典故一样。因为企业的经济活动是一个有机的整体，要全面评价企业的经济效益，仅仅满足于某些局部的分析是不够的，而应将相关联的各种报表、各项指标联系在一起，从整体出发，进行全面、系统、综合的分析，才可能得出期望的结果。

财务报表综合分析与前述的财务指标单项分析相比，具有以下特点。

1. 分析方法不同

单项分析通常由一般到个别，把企业财务活动总体分解为每个具体部分，然后逐一加以考察分析；而综合分析则是通过归纳综合，把个别财务现象上升到综合活动的总体层面作出总结。因此，单项分析具有明确的实务性与实证性，综合分析则具有高度的抽象性与概括性，着重从整体上概括财务状况的本质特征。当然，综合分析要以各单项分析指标及各指标要素为基础，要求各单项指标要素及计算的各项指标一定要真实、全面和适当。在此基础上，通过选择能将以上各单项指标综合起来进行分析和评价的方法，以达到能综合评价企业盈利能力、偿债能力及营运能力等企业总体经营能力，以及未来趋势变化状况的总体分析结论的要求。因此，只有把单项分析和综合分析结合起来，才能提高财务报表分析的质量，满足各利益主体对财务报表分析的需求。

2. 分析的重点和比较基准不同

单项分析的重点和比较基准是财务计划、财务理论标准、行业数据和历史数据，而综合分析的重点和基准是企业整体的发展现状、趋势和行业标准。因此，单项分析把每个分析的指标放在同等重要的地位，忽视了各种指标之间的相互关系，而财务综合分析则强调各种指标有主辅之分，并且特别注意主辅指标的本质联系和层次关系。

12.1.2 财务报表综合分析的意义

通过对以上对单项分析特点与综合分析特点的比较，可以看出，财务报表综合分析在满足企业管理的要求方面是十分必要的，并具有重要的现实意义。

1. 分析目的的差异

财务报表分析的最终目的在于全面、准确、客观地揭示企业财务状况和经营成果情况，并借以对企业经济效益优劣作出合理评价，但局部不能代表整体，某项指标的好坏也不能说明整个企业经济效益的高低。因此，只有将偿债能力、盈利能力、营运能力等各单项指标联合起来，作为一套完整的体系，相互配合使用，才能从整体上把握企业财务状况和经营成果情况，对企业作出综合评价。

2. 分析结论的差异

相对于单项指标分析，财务报表综合分析的结论更有利于对同一企业不同时期的比较分析，以及不同企业同一时期之间的比较分析。同时，进行这样的比较分析时，可以消除时间上和空间上的差异，使分析结论更具有可比性，更有利于企业从整体上、本质上反映和把握企业财务状况和经营成果的现状和趋势。

总之，做好财务报表的综合分析和评价工作，可以更正确评价企业的财务状况、经营成果和现金流量情况，揭示企业未来的报酬和风险，以满足企业外部各有关方面的需求；也可以更好地检查企业预算完成情况，考核经营管理人员的业绩，为建立健全合理的激励机制提供帮助，以满足企业内部不同管理者的需求。当然相对而言，单项分析更有针对性，而综合分析更注重宽泛性。

12.1.3　财务报表综合分析的依据和方法

1. 分析的依据

财务报表综合分析的依据主要是企业提供的各种有关财务报表信息，以及与财务报表信息相关的附注信息及其他相关信息。由于会计信息提供的不对称性，导致企业外部的报表分析人员，以及那些与企业经营活动不甚相关的分析人员，通常很难获得据以进行报表分析所需的完整的企业财务会计信息。因此，财务报表综合分析就只能通过企业提供的公开财务会计报告，以及一些其他的与财务报表分析相关的附加信息进行分析，如上市公司披露的年度报告，一些相关机构提供的行业信息，相关政府机构提供的统计信息等，这些就是进行财务报表综合分析的基础资料。

2. 分析的方法

财务报表综合分析方法很多，其中包括传统的杜邦分析法、雷达图分析法，以及其他一些综合分析评价方法，如经济增加值、平衡计分卡等新兴的财务报表分析方法。所有这些分析评价方法，或从一个侧面，或从多个侧面，或从一个整体，为报表分析者提供了一种有效的报表综合分析工具，为分析者能相对比较准确和全面地评价报表数据中所隐含的企业财务状况、经营成果和现金流量的实质，提供了一个可行的途径。

12.2　杜邦分析法

12.2.1　传统的杜邦分析体系

杜邦分析法是一种传统的综合财务报表分析体系，由美国杜邦公司在20世纪20年代首创，经过多次改进后，逐渐把各种单项财务指标通过纵向整合，形成一个较为完整的综合财务报表分析体系。

1. 杜邦分析体系的核心指标

权益净利率，或称股东权益净利率（净资产利润率），是杜邦分析体系的核心指标，其依据是股东权益的最大化是企业财务管理的最终目标。该指标有很好的可比性，既可以用于不同企业之间的比较，也可用于同一企业不同时期的比较。由于资本具有逐利性，总是流向投资报酬率高，尤其是净资产收益率高的行业和企业，因而使得各企业的权益净利率趋于接近。

如果一个企业的权益净利率经常高于其他企业，就会引来竞争者，迫使该企业的权益净利率回归到行业平均水平。但如果一个企业的权益净利率经常低于其他企业，就可能得不到所需的追加资金的支持，就会导致被市场驱逐，从而使得其他幸存企业的股东权益净利率提升到行业平均水平。

权益净利率指标不仅具有很好的可比性，而且有很强的综合性。例如，为了提高股东权益净利率，管理者可以通过以下公式中的三个杠杆指标来调整权益净利率指标的变动。

权益净利率=（净利润/销售收入）×（销售收入/总资产）×（总资产/净资产）

= 销售净利率 × 总资产周转率 × 权益乘数

以上公式中，无论其中的哪一个杠杆指标变动，都会导致权益净利率指标的相应变动。其中，“销售净利率”是利润表的概括，基本可以反映一个企业的总体经营成果；而“权益乘数”是资产负债表的概括，表明资产、负债和所有者权益之间的比例关系，可以反映一个企业最基本的财务状况；至于“总资产周转率”，则把利润表和资产负债表联系起来，使权益净利率指标可以综合概括整个企业的经营活动和财务活动的业绩。同时，由于采用的是相对数，也就方便了在不同规模企业之间的比较。

现以 SDD 公司简化的资产负债表和利润表为例，说明杜邦分析法的运用，其数据如表 12–1 和表 12–2 所示。

表 12–1 资产负债表

编制单位：SDD 公司　　2021 年 12 月 31 日　　金额单位：百万元

资产	年末数	年初数	负债及股东权益	年末数	年初数
流动资产：			流动负债：		
货币资金	50	25	短期借款	60	45
交易性金融资产	6	12	衍生金融负债		
衍生金融资产			应付票据及应付账款	105	113
应收账款融资			预收账款	10	4
应收票据	8	11	应付职工薪酬	2	1
应收账款	398	199	应交税费	5	4
预付账款	22	4	其他应付款	54	39
其他应收款	12	22	其中：应付利息	12	16
存货	119	326	应付股利	28	10
持有待售资产			持有待售负债	2	4
一年内到期的非流动资产	45	4	一年内到期的长期负债	50	—
其他流动资产	40	7	其他流动负债	12	10
流动资产合计	700	610	流动负债合计	300	220

续表

资产	年末数	年初数	负债及股东权益	年末数	年初数
非流动资产：			非流动负债：		
债权投资	—	40	长期借款	450	245
其他债权投资	—	5	应付债券	240	260
长期应收款	5	—	长期应付款	50	60
长期股权投资	20	—	其他非流动负债	—	15
投资性房地产	5	—	非流动负债合计	740	580
固定资产	1 238	955	负债合计	1 040	800
在建工程	18	35	股东权益：		
无形资产	6	8	股本	100	100
长期待摊费用	5	15	资本公积	10	10
递延所得税资产	—	12	盈余公积	100	40
其他非流动资产	3	—	未分配利润	750	730
非流动资产合计	1 300	1 070	所有者权益合计	960	880
资产总计	2 000	1 680	负债和所有者权益合计	2 000	1 680

表 12-2　利润表

编制单位：SDD 公司　　　　2021 年度　　　　金额单位：百万元

项　目	本年金额	上年金额
一、营业收入	3 000	2 850
减：营业成本	2 644	2 503
税金及附加	28	28
销售费用	22	20
管理费用	46	40
财务费用	110	96
加：投资收益	6	—
二、营业利润	156	163
加：营业外收入	45	72
减：营业外支出	1	—
三、利润总额	200	235
减：所得税费用	64	75
四、净利润	136	160

根据以上资料，可得 SDD 公司 2021 年度杜邦分析图，如图 12-1 所示。

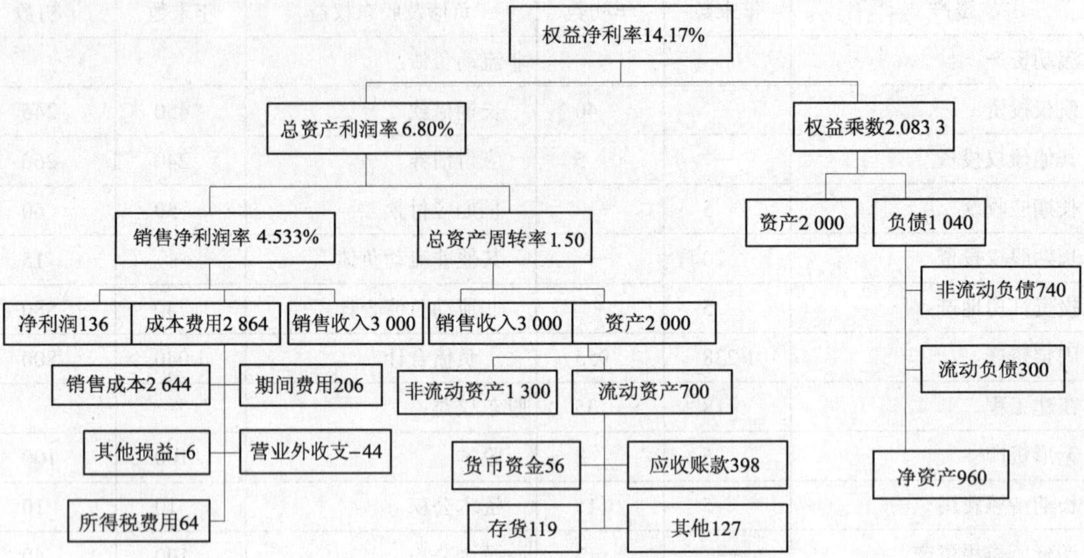

图 12-1　SDD 公司 2021 年度杜邦分析图

下面以 SDD 公司权益净利率（净资产利润率）的比较和分解为例，说明其一般分析方法。

权益净利率的比较对象，可以是其他企业的同期数据，也可以是本企业的历史数据，这里仅以本企业的本年与上年的各项财务指标数据比较为例（所有指标均以年末发生额计算，不考虑平均数）。

权益净利率=销售净利率×总资产周转率×权益乘数

2021 年权益净利率=4.533%×1.50×2.083 3=14.17%

2020 年权益净利率=5.614%×1.696 4×1.909 1=18.18%

权益净利率变动=14.17%-18.18%=-4.01%

上述计算说明，与 2020 年相比，2021 年 SDD 公司股东的报酬率降低了，公司整体业绩不如 2020 年，导致 2021 年该公司的权益净利率较 2020 年下降了 4.01 个百分点，其中，影响权益净利率变动的不利因素是销售净利率和总资产周转率的下降，有利因素是权益乘数的提升。

可以利用连环替代法来定量分析上述 3 个因素分别对权益净利率变动的影响程度。

（1）销售净利率变动的影响。按 2021 年销售净利率计算的 2020 年权益净利率为：

权益净利率=4.533%×1.696 4×1.909 1=14.68%

销售净利率变动的影响=14.68%-18.18%=-3.50%

或：销售净利率变动的影响=（4.533%-5.614%）×1.696 4×1.909 1=-3.50%

（2）总资产周转率变动的影响。按 2021 年销售净利率、总资产周转率计算的 2020 年权益净利率为：

权益净利率=4.533%×1.50×1.909 1=12.98%

总资产周转率变动的影响=12.98%-14.68%=-1.70%

或：总资产周转率变动的影响=4.533%×（1.50-1.696 4）×1.909 1=-1.70%

(3) 权益乘数变动的影响。按2021年销售净利率、总资产周转率、权益乘数计算的权益净利率为14.17%，则其变动的影响为：

权益乘数变动的影响=14.17%−12.98%=1.19%

或：权益乘数变动的影响=4.533%×1.50×（2.083 3−1.909 1）=1.19%

合计：−3.50%+（−1.70%）+1.19%=−4.01%

通过以上分析可知，最重要的不利因素是销售净利率的降低，使权益净利率降低了3.50个百分点；其次是总资产周转率的降低，使权益净利率降低了1.70个百分点；有利的因素是权益乘数的提高，使权益净利率增加了1.19个百分点。由于总体不利因素超过有利因素，故最终权益净利率降低了4.01个百分点（需要说明的是，以上计算的4.01%，是指4.01个百分点，是差额，不是商数）。由此，应重点关注销售净利率降低的原因，并加以改进，以最终提升该公司的权益净利率。

如果分析者有兴趣或需要，可以利用连锁替代法继续对以上3个指标进行分解，现以总资产周转率为例说明计算过程和结果。

该公司2021年与2020年总资产周转率差额计算过程及结果如下。

总资产周转率差额=3 000/2 000−2 850/1 680=1.50−1.696 4=−0.196 4（次）

说明该公司2021年总资产周转率较2020年下降了0.196 4次。

其中，由于营业收入的变动，使得总资产周转率上升：

营业收入变动的影响=1.785 7（3 000/1 680）−1.696 4=0.089 3（次）

由于总资产的变动，使得总资产周转率下降：

总资产变动的影响=1.50−1.785 7=−0.285 7（次）

合计：−0.285 7+0.089 3=−0.196 4（次）

还可以继续对总资产各项目的变动进行分解。

以2021年营业收入为分子，分别以2021年、2020年总资产为分母计算的总资产周转率差异为：

总资产周转率差额=1.50−1.785 7=−0.285 7（次）

其中，由于流动资产变动的影响，就是以2021年的总资产周转率，对比按2021年营业收入、2021年流动资产合计加2020年非流动资产合计计算的总资产周转率之间的差额。

流动资产变动的影响=1.50−3 000/（700+1 070）=−0.194 9（次）

由于非流动资产变动的影响，就是以按2021年营业收入、2021年流动资产合计加2020年非流动资产合计计算的总资产周转率，对比按2021年营业收入、2020年总资产计算的总资产周转率之间的差额。

非流动资产变动的影响=3 000/1 770−3 000/1 680=−0.090 8（次）

合计：−0.194 9−0.090 8=−0.285 7（次）

或：由于非流动资产变动的影响，就是以2021年的总资产周转率，对比按2021年营业收入、2020年流动资产合计加2021年非流动资产合计计算的总资产周转率之间的差额。

非流动资产变动的影响=1.50−3 000/1 910=1.50−1.570 7=−0.070 7（次）

由于流动资产变动的影响，就是以按2021年营业收入、2020年流动资产合计加2021年非流动资产合计计算的总资产周转率，对比按2021年营业收入、2020年总资产计算的总资产周转率之间的差额。

流动资产变动的影响=1.570 7−1.785 7=−0.215（次）

合计：−0.070 7−0.215=−0.285 7（次）

总之，按同样的方法和路径，可以对所有资产项目、负债项目，以及利润表项目的变化进行计算，对最终净资产利润率的影响作替代分析，以发现影响净资产利润率变化的各因素的影响程度，这就是杜邦分析法的特点。

2. 传统杜邦分析体系的局限性

传统杜邦分析体系虽然被广泛使用，但也有观点认为其存在某些局限性。

（1）计算总资产利润率的“总资产”与“净利润”不匹配。首先被质疑的是总资产利润率的计算公式，因为总资产是全部资产提供者享有的权利，而净利润是专门属于股东的，两者不匹配。由于总资产净利率的“投入与产出”不匹配，故而该指标不能有效地反映全部出资人实际的回报率，为了改善该比率的配比，需要重新调整其分子和分母。

为公司提供资产的人包括股东、有息负债的债权人和无息负债的债权人，无息负债的债权人不要求分享收益，要求分享收益的是股东、有息负债的债权人。因此，需要计量股东和有息负债债权人投入的资本，并且计量这些资本产生的收益，然后将此两者相除才是合乎逻辑的资产报酬率，才能准确反映企业的基础盈利能力。

（2）没有区分经营活动损益和金融活动损益。传统财务分析体系没有将财务成本管理区分为经营活动和金融活动。对于多数企业来说，金融活动是净筹资，它们从金融市场上主要是筹资，而不是投资，而筹资活动不会产生净利润，只会发生净费用。当然，这种筹资费用是否属于经营活动的费用，即使在会计规范的制定中也存在争议，各国的会计规范对此的处理也不尽相同。

同时，从财务管理的基本理念看，企业的金融资产是投资活动的剩余，是尚未投入实际经营活动的资产，故应将其从经营资产中剔除。与此相适应，金融费用也应从经营收益中剔除，这样才能使经营资产和经营收益相匹配。因此，正确计量基础盈利能力的前提是区分经营资产和金融资产，区分经营收益与金融收益（费用）。

（3）没有区分有息负债与无息负债。既然要把金融（筹资）活动分离出来单独考察，就会涉及单独计量筹资活动的成本，而负债的成本（利息支出）仅仅是有息负债的成本。因此，必须区分有息负债与无息负债，并将利息与有息负债相除，才能得到实际的平均利息率。此外，区分有息负债与无息负债后，将有息负债与股东权益相除，可以得到更符合实际的财务杠杆。由于无息负债没有固定成本，本来就没有杠杆作用，将其计入财务杠杆，会歪曲财务杠杆的实际作用。

针对上述问题，人们对传统的杜邦分析体系做了一系列的改进，逐步形成了一种新的分析体系。

12.2.2 改进的杜邦分析体系

1. 修正的资产负债表的有关概念

为满足改进的杜邦分析体系的需要，可以将传统资产负债表的相关项目进行修正，使之满足以下项目的要求，其基本等式为：

净经营资产=净金融负债+股东权益

其中：净经营资产=经营资产−经营负债

　　　净金融负债=金融负债−金融资产

此等式与传统杜邦分析体系相比的主要区别如下。

（1）区分经营资产和金融资产。经营资产是指销售商品或提供劳务所涉及的资产，而金融资产是指利用经营活动产生额外现金的过程所涉及的资产。分析时要注意识别对下列项目的调整。

① 货币资金是经营资产还是金融资产，在判断时有三种方法：第一，将全部货币资金列为经营资产；第二，根据行业或公司历史平均的货币资金/平均销售额×本期销售额，推算经营活动需要的货币资金额，多余部分列为金融资产；第三，将货币资金全部列为金融资产。在编制管理用资产负债表时，要事先明确采用哪一种处理方法。

② 应收票据有两种：一种是以市场利率计息的投资，属于金融资产；另一种是无息应收票据，应归入经营资产。

③ 短期权益性投资是金融资产。

④ 短期和长期的债务投资（非金融企业）都是金融资产。

⑤ 长期权益投资属于经营资产。

⑥“应收利息”是金融资产；“应收股利”分为两种情况：经营性权益投资形成的应收股利属于经营资产，短期权益投资形成的应收股利属于金融资产。

⑦ 递延所得税资产列为经营资产。

⑧ 其他资产，如果查不到结果，列为经营资产。

（2）区分经营负债和金融负债。经营负债是指销售商品或提供劳务所涉及的负债，而金融负债是指债务筹资活动所涉及的负债。大部分负债都是金融性的，并且不难识别，包括短期借款、一年内到期的长期负债、长期借款、应付债券等。分析时需要注意识别下列项目。

① 有息的短期应付票据属于金融负债；无息应付票据，应归入经营负债。

② 优先股属于金融负债。

③“应付利息”属于金融负债；“应付股利”分为两部分：优先股的应付股利属于金融负债，普通股的应付股利属于经营负债。

④ 递延所得税负债列为经营负债。

⑤ 融资租赁引起的长期应付款属于金融负债；经营活动引起的长期应付款属于经营负债。

⑥ 其他负债，如果查不到结果，列为经营负债。

综上所述，修整后的资产负债表的基本公式如下。

资产=经营资产+金融资产

　　=（经营性流动资产+经营性长期资产）+（短期金融资产+长期金融资产）

负债=经营负债+金融负债

　　=（经营性流动负债+经营性长期负债）+（短期金融负债+长期金融负债）

净经营资产=经营资产−经营负债

　　=（经营性流动资产+经营性长期资产）−（经营性流动负债+经营性长期负债）

　　=（经营性流动资产−经营性流动负债）+（经营性长期资产−经营性长期负债）

=净经营性营运资本+净经营性长期资产

净金融负债=金融负债-金融资产=净负债

净经营资产=净负债+股东权益=净投资资本

2. 修正的利润表的有关概念

区分经营活动和金融活动，不仅涉及资产负债表，还涉及利润表。因为经营活动的利润反映着管理者的经营业绩，它们是经营企业的目的，也是增加股东财富的基本途径。而金融活动的目的是筹集资金，筹集资金的目的是投资生产产品，进而获取利润，不是投资金融市场获利。因而利用投资的剩余部分返回到资本市场上取得金融收益，不是企业的经营目标。

（1）区分经营损益和金融损益。经营损益和金融损益的划分，应与资产负债表上经营资产和金融资产的划分相对应。金融损益是指金融负债利息与金融资产收益的差额，即扣除利息收入、金融资产公允价值变动损益等以后的利息费用。由于存在所得税，还应计算该利息费用的税后结果，即净金融损益。而经营损益是指除金融损益以外的其他所有当期损益。分析时注意金融损益涉及对以下项目的调整。

① 财务报表中“财务费用”包括利息支出减利息收入、汇兑损益及相关的手续费、企业发生的现金折扣或收到的现金折扣。理论上，现金折扣属于经营损益，但实际被计入财务费用的数额很少，所以可以把“财务费用”全部作为金融损益处理。

② 财务报表的“公允价值变动损益”中，属于金融资产价值变动的损益，应计入金融损益，其数据来自财务报表附注，其他进经营损益。

③ 财务报表的“投资收益”中，既有经营资产的投资收益，也有金融资产的投资收益，只有后者属于金融损益，其数据可以从财务报表附注“产生投资收益的来源”中获得。

④ 财务报表的“资产减值损失”中，既有经营资产的减值损失，也有金融资产的减值损失，只有后者属于金融损益，其数据可从财务报表附注“资产减值损失”中获得。

此外，有一部分利息费用已经被资本化计入相关固定资产成本，甚至已经计入折旧费用，作为经营费用抵减收入，对其进行追溯调整十分困难，通常忽略不计。

（2）分摊所得税。既然已经区分了经营损益和金融损益，与之相关的所得税也应分开。分摊的简便方法是，根据企业实际负担的平均所得税税率计算各自应分摊的所得税；严格方法是，分别根据适用税率计算应负担的所得税（各种债权和债务的适用税率不一定相同，例如国债收益免税等）。

综上所述，修正的利润表的基本公式如下。

税后经营净利润=税前经营利润×（1-所得税税率）

=净利润+税后利息费用

=净利润+利息费用×（1-所得税税率）

也可以将传统利润表的相关项目进行调整，使之满足以下项目的要求。其基本等式为：

净利润=经营利润-净利息费用

其中：经营利润=税前经营利润×（1-所得税税率）

净利息费用=利息费用×（1-所得税税率）

3. 改进的杜邦分析体系的核心公式

改进的杜邦分析体系的核心公式为：

权益净利率=经营利润/股东权益–净利息/股东权益

=（经营利润/净经营资产）×（净经营资产/股东权益）–（净利息/净负债）×（净负债/股东权益）

=（经营利润/净经营资产）×（1+净负债/股东权益）–（净利息/净负债）×（净负债/股东权益）

=净经营资产利润率+（净经营资产利润率–净利息率）×净财务杠杆

根据该公式，权益净利率的高低取决于3个驱动因素：净经营资产利润率（可进一步分解为销售经营利润率和净经营资产周转率）、净利息率和净财务杠杆。

需要说明的是，所谓改进的杜邦分析体系，只是一种观点，本身也存在不少逻辑错误、概念缺陷和实际运用方面的难题，本书作这样的列示，只是想说明传统杜邦分析法的不足，以引起分析者的注意。

12.3　雷达图分析法

雷达图分析法也称综合财务比率分析图法，又称戴布拉图、蜘蛛网图、蜘蛛图分析法。它是将一个公司的各项财务分析所得到的财务数据和指标，就其比较重要的项目集中列示在一个圆形的图表上，试图通过一种所谓“面板”的形式，来表现一个公司各项财务指标的发生情况，使得使用者能一目了然地了解公司各项财务指标的变动情形及其趋势。

雷达图分析法最早产生于日本，早期主要运用于偿债能力评价，是对客户财务能力分析的重要工具。雷达图分析法主要从动态和静态两个方面，分析和评价客户的财务状况、经营成果、成长风险和其他经营业绩。其中的静态分析将客户的各种财务指标与其他相似客户，或整个行业的财务指标作横向比较，而动态分析则把客户现时的财务指标与先前的财务指标作纵向比较，以此发现客户在财务状况和经营成果方面的现状、发展和变化趋势。与杜邦分析法相比，雷达图分析法将横向和纵向的分析比较方法结合起来，主要通过综合评价客户的收益性、成长性、安全性、流动性及生产性这5类指标，以达到综合评价一个公司的财务状况和经营业绩这两个方面的效果和质量的目的。

1. 收益性指标分析

收益性指标分析的目的是观察客户一定时期内的收益及盈利能力，以综合反映一个公司的资产质量、经营绩效和市场价值，其主要指标的基本含义及计算公式如表12–3所示。

表12–3　企业收益性指标的基本含义及计算公式

收益性指标	基本含义	计算公式
资产报酬率	反映的是企业总资产的盈利能力和运营效益	[（净收益+利息费用+所得税）/平均资产总额]×100%
所有者权益报酬率	反映的是企业所有者投资的回报能力	[（税后利润–优先股股息）/股东权益]×100%

续表

收益性指标	基本含义	计算公式
普通股每股收益	反映的是普通股的每股盈利能力	（净利润－优先股股利）/加权平均普通股股数
股利支付率	反映的是企业的股利政策	（每股现金股利/每股收益）×100%
市盈率	反映的是企业股价水平的合理性	普通股每股市价/普通股每股收益
销售利税率	反映的是企业获利和纳税水平	（利税总额/营业收入）×100%
毛利率	反映的是企业营业收入的收益水平	[（营业收入－营业成本）/营业收入]×100%
净利润率	反映的是企业的盈利能力	（净利润/营业收入）×100%
成本费用利润率	反映的是企业经营耗费所带来的经营成果	[（净收益＋利息费用＋所得税）/成本费用总额]×100%

2. 安全性指标分析

安全性指标是反映企业经营的安全程度，也可以说是反映企业资金调度的安全程度的指标。计算和分析安全性指标的目的是对企业一定时期内偿债能力进行分析，以评价其合理性及其风险程度，其主要指标的基本含义及计算公式如表 12–4 所示。

表 12–4　企业安全性指标的基本含义及计算公式

安全性指标	基本含义	计算公式
流动比	反映的是企业的短期偿债能力和风险程度	流动资产/流动负债
速动比	反映的是企业流动资产中那些可以立即变现用于偿还流动负债的资产的变现能力	速动资产/流动负债
资产负债率	反映的是企业在清算时保护债权人利益的程度	（负债总额/资产总额）×100%
权益乘数	反映的是企业长期财务状况和长期偿债能力	资产总额/所有者权益
利息保障倍数	反映的是企业支付债务利息的能力	（利润总额＋利息费用）/利息费用

3. 流动性指标分析

流动性指标是指那些通过资产的流动性反映其利用效率的指标，分析流动性指标的目的是观察企业在一定时期内的资金周转状况，了解企业资产的质量，掌握企业的经营绩效情况，其主要指标的基本含义及计算公式如表 12–5 所示。

表 12–5　企业流动性指标的基本含义及计算公式

流动性指标	基本含义	计算公式
总资产周转率	反映企业全部资产的经营质量和利用效率	（营业收入/平均资产总额）×100%
固定资产周转率	反映企业厂房、设备等固定资产的质量和利用效率	（营业收入/平均固定资产）×100%

续表

流动性指标	基本含义	计算公式
流动资产周转率	反映企业流动资产的质量和利用效率	（营业收入/平均流动资产）×100%
应收账款周转率	反映企业的应收账款回收速度	（营业收入/平均应收账款）×100%
存货周转率	反映存货的周转速度	（营业成本/平均存货）×100%

4. 成长性指标分析

成长性指标是指那些能体现企业生产要素和经营成果成长性的指标，分析成长性指标的目的在于观察企业在一定时期内经营能力和成果的未来变化趋势，因为一个企业可能存在目前的收益较高，但成长性却未必好，甚至有可能发生未来盈利能力下降的情况。因此，从可持续发展的角度分析企业，动态地掌握企业的各项财务数据，对企业的利益相关者尤为重要，企业主要的成长性指标的基本含义及计算公式如表 12–6 所示。

表 12–6　企业成长性指标的基本含义及计算公式

成长性指标比率	基本含义	计算公式
营业收入增长率	反映的是企业营业收入的变化趋势	[（本年末营业收入–上年末营业收入）/上年末营业收入]×100%
税前利润增长率	反映的是企业税前利润的变化趋势	[（本期税前利润–基期税前利润）/基期税前利润]×100%
固定资产增长率	反映的是企业产能的扩张速度	[（期末固定资产总值–期初固定资产总值）/期初固定资产总值]×100%
人员增长率	反映的是企业人员的变化趋势	[（本年人员数量–去年人员数量）/去年人员数量]×100%
产品成本降低率	反映的是产品成本的变化趋势	[（本期产品成本/前期产品成本）/前期产品成本]×100%

5. 生产性指标分析

生产性指标是反映企业劳动生产率的指标，分析生产性指标的目的是了解在一定时期内企业的生产经营能力、水平和成果的分配，以及劳动生产率的情况，本质上是一种统计指标，企业主要的生产性指标的基本含义及计算公式如表 12–7 所示。

表 12–7　企业生产性指标的基本含义及计算公式

生产性指标	基本含义	计算公式
人均营业收入	反映企业的人均销售能力	营业收入/平均职工人数
人均净利润	反映企业的人均创利能力	净利润/平均职工人数
人均资产总额	反映企业的人均生产能力	资产总额/平均职工人数
人均工资	反映企业人均报酬状况	工资总额/平均职工人数

以上表 12-3～表 12-7 体现的是反映企业资产质量、财务状况、经营成果和经营能力的 5 大指标的含义及计算公式。理论上，通过这些指标的运用所得出的分析结论，均可以在与行业或其他相关标准比较分析时，以雷达图分析法的形式反映出来。但需要说明的是，以上 5 张表格中所列示的各项指标，并非固定性指标，分析者可以根据自身的需要，增加或减少各自所需的指标，但一旦确定所使用的指标，希望能保持某种形式的固定，以方便前后期之间的比较。同时，也希望所设定的各项指标，能与行业间惯常设定的指标保持一致，以方便同行业之间的比较。

以下通过 A 公司 2021 年的相关财务数据来说明雷达图分析法的实际运用，但考虑到与行业指标的匹配性，所选择的指标名称、数量与以上表内的名称、数量不完全相同。同时，由于行业指标中未列示企业生产能力指标，故表 12-8 仅列示 A 公司 4 大财务能力指标数据。

表 12-8　A 公司雷达图分析表

企业指标类型	名称	实际值	行业平均值	对比值
安全性指标	资产负债率	0.594	0.549	0.925
	经营净现金流量与总资产比	2.386	0.445	5.362
	利息保障倍数	13.765	7.632	1.804
	流动比	2.410	2.130	1.131
	速动比	0.730	0.300	2.433
流动性指标	应收账款周转率	20.950	7.895	2.654
	存货周转率	0.550	0.630	0.873
收益性指标	销售利润率	0.115	0.085	1.347
	总资产利润率	0.081	0.079	1.031
	净资产收益率	0.115	0.115	0.996
成长性指标	营业收入增长率	0.202	0.395	0.511
	净利润增长率	0.619	0.418	1.481
	净资产增长率	0.319	0.391	0.816

然后选择表 12-8 中的第 2 列（名称）、第 4 列（行业平均值，并将数据全部改为 1）和第 5 列（对比值），可得表 12-9 A 公司雷达图制作表。

表 12-9　A 公司雷达图制作表

名称	行业平均值	对比值
流动比	1	1.131
速动比	1	2.433

续表

名称	行业平均值	对比值
资产负债率	1	0.925
经营净现金流量与总资产比	1	5.362
利息保障倍数	1	1.804
应收账款周转率	1	2.654
存货周转率	1	0.873
销售利润率	1	1.347
总资产利润率	1	1.031
净资产收益率	1	0.996
营业收入增长率	1	0.511
净利润增长率	1	1.481
净资产增长率	1	0.816

制作完表 12-9 后，利用 Excel 工具，代入数据后即可得 A 公司 2021 年雷达分析图，如图 12-2 所示。

根据图 12-2 所示，最小圆圈代表同行业平均水平，外圈数字则分别表示平均水平的倍数，同心圆的 13 个扇形区分别代表所选择的 13 个财务指标，对比值表示的是 A 公司同期的相应财务指标，它们与平均值形成封闭不规则的多边形，反映的是 A 公司现实的财务状况和经营成果。

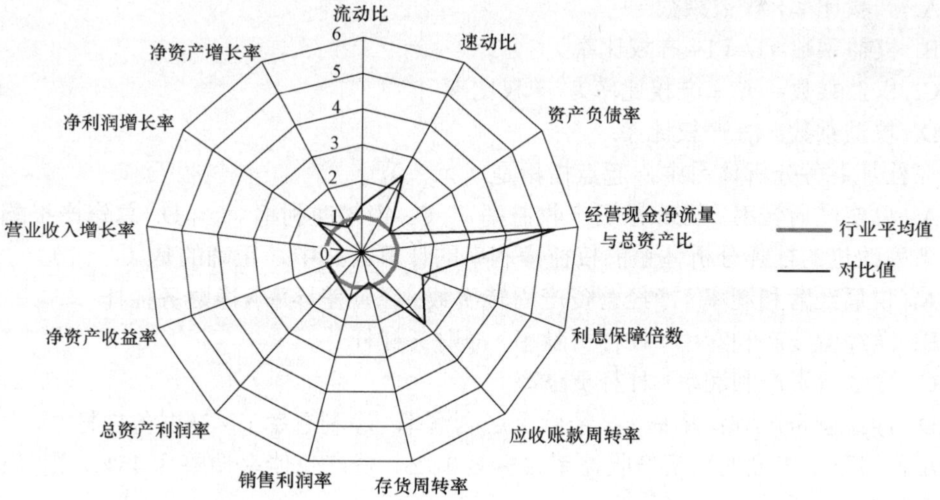

图 12-2 A 公司 2021 年雷达分析图

图 12-2 表明，在 A 公司 13 个比较指标中，有 8 个指标高于行业平均水平，低于行业平均水平的有 5 个，其中经营净现金流量与总资产比高出行业平均值的 5 倍多，说明该公司的总体经营情况较行业平均水平更好。并且，即使是低于行业平均水平的 5 个指标，也并非表

示差，如资产负债率低于行业平均水平，但这并非不好。相对比较差的是营业收入增长率，只达到行业平均水平的50%，这说明该公司的未来发展潜力有待增强，需要改进。总体而言，A公司的大多数指标都已达到或超过了行业的平均水平，这说明该企业整体在行业中还是处在一个相对比较好且稳定的状态。

举例中的行业平均值，可以通过国务院国资委财务监督与考核评价局每年制定、公布的《企业绩效评价标准值》获得。

本章小结

财务报表的综合分析，就是以企业的财务会计报表等数据资料作为基础，利用专门的综合分析方法，将各项财务分析指标作为一个整体，全面、系统、综合地对企业的总体财务状况、经营成果及现金流量情况进行全面剖析、解释和评价，以说明和揭示企业的整体财务状况和经营效益的现状及未来可能的发展趋势。

财务报表综合分析的方法很多，其中包括杜邦分析法、雷达图分析法，以及其他如经济增加值、平衡计分卡等新兴的财务报表分析方法。

本章习题

一、单项选择题

1. 产权比率与权益乘数的关系是（　　）。

A. 产权比率×权益乘数=1

B. 权益乘数=1/（1−产权比率）

C. 权益乘数=（1+产权比率）/产权比率

D. 权益乘数=1+产权比率

2. 在杜邦财务分析体系中，起点指标是（　　）。

A. 总资产周转率　B. 净资产收益率　C. 销售净利率　D. 总资产报酬率

3. 下列改进的杜邦分析体系的权益净利率的计算公式中，正确的是（　　）。

A. 税后经营利润率×净经营资产周转次数+经营差异率×净财务杠杆

B. 净经营资产利润率+杠杆贡献率×净财务杠杆

C. 净经营资产利润率+杠杆贡献率

D. 净经营资产利润率+（净经营资产利润率−净利息率）×净财务杠杆

4. A公司下一年度的净资产收益率目标为16%，资产负债率调整为45%，则其总资产净利率应达到（　　）。

A.8.8%　B.16%　C.37.8%　D.7.2%

二、多项选择题

1. 权益净利率是杜邦分析体系的核心指标，其计算公式为（　　）。

A. 权益净利率=（净利润/销售收入）×（销售收入/总资产）×（总资产/净资产）

B. 权益净利率=销售净利率×总资产周转率×权益乘数

C. 权益净利率=销售净利率×总资产周转率×（1+产权比率）

D. 权益净利率=销售净利率×总资产周转率×1/（1-资产负债率）

2. 权益净利率，或称（　　），是杜邦综合分析体系的核心指标。

A. 股东权益净利率　　B. 总资产利润率

C. 净资产利润率　　D. 所有者权益净利率

3. 雷达图分析法也称综合财务比率分析图法，又可称为（　　）分析法。

A. 戴布拉图　　B. 蜘蛛网图　　C. 散布图　　D. 蜘蛛图

4. 下列改进的杜邦分析体系的权益净利率的计算公式中正确的有（　　）。

A. 权益净利率=经营利润/股东权益-净利息/股东权益

B. 权益净利率=经营利润/净经营资产×净经营资产/股东权益-净利息/净负债×净负债/股东权益

C. 权益净利率=经营利润/净经营资产×（1+净负债/股东权益）-净利息/净负债×净负债/股东权益

D. 权益净利率=净经营资产利润率+（净经营资产利润率-净利息率）×净财务杠杆

三、判断题

1. 某公司今年与上年相比，销售收入增长10%，净利润增长8%，资产总额增加12%，负债总额增加9%。可以判断，该公司权益净利率比上年下降了。（　　）

2. 一般来说，总资产利润率较高的企业，财务杠杆较低，反之亦然。（　　）

3. 雷达图分析法主要是从动态和静态两个方面分析客户的财务状况、经营成果和其他经营业绩。（　　）

4. 雷达图分析法最早产生于日本，早期主要运用于偿债能力评价。（　　）

四、简答题

1. 简述财务报表综合分析的意义。

2. 试评价杜邦分析体系分解公式计算的意义。

3. 比较杜邦分析法与雷达图分析法的异同。

4. 试评价改进的杜邦财务分析体系。

五、计算题

1. 已知某公司2021年财务报表的有关资料如表12-10所示。

表12-10　相关报表数据　　金额单位：万元

资产负债表项目	年初数	年末数
资产	8 000	10 000
负债	4 500	6 000
所有者权益	3 500	4 000
利润表项目	上年数	本年数
营业收入	16 000	20 000
净利润	450	500

要求：计算杜邦财务分析体系中的下列指标（凡计算指标涉及资产负债表项目数据的，均按期末数计算），并计算、分析、说明总资产净利率、总资产周转率、权益乘数三项指标的变化对净资产收益率变动的影响。

（1）净资产收益率。

（2）销售净利率（保留三位小数）。

（3）总资产周转率（保留三位小数）。

（4）权益乘数。

2. A 公司的基本财务数据如表 12－11、表 12－12 和表 12－13 所示。

表 12－11　财务报表相关数据

金额单位：万元

年度	净利润	营业收入	资产总额	负债总额	营业总成本	经营现金净流量
2020 年	10 284	411 224	306 222	205 677	403 967	12 638
2021 年	12 653	757 613	330 580	215 659	736 747	12 256

表 12－12　相关财务指标

项目	2020 年	2021 年
权益净利率	0.102	0.11
权益乘数	3.046	2.877
资产负债率	0.672	0.652
总资产净利率	0.034	0.038
销售净利率	0.025	0.017
总资产周转率	1.34	2.29
销售成本率	0.018	0.028
净利润现金保障比	1.229	0.969

表 12－13　相关行业指标

指标名称	对比值
流动比	1.8
销售收入增长率	0.8
存货周转率	0.9
人员增长率	5.2
净资产收益率	0.8
资产负债率	0.6
速动比	2.4
市盈率	8.3

续表

指标名称	对比值
净利润增长率	0.7
成本费用利润率	0.7
销售利税率	1.6
利息保障倍数	2.0

要求：根据以上指标作雷达图，并作分析。

参考答案

一、单项选择题

1. D　2. B　3. D　4. A

二、多项选择题

1. ABCD　2. ACD　3. ABD　4. ABCD

三、判断题

1. √　2. ×　3. √　4. ×

第13章

经营杠杆、财务杠杆和总杠杆

学习目标

1. 了解资产占用结构和资金来源结构的基本概念。
2. 掌握经营杠杆与财务杠杆的基本概念及公式。
3. 明确资产负债表的结构对企业经营绩效的影响。
4. 理解经营杠杆和经营风险、财务杠杆和财务风险之间的关系。

学习重点

1. 资产负债表的不同来源结构和资产结构是如何形成不同的财务杠杆和财务风险，以及不同的经营杠杆和经营风险的。

2. 总杠杆系数是经营杠杆和财务杠杆的乘积，体现了两种风险合并后的放大效应，其中经营杠杆起主导作用。

之前各章的讨论主要基于财务指标和财务项目的分析，本章将从资产负债表的结构角度出发，评价不同资金来源结构和资产占用结构对企业经营绩效的影响。由于不同的来源结构会形成不同的资产负债率，从而导致不同的财务杠杆和财务风险，以及不同的资产占用会形成不同的资产占用结构，从而导致不同的经营杠杆和经营风险，因此，正确评价资产负债表的结构，对于平衡企业的经营绩效和风险大有裨益。

13.1 经营杠杆和经营风险

13.1.1 经营杠杆和经营风险的概念

经营杠杆又称营业杠杆或营运杠杆，是指在企业生产经营中，由于固定成本的存在而导致息税前利润的变动率大于产销量变动率的一种倍数风险指标。财务杠杆又称筹资杠杆或融资杠杆，是指由于固定债务利息和优先股股利的存在而导致普通股每股利润的变动幅度大于息税前利润变动幅度的一种倍数风险指标。显然，无论是经营杠杆还是财务杠杆，其变动均与固定成本的存在相关，并正是由于固定成本的存在，从而导致对企业的经营绩效产生倍数杠杆影响，并形成经营和财务风险。因此，在具体评价经营杠杆和财务杠杆指标时，首先需要界定所谓成本性态的概念，以明确形成经营杠杆和经营风险，以及财务杠杆和财务风险的基础。

所谓成本性态，是指成本总额与业务总量之间的一种依存关系，通常又称成本习性。这里的成本总额主要是指为取得营业收入而发生的全部营业成本、费用，包括全部生产成本和销售费用、管理费用、研发费用及财务费用等全部非生产成本，这一全部成本按其性态分类可分为固定成本和变动成本两大类（至于在全部成本中包括的混合成本项目，则需按一定方法分解为固定或变动成本）。

根据成本性态的定义，在一定产销量范围内，产销量的增加一般不会影响固定成本总额的变动，但会使单位产品固定成本降低，从而提高单位产品利润，并使利润增长率大于产销量增长率；反之，产销量减少，则会使单位产品固定成本升高，从而降低单位产品利润，并使利润下降率大于产销量的下降率。因此，只要存在固定成本，就必然会形成杠杆和风险效应。同时，正是这种由于固定成本的存在而使利润变动率大于产销量变动率的规律，导致在管理会计和企业财务管理实践中，企业管理者往往会根据计划期产销量的变动率来预测计划期经营利润的变化。

而就变动成本而言，在既定的工艺技术条件下，由于其总额通常与产销量的增减发生保持一致，导致其单位成本在一定产销量范围内，始终相对产销量保持不变，从而与产品的销售单价保持一种稳定的比例。因此，变动成本与经营杠杆和经营风险的发生无关。

成本性态的概念说明，当一个企业的劳动对象（如存货）占比较高时，变动成本占总成本的比重就会较高；而当劳动资料（如固定资产）的占比较高时，固定成本占总成本的比重就会较高。这同时也就说明，经营杠杆和经营风险的形成和发生程度与一个企业的资产结构比重相关。

13.1.2 经营杠杆、经营风险分析

企业的资产是一种资金的运用，也是一种生产能力的体现，其具体表现形式分别为流动资产和非流动资产的占用。企业通过资产的使用产生收入，同时由于资产的使用发生成本，其中流动资产（如存货）的使用大多与变动成本的发生相关，而非流动资产（如固定资产、无形资产、研发支出）的使用则基本与固定成本的发生相关。

同时，由于不同类型的企业，均会拥有不同数量的流动资产和非流动资产，形成不同的流动资产和非流动资产的配比，其中制造企业的表现最为典型。因此，可以将不同的流动资产和固定资产的配比称为不同的资产结构，当然这种资产结构的配置比重通常与企业的类型相关。一般而言，资本和技术密集型企业的非流动资产的配置比重会较高，而人工密集型企业则相反。相应地，固定资产比重较高的企业，其固定成本的发生也会较多，则其经营杠杆度和经营风险也就会较高。

所谓经营风险又称营业风险，是指在企业的生产经营过程中，由于供、产、销各个环节的不确定性因素的影响，导致企业资金运动的迟滞，从而产生企业价值的变动。或者说，企

业由于战略选择、产品价格、销售手段等经营策略的变化所引起的未来收益的不确定性，特别是企业利用经营杠杆的功能，导致的息税前利润的变动所形成的风险。由于企业生产经营过程中的不确定性因素常在，故经营风险常在，并时刻影响着企业的经营活动和财务活动。因此，企业必须防患于未然，对企业经营风险进行较为准确的计算和衡量，这是企业财务管理的一项重要工作，也是财务报表分析的一个重要环节。

影响企业经营风险的因素很多，主要有以下几个方面。

（1）产品需求。市场对企业产品的需求越稳定，经营风险就越小；反之，经营风险则越大。

（2）产品售价。产品售价变动不大，经营风险则小；否则经营风险便大。

（3）产品成本。产品成本是收入的抵减，成本不稳定，会导致利润不稳定，因此产品成本变动大的，经营风险就大；反之，经营风险就小。

（4）调整价格的能力。当产品成本变动时，若企业具有较强的调整价格的能力，经营风险就小；反之，经营风险则大。

（5）固定成本的比重。在企业全部成本中，固定成本所占比重较大时，单位产品分摊的固定成本额就多，若产品数量发生变动，单位产品分摊的固定成本会随之变动，最后导致利润的更大幅度变动，经营风险就大；反之，经营风险就小。

而所谓经营杠杆，就是指在营业收入（主要是指销售数量）增长的情况下，由于营业成本中所包含的固定成本的相对稳定性，所导致的每单位产品所承担的固定成本的相对降低，从而带来经营利润更快速增长的一种杠杆现象。当然，若反之，随着销售数量的减少，单位销量所负担的固定成本则会相对增加，也就会给企业的经营利润带来相对更多额外的损失。这种在一定产销规模内，由于固定成本总额并不随销售量（营业量、业务量）的变动而变动，从而导致单位销量所负担的单位固定成本的相背变化，给企业经营利润所带来的收益的变化，就是所谓的经营杠杆效应。经营杠杆具有放大盈利波动性的作用，从而影响企业的风险与收益，一般情况下，能产生高毛利和低可变成本的销售企业通常具有较高的经营杠杆度。当然，经营杠杆度越高的企业，所需承担的经营风险也就越大。

至于经营杠杆的大小则可通过经营杠杆系数或经营杠杆度这一经营杠杆计算公式来衡量。经营杠杆计算公式主要用于计算企业的收支平衡点，并帮助设定适当的销售价格，以涵盖所有成本并产生利润。该公式可以揭示企业如何利用其固定成本项目（如仓库、机械和设备）来创造利润。企业可以从相同数量的固定资产中创造出的利润越多，其经营杠杆度就越高。因此，企业可以从检查经营杠杆中得到的一个结论就是，最小化单位固定成本的企业可以增加他们的利润，而无需对销售价格、单位变动成本等作出任何改变。

需要注意的是，对经营杠杆的衡量应该是比较同一行业公司之间的经营杠杆，因为不同行业的固定成本的发生形式和内容会有不同。比如，某些企业的大部分成本是每个月重复出现的固定成本，如场地租金、航班成本等，无论销量如何，只要企业能够在每次的销售中获得可观的毛利，并维持足够的销售量，就可以支付这些固定成本并获得利润。也有一些企业成本大多是可变成本，仅在销售发生时产生，这包括组装产品的劳动力和用于制造产品的原材料的成本等，只要这些企业在每笔销售中都能获得毛利，即使销售量不高，仍足以弥补固定成本并取得利润。

例如，软件公司的全部成本中大多由软件业务开发人员的工资组成，属固定成本性质，只是在软件销售中会发生较低的可变成本，因此，该公司就具有较高的经营杠杆度。相比之下，一家法律事务所根据每小时服务向其客户收费，并且不需要昂贵的办公空间，因为律师大多数时间都在客户办公室工作，并按服务小时收费，因此，这导致事务所支出的变动性特征，而相对固定运营成本就较低，这种公司的经营杠杆度也就较低。

13.1.3 经营杠杆度计算

经营杠杆系数，也称经营杠杆度、营业杠杆度，是息税前利润的变动率较销售业务量变动率的倍数，它反映了经营杠杆的作用程度。为了反映经营杠杆的作用程度，估计经营杠杆利益的大小，评价营业风险的高低，就需要计算经营杠杆系数，其一般计算公式如下。

$$DOL=（\Delta EBIT/EBIT）/（\Delta X/X）$$

式中：DOL——经营杠杆系数；

EBIT——息税前利润；

ΔEBIT——息税前利润的变动额；

X——销售业务量；

ΔX——销售业务量的变动额。

以上是经营杠杆系数的一般计算公式，如果假设以上公式中导致 EBIT 发生的收（营业收入）、支（营业成本）的发生是线性的，即所有成本均已划分为变动和固定两个部分，企业的成本、销量、利润之间保持线性关系，可变成本在营业收入中所占的比重不变，固定成本也保持稳定，则经营杠杆系数也可通过营业收入和营业成本来表示，这又有如下两种公式。

$EBIT=X（P-B）-F$，$\Delta EBIT=\Delta X（P-B）-F$，可得：

$$DOL_x=X（P-B）/［X（P-B）-F］ \quad ①$$

$$DOL_{px}=（PX-BX）/［（PX-BX）-F］ \quad ②$$

或简化为： $DOL=M/（M-F）$

其中：①——按销售数量确定的经营杠杆系数；

X——销售数量；

P——销售单价；

B——单位销量的变动成本额；

F——固定成本总额；

M——边际贡献；

②——按销售金额确定的经营杠杆系数。

将一般计算公式推导为按销售量或销售额计算公式的路径如下。

根据以上一般公式可知，经营杠杆系数=息税前利润变动率/产销业务量变动率=（$\Delta EBIT/EBIT_1$）/（$\Delta X/X_1$）。

已知：$M_1=X_1（P-B）$ 基期的边际贡献

$M_2=X_2（P-B）$ 报告期的边际贡献

$EBIT_1=X_1（P-B）-F$　　　　基期的 EBIT

$EBIT_2=X_2（P-B）-F$　　　　报告期的 EBIT

则：$\Delta EBIT=（EBIT_2-EBIT_1）/ EBIT_1$

$=\{[X_2（P-B）-F]-[X_1（P-B）-F]\}/[X_1（P-B）-F]$

$=[(X_2-X_1)(P-B)]/[X_1（P-B）-F]$

而：$\Delta X / X=（X_2-X_1）/ X_1$

故，$（\Delta EBIT/EBIT_1）/（\Delta X / X_1）$

$=X_1（P-B）/[X_1（P-B）-F]$

=基期的边际贡献/（基期的边际贡献−F）

$=M/（M-F）$

即：经营杠杆系数 DOL＝$M/（M-F）$

需要注意的是，按销售量或销售额计算经营杠杆度的公式（简化公式），与按一般经营杠杆度计算公式不同，若按此简化公式，当 $F=0$ 时，DOL=1，此时无经营杠杆效应；只有当 $0<F<M$ 时，DOL>1，才会产生经营杠杆效应；若 $F>M$，经营杠杆可能产生负效应，但若 $F=M$，公式无意义。

【例 13-1】假设 A、B、C 为这 3 家固定成本结构不同的公司，它们的有关情况如表 13-1 所示。通过表 13-1 中的例子可以了解营业收入变动对营业利润变动的影响程度。需要分析的问题是：假设下一年度 A、B、C 这 3 家公司的固定成本保持不变，当营业收入均增加 10%，或降低 10%时，3 家公司的经营杠杆度分别是多少。

表 13-1　3 家公司的经营杠杆度计算表　　　金额单位：元

项　目	A 公司	B 公司	C 公司
基期：			
产品价格（P）	100	100	100
销售量（X）	5 000	5 000	5 000
营业收入（PX）	500 000	500 000	500 000
变动成本（BX）	300 000	300 000	300 000
固定成本（F）	0	50 000	100 000
盈亏平衡点（固定成本/单位边际利润）	0	1 250	2 500
息税前利润（EBIT＝$M-F$）	200 000	150 000	100 000
DOL（$M/（M-F）$）	1	1.33	2
报告期：			
营业收入（+10%）	550 000	550 000	550 000
变动成本（BX）	330 000	330 000	330 000
固定成本（F）	0	50 000	100 000

续表

项　　目	A 公司	B 公司	C 公司
息税前利润（EBIT）	220 000	170 000	120 000
EBIT 变动百分比（ΔEBIT/EBIT）	10%	13.33%	20%
营业收入变动百分比（$\Delta X/X$）	10%	10%	10%
DOL（ΔEBIT/EBIT）/（$\Delta X/X$）	1	1.33	2
DOL（$M/(M-F)$）（基期）	1	1.33	2
报告期：			
营业收入（－10%）	450 000	450 000	450 000
变动成本（BX）	270 000	270 000	270 000
固定成本（F）	0	50 000	100 000
息税前利润（EBIT）	180 000	130 000	80 000
EBIT 变动百分比（ΔEBIT/EBIT）	－10%	－13.33%	－20%
营业收入变动百分比（$\Delta X/X$）	－10%	－10%	－10%
DOL（ΔEBIT/EBIT）/（$\Delta X/X$）	1	1.33	2
DOL（$M/(M-F)$）（基期）	1	1.33	2

注：公司的变动成本率为 60%。

从例 13–1 的计算结果，可以说明三个现象。

第一，A 公司由于不存在固定性经营成本，故其息税前利润的变动百分比与其营业收入的变动百分比保持一致，同样都是增减 10%，而 B 公司、C 公司由于固定成本的存在，其息税前利润的变动百分比分别为增减 13.33%和 20%，较营业收入的 10%分别高和低了 3.33 个和 10 个百分点，这说明是固定成本引起的经营杠杆效应。

第二，由于 C 公司相对于 B 公司而言，其固定成本总额占营业收入或总成本的比重更大，因而其息税前利润的变化程度也更大，导致的经营杠杆度也更高，经营杠杆效应也更明显。

第三，由于 A、B、C 这 3 家公司的收入、成本、数量、利润的发生完全呈线性关系，故按一般经营杠杆计算公式和按简化的经营杠杆计算公式计算的经营杠杆系数完全相同，从而说明了两种公式的一致性。

总之，经营杠杆能放大企业营业收入变化对营业利润变动的影响程度，这种影响程度是对经营风险的一种测度。

13.2 财务杠杆和财务风险

13.2.1 财务杠杆和财务风险的概念

企业的资金来源于不同的渠道，总体包括债务和投资两种形式，并形成不同的资产负债结构。就债务而言，债务有短期和长期之别，这就对企业形成了不同的偿债时间和利率，产生了不同的筹资风险。而就投资而言，投资与债务的最大区别就是没有偿还期限，因而也就不存在偿还风险，但投资分有固定利率的投资（如优先股和永续债）和无固定利率的投资（如普通股）两种，只有那种需要支付固定利率的投资才会导致企业财务风险。同时，由于债务需要偿还，而投资不需要偿还，因而债务与投资合计所导致的资本不同结构配比，就会形成所谓的偿债风险。

一般情况下，由于中国企业基本不发行优先股，故一般就不存在所谓股权投资的股息支付问题，至于普通股的现金红利支付，因其不属于固定支付，只是与企业的红利支付政策相关，故不属于财务风险和财务杠杆的讨论范畴。需要考虑的是永续债的问题，因其无需偿还，故理论上应归属股权投资范畴，但其名又称债务，并需按固定利率计算利息，故可归纳为优先股范畴。

财务风险则是指，由于企业采用了债务筹资方式而发生的，未来可能完全或部分丧失偿付能力所导致的风险。原因主要是，如果企业在经营中采用借入资本进行负债经营，由于债务利率是不变的，当企业在资本结构中增加了债务这类具有固定性支出的筹资成本的比重时，固定的现金流出量就会增加，特别是在利息费用的增加速度超过了息税前利润的增加速度时，企业就会因负担较多的债务成本而引发对净收益减少的冲击，发生丧失偿债能力的概率也会增加，从而导致财务风险增加；反之，当债务资本比率较低时，财务风险就较小。

13.2.2 财务杠杆系数分析

财务杠杆是指，由于债务的存在而导致普通股每股利润的变动大于息税前利润变动的杠杆效应。由于财务杠杆受多种因素的影响，企业在获得财务杠杆利益的同时，也必然伴随着不可估量的财务风险。因此，认真计算财务杠杆系数，并分析影响财务杠杆系数的各种因素，搞清其作用、性质，以及对企业权益资本收益的影响，是合理运用财务杠杆系数为企业服务的基本前提。

财务杠杆效应的实质就是，由于企业投资利润率大于负债利息率，这样通过负债资金来源所取得的一部分投资收益就转化给了权益资本，从而使得权益资本利润率上升。而若是企业投资利润率等于或小于负债利息率，那么通过负债所产生的利润就只能，甚至不足以弥补负债所需的利息，就可能会需要动用权益资本所取得的投资收益以弥补利息，甚至不得不通过减少权益资本来偿债，这便是财务杠杆负效应带来的损失。

若企业全部资金都由股权资本构成，那么息税前利润与每股收益的变动幅度是一致的，也就不会产生财务杠杆效应。但是若企业以银行借款、发行债券、融资租赁或发行优先股等方式筹集资金时，就要负担借款利息、债券利息，支付融资租赁租金和优先股股息，在资金结构为一定的条件下，不论企业营业利润多少，企业支付的债务利息、融资租赁租金等财务费用和优先股的股利通常都是固定不变的，即，在企业利润增加的情况下，这些费用的支付不会随之增加；相应地，在企业利润减少的情况下，这些费用的支付也不会随之减少。而当息税前利润增大时，每一元利润所负担的固定利息、股息费用就会相对减少，这能给普通股股东带来更多的利润；反之，当息税前利润减少时，每一元利润所负担的固定财务费用就会相对增加，从而使普通股每股利润会大幅度减少。

可见，固定性财务费用增加了每股利润对息税前利润变动的灵敏度，而财务杠杆效应以固定性财务费用为支点，通过息税前利润较小幅度的变动带动每股利润更大幅度的变动。因此，固定的债务利息、融资租赁租金和优先股股息是财务杠杆起作用的前提。

因此，在影响财务风险的因素中，债务利息或优先股股息这类的固定性融资成本是一个基本因素，即固定性融资成本是引发财务杠杆效应的根源，但息税前利润与固定性融资成本之间的相对水平决定了财务杠杆的大小，即，财务杠杆的大小是由固定性融资成本和息税前利润共同决定的。

13.2.3 财务杠杆计算

财务杠杆的大小一般用财务杠杆系数或财务杠杆度表示，它是每股收益变动率相对于息税前利润变动率的倍数指标。财务杠杆系数越大，表明财务杠杆的作用越大，相应的财务风险也就越大；反之，财务杠杆系数越小，表明财务杠杆的作用越小，财务风险也就越小。财务杠杆系数的一般表达式为：

$$DFL=(\Delta EPS/EPS)/(\Delta EBIT/EBIT)$$

式中：DFL——财务杠杆系数；

ΔEPS——普通股每股收益变动额；

EPS——变动前普通股每股收益；

ΔEBIT——息税前盈余变动额；

EBIT——变动前息税前盈余。

如果企业的本、量、利发生呈线性状态，同样可以依据上述一般表达式推导出如下财务杠杆系数的两个简化计算公式。

公式 1：$DFL=EBIT/[EBIT-I-D/(1-T)]$

式中：I——债务利息；

D——优先股股利；

T——所得税税率。

公式 2：$DFL=X(P-B)-F/[X(P-B)-F-D/(1-T)]$

从上述公式可以看出，如果固定性融资成本、债务利息或优先股股利等于 0，则财务杠杆系数为 1，即不存在财务杠杆效应。当债务利息成本或优先股股利不为 0 时，财务杠杆系数就会大于 1，或小于 1，即显现出财务杠杆效应。

在实际工作中，公式 1 可用于计算单一产品的财务杠杆系数；公式 2 除了用于单一产品，还可用于计算多种产品的财务杠杆系数。

财务杠杆系数表达式 $DFL=EBIT/[EBIT-I-D/(1-T)]$ 的推导过程如下。

根据定义可知，财务杠杆系数=普通股每股利润变动率/息税前利润变动率

$$=(\Delta EPS/EPS_1)/(\Delta EBIT/EBIT_1)$$

$$EPS_1=[(EBIT_1-I)\times(1-T)]/N=EPS_2=[(EBIT_2-I)\times(1-T)]/N$$

$$\Delta EPS=EPS_2-EPS_1=[(EBIT_2-EBIT_1)\times(1-T)]/N$$

$$=\Delta EBIT\times(1-T)/N$$

$$\Delta EPS/EPS_1=\Delta EBIT/(EBIT_1-I)$$

由于：$DFL=(\Delta EPS/EPS_1)/(\Delta EBIT/EBIT_1)$

故得：$DFL=EBIT_1/(EBIT_1-I)$

如果存在优先股，因优先股股利固定，则：

$$DFL=EBIT_1/[(EBIT_1-I-D/(1-T)]$$

其中：EPS_2=报告期每股收益；

EPS_1=基期每股收益；

T=所得税税率；

N=普通股股数；

D=优先股股利（如果永续债利息税后扣除，则比照优先股处理）。

根据例 13-1 的数据，并通过表 13-2 中的数据了解息税前利润变动率对每股收益变动率的影响程度（假设无优先股），具体计算如表 13-2 所示。

表 13-2 3 家公司的财务杠杆计算表 金额单位：元

项目	A 公司	B 公司	C 公司
基期：			
普通股本	2000000	1500000	1000000
发行股数（每股 10 元）	200000	150000	100000
债务（利率 5%）	0	500000	1000000
资金来源总额	2000000	2000000	2000000
资产负债率	0	25%	50%
营业收入	500000	500000	500000
变动成本	300000	300000	300000
边际利润	200000	200000	200000
固定成本	—	50000	100000
息税前利润（EBIT）	200000	150000	100000
债务利息	0	25000	50000

续表

项　目	A 公司	B 公司	C 公司
税前利润（EBIT–*I*）	200000	125000	50000
所得税费用（税率 25%）	50000	31250	12500
税后利润	150000	93750	37500
每股普通股收益	0.750	0.625	0.375
DFL（=EBIT/EBIT–*I*）	1	1.2	2
报告期：			
息税前利润增加额	220000	170000	120000
债务利息	0	25000	50000
税前利润	220000	145000	70000
所得税费用（税率 25%）	55000	36250	17500
税后利润	165000	108750	52500
每股普通股收益	0.825	0.725	0.525
EPS 变动百分比（ΔEPS/EPS）	10%	16%	40%
EBIT 变动百分比（ΔEBIT/EBIT）	10%	13.33%	20%
DFL=（ΔEPS/EPS）/（ΔEBIT/EBIT）	1	1.2	2
DFL（EBIT/EBIT–*F*）（基期）	1	1.2	2
报告期：			
息税前利润	180000	130000	80000
债务利息	0	25000	50000
税前利润	180000	105000	30000
所得税（税率 25%）	45000	26250	7500
税后利润	135000	78750	22500
每股普通股收益	0.675	0.525	0.225
EPS 变动百分比（ΔEPS/EPS）	–10%	–16%	–40%
EBIT 变动百分比（ΔEBIT/EBIT）	–10%	–13.33%	–20%
DFL=（ΔEPS/EPS）/（ΔEBIT/EBIT）	1	1.2	2
DFL（EBIT/EBIT–*F*）（基期）	1	1.2	2

通过表 13–2 的计算结果，可以分析得出以下结论。

第一，完全没有债务融资的 A 公司相对于具有债务融资的 B 公司、C 公司而言，当息税前利润增加 10%（或减少 10%）的情况下，即从 200 000 元增加到 220 000 元（或减少到 180 000

元）时，每股收益也增加了 10%（或减少 10%），说明每股收益与息税前利润同步变化，相应也没有显现出财务杠杆效应。而 B 公司、C 公司每股收益的变化率则分别为增、减 16%、40%，变动幅度均超过了息税前利润变动的±13.33%和±20%，分别是息税前利润变动的 1.2 倍和 2 倍，显示出了财务杠杆效应。

第二，除 A 公司没有负债外，B 公司、C 公司的资产负债率分别为 25%和 50%，在 B 公司、C 公司各自的资产负债率保持不变，息税前利润增加或减少均为 10%的情况下，B 公司、C 公司的每股收益的变化率分别为息税前利润变化率的 1.2 倍和 2 倍，结果表明：资产负债率越高的公司，显示出的每股收益的变化程度越大，说明财务杠杆效应越明显。

第三，DFL 的计算，既可以按一般计算公式 DFL=（ΔEPS/EPS）/（ΔEBIT/EBIT）计算，也可以按简化公式 DFL=（EBIT）/（EBIT−*F*）计算，其计算结果相同。

总之，财务杠杆具有放大企业 EBIT（息税前利润）变动对 EPS（普通股每股收益）变动的影响程度，这种影响程度是对财务风险的一种测度。

13.3 总杠杆系数

13.3.1 总杠杆系数的意义

从 13.1 节和 13.2 节的介绍可知，经营杠杆系数主要考察企业的销售数量（或销售额）的变化对息税前利润变化的影响程度，而财务杠杆系数则是考察息税前利润变化对每股收益变化的影响程度。如果希望直接考察销售数量的变化对每股收益变化的影响程度，就需要考察两种杠杆度的共同作用，通常把这两种杠杆的连锁作用称为总杠杆作用，其意义如下。

（1）通过计算总杠杆系数，能够直接估计出销售量或销售额的变动对每股收益造成的影响。也就是说，当企业处在一定的成本结构和融资结构时，可以根据营业收入的变化，对每股收益的影响程度作出相应判断，即能够大致估计出营业收入变动对每股收益造成的影响。例如，如果一家公司的总杠杆系数是 3，则说明当营业收入每增长（减少）1 倍，就会造成每股收益增长（减少）3 倍。

（2）通过总杠杆作用，可以帮助企业了解经营杠杆与财务杠杆之间的相互关系，即，为了达到某一总杠杆系数，经营杠杆和财务杠杆可以形成很多不同的组合。比如，经营杠杆度较高的公司可以选择较低程度的财务杠杆，而经营杠杆度较低的企业则可以选择较高程度的财务杠杆，等等。企业可以根据自己的目标，在总风险和预期收益之间进行权衡，以使企业可以将总风险控制在一个可以接受的适当的水平。

财务杠杆和经营杠杆的综合作用即为总杠杆作用，而通过总杠杆作用，可以将企业销售量或销售额直接与企业普通股每股收益连结起来，以表明销售量变动对普通股每股收益的影响，总杠杆系数（DTL）可以用下式表示。

$$DTL=DOL\times DFL$$

总杠杆作用是财务杠杆与经营杠杆的综合运用，它体现了财务杠杆与经营杠杆之间的关系，企业在筹资决策中，应权衡利弊，选择适当杠杆比例，合理使用财务杠杆和经营杠杆，实现合理的总杠杆系数和总风险水平。

13.3.2 总杠杆系数的计算

总杠杆率是经营杠杆和财务杠杆的乘积，说明了两种风险的放大效应，故若想平衡风险，选择其中一个较小的风险度对企业可能更有利，因为理财的最高境界首先是回避风险，然后才是获得尽可能多的利润。

由于，经营杠杆系数 $DOL=\Delta EBIT/\Delta X$，财务杠杆系数 $DFL=\Delta EPS/\Delta EBIT$，

故，总杠杆系数 DTL=经营杠杆系数×财务杠杆系数

$$=DOL\times DFL$$
$$=\Delta EBIT/\Delta X\times \Delta EPS/\Delta EBIT$$
$$=\Delta EPS/\Delta X$$

或：经营杠杆系数 $DOL=EBIT/(EBIT-F)=(EBIT+F)/EBIT$

财务杠杆系数 $DFL=EBIT/[EBIT-I-D/(1-T)]$

故，总杠杆系数 $DTL=DFL\times DOL=(EBIT+F)/[EBIT-I-D/(1-T)]$

根据前式推导：经营杠杆系数 $DOL=M/(M-F)$=基期的边际贡献/（基期的边际贡献$-F$）

财务杠杆系数 $DFL=EBIT_1/(EBIT_1-I)$=基期的息税前利润/（基期的息税前利润-利息）

（注意：无优先股股利，基期的边际贡献=基期的息税前利润+固定成本）

得：总杠杆系数表达式 $DTL=M/(EBIT_1-I)$，其推导过程如下（假设无优先股股利）。

根据定义可知：

总杠杆系数=普通股每股利润变动率/产销业务量变动率

$$=(\Delta EPS/EPS_1)/(\Delta X/X_1)$$

$$\Delta EPS/EPS_1=\Delta EBIT/(EBIT_1-I)$$

由于：$\Delta EBIT=(X_2-X_1)\times(P-B)$

所以：$\Delta EPS/EPS_1=(X_2-X_1)(P-B)/(EBIT_1-I)$

而：$\Delta X/X_1=(X_2-X_1)/X_1$

所以：$(\Delta EPS/EPS)/(\Delta X/X_1)=X_1(P-B)/(EBIT_1-I)$

$$=M/(EBIT_1-I)$$

13.3.3 总杠杆系数的作用

从以上介绍可知，经营杠杆考察营业收入变化对息税前利润的影响程度，而财务杠杆则是考察息税前利润变化对每股收益的影响程度。如果直接考察营业收入的变化对每股收益的影响程度，即考察了两种杠杆的共同作用，通常把这两种杠杆的连锁作用称为总杠杆作用。

总杠杆作用的程度是直接考察了营业收入的变化对每股收益的影响程度，总杠杆作用的大小可以用总杠杆系数（DTL）表示，其定义表达式如下。

$$DTL=(\Delta EPS/EPS)/(\Delta X/X)$$

依据经营杠杆系数与财务杠杆系数的定义表达式，总杠杆系数可以进一步表示为经营杠杆系数和财务杠杆系数的乘积，反映了企业经营风险与财务风险的组合效果。

$$DTL = DOL \times DFL$$

总杠杆系数也有两个具体计算公式。

公式 1：$DTL = \Delta EPS / \Delta X$

公式 2：$DTL = (EBIT + F) / [EBIT - I - D / (1 - T)]$

根据例 13–1 数据，并通过表 13–3 中的数据了解销售业务量变动率对每股收益变动率的影响程度（假设无优先股），具体计算如表 13–3 所示。

表 13–3　3 家公司的总杠杆计算表　　金额单位：元

项　　目	A 公司	B 公司	C 公司
基期：			
普通股本	2000000	1500000	1000000
发行股数（每股 10 元）	200000	150000	100000
债务（利率 5%）	0	500000	1000000
资金来源总额	2000000	2000000	2000000
资产负债率	0	25%	50%
产品价格（P）	100	100	100
销售量（X）	5000	5000	5000
营业收入（PX）	500000	500000	500000
变动成本（BX）	300000	300000	300000
边际利润（PX－BX）	200000	200000	200000
固定成本（F）	0	50000	100000
盈亏平衡点（Q_{BE}）	0	1250	2500
息税前利润（EBIT）	200000	150000	100000
债务利息（I）	0	25000	50000
税前利润（EBIT－I）	200000	125000	50000
所得税费用（税率 25%）	50000	31250	12500
税后利润	150000	93750	37500
普通股每股收益	0.750	0.625	0.375
DOL＝M/（M－F）	1	1.33	2
DFL＝EBIT/（EBIT－I）	1	1.2	2
DTL＝（EBIT＋F）/（EBIT－I）	1	1.6	4

续表

项　　目	A公司	B公司	C公司
报告期：			
营业收入（+10%）	550000	550000	550000
变动成本	330000	330000	330000
固定成本		50000	100000
息税前利润	220000	170000	120000
债务利息	0	25000	50000
税前利润	220000	145000	70000
所得税（税率25%）	55000	36250	17500
税后利润	165000	108750	52500
普通股每股收益	0.825	0.725	0.525
EBIT变动百分比（ΔEBIT/EBIT）	10%	13.33%	20%
X变动百分比（$\Delta X/X$）	10%	10%	10%
DOL＝（ΔEBIT/EBIT）/（$\Delta X/X$）	1	1.33	2
EPS变动百分比（ΔEPS/EPS）	10%	16%	40%
EBIT变动百分比（ΔEBIT/EBIT）	10%	13.33%	20%
DFL＝（EBIT/EBIT－I）	1	1.2	2
DTL＝DOL×DFL	1	1.6	4
DTL＝ΔEPS/ΔX	1	1.6	4
报告期：			
营业收入（–10%）	450000	450000	450000
变动成本	270000	270000	270000
固定成本	–	50000	100000
息税前利润（–10%）	180000	130000	80000
债务利息	0	25000	50000
税前利润	180000	105000	30000
所得税（税率25%）	45000	26250	7500
税后利润	135000	78750	22500
普通股每股收益	0.675	0.525	0.225
EBIT变动百分比（ΔEBIT/EBIT）	−10%	−13.33%	−20%
X变动百分比（$\Delta X/X$）	−10%	−10%	−10%
DOL＝（ΔEBIT/EBIT）/（$\Delta X/X$）	1	1.33	2

续表

项　目	A 公司	B 公司	C 公司
EPS 变动百分比（ΔEPS/EPS）	−10%	−16%	−40%
EBIT 变动百分比（ΔEBIT/EBIT）	−10%	−13.33%	−20%
DFL =（ΔEPS/EPS）/（ΔEBIT/EBIT）	1	1.2	2
DFL =（EBIT/EBIT − I）	1	1.2	2
DTL = DOL×DFL	1	1.6	4
DTL = ΔEPS/ΔX	1	1.6	4

根据以表 13-3 的计算结果，可以得出以下分析结论。

第一，完全没有债务融资和固定成本的 A 公司，相对于具有债务融资和固定成本的 B 公司、C 公司而言，在销售业务量增加（减少）10%的情况下，息税前利润和每股收益也分别增加（减少）了 10%，说明每股收益、息税前利润和销售业务量同步变化，即没有显现出财务杠杆效应。而 B 公司、C 公司每股收益、息税前利润的变化率则分别为±16%、13.33%和±40 %、20%，变动幅度均超过了销售业务量的变动率，显示出财务杠杆效应。

第二，由于 A 公司没有固定成本和负债，故 A 公司也就没有经营杠杆度、财务杠杆度，当然也不存在总杠杆度。而 B 公司和 C 公司的资产负债率分别为 25%和 50%，固定成本总额占营业收入或总成本的比重更高，故 B 公司、C 公司形成各自的经营杠杆度、财务杠杆度，分别为 1.33、1.2 和 2、2，导致总杠杆度为 1.6、4，也即经营杠杆度和财务杠杆度的乘积。说明：资产负债率越高的公司，显示出的经营杠杆度、财务杠杆度越大，导致总杠杆度更大，杠杆效果越明显。

第三，如果一家企业不希望产生任何风险，就不应发生任何具有固定性质的成本、费用。因为只要发生固定成本，就会导致经营风险，而若发生利息和股息，则会导致财务风险，其程度，取决于这些成本、费用各自占收入（销售业务量）的比重。同时，由于总杠杆度是经营杠杆度和财务杠杆度的乘积，具有放大效应，因此，可以通过控制经营杠杆度和财务杠杆度之间的关系，来调节总杠杆度的倍数。

总之，总杠杆系数能放大企业营业收入（销售业务量）变化对普通股每股收益变动的影响程度，这种影响程度是对企业总风险的一种测度。

13.4　杠杆原理的使用

13.4.1　杠杆作用的概念

杠杆是一个应用很广的概念。在物理学中，利用一根杠杆和一个支点，就能用很小的外力抬起很重的物体，但若外力的作用点是支点本身，则杠杆就不会出现任何响应，这就是所谓的杠杆效应。而财务学中的杠杆效应，则是指由于固定性费用的发生，导致当某一财务变量以较小幅度变动时，另一相关变量会以较大幅度变动的现象。当然，如果不存在固定性费用，则杠杆效应也就不存在，这就是所谓的财务学中的杠杆效应。

物理学的杠杆是通过增加动力臂长度，以提升动力的作用，来节省所付出的力量，而财务学的杠杆则通过增加固定性费用的支出，来增加资金使用的有效性，从而进一步提升资金的使用效率。而要达成这一目标，就需要符合一个基本条件，就是资金的使用效率必须高于资金的使用成本，也就是，使用资金所获得的收益，要高于获得资金所花费的代价，否则其效果就会适得其反，增加风险。

财务杠杆的原理就是通过资金来源中尽可能增加债务的比重，来提升企业的杠杆效应，简单来讲就是把资金量放大，这样的话资金成本就会相对变小，当然同时风险和收益也就放大了，因为盈亏的百分比不是依据原来的资金，而是根据放大后的资金来衡量的。也可以把财务杠杆简单看作企业利用债务资本的程度，即企业负债与企业净资产的比值。可以确定的是，该比值越高，企业的杠杆比率越大，说明企业的经营风险越高；比值越低，企业的经营风险也就越低。

经营杠杆的道理也是如此，如果企业配置更多的固定资产，就会形成更大的生产能力，从而可以产销更多的产品，获取更多的利润，但同时存在的风险也会更大。因为配置更多的固定资产，形成更大的生产能力，就意味着发生和承担更多的固定成本，由于固定成本的属性，如果该企业不能如愿销售更多的产品，就会导致单位产品的成本上升，从而导致利润下降，形成经营风险。

现实生活中这样的例子很多，不少人为了更多、更快地获得资产性收益，往往会利用财务杠杆的原理，比如，通过炒股、炒房、等价差交易等获得资本，尝到甜头之后，还会抵押房地产或采用融资、融券方式炒股，导致杠杆比例持续上升。当资产或股票价格上涨，这些杠杆带来的效应是正面的，但是，如果资产或股票的价格下跌，这些杠杆作用的威力也是巨大的，会导致所有的财富顷刻之间化为泡影。因此，控制杠杆是分散业务风险的前提，无论在生活的哪一个方面，切记，任何理财首先要关注的是学会控制和分散风险，而不是一味追求高回报，这样的教训难道还不够多吗？同时，控制和分散风险必须贯穿于理财活动的全过程，因为任何财富，若最终没有归于本源，都只能算浮财。

所以，杠杆原理不只是物理学定律，也不仅仅用在金融投资领域，它也是一种解决现实工作和生活中问题的思路和方法，这就是所谓的杠杆思维，就是用相对小的成本、代价去撬动相对大的资源、产出，从而做到收益最大化。所以，所有的以小博大、以弱胜强、以少胜多的案例中都存在杠杆效应，借力打力、用有限资金撬动无穷的财富是杠杆效应的本质特征。

13.4.2 杠杆原理的使用

杠杆效应在财务指标分析中有着比较广泛的使用案例，比如杜邦分析体系中的权益乘数指标，就是一种财务杠杆度指标，其基本公式如下。

净资产利润率＝总资产利润率×权益乘数＝销售净利率×总资产周转率×权益乘数

其中的权益乘数指标，因涉及资产与所有者权益之间的比例，说明总资产相对于净资产的倍数，从而形成一种杠杆效应，如果债务高则权益乘数高，财务杠杆作用就大；而资产周转率则往往与经营杠杆相关，因为营业收入的高低，甚至净利的高低往往与资产结构相关，受不同资产结构的影响。

举例，如果假设某企业总资产为 100，净资产为 50（或者 40），则权益乘数指标与资产负债率指标和产权比率指标的关系如下。

权益乘数=总资产/净资产=产权比率/资产负债率=（负债总额/净资产）/（负债总额/总资产）

则：该企业权益乘数=100/50=1/0.5=2（倍）

或者：　　　　　=100/40=1.5/0.6=2.5（倍）

说明，如果债务比重高，则权益乘数就高，在同样利润的情况下，净资产利润率就高，同时风险增加，从而形成财务杠杆。而：

总资产周转率=（营业收入/资产总额）×100%

　　　　　　=（营业收入/流动资产合计）×（流动资产合计/资产总额）×100%

或：　　　　=（营业收入/非流动资产合计）×（非流动资产合计/资产总额）×100%

因为在总资产中，无形资产通常与产品的销售单价相关，固定资产则主要与产量相关，即非流动资产（作为一种生产能力资产，是形成营业收入的主体）与销售收入直接相关，而流动资产作为一种帮助产品形成和销售的资产，与销售收入间接相关，比如材料帮助产品形成，应收款帮助产品销售等。资产结构中，非流动资产的配置高，则营业收入高，同时固定性支出增加，风险增强，从而形成经营杠杆。

举例，假设影响企业盈利能力指标 ROE（净资产收益率）的因素包括以下几个项目，试从盈利能力、财务风险和经营风险等角度，综合评价企业的经营业绩、存在问题和财务健康状况。

已知：ROE=税后净利/净资产=息税前利润/营业收入×营业收入/总资产×税前利润/息税前利润×总资产/净资产×税后净利/税前净利=息税前利润率×总资产周转率×（1−1/利息保障倍数）×权益乘数×（1−T）

其中：息税前利润率×总资产周转率=总资产报酬率=经营杠杆效应，说明企业的投资决策和营业决策对净资产收益率的影响；

（1−1/利息保障倍数）×权益乘数=财务杠杆效应，说明企业筹资政策对净资产收益率的影响；

（1−T）=税收效应，说明企业所得税费用对净资产收益率的影响；

T 为所得税税率。

上式中：（1）税前利润/息税前利润=（1−1/利息保障倍数），证明如下。

已知：税前利润+利息=息税前利润，税前利润=息税前利润−利息

则：税前利润/息税前利润=（息税前利润−利息）/息税前利润=（1−利息/息税前利润）=1−1/利息保障倍数

而：利息保障倍数=息税前利润/利息=1/（息税前利润/利息）=利息/息税前利润

（2）税后净利/税前净利=（1−T），证明如下。

已知：税前利润×（1−T）=税后利润

则：税后利润/税前利润=（1−T）

若：税前净资产收益率=总资产报酬率×财务杠杆效应

则：税后净资产收益率=总资产报酬率×财务杠杆效应×（1−T）

一般来说，税前利润/息税前利润＜1，所以，在“税前利润/息税前利润”既定的情况下：

① 如果总资产＞净资产（有负债），导致财务杠杆效应＞1，则税前净资产收益率＞总资产报酬率；

② 如果总资产=净资产（无负债），导致财务杠杆效应=1，则税前净资产收益率=总资产报酬率；

③ 如果虽然总资产≥净资产，但最终导致财务杠杆效应＜1，即[（1−1/利息保障倍数）×权益乘数]＜1，则税前净资产收益率＜总资产报酬率。

假设有5家公司，其各项财务指标如表13−4所示。

表13−4 5家公司相关财务指标

公司	息税前利润率	资产周转率	总资产报酬率	财务杠杆效应	税前ROE	1−T	ROE
某饮料	26%	1.7	44%	1.82	80%	0.69	55%
某制药	30%	0.9	27%	1.26	34%	0.70	24%
某超市	5.6%	3.24	18%	1.67	30%	0.63	19%
某汽车	12%	0.65	7.8%	3.08	24%	0.62	15%
某银行	24%	0.34	8%	2.8	23%	0.66	15%

根据表13−4可作如下分析。

（1）某饮料公司的ROE最高，是相对较高的息税前利润率和资产周转率（均为排名第二）所导致的较高的总资产报酬率（经营杠杆效应）所致（排名第一），加之适中的财务杠杆效应（排名第三）和税收效应（排名第四），最终导致其最高的ROE。

（2）某制药公司的ROE位居第二，是因为其息税前利润率最高（排名第一），但受其资产周转率偏低的影响（排名第三），可能是因为制药需要比较高的投入，导致其总资产报酬率只能屈居第二，加之其最为保守的财务政策（排名第五），虽然享受了最低的所得税税率，但ROE仍不及某饮料公司的一半。

（3）某超市的ROE位居第三，该行业的特点就是高度的价格竞争，因此使其息税前利润率处于最低水平，但同样的行业特点，此类公司往往具有极高的资产周转效率，而此例中，某超市的资产周转速度最快，部分弥补了其息税前利润率最低的不足，从而使其总资产报酬率位居第三，但该公司稳健的财务政策（财务杠杆效应排名第四），影响了该公司ROE的进一步提升，最终使其ROE位居第三。

（4）某汽车公司的ROE位居并列第四，影响其排名的因素是其最高的所得税税率，否则该公司即可名正言顺地排名第四。

一般而言，汽车制造通常属于技术、资本密集型（之所以用“一般而言”，是因为中国的汽车制造行业似乎不是，应该属劳动密集型，因为其固定资产占比实在过低，比如上汽集团的固定资产仅占其总资产的不到10%）和完全竞争性行业，导致该行业的大多数企业具备低息税前利润率和低资产周转率特征（该公司均排名第四），往往使得该类企业不能获得较高的总资产报酬率（该公司排名第五），但该公司激进的财务政策（财务杠杆效应排名第一）似乎帮了其一把，使其税前 ROE 较总资产回报率上升了一位，排名从第五上升到第四，最终因所得税税率高于某银行 4 个百分点，导致其排名与某银行一样，并列第四。

（5）某银行的息税前利润率适中（排名第三），但由于其资产周转率极低（排名第五），导致其总资产报酬率也几乎最低（8%，排名第四），仅比最低的某汽车公司的 7.8%高 0.2 个百分点。虽然该公司的财务杠杆效应较高（达 2.8 倍，排名第二），但由于仍低于某汽车公司的 3.08 倍，从而使其税前 ROE 低于某汽车公司 1 个百分点（23%，排名第五），最终由于其所得税税率低于某汽车公司 4 个百分点（34%，排名第三），使得其 ROE 也达到 15%，与某汽车公司并列第四。

综合以上 5 家企业 ROE，某饮料公司以总资产报酬率最高拔得头筹，某制药公司则以息税前利润率最高紧随其后，某超市以资产周转率远超其他公司取得第三，某汽车公司和某银行的优势则是激进的财务政策。各有特点，各得其所。

本章小结

由于不同的来源结构会形成不同的资产负债率，从而导致不同的财务杠杆和财务风险，以及不同的资产占用会形成不同的资产结构，从而导致不同的经营杠杆和经营风险，因此，正确评价资产负债表的结构，对于平衡企业的经营绩效和风险大有裨益。

无论是经营杠杆还是财务杠杆，其变动均与固定成本的存在相关，并正是由于固定成本的存在，从而导致对企业的经营绩效产生倍数杠杆影响，并形成经营和财务风险。而总杠杆系数主要为经营杠杆系数和财务杠杆系数的乘积，反映了企业经营风险与财务风险的组合效果。一般而言，经营杠杆的大小与企业的规模正相关，并间接影响财务杠杆的大小。

杠杆原理不只是物理学定律，也不仅仅用在金融投资领域，它也是一种解决现实工作和生活中问题的思路和方法，这就是所谓的杠杆思维，就是用相对小的成本、代价去撬动相对大的资源、产出，从而做到收益最大化。

本章习题

一、单项选择题

1. 已知经营杠杆系数为 4，每年的固定成本为 9 万元，利息费用为 1 万元，则利息保障倍数为（　　）。

A. 2 倍　　B. 2.5 倍　　C. 3 倍　　D. 4 倍

2. 某公司当期利息全部费用化，没有优先股，其利息保障倍数为5倍，则该公司的财务杠杆系数是（　　）。

A. 1.25　　B. 1.52　　C. 1.33　　D. 1.2

3. 某公司的经营杠杆系数为1.8，财务杠杆系数为1.5，则该公司销售额每增长1倍，就会造成每股收益增加（　　）。

A. 1.2倍　　B. 1.5倍　　C. 0.3倍　　D. 2.7倍

4. 某公司年营业收入为500万元，变动成本率为40%，经营杠杆系数为1.5，财务杠杆系数为2。如果固定成本增加50万元，那么，总杠杆系数将变为（　　）。

A. 2.4　　B. 3　　C. 6　　D. 8

5. 若某一企业的经营处于盈亏临界状态，错误的说法是（　　）。

A. 此时销售额正处于销售收入线与总成本线的交点

B. 此时的销售量=固定成本/边际贡献率

C. 此时的销售额=固定成本/边际贡献率

D. 此时的边际贡献等于固定成本

二、多项选择题

1. 下列说法正确的有（　　）。

A. 固定成本在销售收入中的比重大小对企业风险没有影响

B. 在某一固定成本比重的作用下，销售量变动对息税前利润产生的作用，被称为经营杠杆

C. 经营风险是指企业未使用债务时经营的内在风险

D. “（销售收入−变动成本）/（销售收入−变动成本−固定成本）”这个表达式仅仅适用于计算单一产品的经营杠杆系数

2. 下列说法中，正确的有（　　）。

A. 在固定成本不变的情况下，经营杠杆系数说明销售额增长（减少）所引起的利润增长（减少）的程度

B. 当销售额达到盈亏临界点时，经营杠杆系数趋近于无穷大

C. 财务杠杆表明债务对投资者收益的影响

D. 财务杠杆系数表明息税前盈余增长所引起的每股盈余的增长幅度

3. 下列各项中，导致经营风险下降的有（　　）。

A. 产品销售数量提高　　B. 产品销售价格下降

C. 固定成本下降　　D. 利息费用下降

4. 可将公式“ROE=税后净利/净资产”分解为（　　）。

A. 息税前利润/营业收入×营业收入/总资产×税前利润/息税前利润×总资产/净资产×税后净利/税前净利

B.（息税前）营业利润率×总资产周转率×（1−财务成本率）×权益乘数×（1−T）

C.（息税前）营业利润率×总资产周转率×税前利润/息税前利润×权益乘数×（1−T）

D.（息税前）营业利润率×总资产周转率×（1−财务成本率）×权益乘数×税后净利/税前净利

三、判断题

1. 根据成本性态的定义，在一定产销量范围内，产销量的增加一般不会影响变动成本总额的变动。（　　）

2. 财务杠杆能放大企业营业收入变化对营业利润变动的影响程度，这种影响程度是对经营风险的一种测度。（　　）

3. 总杠杆作用是财务杠杆与营业杠杆的综合运用，它体现了财务杠杆与营业杠杆之间的关系。（　　）

4. 杠杆效应在财务指标分析中有着比较广泛的使用案例，比如杜邦分析体系中的权益乘数指标，就是一种财务杠杆度指标。（　　）

四、简答题

1. 经营杠杆与经营风险的关系是什么？

2. 财务杠杆与财务风险的关系是什么？

3. 经营杠杆与财务杠杆是怎样发挥综合作用的？

4. 简述杠杆原理在实务中的运用。

五、计算题

1. 某企业生产 A 产品，固定成本为 60 万元，变动成本率为 40%，当企业的营业收入分别为 400 万元、200 万元、100 万元时，经营杠杆系数分别为多少？

2. 某公司年销售额 100 万元，变动成本率 70%，全部固定成本和费用 20 万元，总资产 50 万元，资产负债率 40%，负债的平均利率 8%，假设所得税税率 40%。该公司拟改变经营计划追加投资 40 万元，每年的固定成本增加 5 万元，可以使销售额增加 20%，并使变动成本率下降至 60%。

要求：

（1）所需资金以追加实收资本取得，计算权益净利率、经营杠杆、财务杠杆和总杠杆。

（2）所需资金以 10%的利率借入，计算权益净利率、经营杠杆、财务杠杆和总杠杆。

（3）若不考虑风险，分析应当采纳哪种方案。

参考答案

一、单项选择题

1. C　2. A　3. D　4. C　5. B

二、多项选择题

1. BC　2. CD　3. AC　4. ABCD

三、判断题

1.×　2.×　3. √　4. √

五、计算题

1. 经营杠杆系数分别为 1.33、2 和 0。

2. （1）权益净利率=（120×40% − 25 − 1.6）×（1 − 40%）=12.84/70=18.34%，经营杠杆=48/（48 − 25）=48/23=2.087（倍），财务杠杆=23/（23 − 1.6）=23/21.4=1.075（倍），总杠

杆=48/21.4=2.087×1.075=2.243（倍）。

（2）权益净利率=（120×40%−25−5.6）×（1−40%）=10.44/30=34.8%，经营杠杆=48/（48−25）=48/23=2.087（倍），财务杠杆=23/（23 − 5.6）=23/17.4=1.32（倍），总杠杆= 48/17.4=2.087×1.32=2.76（倍）。

（3）所需资金全部借入，则资产负债率由原来的 40%上升为 66.67%，财务杠杆系数也上升至 1.32，财务风险增加，总杠杆系数也增加。但若不考虑风险因素，由于该企业处于成长期，杠杆效应明显，可选择所需资金全部借入。

第 14 章

资产负债表分析

学习目标

1. 了解企业资产结构、资本结构的内容。
2. 明确资产结构、资本结构的分析方法。
3. 掌握资产负债表的会计分析评价方法。
4. 理解资产负债表分析的其他方法。

学习重点

1. 本章分析的重点在于，通过对上港集团资产负债表资产结构、资本结构和各项财务指标的计算与分析，对该企业的资产质量和资产分布的合理性，以及筹资环境和偿债能力的健康与否作出评价。

2. 通过对该企业资产负债表项目的会计分析和勾稽分析，对该企业各种资源的利用情况作出评价，进而对该企业的财务状况从合规性和可持续性角度作出整体评价。

资产负债表分析的意义在于，揭示企业拥有或控制的，能以货币表现的经济资源的规模、结构、分布形态，以及企业全部资金来源的渠道及其构成情况，并通过对资产与负债、所有者权益项目的对比分析，以对企业的偿债能力、盈利能力及资产质量进行评价；通过对不同时点资产负债表结构的比较分析，以判断企业目前的财务状况和未来的发展趋势；通过对资产负债表各有关项目的会计、勾稽和指标分析，以对企业各种资源的存在和利用情况作出评价，进而对企业财务状况和经营成果作出整体评价。

14.1　资产负债表分析的意义

一般而言，通过资产负债表，可以了解企业拥有多少资产，是什么资产；承担多少负债，是哪些负债；净资产是多少，其构成怎样，质量如何；等等。因此，在对全部财务报表的分析中，对资产负债表的分析是一个很好的开端，因为它完整地体现了企业的资产结构、财务结构的质量和状况。资产负债表描述了它在发布那一时点企业的财务状况，正如同摄像师拿一台相机在高速行进的车辆中按下快门，只不过这里的“车辆”是资金流，它帮助使用者获得了一幅静态的画面，并最终通过对多帧画面的链接，帮助分析者了解和评价它的现实状况和未来发展趋势。因此，资产负债表分析的意义主要表现在以下 4 个方面。

1. 分析企业资产的分布及利用状况

资产负债表能够反映企业在特定时点拥有的资产及其分布状况的信息，它表明企业在特定时点所拥有的资产总量、内容，以及它们存在的状态和结构、比重，从而可以帮助分析者有效评价企业资产的利用和质量状况，合理调整资产的分布，进而控制企业的经营风险。

2. 分析企业所承担的债务类型及偿还时间

资产负债表能够反映企业在特定时点所承担的债务内容、偿还时间、偿还对象，及其债务结构、比重，以帮助分析者了解企业债务形成的渠道、类别、分布和性质，以便合理配置企业债务，恰当地安排企业的资金流动，有效控制企业的财务风险。

3. 分析企业净资产及其形成原因

资产负债表能够反映企业在特定时点投资人所拥有的净资产，即所有者权益的存在及其形成的原因，可以帮助分析者了解企业的财务结构和风险。首先，按会计等式，在任何时点，资产都应该等于负债加股东权益，故净资产就是资产减负债，就是股东（所有者）权益。但通常的说法是资产等于负债加股东权益，而不太会说资产等于股东权益加负债，因为按相关会计规则，企业的资产首先应该用来偿还债务，而股东权益只是对剩余资产的赎取权。其次，股东权益包括投入资本和留存收益两部分，其中股本和资本公积来自于外部的投资，而盈余公积和未分配利润则来自自身利润的积累，它们共同构成股东权益的内容。

4. 分析企业财务状况的现状和发展趋势

资产负债表通过资产方反映企业的资产结构、生产能力和经营风险，通过负债和所有者权益方反映企业的资金来源渠道、资本结构和财务风险，并可通过连续几期的资产负债表来综合反映企业的资金占用和来源的整体财务状况及其发展趋势。固然，如果孤立地看一个时点数，也许反映的问题不够明显，但是如果把几个时点数排列在一起，企业财务状况的发展趋势就会体现得比较明显了。

例如，企业的应收账款，若第 1 年是 10 万元，第 2 年是 20 万元，第 3 年是 30 万元，第 4 年是 40 万元。如果孤立地看，也就是一种单纯的资金占用，但如果把这 4 年的时点数字排在一起，就会发现，这个企业的应收账款呈逐年上升的趋势，而应收账款逐年上升的趋势表明，如果此时企业的营业收入没有相应上升，则说明企业销售环节没有管理好应收款；但如果是企业发展了，市场扩大了，相应的应收账款也增加了，则说明了应收账款的合理性。这就像拍电影时，摄影师只能一个镜头一个镜头地拍摄，每个镜头仅仅是一幅静态的画面，但是，如果把每个镜头有机地连接起来，就会构成一部生动形象的动态电影。从这个角度来说，如果一个企业的管理者能够关注每个时点的状况，就会对企业的财务状况有一个比较全面的了解；反之，不注重捕捉时点数，将会给企业的管理造成较大的失误。

总之，资产负债表主要提供有关企业财务状况方面的信息。通过资产负债表，可以提供某一日期资产的总额及其结构，表明企业拥有或控制的资源及其分布情况；可以提供某一日期的负债总额及其结构，表明企业未来需要用多少资产或劳务清偿债务以及清偿的时间；可以反映所有者所拥有的权益，据以判断资本保值、增值的情况，以及对负债的保障程度。

资产负债表还可以提供进行财务分析的基本资料，如将流动资产与流动负债进行比较，计算出流动比率；将速动资产与流动负债进行比较，计算出速动比率等；可以表明企业的盈利能力、变现能力、偿债能力和资金周转能力，以及评价企业的经营和财务风险，从而有助于会计报表的使用者作出合适的经济决策。

14.2 资产负债表水平和结构分析

资产负债表水平和结构分析的目的，就是从横向和纵向两个方面概括地分析一个企业资产、权益的变动情况，以便对资产负债表的变动原因从趋势和结构两个角度作出解释并进行分析。

本章以上海国际港务（集团）股份有限公司 2021 年度合并资产负债表作为分析依据，并作为本章，以及以下第 15 章、第 16 章所有分析的开始，其分析所需相关数据如表 14–1 所示。

上港集团是上海港公共码头的运营商，是于 2003 年 1 月由原上海港务局改制后成立的大型专业化集团企业。2005 年 6 月，上港集团经整体改制，成立了股份制公司，2006 年 10 月 26 日在上交所上市，成为全国首家整体上市的港口股份制企业，是目前我国大陆地区最大的港口类上市公司，也是全球最大的港口公司之一。公司主要从事港口相关业务，主营业务分为集装箱板块、散杂货板块、港口物流板块和港口服务板块。

公司经营范围主要为：国内外货物（含集装箱）装卸（含过驳）、储存、中转和水陆运输，集装箱拆拼箱、清理、修理、制造和租赁，国际航运、仓储、保管、加工、配送及物流信息管理，为国际旅客提供候船和上下船舶设施和服务，船舶引水、拖带，船务代理，货运代理，为船舶提供燃物料、生活品供应等船舶港口服务，港口设施租赁，港口信息、技术咨询服务，港口码头建设、管理和经营，港口起重设施、搬运机械、机电设备及配件的批发及进出口（涉及行政许可的凭许可证经营）。

公司经营模式主要为：为客户提供港口及相关服务，收取港口作业包干费、堆存保管费和港口其他收费。

公司主要业绩驱动因素：一方面，宏观经济发展状况及发展趋势对港口行业的发展具有重要影响。另一方面，港口进出口货物需求总量与腹地经济发展状况也是密切相关，腹地经济发展状况会对集装箱货源的生成及流向产生重要作用，并直接影响到港口货物吞吐量的增减。上海港的经济腹地主要是由上海市、江苏省和浙江省形成的长江三角洲地区，其辐射力可沿长江上溯至中国广大的内陆地区，上述地区能否保持经济持续快速稳定增长的态势对上海港货物吞吐量，特别是集装箱吞吐量的增长至关重要。综上，公司港口主营业务量的增减将直接影响到公司的经营业绩。

表 14-1 上港集团资产负债表水平和结构表

金额单位：元

项目	2021年年末	2020年年末	差额	变动率/%	结构占比/%	
					2021年	2020年
流动资产：						
货币资金	28 620 980 139.07	20 822 524 960.15	7 798 455 178.92	37.45	16.76	13.35
交易性金融资产	441 159.90		441 159.90	—	0.000 3	—
衍生金融资产						
应收票据	96 168 627.72	121 147 116.80	−24 978 489.08	−20.62	0.056	0.078
应收账款	2 966 601 398.34	2 412 860 237.46	553 741 160.88	22.95	1.74	1.55
应收账款融资						
预付款项	249 594 347.61	231 112 995.24	18 481 352.37	8.00	0.146	0.15
其他应收款	801 301 272.51	888 025 736.63	−86 724 464.12	−9.77	0.47	0.57
其中：应收利息						
应收股利	20 362 178.29	82 524 246.31	−62 162 068.02	−75.33	—	—
存货	14 297 990 188.54	15 794 129 736.10	−1 496 139 547.56	−9.47	8.37	10.13
合同资产	25 571 444.34		25 571 444.34	—	0.015	—
持有待售资产						
一年内到期的非流动资产	381 820 256.93	382 167 245.17	−346 988.24	−0.000 9	0.22	0.245
其他流动资产	3 109 889 801.63	3 001 748 086.95	108 141 714.68	3.60	1.82	1.925
流动资产合计	50 550 358 636.59	43 653 716 114.59	6 896 642 522	15.80	29.60	28.00
非流动资产：						
债权投资						
其他债权投资						
长期应收款	592 282 306.92	826 517 238.52	−234 234 931.60	−28.34	0.35	0.53
长期股权投资	59 772 994 376.80	53 225 518 173.02	6 547 476 203.78	12.30	35.00	34.135
其他权益工具投资	80 000.00	80 000.00	0	—	0.000 047	0.000 05
其他非流动金融资产	2 756 806 843.46	1 678 411 585.55	1 078 395 257.91	64.25	1.61	1.08
投资性房地产	1 580 885 330.68	1 299 974 760.03	280 910 570.65	21.61	0.93	0.83
固定资产	32 277 013 834.18	31 203 395 390.60	1 073 618 443.58	3.44	18.90	20.01
在建工程	1 716 571 297.02	3 016 247 621.87	−1 299 676 324.85	−43.09	1.01	1.93
生产性生物资产						
油气资产						
使用权资产	689 155 909.09		689 155 909.09	—	0.40	—
无形资产	13 935 495 933.98	14 438 593 540.87	−503 097 606.89	−3.48	8.16	9.26
开发支出		2 801 886.80	−2 801 886.80	−100	—	0.001 8

续表

项目	2021年年末	2020年年末	差额	变动率/%	结构占比/%	
					2021年	2020年
商誉	251 321 924.03	286 107 733.79	−34 785 809.76	−12.16	0.15	0.18
长期待摊费用	4 489 863 396.30	4 560 494 468.93	−70 631 072.63	−1.55	2.63	2.92
递延所得税资产	1 261 683 965.20	1 222 261 049.06	39 422 916.14	3.23	0.74	0.78
其他非流动资产	912 964 758.61	510 630 412.89	402 334 345.72	78.79	0.53	0.33
非流动资产合计	120 237 119 876.27	112 271 033 861.93	7 966 086 014.34	7.10	70.40	72.00
资产总计	170 787 478 512.86	155 924 749 976.52	14 862 728 536.34	9.53	100	100
流动负债：						
短期借款	531 439 418.27	27 958 362.50	503 481 055.77	1 800.00	0.31	0.018
应付短期融资券	5 085 303 561.64	5 022 586 301.37	62 717 260.27	1.25	2.98	3.22
交易性金融负债	158 818 737.62	195 792 622.21	−36 973 884.59	−18.88	0.09	0.126
衍生金融负债						
应付票据						
应付账款	5 635 135 143.07	4 941 680 598.88	693 454 544.19	14.03	3.30	3.17
预收账款	57 236 197.58	148 236 237.56	−91 000 039.98	−61.39	0.03	0.095
合同负债	4 444 233 364.11	3 744 713 525.50	699 519 838.61	18.68	2.60	2.40
应付职工薪酬	1 239 910 914.88	1 149 155 740.25	90 755 174.63	7.90	0.725	0.74
应交税费	1 243 432 051.89	700 510 256.97	542 921 794.92	77.50	0.728	0.45
其他应付款	2 109 597 824.06	1 812 547 901.80	297 049 922.26	16.39	1.235	1.16
其中：应付利息						
应付股利	22 047 916.78	32 914 387.28	−10 866 470.50	−33.01	—	0.021
持有待售负债						
一年内到期的非流动负债	6 921 547 358.05	1 302 098 154.49	5 619 449 203.56	431.57	4.05	0.835
其他流动负债	1 855 257 750.50	3 360 507 924.64	−1 505 250 174.14	−44.79	1.09	2.155
流动负债合计	29 281 912 321.67	22 405 787 626.17	6 876 124 695.50	30.69	17.145	14.37
非流动负债：						
长期借款	15 181 963 209.21	19 068 116 275.25	−3 886 153 066.04	−20.38	8.89	12.23
应付债券	15 954 855 374.32	16 311 087 767.21	−356 232 392.89	−2.18	9.34	10.46
其中：优先股						
永续债						
租赁负债	411 446 745.81		411 446 745.81	—	0.24	
长期应付款	740 522 240.89	1 114 272 037.25	−373 749 796.36	−33.54	0.43	0.71
长期应付职工薪酬	336 065 832.02		336 065 832.02	—	0.197	—

续表

项目	2021年年末	2020年年末	差额	变动率/%	结构占比/%	
					2021年	2020年
预计负债	1 447 797.79	348 905.27	1 098 892.52	314.95	0.000 8	0.000 2
递延收益	249 188 703.73	178 805 471.27	70 383 232.46	39.36	0.146	0.11
递延所得税负债	732 325 455.43	793 254 722.57	−60 929 267.14	−7.68	0.43	0.51
其他非流动负债	92 121 585.68	73 477 520.73	18 644 064.95	25.37	0.054	0.047
非流动负债合计	33 699 936 944.88	37 539 362 699.55	−3 839 425 754.67	−10.23	19.73	24.075
负债合计	62 981 849 266.55	59 945 150 325.72	3 036 698 940.83	5.07	36.88	38.445
股东权益：						
股本（实收资本）	23 278 679 750.00	23 173 674 650.00	—	—	13.63	14.86
其他权益工具						
其中：优先股						
永续债						
资本公积	9 751 193 136.87	9 643 310 037.77	107 883 099.10	1.12	5.71	6.18
减：库存股	232 271 281.20		232 271 281.20	—	—	
其他综合收益	980 203 042.17	404 538 680.70	575 664 361.47	142.30	0.57	0.26
专项储备	19 240 316.51	14 701 455.00	4 538 861.51	30.87	0.011	0.009
盈余公积	9 034 324 611.48	8 335 450 089.75	698 874 521.73	8.38	5.29	5.346
未分配利润	56 959 425 939.40	45 946 190 524.64	11 013 235 414.76	23.97	33.35	29.47
归属于母公司股东权益合计	99 790 795 515.23	87 517 865 437.86	12 272 930 077.37	14.02	—	—
少数股东权益	8 014 833 731.08	8 461 734 212.94	−446 900 481.86	−5.28	—	—
股东权益合计	107 805 629 246.31	95 979 599 650.80	11 826 029 595.51	12.32	63.12	61.555
负债及股东权益合计	170 787 478 512.86	155 924 749 976.52	14 862 728 536.34	9.53	100	100

14.2.1 资产负债表水平分析

资产负债表水平分析也被称为横向或趋势分析，就是根据企业连续数期的财务报表，通过比较报表中各个有关项目的金额、增减方向和幅度，评判当期财务状况和经营成果的增减变化，及其未来发展趋势的一种方法。在对该公司的资产负债表进行分析时，可以首先从资产占用的角度，分析该公司的资产分布和占用结构的变动状况，以评价该公司的资产质量、经营风险和未来发展趋势。

1. 资产占用水平分析

所谓资产占用也就是指企业资产的分布使用，只要是企业，总需要一定量的资产，它们或处于流通环节，作为一种劳动对象或等价物，以帮助企业产品形成、销售，劳务发生、提供；或处于非流通环节，作为一种生产资料，以直接形成企业的产品或劳务。

根据表 14-1 的有关数据可得上港集团 2021 年资产占用结构变动图，如图 14-1 所示。

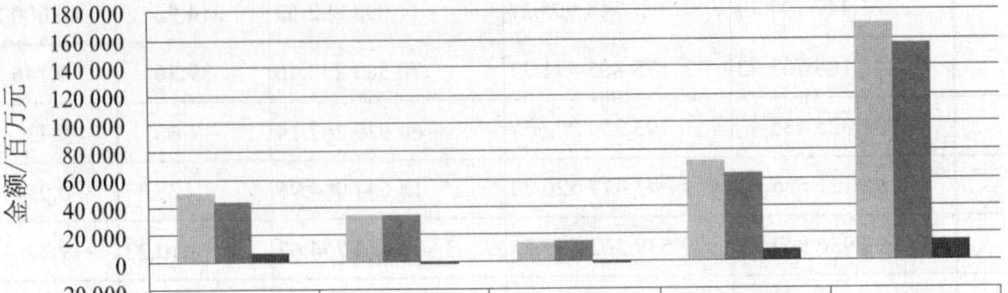

	流动资产	固定资产	无形资产	其他非流动资产	总资产
2021	50 550		14 186	71 369	170 787
2020	43 653		14 726	63 326	155 924
差额	6 897	463	−540	8 043	14 863

图 14-1　资产占用结构变动图

可以根据表 14-1 和图 14-1 的相关项目内容，作分析说明如下。

（1）2021 年上港集团的流动资产合计较上年增加了 6 896 642 522 元，增幅达 15.80%，主要是货币资金和应收账款大幅增加所致，其增幅分别高达 37.45%和 22.95%，均高于流动资产的平均增幅。但考虑到应收账款在该公司的绝对数和占比均不高，2021 年仅占总资产的 1.74%，说明该公司流动资产的增加主要是货币资金增加所致。同时，考虑到该公司 2021 年的营业收入较上年增加了 8 169 236 513.93 元，增幅为 31.276%，远超流动资产的增幅，其增加额也完全覆盖了货币资金的增加额 7 798 455 178.92 元，则说明了该公司的营业收入基本均以货币资金形态回笼。

（2）2021 年该公司的固定资产（此处的固定资产包括：固定资产、在建工程、生产性生物资产、油气资产、使用权资产，即广义固定资产，不过该公司 2021 年生产性生物资产和油气资产的金额为 0）较上年增加了 463 098 027.82 元，增幅为 1.35%，主要是使用权资产的增加所致，其增加额为 689 155 909.09 元。与此同时，该公司的在建工程本年下降了几乎一半，减幅为 43.09%，但固定资产的增幅却有限，为 3.44%，一方面说明该公司的扩张开始减速，并开始尝试采用租赁的方法形成固定资产，另一方面说明该公司新增固定资产的价值与其折旧和减值准备的价值基本持平。

（3）2021 年该公司的无形资产（此处的无形资产包括：无形资产、开发支出、商誉，即广义无形资产）较上年大幅下降了 540 685 302.65 元，减幅为 3.67%，且 3 个项目均大幅下降，减幅分别为 3.48%、100%和 12.16%，主要是无形资产的摊销和商誉的减值所致，说明该公司虽名列世界最大港口之一，但开发欲望明显不足，持续创新能力仍有待加强。

（4）2021 年该公司的其他非流动资产（此处也为广义）合计较上年增加了 8 043 673 289.17 元，增长率为 12.70%，主要是长期股权投资、其他非流动金融资产、投资性房地产、递延所得税资产和其他非流动资产的增加所致，其增幅分别为 12.30%、64.25%、21.61%、3.23%和 78.79%。结合以上该公司固定资产和无形资产变动情况，说明该公司当下的注意力已不在主业的扩张，或许可以认为至少在近期，其本体港口的规模已经饱和，但庞大的资金流需要输出。

（5）2021 年该公司的资产总计增加了 14 862 728 536.34 元，增幅为 9.53%，显然主要是流动资产和其他非流动资产的增长所致，说明了该公司总体仍处于扩张过程中，但似乎主要是投资其关联企业，与自身主业的关系不大，应该主要是钱比较多，总要找个地方把它花出去，不知为何不是直接去收购海外港口。

从资产占比角度，该公司 2020 年流动资产占总资产的比重为 28.00%，2021 年为 29.60%；而该公司 2020 年的非流动资产占总资产的比重为 72.00%，2021 年为 70.40%，其中固定资产的占比 2020 年为 21.94%，2021 年为 19.91%，无形资产的占比 2020 年为 9.44%，2021 年为 8.31%。流动资产的占比在上升，非流动资产的占比在下降，尤其是与营业收入直接相关的，表示生产能力的固定和无形资产的占比在下降，说明该公司的生产规模和经营效率已趋饱和。

2. 资金来源水平分析

资产负债表的资产和权益表示的是资金的一体两面，但究竟是先有资产的占用，还是先有资金的来源，就要看你站在何种角度来进行评价。如果是从实际操作角度，当然应该是先有来源，然后才会形成占用；但如果是从计划预算角度，则应该是首先进行资产占用规划，然后再去考虑资金的筹措。应该说，前一个角度更传统，而后一种理念更科学、理性和现代一些。以此，可以继续从资金来源的角度，来分析该公司的权益结构的分布和变动状况，以评价该公司的资金筹资渠道和财务风险。

根据表 14-1 的有关数据可得上港集团 2021 年资金来源结构变动图，如图 14-2 所示。

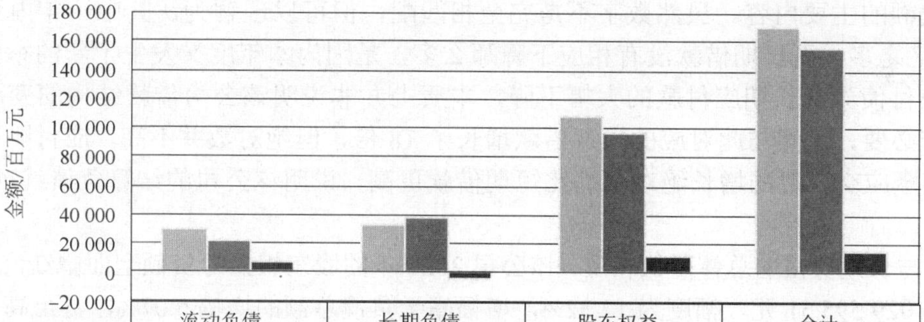

	流动负债	长期负债	股东权益	合计
2021	29 281	33 699	107 805	170 787
2020	22 405	37 539	95 979	155 924
差额	6 876	–3 840	11 826	14 863

图 14-2 资金来源结构变动图

与该公司的资产占用结构变动相比，该公司的筹资渠道同样也有不同程度的变化，可根据表 14-1 和图 14-2 的相关项目内容，作分析说明如下。

（1）2021 年相较 2020 年，该公司的负债合计增加了 3 036 698 940.83 元，增幅为 5.07%，其中的流动负债增加了 6 876 124 695.50 元，增幅为 30.69%，非流动负债则下降了

3 839 425 754.67 元，减幅为 10.23%，流动负债的增加绝对额和幅度均远超非流动负债，似乎说明该公司的借款结构发生了变化，倾向低成本、低财务风险的经营策略。

但如果考虑到流动负债中一年内到期的非流动负债的增加额，就可能产生另外的想法，其增加的绝对额为 5 619 449 203.56 元，增幅为 431.57%，基本占到流动负债增加额的 81.72%，说明该公司借款结构的变化，固然有其降低财务成本和财务风险的考虑，但更可能的原因是，不差钱，应还尽还。这一点，也可以从该公司的负债占比的变化得到佐证，因为该公司 2021 年负债占总资产的比重为 36.88%，2020 年为 38.445%，降低了 1.565 个百分点，说明总体负债占比有所下降，但两个年度的资产负债率均比较低，似乎改变筹资策略的紧迫性几乎不存在。

（2）在流动负债的增幅中，该公司的短期借款和一年内到期的非流动负债的增幅最大，分别较上年增加了 18 倍和 4 倍。整个流动负债项目中，除了交易性金融负债、预收账款和其他流动负债 3 个项目减少，其余 8 个项目全部上升，上升的项目基本都与该公司的经营活动相关，说明该公司流动负债的上升，与其经营活动的增量变化更具相关性，而与筹资结构政策的改变相关性不强。

需要关注的一点是，其他应付款上升了 16.39%，但其中的应付股利却下降了 33.01%，应付利息属性是空白。如果说应付利息白板是因为支付得比较勤快，那应付股利呢？股利政策改变了？不过，一个公司的股利支付政策和该公司的股价有正相关关系吗?当然，还是应该关注一下。

（3）在该公司的长期负债减幅中，减幅最大的应该就是长期借款了，下降的绝对额为 3 886 153 066.04 元，减幅为 20.38%，其次是长期应付款，绝对额不是最大，为 373 749 796.36 元，但减幅达 33.54%，其中的长期借款下降数，应该是构成流动负债中一年内到期的非流动负债数额的主要内容。虽然数字不是完全相匹配，但可以理解为，其中一年内到期的部分有 56 亿之多，而长期借款没有相应下降那么多，是因为本年度又发生了新的举债。长期借款、应付债券和长期应付款的大幅下降，本质上并非说明该公司借款结构的变动趋势，因为没有必要，虽然与此对应的短期借款增长了 18 倍，但绝对数并不高，应付账款、合同负债，甚至应交税费的增长绝对数均比短期借款更高，说明该公司的结算负债就远超借款，不差钱。

（4）与长期负债的总体降低相反，该公司 2021 年的股东权益筹资额全面飘红，上升额度为 11 826 029 595.51 元，幅度为 12.32%，增幅高于负债总额的增幅 5.07%，甚至高于总资产的增幅 9.53%，说明该公司本年度所增加资产的资金来源主要为自有资金的增加，其中最主要的部分是本年度净利润增加导致的未分配利润的大幅增加，其绝对数为 11 013 235 414.76 元，基本涵盖了股东权益总额的增加，其相对数为 23.97%，显然是受到本年度净利润大幅增加同时，应付股利大幅减少双重影响所致。

总体而言，该公司 2021 年权益总额的增幅为 9.53%，其中流动负债的增幅为 30.69%，非流动负债的减幅为 10.23%，股东权益的增幅为 12.32%，说明该公司的债务资金来源更趋向短期负债和股东权益筹资。同时，该公司流动负债、股东权益的占比也分别从 2020 年的 14.37%和 61.555%，上升到 2021 年的 17.145%和 3.12%，而长期负债的占比则从 2020 年的 24.075%，下降至 2021 年的 19.73%，导致负债总额的占比也从 2020 年的 38.445%，下降至2021年的36.88%，说明该公司的总体债务下降了，股东权益上升了，并导致原本就很低的资产负债率进一步降低了，资金的使用成本大幅降低了，财务风险也随之下降了。

14.2.2　资产负债表结构分析

资产负债表结构分析也称垂直分析，是将资产负债表各项目与项目总额（或总资产，或总权益，或某个合计）相比，计算出该项目在项目总额中所占的比重，以评价各项目的相对重要性。同时，结构分析还可以将各项目的结构与不同时期的数据，或者是同行业的同期水平相比较，从而分析其所占比重的合理性及其成因，进而判断企业财务状况的合理性，以及财务报表的总体结构关系。通过垂直分析，还可以帮助了解一个企业所处行业的经营特点和技术特点，以及在行业中所处的地位。

1. 流动资产项目的结构分析

流动资产项目的结构分析，就是将流动资产各项目进行具体分拆，然后分别计算每一个项目各自占流动资产合计的比重，并就这些比重所发生的变化，以及涉及的一些相关关系进行的理性分析。当然，本着抓大放小的原则，也可仅针对那些重要项目的变化进行分析。

仍根据表14-1的相关资料，作上港集团2021年流动资产项目结构图，如图14-3所示。

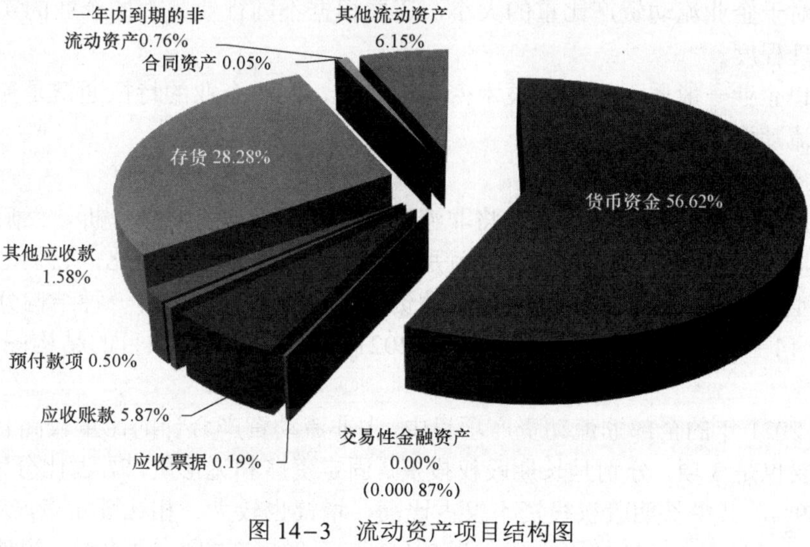

图14-3　流动资产项目结构图

在该公司2021年各流动资产项目占全部流动资产合计的比重中，货币资金的占比最高，达56.62%，其次是存货，占比是28.28%，再次是其他流动资产和应收账款，占比分别是6.15%和5.87%，从前3个主要项目的占比，大致可以看出该公司的性质。该公司的货币资金占比高达 56.62%，若是一般公司，会显然非常不合理，但由于该公司的性质，垄断性的港口服务公司，其服务款的结算基本为现金（银行存款），很少应收款，比如该公司的应收账款，仅占其营业收入的8.65%，2020年是9.24%，均比较低。同时，此类公司的前期投资一般都比较大，而后期就是坐等收钱，现金流会很丰富，若缺乏较好的投资机会，就会形成大量的货币资金占用。至于存货，理论上该类型企业存货应该很少，或者就应该几乎没有存货，而该集团公司不低的存货占比，主要应该是其子公司的存货，比如经营房地产的子公司。如果有兴趣同时考察下其母公司的资产负债表就会发现，其存货仅占流动资产的 0.05%。

对于一个企业的流动资产占比高低，没有一个绝对的标准，若要分析流动资产的结构是否合理，需要将企业其他资产与流动资产结合在一起分析。一般而言，固定资产占比较高的企业，基本属于重、装备工业企业，高技术含量或资金密集型企业；而流动资产占比较高的企业，相对技术和资本密集程度就会较低，该类企业会比较注重通过加速产品或资金的周转来提升企业的效率。

流动资产占比的合理程度还要结合企业的营业利润进行分析。假设企业的流动资产在资产总额的比重上升，企业的营业利润也能随之增长，那么说明企业的流动资产在资产总额中所占比重是合理的；如果企业的流动资产大幅度提高，但是企业的营业利润却没有什么改变，那就说明企业此时的流动资产增长是一种无效增长，比如存货积压，应收款项被拖欠等。当然，也需要考虑一种流动资产占比相对上升的情况，即非流动资产下降所导致的流动资产上升，比如投资乏力，固定资产和无形资产的更新、创新不足而导致的生产能力不足，折旧、摊销、减值准备的增加等。

保持流动资产的合理结构，有利于企业流动性的增强，带动企业应变能力、偿债能力的增强。当然，对于企业流动资产比重的大小，还要根据不同行业、不同企业的实际情况来分析其存在的合理程度。

此外，港口企业一般属于资本和技术密集型企业，此类企业的特征通常是流动资产的占比较低，而非流动资产的占比较高。

2. 非流动资产项目的结构分析

非流动资产项目的结构分析，就是将非流动资产各项目进行具体分拆，然后分别计算每个项目各自占非流动资产合计的比重，并就那些主要项目所发生的变化，它们之间的相互关系，以及与其他项目的勾稽关系，而对非流动资产各主要项目进行的一种结构分析。

仍根据表 14-1 的相关资料，作上港集团 2021 年非流动资产项目的结构图，如图 14-4 所示。

在该公司 2021 年的全部非流动资产项目中，占非流动资产合计的比重较高且金额也足够大的项目，主要也是 3 项，分别是长期股权投资、固定资产和无形资产，占比分别为 49.71%、26.84%和 11.59%，其中长期股权投资不仅占比高，增幅也较大，相比固定资产和无形资产，占比处第二位、第三位，但增幅固定资产为 3.44%，无形资产却为 -3.48%，说明该公司的生产能力已趋满足，创新能力更是趋于停滞，开始尝试通过跨行业扩张、联营来提升公司的规模和经营业绩。比如，该公司的投资性房地产项目增长了 21.64%，尽管此行业已然被大多数人归纳到夕阳行业；其他非流动金融资产项目（主要是指持有到期投资和可供出售金融资产项目）更是增长了 64.25%。

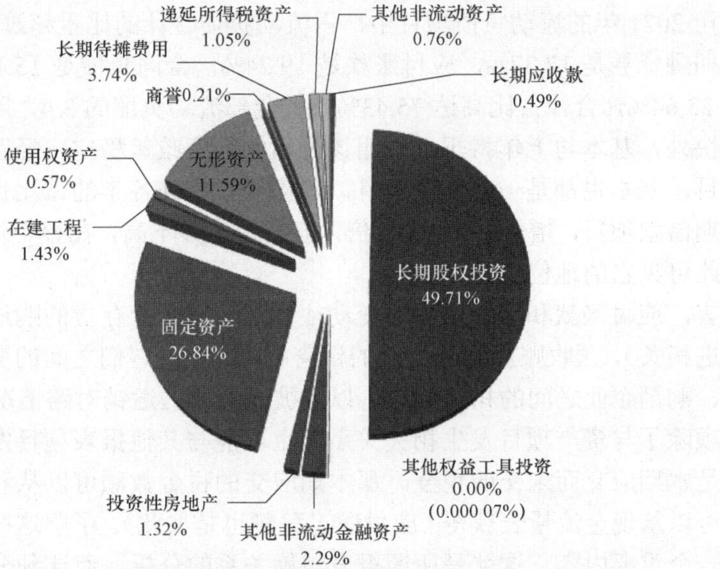

图 14-4 非流动资产项目结构图

另外，一般可以通过一个企业的非流动资产，尤其是固定资产（广义的）占总资产的比重来判断企业的性质、行业特征，以及其技术和资本的密集程度；通过无形资产（广义的）的占比来反映企业的创新能力、意愿和市场美誉度。但需要注意的是，由于合并报表反映的是一个集团的整体状况，而企业集团通常是混业经营，非单一经营，故分析企业的性质等时，最好是根据母公司资产负债表进行。

3. 流动负债项目的结构分析

流动负债项目的结构分析，就是将流动负债各项目进行具体分拆，然后分别计算每个项目各自占流动负债合计的比重，并就那些主要项目所发生的变化，它们之间的相互关系，以及与其他项目的勾稽关系，而对流动负债各主要项目进行的一种结构分析。

仍根据表 14-1 的相关资料，作上港集团 2021 年流动负债项目结构图，如图 14-5 所示。

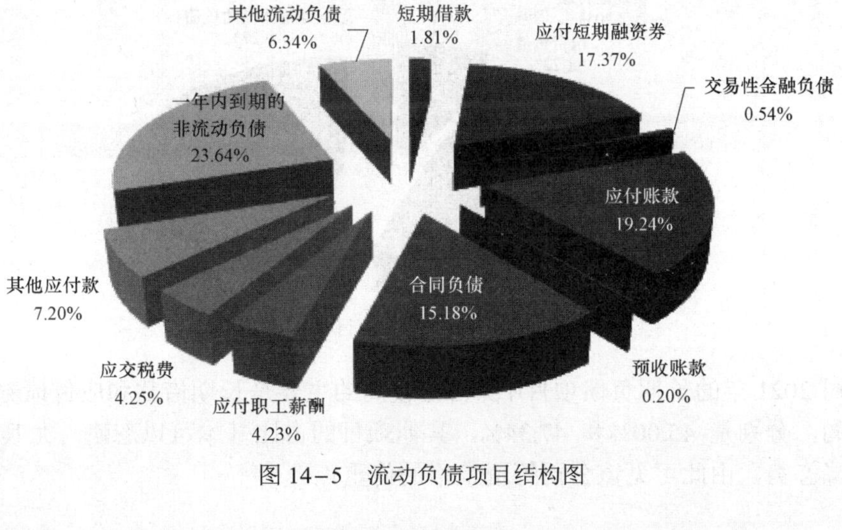

图 14-5 流动负债项目结构图

在该公司 2021 年的流动负债项目中，占流动负债合计的比重超过两位数的主要有 4 项，其中应付短期融资券是 17.37%，应付账款是 19.24%，合同负债是 15.18%，一年内到期的非流动负债是 23.64%，合计占比高达 75.43%，占全部流动负债的 3/4，除一年内到期的非流动负债增长较快外，基本与上年持平，说明该公司的筹资政策稳定，经营稳中向好。至于其他一些应付项目，基本也都是一些常规项目，除应交税费外各年的占比也没有太大变化。比较有趣的是短期借款项目，增长率高达 18 倍，但其占比并不高，在整个流动负债项目中，完全不起眼，由此可见它的地位。

一般而言，应付账款和应付票据的变动往往主要与企业存货的购进相关（当然也会与固定资产的购进相关），预收账款则与企业的销售相关，了解它们之间的变动可以借此评价企业的市场地位、购销企业之间的相互关系，以及彼此产品的适销对路情况。

应付款项除了与资产项目发生相关关系，也可能与其他报表项目发生关系。比如，应交税费说明的是本期应交而未交的税金，那本期应交的税金数额可以从利润表获得，而实际缴纳的税金则可以从现金流量表获得（应付职工薪酬也是如此）。了解这些数额之间的不同也是报表分析的一个重要内容，这就是所谓报表勾稽关系的分析，而这种分析方式同样适用于对资产项目，以及利润表和现金流量表各相关项目的分析。

相对而言，那些重、装备工业企业的资产或资金周转的速度会慢一些，因此会对长期资金来源的要求更高一些。不过，有时这些企业也会通过延迟付款的方式来提升流动负债的比重，比如当他们的现金流比较拮据时。

4. 长期负债项目的结构分析

长期负债项目的结构分析，就是将长期负债各项目进行具体分拆，然后分别计算每个项目各自占长期负债合计的比重，并就那些主要项目所发生的变化，它们之间的相互关系，以及与其他项目的勾稽关系，而对长期负债各主要项目进行的一种结构分析。

仍根据表 14-1 的相关资料，作上港集团 2021 年长期负债项目结构图，如图 14-6 所示。

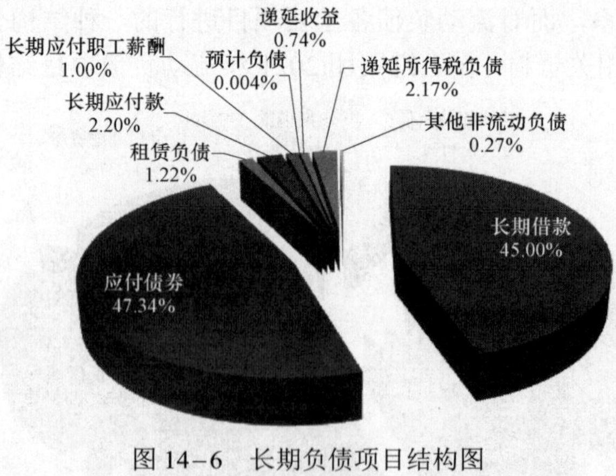

图 14-6　长期负债项目结构图

在该公司 2021 年的长期负债项目中，占比较高的主要是长期借款和应付债券两项，且占比也大致相同，分别是 45.00%和 47.34%，其他项目的占比基本可以忽略，尤其是两个项目还都是呈下降态势，由此可见该公司筹资策略的倚重点。

可以通过一个企业的长期负债和长期负债项目的比重变化，了解企业对于长期资金来源的依赖程度或偏好。一般来说，企业的长期负债所占比重越高，表明企业在经营中借助于长期资金发展的依赖程度就越高，此时企业的发展比较稳健、信用良好，但筹资成本较高。

长期负债的结构分析，包括长期负债与流动负债及所有者权益之间的比例分析，以及长期负债自身各项目的分析，既可以通过指标分析来说明其财务绩效和风险程度，以及对债权人和股东的负责程度；也可以通过会计分析来评价长期负债各项目之间的合理性和合规性；还可以通过勾稽关系分析来发现各报表项目之间的相互依存关系。

5. 所有者权益项目的结构分析

所有者权益（股东权益）项目的结构分析，就是将股东权益各项目进行具体分拆，然后分别计算每一个项目各自占股东权益合计的比重，并就那些主要项目所发生的变化，它们之间的相互关系，以及与其他项目的勾稽关系，而对股东权益各主要项目进行的一种结构分析。

仍根据 14–1 的相关资料，作上港集团 2021 年股东权益项目结构图，如图 14–7 所示。

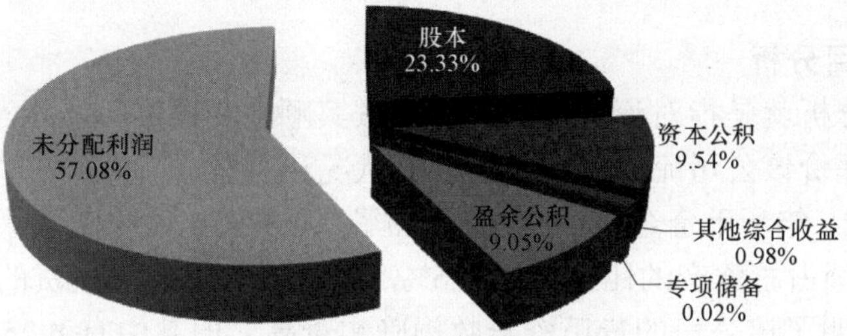

图 14–7 股东权益项目结构图

在该公司 2021 年的所有者权益项目中，占比较高的主要有股本、资本公积、盈余公积和未分配利润 4 项，似乎历年都没有变过，尤其是其中未分配利润的占比竟高达 57.08%，而且是逐年提升，越来越高，一方面说明了该公司盈利能力的逐年、稳定增长，另一方面也说明了该公司股利分配政策的保守和不作为。

股本和资本公积合称投入资本，其中股本反映的是一种相对固定的初始投入，其占比越高，一般说明该公司的经营效益相对越差，因为相对留存收益的占比就会越低；而资本公积主要是对股本溢价的反映，如果资本公积超过股本，一般说明该公司股票的溢价超过了面值。盈余公积和未分配利润合称留存收益，显然反映的是一个公司的利润留存部分，前者是按规定提留的部分，后者则是去向还不明确的部分。就该公司而言，溢价似乎不高，留存收益太高。

垂直分析可以帮助相关人员分析了解企业所处行业的经营特点和技术特点，以及在行业中所处的地位。一般而言，流动资产和流动负债占比高的企业，稳定性较差但是相对较灵活；而长期资产和长期负债占比高的企业，技术、资金比较密集，但是灵活性却很差；长期投资占比高的企业，相对的投资收益和风险就比较高；固定资产更新占比高的企业，企业的技术改造能力比较强、装备水平也比较高；无形资产占比高的企业，未来的发展潜力相对较强，开发创新力也比同类企业高；所有者权益占比越高，企业的财务状况就越稳定，对于债权人的保障程度也就越高，发生破产或债务危机的可能性就越小，当然，股东收益的最大化将受到考验。

14.3 资产负债表各项目和指标分析

资产负债表各项目和指标分析就是指，根据资产、负债、所有者权益各项目的具体内容，从水平、结构和财务指标 3 个角度，就那些主要项目所发生的变化，它们之间的相互关系，以及与其他报表项目之间的勾稽关系，所进行的一种财务分析。

14.3.1 资产负债表各项目分析

仍根据表 14-1 的相关数据和内容，对上港集团 2021 年资产负债表中的各项目，分别就流动资产、非流动资产、流动负债、非流动负债和股东权益（所有者权益）5 个项目，作详细、具体分析如下。

1. 流动资产项目分析

流动资产项目分析就是指对流动资产各项目按其顺序和内容，从水平和结构所进行的综合和具体分析，以评价该公司流动资产各项目的状况和质量。

（1）该公司 2021 年货币资金较 2020 年增加了 7 798 455 178.92 元，增幅为 37.45%，其 2021 年货币资金总额占总资产的比重为 16.76%，仅低于长期股权投资的 35.00%和固定资产的 18.90%，充分说明了该公司的货币资金数额确实奇高。但其中有 4 257 038 953.48 元存放于境外，较上年增加了 108.51%，另有 126 402 422.26 元因抵押、质押或冻结等原因受到限制。尽管如此，该公司实际能够供其随意使用的现金也是一个天文数字，估计这样充分的现金流，让一些大型的互联网公司也只能望其项背，由此可见该公司获取现金的能力。

（2）该公司 2021 年交易性金融资产数额为 441 159.90 元，去年为 0 元，内容是交易性权益工具投资，说白了就是能随时交易的上市公司的股票。该公司如此庞大的现金存量，不知买的是哪家公司的股票，其年报中什么也没说。

（3）该公司 2021 年应收票据较 2020 年减少了 24 978 489.08 元，减幅为 20.62%，内容是银行承兑汇票，占总资产的比重为 0.056%，其经营意义基本可以忽略，但商业意义还存在，就是说明该公司只接受银行承兑汇票。

（4）该公司 2021 年应收账款净额较 2020 年增加了 553 741 160.88 元，增幅为 22.95%，占总资产的比重为 1.74%。其 2021 年应收账款账面余额为 3 154 910 681.28 元，占当年营业收入的 9.20%，坏账准备为 188 309 282.94 元，占其账面价值的 5.97%，稍低于上年度的 7.17%。无论是从应收账款净额占总资产的比重，还是应收账款面值占营业收入的比重，以及坏账准备占面值的比重，均说明该公司应收账款的占比不高，质量不错且持续向好。

（5）该公司 2021 年预付款项较 2020 年增加了 18 481 352.37 元，增幅为 8.00%，占总资产的比重为 0.146%，与上年基本持平。以前年度的报表说明主要是向关联方公司预付房地产项目的工程款，本年度没有任何说明。

（6）该公司 2021 年其他应收款较 2020 年减少了 86 724 464.12 元，减幅为 9.77%，占总资产的比重为 0.47%。减少的金额主要是应收股利的下降导致，占 71.88%，而其他应收款的内容构成中最主要的是 2017 年向同盛集团支付的洋山深水港四期码头委托经营管理期间的各项运营、维护等费用，共 5 亿元履约保证金。同时，该公司本期计提的坏账准备总计为 286 365 443.55 元，内容主要是那些涉及房地产项目的各种转让款、备用金和包销款，说明该公司除房地产项目外，其他应收款项目的发生正常，风险较低。

值得注意的是，该公司的应收利息为 0，应付利息也为 0，但财务费用并不为 0，且收支差额颇大。同时，该公司的应收股利大幅下降，但长期股权投资却在大幅上升，且绝对额占总资产的比重为 35.00%，为第一大资产占用，说明什么？热衷盲目投资，因为钱多得实在不知道怎么花？

（7）该公司 2021 年存货较 2020 年减少了 1 496 139 547.56 元，减幅为 9.47%，另有跌价和减值准备 6 745 753.52 元，也比上年略有降低，主要是房地产子公司的项目开发成本。分析至此，似乎该公司的所有不利，均与房地产开发项目相关，而且已持续数年，真实地反映了房地产行业的现状。

理论上，此类服务型公司不应存在原材料、产品之类的存货，尤其是该公司的存货居然占到总资产的 8.37%，实在偏高。不过好在，无论是存货总额、比重、准备均在下降。

（8）该公司 2021 年合同资产较 2020 年增加了 25 571 444.34 元，去年为 0，内容是海运费。

（9）该公司 2021 年一年内到期的非流动资产较 2020 年减少了 346 988.24 元，减幅为 0.000 9%，其中，一年内到期的长期应收款项下的融资租赁款增加了 23 159 678.34 元，一年内到期的其他非流动资产减少 23 506 666.58 元。

（10）该公司 2021 年其他流动资产较 2020 年增加了 108 141 714.68 元，增幅为 3.60%，主要是期限一年以内的委托贷款及应收利息的增加。

总体而言，该公司流动资产的构成合理、稳定，质量也比较好。可能是由于货币资金的结存过高，导致了一些非主业投资的损失，比如房地产项目，当然，这也与大环境的变化相关。

2. 非流动资产项目分析

非流动资产项目分析就是指对非流动资产各项目按其顺序和内容，从水平和结构所进行的综合和具体分析，以评价该公司的非流动资产各项目状况和质量。

（1）该公司 2021 年长期应收款较 2020 年减少了 234 234 931.60 元，减幅为 28.34%，内容是应收融资租赁租金，是其子公司上港融资租赁有限公司的应收款项。该融资租赁款中（包括一年内到期的长期应收款部分）已办理质押的账面价值为 93 451 145.32 元，已办理保理的账面价值为 493 886 204.25 元，合计为 587 337 349.57 元。

（2）该公司 2021 年长期股权投资较 2020 年增加了 6 547 476 203.78 元，增幅为 12.3%，主要是对合营（涉及 16 家，追加投资 2 家）和联营（涉及 60 家，追加投资 6 家）企业的股权投资。几乎全部采用权益法核算，确认的投资收益总额为 9 717 065 679.33 元，占其长期股权投资总额的 16.26%，对方宣告发放的股利合计为 4 062 370 167.23 元，应该是投资效益颇佳，估计之前其他应收款中应收股利的减少是实际已经收到的缘故。

（3）该公司 2021 年其他权益工具投资较 2020 年没有变化，是对中超联赛有限责任公司的投资。

（4）该公司 2021 年其他非流动金融资产较 2020 年增加了 1 078 395 257.91 元，增幅为

64.25%，内容包括基金投资、非上市公司股权和上市公司股票，其中基金投资的期末公允价值为 2 395 115 306.33 元，占其全部投资公允价值的 86.89%。基金投资的期末账面成本为 2 029 991 211.80 元，较期初的 1 222 376 824.74 元，增加了 807 614 384.06 元；累计公允价值变动溢价为 365 124 094.53 元（占投资成本的 17.99%），较期初的 51 366 065.97 元（占投资成本的 4.20%），上升的绝对额为 313 758 028.56 元，相对额为 15.79 个百分点。不知 2022 年是否会延续这样的好运，估计难。

（5）该公司 2021 年投资性房地产较 2020 年增加了 280 910 570.65 元，增幅为 21.61%，为本期增加投资减去计提的折旧和摊销后的差额。该公司房地产投资采用成本计量模式，如果采用的是公允价值计量模式，估计就不是增加，而是减少了，相信 2022 年会更难看。当然，这是基于民间的看法。另外，该公司居然没有提减值准备，应该也是基于官方数据的考量。

（6）该公司 2021 年固定资产较 2020 年增加了 1 073 618 443.58 元，增幅为 3.44%。其中，2021 年该公司期末固定资产的原值合计为 63 142 618 300.44 元，累计折旧为 30 037 421 451.74 元，占原价的 47.57%，减值准备为 846 680 605.23 元，占原价的 1.34%，合计为 48.91%，大致上说明了该公司固定资产的总体质量。

需要说明的是，列示在该公司资产负债表上的固定资产账面价值，为该公司固定资产的原值，减去累计折旧（得净值）、减值准备（得净额）后的余额，加上正处在清理过程中的固定资产价值 18 497 590.71 元。

另外，以账面价值反映一个企业的固定资产，这种作为一种生产能力资产的价值，其实并不贴切，因为半成新的固定资产，并不表示其生产能力也为半成。因此，固定资产应以其原值，而非账面价值（净额），来表示其生产能力规模。该公司 2021 年期末固定资产原值较期初的原值 60 165 236 194.26 元增加了 2 977 382 106.18 元，增幅为 4.95%，说明该公司实际生产能力的增加较账面增加多出了 1.61 个百分点，绝对数将近 20 亿元。

（7）该公司 2021 年在建工程较 2020 年减少了 1 299 676 324.85 元，减幅为 43.09%，主要是港口及相关设备的投资建设，同时说明了相关投资正处在萎缩中。

（8）该公司 2021 年使用权资产较 2020 年增加了 689 155 909.09 元，上年为 0 元，即期末、期初一个价。其中，2021 年该公司使用权资产的原值合计为 930 446 560.24 元，累计折旧为 241 290 651.15 元，占原价的 25.93%，减值准备为 0 元。考虑到使用权资产是一个新的项目，其增加或减少也并非年初或年末一次性发生，以及其他一些因素对此项目的影响，如果大致上将 25.93%作为此类租赁资产的综合折旧率，可以估计出该公司使用权资产的平均租赁期为 4～5 年，这是符合融资租赁的相关规则的。

（9）该公司 2021 年无形资产较 2020 年减少了 503 097 606.89 元，减幅为 3.48%，主要是企业兼并导致的土地使用权价值的增加，占全部无形资产价值的 97.18%，其余有专利权、非专利技术、房屋使用权、软件使用权、专有技术、特许经营权、商标权和肖像权等的增加，其中本期末通过公司内部研发形成的无形资产占全部无形资产余额的 1.80%。

2021 年该公司期末无形资产的账面价值为 19 535 138 883.03 元，累计摊销为 5 599 262 482.39 元，占期末账面价值的 28.66%，减值准备为 380 466.66 元，占期末账面价值的 0.002%，大致反映了该公司无形资产的总体质量。

（10）该公司 2021 年开发支出期末余额为 0 元，期初为 2 801 886.80 元，加上本期投入金额 175 673 869.46 元，合计为 178 475 756.26 元，成功后在本期形成无形资产的金额为 35 022 681.96 元，占总额的 19.62%，失败而转入当期损益的金额为 143 453 074.30 元，占总额的 80.38%。

（11）该公司 2021 年商誉较 2020 年减少了 34 785 809.76 元，减幅为 12.16%，系该公司于本年度处置上海港政置业有限公司的股权所致。而商誉的形成源于该公司兼并时的出价高于被兼并企业账面净资产的公允价值的差额。

（12）该公司 2021 年长期待摊费用较 2020 年减少了 70 631 072.63 元，减幅为 1.55%，主要是码头港外设施和使用权资产改良支出等本期的摊销额大于其增加额的数额。

（13）该公司 2021 年递延所得税资产较 2020 年增加了 39 422 916.14 元，增幅为 3.23%，主要是资产减值准备、内部交易未实现利润、预提费用等的全面增加导致的结果。

（14）该公司 2021 年其他非流动资产较 2020 年增加了 402 334 345.72 元，增幅为 78.79%，主要是预付土地款、预付工程款等的全面增加所致。

总体而言，该公司的资产质量、经营状况和管理水平良好，对外投资热情很高，尤其是控股的热情。如果一定要找出一些瑕疵的话，那就只能是房地产项目了，但这应该是和大环境相关。

3. 流动负债项目分析

流动负债项目分析就是指对流动负债各项目按其顺序和内容，从水平和结构所进行的综合和具体分析，以评价该公司的流动负债各项目状况和质量。

（1）该公司 2021 年的短期借款较 2020 年增加了 503 481 055.77 元，增幅为 1 800.00%，主要是利率为 4.63%的信用借款的大幅增加所致。

（2）该公司 2021 年的应付短期融资券较 2020 年增加了 62 717 260.27 元，增幅为 1.25%，原因是新发行了 50 亿元短期债券，并兑付了上年发行的 50 亿元短期债券，增加额是前后两笔债券的息差。（注：应付短期融资券按新规则应归入交易性金融负债项目）

（3）该公司 2021 年的交易性金融负债较 2020 年减少了 36 973 884.59 元，减幅为 18.88%，其实就是“衍生金融负债”的本期减少额，但没有说明是远期合约、金融期货、金融期权、互换中哪一个项目的减少，还是公允价值变动的损失所致，相信应该是后者。（注：该公司自行增加了一个应付短期融资券项目，减少了一个衍生金融负债项目。或许是该公司的短期债券无法或不可交易，从而导致了混乱）

（4）该公司 2021 年的应付账款较 2020 年增加了 693 454 544.19 元，增幅为 14.03%，主要是应付劳务款和工程、设备采购款的增加。涉及的应付材料、商品采购款减少了，减幅大致也是不到 10%，与存货的减幅基本一致，说明该公司的存货管理还是有序的。

（5）该公司 2021 年的预收款项较 2020 年减少了 91 000 039.98 元，减幅为 61.39%，没有说明具体原因，只是各种预收款，包括租赁费。

（6）该公司 2021 年的合同负债较 2020 年增加了 699 519 838.61 元，增幅为 18.68%，主要是预收房款，以及上年度没有的预收劳务费。不过预收房款的大幅增加，有点儿出乎意料，也与之前的一些项目变化不匹配，估计是应收而非预收。

（7）该公司 2021 年的应付职工薪酬较 2020 年增加了 90 755 174.63 元，增幅为 7.9%，主要是辞退福利增加了 6 016 414.26 元，一年内到期的长期应付职工薪酬（应付统筹外福利）

增加了 84 468 237.00 元，合计为 90 484 651.26 元。

（8）该公司 2021 年的应交税费较 2020 年增加了 542 921 794.92 元，增幅为 77.5%，主要是增值税和所得税的大幅增加所致，分别为 430 396 268.96 元和 87 508 068.88 元，合计为 517 904 337.84 元，占全部增加额的 95.40%。

（8）该公司 2021 年的其他应付款较 2020 年增加了 297 049 922.26 元，增幅为 16.39%，主要是限制性股票回购义务等的增加。

（9）该公司 2021 年的一年内到期的非流动负债较 2020 年增加了 5 619 449 203.56 元，增幅为 431.57%，主要是一年内到期的长期借款的增加。

（10）该公司 2021 年的其他流动负债较 2020 年减少了 1 505 250 174.14 元，减幅为 44.79%，主要是可交换债券的减少。

总体而言，该公司的流动负债合计增加了 6 876 124 695.50 元，基本可以由一年内到期的长期借款的增加额抵消，其他项目的变化都属正常，符合之前对该公司经营状况的分析，除合同负债究竟是预收还是应收有纠结外。

4. 非流动负债项目分析

非流动负债项目分析就是指对非流动负债各项目按其顺序和内容，从水平和结构所进行的综合和具体分析，以评价该公司的非流动负债各项目状况和质量。

（1）该公司 2021 年的长期借款较 2020 年减少了 3 886 153 066.04 元，减幅达到了 20.38%，主要 60 亿元 3～5 年期的中期票据转为了一年内到期的非流动负债。该公司长期借款中信用借款增加了超过 9 亿元，担保借款超过了 14 亿元，说明了该公司流动负债的高比例上升和非流动负债的大比例下降，并非筹资政策的重大变化，而是中期票据的转换而已，并且长期借款的利率还低于短期借款的利率。

（2）该公司 2021 年的应付债券较 2020 年减少了 356 232 392.89 元，减幅为 2.18%，主要是该公司部分公司债转为了一年内到期的非流动负债，部分可交换债转为了其他流动负债所致。

（3）该公司 2021 年的租赁负债较 2020 年增加了 411 446 745.81 元，上年为 0 元。

（4）该公司 2021 年的长期应付款较 2020 年减少了 373 749 796.36 元，减幅为 33.54%，主要是关联方往来款的减少。

（5）该公司 2021 年的长期应付职工薪酬较 2020 年增加了 336 065 832.02 元，上年为 0 元，主要是新设定的离职后福利。

（6）该公司 2021 年的预计负债较 2020 年增加了 1 098 892.52 元，增幅为 314.95%，增幅很大，数额不大，没有说明内容。

（7）该公司 2021 年的递延收益较 2020 年增加了 70 383 232.46 元，增幅为 39.36%，主要是政府补助的增加。

（8）该公司 2021 年的递延所得税负债较 2020 年减少了 60 929 267.14 元，减幅为 7.68%，发生内容与递延所得税资产类同，借或贷的余额取决于不同业务的会计处理结果，主要是非同一控制下企业合并资产的评估增值等。

（9）该公司 2021 年的其他非流动负债较 2020 年增加了 18 644 064.95 元，增幅为 25.37%，内容是质量保证金的增加。

总体而言，该公司流动负债的大幅上升远超非流动负债的减少数额，非流动负债的减少额占流动负债增加额的55.84%，从而导致负债合计为正，似乎是此升彼降的结果。但如果了解了一年内到期的非流动负债和其他流动负债的内容后即可知，这两个项目的构成基本都是非流动负债项目的一年内到期部分，说明了该公司的筹资政策基本没有变化。

5. 股东权益（所有者权益）项目分析

股东权益（所有者权益）项目分析就是指对净资产各项目按其顺序和内容，从水平和结构所进行的综合和具体分析，以评价该公司的净资产各项目状况和质量。

（1）该公司股本2021年较2020年增加了105 005 100.00元，增幅为0.45%，内容是向符合授予条件的209名激励对象授予10 500.51万股上港集团A股限制性股票，首次授予的授予价格为2.212元/股，总额为232 271 281.20元，进库存股项目等待流通，但并未公布流通条件（限制性条件）。其中，105 005 100.00元进股本，127 266 181.20元进资本公积。

（2）该公司2021年资本公积较2020年增加了107 883 099.10元，增幅为1.12%，主要是增资（发行限制性股票），以及兼并导致的股本溢价的变化，可见，兼并总体是以低于股本面值的价格收购。

（3）该公司2021年的其他综合收益较2020年增加了575 664 361.47元，增幅为142.30%，主要是重分类进损益的其他综合收益大幅上升所致，说明该公司非日常经营活动形成的利得增加了。

（4）该公司2021年的专项储备较2020年增加了4 538 861.51元，增幅为30.87%，原因就是计提的安全生产费大幅增加了。

（5）该公司2021年的盈余公积较2020年增加了698 874 521.73元，增为8.38%，原因就是利润增加导致的法定盈余公积的增加，但该公司似乎对任意盈余公积、储备基金、企业发展基金等的公积提取一贯没有兴趣。

（6）该公司2021年的未分配利润较2020年增加了11 013 235 414.76元，增幅为23.97%，主要是利润分配的增加小于获得利润的增加导致的累计未分配利润的增加，说明了该公司股利分配政策一贯保守。

（7）该公司2021年的归属于母公司所有者权益的份额合计较2020年增加了12 272 930 077.37元，增幅为14.02%。

（8）该公司2021年的归属于少数股东权益的份额合计较2020年减少了446 900 481.86元，减幅为5.28%。

需要说明的是，以上两个项目原则上不属于资产负债表的报表项目，只是对所有者权益项目合计的归属计算，报表附注也不要求提供相关信息。至于在母公司权益份额增加的同时发生子公司的权益份额减少，或许是因为集团总体母、子公司股份份额的此增彼减，也或许是集团内盈利公司中母公司的股份更高些，而亏损公司中子公司的股份相对更高一些。

总体而言，无论是资产管理、筹资政策，还是净资产配置，均可体现出该公司谨慎、理性、保守，又不失进取的行为模式。

14.3.2 资产负债表指标分析

资产负债表指标分析是指，仅通过资产负债表有关项目提供的相关数据所形成的财务指标分析、评价企业的财务状况和偿债能力。

根据表 14-1 的数据及其他数据，可以计算上港集团 2021—2020 年资产负债表中的各相关指标，如表 14-2 所示。

表 14-2　上港集团 2021—2020 年资产负债表相关指标

项目	2021 年	2020 年	增减比率	增减百分点
流动比/倍	1.73	1.95	−11.28%	−0.22
速动比/倍	1.238	1.243	−0.40%	−0.005
现金比/倍	0.98	0.93	5.38%	0.05
资产负债率	36.88%	38.445%	−4.07%	−1.565
产权比/倍	0.58	0.62	−6.45%	−0.04
权益乘数/倍	1.58	1.62	−2.47%	−0.04

注：所有指标均按期末数直接计算，不考虑平均数。

1. 流动比指标分析

表 14-2 说明，该公司 2021 年的流动比为 1.73 倍，较 2020 年的 1.95 倍下降了 0.22 个百分点，下降比率是 11.28%，比 1.5 倍的合理倍数稍高，但比 2020 年更合理。

流动资产占用无非就是货币资金占用，或应收款项占用，或存货占用。若为货币资金大量占用，则说明企业缺乏良好的投资机会，资金闲置成本增加（因存款利率永远小于贷款利率）。若为应收款项大量占用，则说明企业销售回笼不畅，产品或服务的市场地位不高，资金占用成本增加，并可能发生大量坏账。若为存货大量占用，则一方面说明企业的产销不畅、市场地位不高，存货存在积压、变质、贬值等导致成本增加的因素；另一方面也说明与供应单位的沟通、协调不畅，并同时体现出存货与应付款项此增彼减的结果，形成不同的流动比。

2. 速动比指标分析

该公司 2021 年的速动比为 1.238 倍，较 2020 年的 1.243 倍下降了 0.005 个百分点，下降比率是 0.40%，均高于 1 倍的合理倍数，说明该公司的短期偿债能力正常。相对流动比较大的差异，扣除存货后的速动比基本持平了，说明存货的占比下降了，还可以继续下降。

3. 现金比指标分析

该公司 2021 年的现金比为 0.98 倍，较 2020 年的 0.93 倍上升了 0.05 个百分点，上升比率是 5.38%，均高于 0.3～0.5 倍的合理倍数，显示该公司的货币资金与流动负债几乎持平，显然不太合理，说明该公司的货币资金似乎太多了。

综合以上三个指标，总体合理，但货币资金明显过高，应收款项和存货较一般制造企业则偏低，是一比较典型的垄断性服务型企业。

4. 资产负债率指标分析

该公司 2021 年的资产负债率为 36.88%，较 2020 年的 38.445%下降了 1.565 个百分点，下降比率是 4.07%。应该说该公司的资产负债率都偏低，2020 年则更低，明显说明了该公司不差钱的现状，但不差钱的同时又说明，由于该公司本业生产能力饱和导致的对自身投资的增长缓慢，以及缺乏对外投资的良好机会。

至于产权比指标和权益乘数指标，因其内涵与资产负债率一致，故分析结论类同。三者之间的关系式为：权益乘数=产权比+1，产权比=权益乘数−1，资产负债率×权益乘数=产权比。

5. 其他资产负债表财务指标分析

通过资产负债表，除可以计算以上财务指标外，还可以计算一些其他财务指标，比如资本化比率、有息债务和股东权益比等。资本化比率又称长期负债率，其计算公式为：资本化比率=长期负债/（长期负债+股东权益）×100%，表明一个企业的全部资本中债务资本来源的占比；有息债务和股东权益比=（短期借款+一年内到期的长期负债+长期借款+应付债券+长期应付款）/股东权益，表明一个企业的全部有息债务与股东权益之比。

本章小结

资产负债表所提供的是企业静态财务状况信息，而正确和完整地了解财务状况是企业生产经营过程中最核心的问题之一，因为一个企业的财务状况如何，直接关系着企业的生存与发展。本章以上港集团 2021 年的公开资产负债表为依据，重点阐述了资产占用、资产结构，资金来源、来源结构对企业财务状况的影响，以及资产负债表纵、横向结构，资产负债表各会计项目的分析和企业偿债能力指标的计算、分析、评价的内容和方法。

一个企业的资产占用和资产结构是否合理，关系到企业资源的有效配置、利用效果和应对经营风险的能力；而一个企业的资金来源和来源结构是否合理，则又综合地体现了一个企业的经济实力、市场地位和应对财务风险的能力，而且直接影响到企业未来的稳定发展。

本章习题

一、单项选择题

1. 资产负债表主要提供有关企业（　　）方面的信息。

　A. 财务状况　　B. 经营成果　　C. 现金流量　　D. 发展趋势

2. 如果按公允价值计价，资产负债表中投资性房地产项目反映的是（　　）。

A. 投资发生时的账面价值　　B. 投资发生时的市值
C. 决算日的账面价值　　D. 决算日的市值

3. 存货发生减值是因为（　　）。
A. 采用先进先出法　　B. 采用后进先出法
C. 可变现净值低于账面成本　　D. 可变现净值高于账面成本

4. 企业资本结构发生变动的原因是（　　）。
A. 发行新股　　B. 资本公积转股
C. 盈余公积转股　　D. 以未分配利润送股

二、多项选择题

1. 资产负债表分析的意义主要表现在（　　）。
A. 分析企业资产的分布及利用状况　　B. 分析企业所承担的债务类型及偿还时间
C. 分析企业净资产及其形成原因　　D. 分析企业财务状况的现状和发展趋势

2. 引起股东权益结构变动的情况有（　　）。
A. 发行新股　B. 配股　C. 资本公积转股　D. 盈余公积转股

3. 进行负债结构分析时必须考虑的因素有（　　）。
A. 负债规模　B. 负债成本　C. 债务偿还期限　D. 财务风险

4. 资产负债表分析包括（　　）。
A. 水平分析　B. 结构分析　C. 项目分析　D. 指标分析

三、判断题

1. 资产负债表中某项目的变动幅度越大，对资产或权益的影响就越大。（　　）
2. 如果本期总资产比上期有较大幅度增加，表明企业本期经营卓有成效。（　　）
3. 资产负债表结构分析通常采用水平分析法。（　　）
4. 权益乘数=产权比+1。（　　）

四、简答题

1. 简述资产负债表水平分析和垂直分析。
2. 简述资产结构分析的意义，影响资产结构的因素有哪些。
3. 简述资产负债表指标分析的意义。
4. 比较资产负债率、产权比、权益乘数三个指标之间的关系。

五、计算题

某企业是一家上市公司，其年报有关资料如表 14-3 所示。

表 14-3　资产负债表　　金额单位：万元

资产	期初数	期末数	负债及股东权益	期初数	期末数
流动资产：			流动负债：		
货币资金	8 679	20 994	短期借款	30 596	37 225
衍生金融资产		973	应付账款	2 578	5 238
应收账款	9 419	13 596	应付职工薪酬	478	508
应收票据	3 489	7 215	应交税费	510	461

续表

资产	期初数	期末数	负债及股东权益	期初数	期末数
其他应收款	12 873	18 730	其他应付款	5 878	7 654
存货	13 052	16 007	流动负债合计	40 040	51 086
其他流动资产		229	长期负债	640	320
流动资产合计	47 512	15 778	负债合计	40 680	51 406
长期投资	2 828	3 277	股东权益：		
固定资产	40 202	68 185	股本	16 535	24 803
在建工程	10 169	15 246	资本公积	25 752	17 484
无形资产	978	1 534	盈余公积	6 017	7 888
其他非流动资产	690	1 384	未分配利润	13 395	19 225
非流动资产合计	54 867		股东权益合计	61 699	69 400
合计	102 379	120 806	合计	102 379	120 806

要求：根据以上资料从资产负债表结构和财务指标两方面，对该公司的财务状况进行分析并作出评价。

参考答案

一、单项选择题

1. A　2. D　3. C　4. A

二、多项选择题

1. ABCD　2. ABCD　3. ABC　4. ABCD

三、判断题

1. ×　2. ×　3. ×　4. √

第 15 章

利润表分析

学习目标

1. 了解企业盈利结构水平对盈利质量的影响。

2. 掌握企业盈利能力、营运能力的主要分析评价指标。

3. 明确利润表的会计项目分析评价方法。

4. 理解利润表中的利得、损失项目，以及其他综合收益项目的发生内容，以便合理进行利润表的综合分析。

学习重点

1. 通过对上港集团净利的水平和结构分析，评价该企业净利的分布、质量，以及对未来发展趋势的影响。

2. 通过对利润表项目的指标和会计分析，对该企业各种资源的利用情况作出评价，进而对该企业经营成果的真实性和可靠性，以及所面临的经营和财务风险作出整体评价。

利润表是反映企业在一定会计期间经营成果的报表，通常按照各项收入、成本费用，以及构成利润的各个项目分类、分项列示。因此，对利润表的分析不仅能够了解企业的盈利能力和发展趋势，并且，如果与资产负债表结合分析还能评价企业的营运能力、发展能力，以及长期偿债能力；如果与现金流量表的净流量比较，还可以了解企业盈利的质量。因此，利润表是会计报表使用者最为关心的三大会计报表之一，报表分析者应该要善于利用利润表所揭示的信息，了解企业的经营质量，发现企业筹资和投资决策的依据。

15.1　利润表分析的意义

企业利润表反映的利润，如果纯粹从算术角度，就是指一个企业的各种收入减去与之配比的各项成本、费用、支出、利得或损失后的余额；但如果从经营角度，它表达的则是一个企业经营活动阶段性的财务成果或经营成果。而利润计算的意义在于，它是企业和社会积累与扩大再生产的重要源泉，是反映企业经营业绩的最重要指标，是企业投资、筹资与经营决策的重要依据，因而对利润表分析所应包括的内容可以用图 15-1 表示。

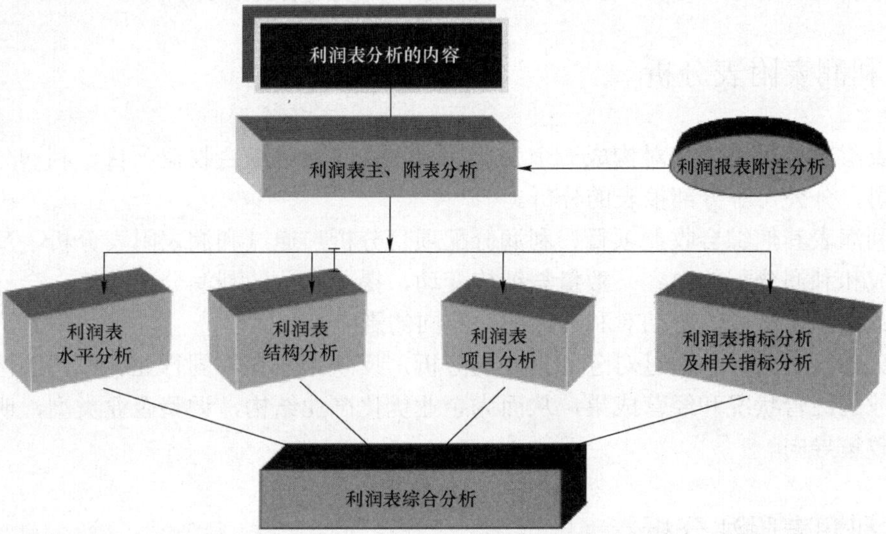

图 15-1　利润表分析的内容

15.1.1　利润表主表分析

对利润表主表分析，主要是对各项利润（毛利、营业利润、税前利润、税后利润、其他综合收益等）的环比增减变动、结构变动，以及影响各项利润发生的收入、成本，利得、损失等进行分析。

（1）环比增减变动分析。通过对利润表项目的水平分析，从各项利润的形成角度，反映利润额的环比变动情况，揭示企业在各项利润形成过程中的经营管理业绩、发展趋势，以及存在的不足和问题。

（2）结构变动分析。主要是在对利润表项目进行垂直结构分析的基础上，揭示各项利润与相应的收入、成本费用之间的配比关系，以反映企业各环节的利润构成、收入和成本费用的发生水平，以及其合理程度。

（3）利润表各项目分析。企业收入项目分析的内容包括：各项收入和利得的确认与计量分析，影响各项收入和利得的价格因素、销量因素、其他因素，以及会计政策使用等因素的分析，利润表各项收入和利得的构成内容分析，以及收入和利得的现金回笼程度分析（这需要结合资产负债表和现金流量表一并分析）等。利润表各项目分析还包括成本、费用分析。成本费用分析包括产品销售成本分析、期间费用分析和其他支出分析，其中产品销售成本分析包括销售总成本分析和单位销售成本分析，期间费用分析主要包括销售费用分析、管理费用分析和财务费用分析，其他支出分析则主要是指各项损失分析、营业外支出和所得税费用分析，以及成本的现金流出程度分析（这也需要结合资产负债表和现金流量表一并分析）等。

（4）利润表指标分析和综合分析。利润表指标分析是指，通过计算利润表有关项目提供的相关数据，以及利润表与资产负债表相关的项目提供的数据所形成的财务指标，分析、评价企业的盈利能力、周转能力和偿债能力。并在水平和结构分析、项目分析和指标分析的基础上，进行利润表的综合分析，以对利润表从整体角度进行综合评价。

15.1.2　利润表附表分析

利润表附表分析主要是对构成一个企业综合收益的其他综合收益项目、利润分配项目，以及子公司、分公司等分部报表的分析。

（1）利润表其他综合收益项目、利润分配项目分析。通过利润表附表分析，反映企业综合收益构成和利润分配的内容、数量与结构变动，揭示企业的利润分配政策、会计政策，以及国家有关法律、法规的变动对利润形成、流向的影响。

（2）分部报表分析。通过对分部报表的分析，反映企业在不同行业、不同地区，以及不同类型企业的经营状况和经营成果，从而为企业优化产业结构，调整企业类型，明晰战略、战术提供政策导向。

15.1.3　利润表附注分析

利润表附注分析主要是根据利润表附注或财务情况说明书等相关详细信息，分析说明企业利润表主表及附表中的各会计政策变更、重要项目的变动情况，以及其他对各会计项目的详细说明信息，以深入揭示利润形成及分配变动的主、客观原因及其结果。

财务报表分析通常应该从利润表分析开始，一方面的原因是，利润是一个企业的财务成果，而资产表现的是创造这一成果的能力，至于现金流量，则反映了这一财务成果的质量；另一方面的原因是，中国文化比较注重结果，通常不太关注形成结果的过程。而本书没有遵照这一逻辑安排分析过程，主要是基于财务报表本身的属性，这一属性就是，资产负债表是唯一主表，利润表和现金流量表本质上是资产负债表的附表。

15.2　利润表水平和结构分析

利润表水平和结构分析的目的就是从横向和纵向两个方面概括地分析一个企业收入、费用等的变动情况及其趋势，以便从水平和垂直两个方面对利润表各项目的变动及其原因作出解释并进行分析评价。

仍以上港集团 2021 年合并利润表年报为例，其分析所需相关数据如表 15-1 所示。

表 15-1　上港集团 2021 年合并利润表水平和结构表　　金额单位：元

项目	期末数	期初数	差额	变动率/%	期末结构占比/%	期初结构占比/%
一、营业收入	34 288 697 334.43	26 119 460 820.07	8 169 236 513.93	31.276	100	100
二、营业总成本	26 592 438 570.19	21 529 016 229.34	5 063 422 340.85	23.52	77.554 5	82.425
其中：营业成本	20 329 436 294.08	16 628 540 181.16	3 700 896 112.92	22.256	59.29	63.66

续表

项目	期末数	期初数	差额	变动率/%	期末结构占比/%	期初结构占比/%
税金及附加	879 780 283.72	492 346 868.49	387 433 415.23	78.69	2.566	1.885
销售费用	164 331 521.27	160 294 046.47	4 037 474.80	2.52	0.48	0.61
管理费用	4 168 416 531.59	3 323 839 504.16	844 577 027.43	25.41	12.157	12.726
研发费用	143 453 074.30	82 343 710.04	61 109 364.26	74.21	0.42	0.315
财务费用	907 020 865.23	841 651 919.02	65 368 946.21	7.77	2.645	3.22
其中：利息费用	1 025 159 017.33	1 108 479 142.57	−83 320 125.24	−7.52	—	—
利息收入	256 061 657.03	315 144 145.47	−59 082 488.44	−18.75	—	—
加：其他收益	724 533 673.33	579 170 121.46	145 363 551.87	25.10	2.11	2.22
投资收益	10 092 571 860.15	5 321 617 024.59	4 770 954 835.56	89.65	29.43	20.37
其中：对联营企业和合营企业的投资收益	9 717 065 679.33	5 126 738 201.76	4 590 327 477.57	89.54	—	—
以摊余成本计量的金融资产终止确认收益						
净敞口套期收益						
公允价值变动收益	324 057 427.26	160 617 547.92	163 439 879.34	101.757	0.945	0.615
信用减值损失	−37 178 240.19	−25 463 781.57	−11 714 458.62	46.00	0.11	0.098
资产减值损失	−860 261 466.34	−69 703 427.03	−790 558 039.31	1 134.17	2.51	0.27
资产处置收益	−79 209 145.24	29 585 458.16	−108 794 603.40	−367.73	0.23	0.11
汇兑收益						
三、营业利润	17 860 772 873.21	10 586 267 534.26	7 274 505 338.95	68.716	52.09	40.53
加：营业外收入	135 890 619.15	37 077 716.24	98 812 902.91	266.50	0.396	0.14
减：营业外支出	35 279 465.75	49 082 467.20	−13 803 001.45	−28.12	0.103	0.188
四、利润总额	17 961 384 026.61	10 574 262 783.30	7 387 121 243.31	69.86	52.38	40.484
所得税费用	2 480 664 032.45	1 390 859 454.64	1 089 804 577.81	78.355	7.235	5.325
五、净利润	15 480 719 994.16	9 183 403 328.66	6 297 316 665.50	68.57	45.15	35.16
（一）按经营持续性分类						
1. 持续经营净利润（净亏损以"−"号填列）	15 480 719 994.16	9 183 403 328.66	6 297 316 665.50	68.57	96.42	93.32
2. 终止经营净利润（净亏损以"−"号填列）						
（二）按所有权归属分类						
1. 少数股东损益	798 670 933.10	876 260 120.20	−77 589 187.10	−8.855		
2. 归属于母公司股东的净利润	14 682 049 061.06	8 307 143 208.46	6 374 905 852.60	76.74		

续表

项目	期末数	期初数	差额	变动率/%	期末结构占比/%	期初结构占比/%
六、其他综合收益的税后净额	573 880 124.36	657 555 565.18	−83 675 440.82	−12.725	3.58	6.68
归属母公司所有者的其他综合收益的税后净额	575 664 361.47	657 752 785.08	−82 088 423.61	−12.48		
(一)不能重分类进损益的其他综合收益	27 660 133.97	24 585 393.08	3 074 740.89	12.51		
1. 重新计量设定受益计划变动额	−301 655.09		—	—		
2. 权益法下不能转损益的其他综合收益	27 961 789.06	24 585 393.08	3 376 395.98	13.73		
(二)将重分类进损益的其他综合收益	548 004 227.50	633 167 392.00	−85 163 164.50	−13.45		
1. 权益法下可转损益的其他综合收益	290 260 521.48	−48 447 000.99	338 707 522.47	699.13		
2. 其他债权投资公允价值变动						
3. 金融资产重分类计入其他综合收益的金额						
4. 其他债权投资信用减值准备						
5. 外币财务报表折算差额	257 743 706.02	681 614 392.99	−423 870 686.97	−62.19		
6. 其他						
归属于少数股东的其他综合收益的税后净额	−1 784 237.11	−197 219.90	−1 587 017.21	804.69		
七、综合收益总额	16 054 600 118.52	9 840 958 893.84	6 213 641 224.68	63.14		
归属于母公司所有者的综合收益总额	15 257 713 422.53	8 964 895 993.54	6 292 817 428.99	70.19		
归属于少数股东的综合收益总额	796 886 695.99	876 062 900.30	−79 176 204.31	−9.04		
八、每股收益						
(一)基本每股收益(元/股)	0.633 6	0.358 5	0.275 1	76.74		
(二)稀释每股收益(元/股)	0.633 6	0.358 5	0.275 1	76.74		

15.2.1　利润表水平分析

利润表表水平分析也称横向或趋势分析，就是根据企业连续数期的财务报表，通过比较报表中各个有关项目的金额、增减方向和幅度，评判当期各项收入和各项支出，经营损益和非经营损益的增减变化，及其未来发展趋势的一种方法。

根据表 15-1 利润表的相关数据，作利润表关键项目水平、结构变动图，如图 15-2 所示。

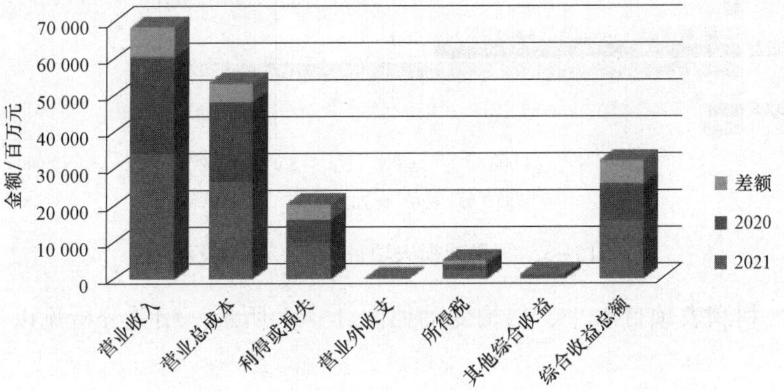

图 15-2　利润表关键项目水平、结构变动图

可以根据表 15-1 和图 15-2 的相关项目内容，分别作分析说明如下。

（1）2021 年上港集团营业收入较上年增加了 8 169 236 513.93 元，增幅为 31.28%，主要是主营业务收入的大幅增加，即港口收入（母公司收入）的大幅增长所致。

（2）2021 年该公司营业总成本较上年增加了 5 063 422 340.85 元，增幅为 23.52%，较营业收入的增加低了大致 7.76 个百分点，较营业成本增长率 22.256%高了 1.264 个百分点。在所有营业总成本中，流转税的增幅最高，为 78.69%，其次为研发费用 74.21%和管理费用 25.41%，但除税金和研发费用外，所有营业总成本项目占营业收入的比重均有不同程度下降，说明该公司的成本管理工作是合理和有效的。

（3）2021 年该公司利得或损失较上年增加了 4 168 691 165.44 元，增幅为 69.53%，主要是对联营和合营企业的投资收益的上升，增幅为 89.54%，远超营业收入的增幅。而该公司 2021 年长期股权投资较 2020 年只是增加了 6 547 476 203.78 元，增幅为 12.30%，可见该公司的投资效益。利得或损失项目水平、结构变动如图 15-3 所示。

（4）2021 年该公司营业外收支净额较上年增加了 85 009 901.46 元，增幅为 98.66%，主要是营业外收入的大幅增长所致。

（5）2021 年该公司所得税费用较上年增加了 1 089 804 577.81 元，增幅为 78.355%，而该公司 2021 年所得税占利润总额的 13.81%，2020 年为 13.15%，如果假设税率是稳定的，那就说明该公司的利润增长基本是经营的结果，而非会计的结果。

（6）2021 年该公司综合收益总额较上年增加了 6 213 641 224.68 元，增幅为 63.14%，而同期该公司净利润增长了 6 297 316 665.50 元，增幅为 68.57%，高于综合收益总额的增长，说明该公司其他综合收益的增幅较低，影响了综合收益总额的增幅。

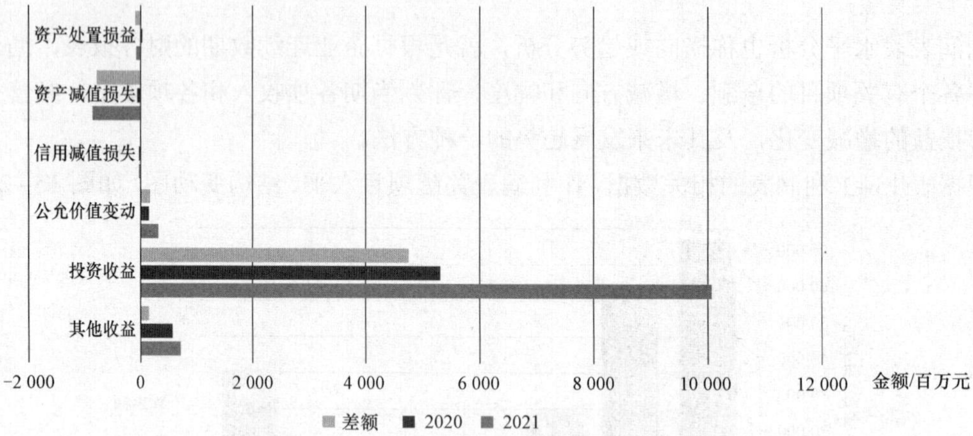

图 15-3 利得或损失项目水平、结构变动图

总体而言，利润表项目水平、结构变动如图 15-4 所示，相关分析见以下的结构分析和项目分析。

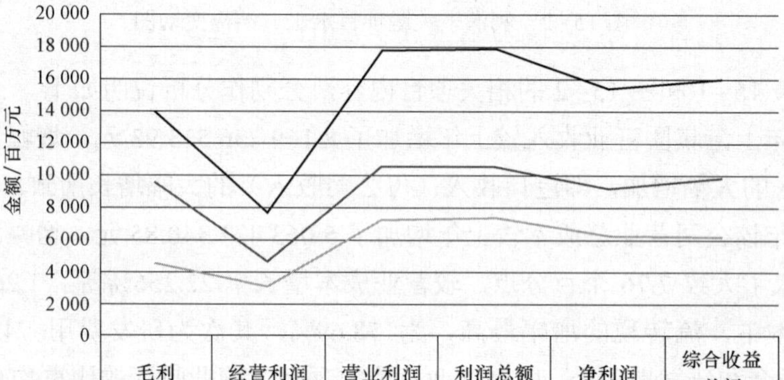

	毛利	经营利润	营业利润	利润总额	净利润	综合收益总额
2021	13 959	7 696	17 861	17 961	15 481	16 055
2020	9 491	4 591	10 586	10 574	9 183	9 841
差额	4 468	3 106	7 275	7 387	6 297	6 214

其中：经营利润 = 营业收入 − 营业总成本

图 15-4 利润表项目水平、结构变动图

15.2.2 利润表结构分析

利润表结构分析，是将利润表各项目与相关项目合计相比，计算出该项目在项目合计中所占的比重，以评价各项目的相对重要性。同时，结构分析还可以将各项目的结构与不同时期的数据，或者是同行业的同期水平相比较，从而分析其所占比重的合理性及其成因，进而判断

企业各项收支的合理性，以及利润报表的总体结构关系的分析方法。通过结构分析，还可以帮助了解不同企业利润项目构成的不同内容和特点，以及各自在利润表中的相对重要性。

1. 营业总成本项目的结构分析

营业总成本项目的结构分析，就是将营业总成本各项目进行具体分拆，然后分别计算每一个项目各自占营业总成本的比重，并就这些比重所发生的变化，以及涉及的一些相关关系进行的理性分析。当然，本着抓大放小的原则，也可仅针对那些重要项目的变化进行分析。

仍根据表15-1的相关资料，作上港集团2021年营业总成本项目结构图，如图15-5所示。

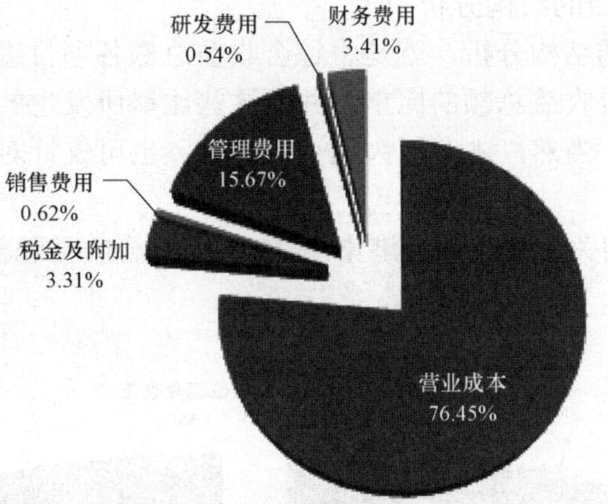

图15-5 营业总成本项目结构图

根据表15-1和图15-5的相关内容，分别作说明如下。

（1）2021年该公司的营业成本占营业总成本的比重为76.45%，较上年的77.24%下降了0.79个百分点，说明该公司的营业成本相对下降了。因为，港口企业的营业成本基本为码头、设备、人工等固定性费用居多，一般此类成本的下降均应与效率提升后的相对下降相关。

（2）2021年该公司的税金及附加占总成本的比重为3.31%，较上年的2.29%上升了1.02个百分点，增幅为44.54%，说明有较大幅度的上升，应该加以关注。

按现行规则，税金及附加项目的内容除原有的消费税、城建税、资源税和教育费附加等外，还包括原属“管理费用”项下核算的房产税、土地使用税、车船使用税、印花税、土地增值税等。一般而言，房产税、土地使用税、车船使用税、印花税等相对稳定，该公司理论上也不应该存在消费税和资源税，故该公司税金及附加项目的变动主要应该与城建税和教育费附加，以及土地增值税相关。另外，税金及附加项目的内容中尽管没有包含增值税，但城建税和教育费附加却是根据本期实际缴纳的增值税和其他流转税计算的，故分析税金及附加项目的变动还应考虑增值税进、销项税的变化，即营业收入和存货的增减变动。

（3）2021年该公司的销售费用占营业总成本的比重为0.62%，较上年的0.74%下降了0.12个百分点，说明该公司的销售费用也相对下降了。销售费用一般包括广告费用、专设销售机构的费用和销售佣金，似乎该公司都没有必要花费，估计主要是其子公司的支出。

（4）2021年该公司的管理费用占营业总成本的比重为15.67%，较上年的15.44%上升了

0.23 个百分点，同样说明该公司的管理费用相对下降了，管理效率提升了。

（5）2021 年该公司的研发费用占营业总成本的比重为0.54%，较上年的0.38%上升了0.16个百分点，但似乎不太足，应该有更多上升。

理论上，研发支出进费用账户，而非资产负债表的开发支出账户，通常说明，或是项目小，或是对未来的预期不确定。就该公司而言，应该是项目较小的原因。

（6）2021 年该公司的财务费用占营业总成本的比重为3.41%，较上年的3.91%下降了0.50个百分点，主要是因为利息收入下降了 18.75%，而利息费用只是下降了 7.52%。不过同期，公司的货币资金增长了 37.45%。

2. 综合收益总额项目的结构分析

综合收益总额项目的结构分析，就是将综合收益总额各项目进行具体分拆，然后分别计算每一个项目各自占综合收益总额的比重，并就这些比重所发生的变化，以及涉及的一些相关关系进行的理性分析。当然，本着抓大放小的原则，也可仅针对那些重要项目的变化进行分析。

仍根据表 15-1 的相关资料，作上港集团 2021 年综合收益总额项目结构图，如图 15-6 所示。

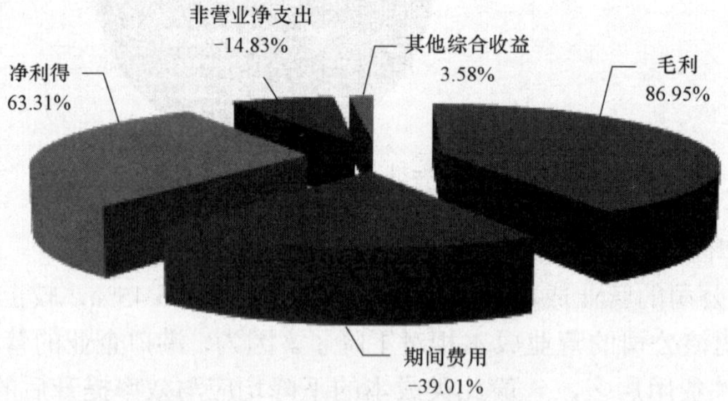

图 15-6 综合收益总额项目结构图

根据表 15-1 和图 15-6 的相关内容，作分析说明如下。

2021 年，构成该公司全部综合收益的盈利来源主要分三大块，其中毛利，即销售利润，是该公司全部综合收益的最大来源，占全部综合收益的比重为 86. 95%；其次是净利得，占全部综合收益的比重为 63.31%；其他综合收益的占比最低，对全部综合收益的贡献最小，只占 3.58%，几乎可以忽略。

影响该公司全部综合收益取得的，导致综合收益总额减少的因素则主要是两大块，期间费用和非营业净支出。其中期间费用（包括税金及附加、销售、管理、研发和财务费用）占综合收益总额的比重为 39.01%；而非营业净支出（包括营业外收支净额和所得税费用）占综合收益总额的比重为 14.83%。

如果从纵向看，2020 年该公司毛利、期间费用、净利得、非营业净支出和其他综合收益占综合收益总额的比重分别为 96.44%、-49.80%、60.93%、-14.26%、6.68%。2021 年以上 5 个项目较 2020 年的增减幅度则分别为 47.08%、27.81%、69.53%、69.66%、-12.73%。如果再考虑结合图 15-4 的结构变动，显然，该公司 2021 年较 2020 年，利润表中 5 个大类项目对综合收益总额的影响顺序应该是净利得、毛利、其他综合收益、非营业净支出、期间费用，其中，前三项为正面影响，后两项为负面影响。

总体而言，2021 年该公司的毛利较 2020 年是增加的，增幅为 47.08%，只是期间费用的大幅上升，削弱了毛利的提升对综合收益总额的影响程度，不过净利得的高速上升弥补了期间费用的影响，说明该公司营业利得的提升影响超过了期间费用提升的影响。同时，由于毛利的提升总是有限，投资、扩张估计是该公司未来战略的一个主攻方向。

15.3　利润表项目分析

利润表项目分析就是指，根据利润表各项目的具体内容，从水平、结构和会计 3 个角度，就那些主要项目所发生的变化，它们之间的相互关系，以及与其他报表项目之间的勾稽关系，所进行的一种财务分析。

仍根据表 15-1 的相关数据和内容，结合报表附注的说明，对上港集团 2021 年利润表中的各项目，分别作具体分析如下。

（1）该公司 2021 年营业收入较上年增加了 8 169 236 513.93 元，增幅为 31.28%，主要是占 97.07%的主营业务收入的上升，也就是港口类业务的上升。

（2）该公司 2021 年营业成本较上年增加了 3 700 896 112.92 元，增幅为 22.26%，同样主要是占 97.58%的主营业务成本的上升，也就是港口类业务的上升。

（3）该公司 2021 年税金及附加较上年增加了 387 433 415.23 元，增幅为 78.69%，主要是土地增值税的增加，增加的绝对额占全部税费增加额的 90.31%，增幅达 99.56%，其次是城市维护建设税的增幅 110.09%，教育费附加的增幅 53.12%。

按现行规则，税金及附加科目的内容除原有的消费税、城建税、资源税和教育费附加等外，还包括原属“管理费用”项下核算的房产税、土地使用税、车船使用税、印花税、土地增值税等。一般而言，房产税、土地使用税、车船使用税、印花税等相对稳定，该公司理论上也不应该存在消费税和资源税，故该公司税金及附加项目的变动明显应该与城建税和教育费附加，以及土地增值税相关。因为，税金及附加项目的内容中尽管没有包含增值税，但由于城建税和教育费附加是根据本期实际缴纳的增值税和其他流转税的比例计算的，故分析税金及附加项目的变动就应考虑增值税进、销项税的变化，或本期营业收入和存货的变化。

（4）该公司 2021 年销售费用较上年增加了 4 037 474.80 元，增幅为 2.52%，主要是销售佣金、物业管理费、职工薪酬费用的大幅增长，增幅分别为 83.82%、120.29%、90.26%，与此形成鲜明对比的是租赁费用，减幅达到 81.52%，也就是降了 8 成多，似乎是隐含说明该公司以前销售机构是租房，是房客；而现在是业主了，成房东了。

（5）该公司 2021 年管理费用较上年增加了 844 577 027.43 元，增幅为 25.41%，主要是职工薪酬费用的增加，增幅为 81.3%。管理费用基本是一种固定性费用，虽然该公司管理费用的增长低于营业收入的增长，但如此高比例还是欠缺合理性的。

（6）该公司 2021 年研发费用较上年增加了 61 109 364.26 元，增幅为 74.21%，主要是一些软件系统的开发。理论上，研发支出进费用账户，而非资产负债表的开发支出账户，通常说明，或是项目小，或是对未来的预期不确定。

（7）该公司 2021 年财务费用较上年增加了 65 368 946.21 元，增幅为 7.77%，主要是汇兑损失的增加，增幅为 285.17%。通常，人民币升值对进口企业有利，而对出口企业不利；贬值则相反。比如，出口价值 100 万美元的商品或劳务，此时汇率为 1∶6.5，说明你垫付了 650 万元人民币，假设未来 3 个月后收钱，预期到时汇率为 1∶7，则你可以收到 700 万元人民币；如果预期为 1∶6，则到时你可以收到 600 万元人民币。

（8）该公司 2021 年其他收益较上年增加了 145 363 551.87 元，增幅为 25.10%，几乎全部是政府补助，历年如此，且内容广泛。

（9）该公司 2021 年投资收益较上年增加了 4 770 954 835.56 元，增幅为 89.65%，主要是按权益法核算的长期股权投资收益，以及处置长期股权投资产生的投资收益，说明该公司的对外投资业务主要是实体投资，效益比主营业务更好。

（10）该公司 2021 年公允价值变动收益较上年增加了 163 439 879.34 元，增幅为 101.76%，主要是对其他非流动金融资产的大幅增长所致，增幅为 15.87 倍，原因是所投资基金的期末公允价值大幅上升。

（11）该公司 2021 年信用减值损失较上年减少了 11 714 458.62 元，减幅为 46.00%，主要是长期应收款坏账损失增加了 3.59 倍。

（12）该公司 2021 年资产减值损失较上年减少了 69 703 427.03 元，减幅为 1 134.17%，主要是长期股权投资减值损失和固定资产减值损失。一面是投资收益的大幅增长，另一面又是投资减值的更大幅度增长，同时长期股权投资也以较大幅度增长。说明该公司长期股权投资的增长比其账面增长更大，超过了减值准备的增长，而其投资收益的增长显然与更多的长期股权投资的增长相关。乐观的是，至少投资收益增长的绝对额远超减值准备增长额，尽管都是账面增长。

（13）该公司 2021 年资产处置收益较上年减少了 108 794 603.40 元，减幅为 367.73%，其实就是从上年的正收益转变为本年的负收益，即损失了，原因主要是无形资产的处置损失。不过算正常，如果无形资产处置还能产生正收益，就不正常了。

总体上，该公司 2021 年营业利润较上年增加了 7 274 505 338.95 元，增幅为 68.72%，主要是得益于毛利的大幅上升和投资收益的高速上升所致。不过，毛利的上升是实在的，是有现金流保证的，而净利得的上升是虚的，只是账面上的。

（14）该公司 2021 年营业外收入较上年增加了 98 812 902.91 元，增幅为 266.50%，主要是各种形式的政府补贴，以及固定资产处置利得的大幅增加所致。

（15）该公司 2021 年营业外支出较上年减少了 13 803 001.45 元，减幅为 28.12%，主要是改制移交费用的“全面清零”所致，不太明白这个费用的概念，附注没有说明。

该公司 2021 年税前利润较上年增加了 7 387 121 243.31 元，增幅为 69.86%，比营业利润的增幅高了 1.14 个百分点，显然是由于该公司营业外收入的上升和营业外支出的下降双重影响的结果。

（16）该公司 2021 年所得税费用较上年增加了 1 089 804 577.81 元，增幅为 78.36%，主要是利润上升导致的所得税费用的大幅上升，以及递延所得税费用的大幅下降所致。两年的税率分别为13.81%和13.15%，较小的差异主要是受非应税收入等的影响。

该公司2021年净利较上年增加了6 297 316 665.50元，增幅为68.57%，较利润总额的增幅低了1.29个百分点，显然是受所得税上升的影响。

（17）在该公司2021年的全部净利中，母公司占94.84%的份额，增幅为76.74%，子公司占5.16%的份额，减幅为8.86%，并全部来自持续经营利润。由于该公司2021年其他综合收益的税后净额较2020年减少了83 675 440.82元，减幅为12.73%，因而导致其2021年综合收益总额较2020年仅增加了6 213 641 224.68元，增幅为63.14%，比净利增幅的68.57%降低了5.43个百分点，其中归属于母公司的份额占95.04%，增幅为70.19%，归属于子公司的占4.96%，减幅为9.04%。有趣的是，该公司经营业务利润上升了，母公司份额也上升了；非经营业务利润下降了，母公司的份额再次提升了，说明该集团的母公司负责赚钱或赚大钱，而少数股东只能赚小钱或不赚钱。

其他综合收益是指扣除所得税影响后的金额，即企业按照相关企业会计准则规定，未在损益中确认的各项利得和损失扣除所得税影响后的净额。

15.4 利润表指标分析

企业财务通则规定的考核企业利润表盈利能力的指标分三部分，包括：与销售有关的盈利能力指标，与投资（资产利用效率）有关的盈利能力指标，与资本（净资产）有关的盈利能力指标。但对一般企业而言，除了前两方面的盈利能力分析指标外，往往还会从耗费的角度来评价企业的盈利能力或保障状况，即会考虑使用一些与费用有关的财务分析指标。

15.4.1 与销售有关的盈利能力指标分析

在绝大多数企业中，产品销售收入是营业收入的最主要的来源，产品销售利润的高低，就直接反映了企业生产经营状况和经济效益好坏。由此可见，对企业销售能力的分析也就成了企业盈利能力分析的重点和起点，而与此相关的上港集团的与销售有关的盈利能力指标，可根据表15-1的相关数据，得出计算结果如表15-2所示。

表15-2 销售盈利能力相关指标计算表

项目	2021年	2020年
销售毛利率	40.71%	36.34%
成本毛利率	68.67%	36.34%
销售成本率	59.29%	63.66%
营业利润率	52.09%	40.53%
销售净利率	45.15%	35.16%
利息保障倍数	18.52	10.54

根据表15-2的各项指标计算结果，可作分析如下。

1. 销售毛利率指标分析

上港集团 2021 年的销售毛利率较 2020 年上升了 4.37 个百分点，主要是营业收入的上升幅度超过了营业成本的上升幅度，表明该公司的市场份额增长稳定，成本控制力度合理。收入=销量×单价，成本=销量×单位成本，故营业收入和营业成本的变动，实质就是单价和单位成本的此增彼减的变动。

销售毛利率指标一般用于工商企业，但也有不少企业喜欢计算成本毛利率指标，尤其是饮食服务型企业，以此反映毛利占营业成本的比重，比较直观。上港集团 2021 年的成本毛利率为 68.67%，说明了该公司的盈利产出超过了成本投入的 2/3，而 2020 年只有 1/3，显然该公司毛利率的提升主要是单价的提升导致。

还有一些企业喜欢使用销售成本率，即营业成本占营业收入的比重，以替代销售毛利率指标，是一种更直接的投入产出指标。销售成本率与销售毛利率之和等于 1，说明这两种指标的使用主要是基于一种理念选择，更关注成本的企业比较偏重使用销售成本率指标，而更关注收益的企业则比较喜欢使用销售毛利率指标。

2021 年该公司的销售成本率为 59.29%，2020 年为 63.66%，差额为−4.37 个百分点。若以 2020 年营业成本除以 2021 年营业收入，可得其销售成本率为 48.50%，以此可比较影响两个年度销售成本率的变动因素。

由于营业收入变动导致销售成本率变动：

营业收入变动的影响=48.50%−59.29%=−10.79%

由于营业成本变动导致销售成本率变动：

营业成本变动的影响=63.66%−48.50%=15.16%

合计=−10.79%+15.16%=4.37%=4.37 个百分点

或者，以 2021 年的营业成本除以 2020 年的营业收入，得销售成本率为 77.83%。

由于营业成本变动导致销售成本率变动：

营业成本变动的影响=77.83%−63.66%=14.17%

由于营业收入变动导致销售成本率变动：

营业收入变动的影响=59.29%−77.83%=−18.54%

合计=14.17%−18.54%=4.37%=4.37 个百分点

2. 营业利润率指标分析

上港集团 2021 年营业利润率为 52.09%，较 2020 年的营业利润率 40.53%上升了 11.56 个百分点，较毛利率的上升还高出了 7.19 个百分点，显然是受到该公司期间费用的相对下降，以及净利得的绝对上升的双重影响。

另外，该公司 2021 年的利息保障倍数为 18.52 倍，较 2020 年的 10.54 倍上升了 7.98 倍，说明了该公司的偿债能力也在同时上升，显然也是受毛利和净利得上升，以及期间费用相对下降这三重因素的影响。同时，18 倍以上的保障倍数足以保障该公司当期利息的偿还，说明该公司的财务风险不高。

3. 销售净利率指标分析

该公司 2021 年的销售净利率较 2020 年上升了 9.99 个百分点，比营业利润低了 1.57 个百分点，主要受该公司所得税费用大幅增长的影响。很正常，只要存在所得税，只要所得税费用超过营业外净收入，净利必然低于营业利润。

需要说明的是，销售净利率指标几乎是所有管理者均特别看重的财务指标之一，却并不能全面和真实地反映企业的最终持续盈利能力，因为较高的销售净利率也可能是依靠较大的资产或资本的投入来维持的，或是依赖非自身经营活动的对外投资、营业外活动导致的，甚至可能是良好的盈余管理能力（会计能力）所致。因此，在分析净利润指标时，还必须通过资产负债表认真分析企业运用资源的效率和投资回报率，通过利润表仔细分析各会计项目的增减变动及其原因，以及通过对照分析现金流量表各勾稽项目的变化，才能真正判明企业的盈利水平的高低及其质量。

一般而言，一张利润表最关键的财务指标就是净利率、营业利润率和毛利率三项，但各自的重要程度不尽相同。相对而言，管理者更关注净利率，因为它体现了一个阶段的最终经营业绩；而所有者则更应该关注营业利润率和毛利率，因为它能够体现一个企业持续的经营业绩，以及一个企业开源和节流的能力；至于分析者，可以通过比较三者之间的关系，来体现三种利润各自的重要性。

毫无疑问，净利润是一个企业最终、完整的财务成果，但净利润通常会受到一些非持续经营利润因素的影响，因而通常不稳定，如果数额过大，就会影响到一个企业的持续经营能力及其业绩。而毛利可以体现一个企业的持续经营能力和业绩，营业利润集中体现了一个企业开源、节流两个方面的内涵。

之所以称其为财务成果，而非经营成果，是因为利润表中的各项利润数额，很大程度上是会计人员计算的结果，而非实际经营成果的客观映像，或者说，是企业会计人员在基于会计准则框架下的会计艺术操作的结果，受人为因素的影响程度较大。

15.4.2　与投资和资本有关的盈利能力指标分析

企业收入的取得是以一定的初始投资为基础的，通常情况下，企业的投资额越大，取得的收入就相应越多，利润的绝对数也就越大，说明资产的利用效率就越高；反之亦然。因此，要正确考核企业的盈利能力，计算一个企业获得利润的多少，往往需要与企业的投资额相联系，就需要计算与投资报酬率相关的财务指标。

可根据表 14-1 和表 15-1 所示的上港集团股份有限公司资产负债表和利润表的相关资料，计算该公司总资产利润率、净资产利润率和资产利用效率等的指标，如表 15-3 所示。

表 15-3　投资盈利能力指标计算表

项　　目	2021 年	2020 年
总资产利润率	9.06%	5.89%
总资产周转率/次	0.200 8	0.167 5
净资产利润率	14.36%	9.57%
每股收益/元	0.633 6	0.358 5
应收账款周转率/次	11.560	10.825

续表

项　目	2021 年	2020 年
存货周转率/次	1.42	1.05
流动资产周转率/次	0.678 3	0.598 3
固定资产周转率/次	1.062	0.837
营业周期/天	288.60	381.34
流动资产占总资产比重	29.60%	28.00%
存货周转率/次（分子为营业收入）	2.398	1.654

根据表 15–3 的各项指标计算结果，可作分析如下。

1. 总资产利润率指标分析

该公司 2021 年总资产利润率较 2020 年上升了 3.17 个百分点，主要原因是该公司的净利的上升幅度远超总资产的上升幅度，说明该公司的资产利用效率上升了。由于总资产利润率是总资产周转率和销售净利率的乘积，故可通过以下替代法分别考察总资产和净利润的变化对总资产利润率的影响。

总资产利润率的差额=9.06%−5.89%=3.17%

其中：总资产周转率变动的影响=（0.200 8−0.167 5）×35.16%=1.170 8%=1.17 个百分点

销售净利率变动的影响=0.200 8×（45.15%−35.16%）=2.006%=2.00 个百分点

合计　=1.17+2.00=3.17 个百分点

即 2021 年总资产利润率较上年上升了 3.17 个百分点，其中由于总资产周转率变动的影响为上升 1.17 个百分点，由于销售净利率变动的影响为上升 2.00 个百分点，合计上升 3.17 个百分点。

2. 净资产利润率指标分析

该公司 2021 年的净资产利润率较 2020 年上升了 4.79 个百分点，原因仍然是净利润的上升幅度超过了净资产的上升幅度，说明该公司 2021 年净资产利润率的上升受到了净利润和净资产两个因素的共同影响。

由于净资产利润率是总资产利润率和权益乘数的乘积，故可通过以下替代法分别考察净资产和净利润的变化对净资产利润率的影响，相关指标数据如表 14–2 和表 15–3 所示。

净资产利润率的差额=14.36%−9.57%=4.79%

其中：总资产利润率变动的影响=（9.06%−5.89%）×1.62=5.14%

权益乘数变动的影响=（1.58−1.62）×9.06%=−0.36%

合计　5.14%−0.36%=4.78%≈4.80%

即 2021 年净资产利润率比 2020 年上升了 4.80 个百分点，其中由于总资产利润率的上升导致净资产利润率上升了 5.14 个百分点，由于权益乘数（其数据计算见表 14–2）的下降导致净资产利润率下降了 0.36 个百分点。

3. 每股收益指标分析

该公司 2021 年的每股收益为 0.633 6 元，较 2020 年的每股收益 0.358 5 元上升了 0.275 1

元，与净资产利润率的变动一致，说明该公司为股东创造的收益增加了。

需要说明的是，表 15-3 中的每股收益数据是根据上港集团 2021 年合并利润表数据的直接抄录，它是根据归属于母公司的净利润除以平均股本得出的每股收益。

4. 总资产周转率指标分析

该公司 2021 年总资产周转率为 0.200 8 次，大致 1 825 天（按每年 365 天计算）周转一次，说明每一元的总资产，每年能为该公司创造 0.20 元的营业收入，显示了该公司的资产利用效率，较 2020 年的 0.167 5 次上升了 0.0333 次，说明该公司的资产利用效率在大幅提升。一般而言，港口建设通常都是前期投资巨大，后期慢慢收钱，由于该公司的总资产利润率为 9.06%，若假设这个比例不变，则该公司收回投资大致需要 11 年，而若以营业收入覆盖总资产的时间计，则大致需要 5.5 年，可以自行评价该公司投入产出比的优劣。

由于总资产周转率=流动资产周转率×流动资产占总资产比重，故可以通过总资产周转率的变化来评价该公司流动资产结构的合理性，其方法如下。

上港集团总资产周转率变化=0.200 8－0.167 5=0.033 3（次）

其中：流动资产周转率变动对总资产周转率的影响=（0.678 3－0.598 3）×28.00%
=0.022 4（次）

流动资产占总资产比重变动对总资产周转率的影响=0.678 3×（29.60%－28.00%）
=0.010 9（次）

合计　0.022 4+0.010 9=0.033 3（次）

可见，该公司 2021 年总资产周转率较 2020 年提升了 0.033 3 次，其中，由于流动资产周转率的提升使总资产的周转率提升了 0.022 4 次，由于流动资产占总资产比重的上升又使总资产的周转率提升了 0.010 9 次，合计为上升 0.033 3 次。

同样，由于总资产周转率=固定资产周转率×固定资产占总资产比重，故可以通过总资产周转率的变化来评价该公司固定资产结构的合理性，其方法如下。

上港集团总资产周转率变化=0.200 8－0.167 5=0.033 3（次）

其中：固定资产周转率变动对总资产周转率的影响=（1.062－0.837）×20.01%=0.045（次）

固定资产占总资产比重变动对总资产周转率的影响=1.062×（18.90%－20.01%）
=－0.012（次）

合计　0.045－0.012=0.033（次）

可见，该公司 2021 年总资产周转率较 2020 年提升了 0.033 3 次，其中，由于固定资产周转率的提升使总资产的周转率提升了 0.045 次，由于固定资产占总资产比重的下降使总资产的周转率下降了 0.012 次，合计为上升 0.033 次。

其实这是一种套路做法，可以用于很多指标的项目替代，也是杜邦分析法精髓所在。

5. 应收账款周转率指标分析

从表 15-3 中可知，该公司 2021 年应收账款（没有考虑应收票据）周转率为 11.560 次，大致每个月周转一次，说明该公司应收账款的回笼速度还是比较快的，质量应该也是不错的，较 2020 年的 10.825 次提升了 0.735 次，基本一致，说明该公司的应收账款回笼效率比较稳定。但如果考虑到该公司应收账款占总资产的比重两年分别为 1.74%和 1.55%，而货币资金分别占 16.76%和 13.35%，说明该公司的销售基本采用现销的方式，赊销的比重本来就不高，故该公司现有的应收账款周转率并不能说明该公司应收账款的真实质量，应收账款的质量还应该有进一步提升的空间。

6. **存货周转率指标分析**

该指标与其他周转率指标不同的是，没有采用营业收入作为分子，而是以营业成本作为分子，主要是考虑到存货与营业成本之间的联系更为直接。但如果一家企业的营业收入与营业成本之间能保持一种固定的比例关系，该指标也可以使用营业收入作为分子，以保持周转率指标之间的一致性。反之，则说明在不能保持一种固定比例关系的情况下，以营业收入为分子就会影响存货周转率的准确性。

从表 15-3 中可以看出，该公司 2021 年的存货周转率为 1.42 次，说明该公司的存货大致 8～9 个月周转一次，存货的周转效率明显太低了，但较 2020 年的 1.05 次还是提升了 0.37 次，在作者的认知中，似乎只有房地产公司了。

理论上，港口公司一般不应存在存货，港口的所有存货都是代运货物，所有权属于委托代运的公司，与此相联系，港口公司一般也很少有发出存货构成的营业成本，营业成本应该更多的是与码头、设备等相关的人工、折旧及摊销费用等支出。

由于存货周转率=销售成本率×按营业收入计算的存货周转率，故可以通过存货周转率的变化来评价该公司营业收入变化对存货周转率的影响，其方法如下。

上港集团存货周转率变化=1.42－1.05=0.37（次）

其中：销售成本率变动对存货周转率的影响=（59.29%－63.66%）×1.65=－0.07（次）

按营业收入计算的存货周转率变动对存货周转率的影响=59.29%×（2.398－1.654）

=0.44（次）

合计 0.44－0.07=0.37（次）

可见，该公司 2021 年存货周转率较 2020 年提升了 0.37 次，其中，由于销售成本率的下降使存货周转率下降了 0.07 次，由于按营业收入计算的存货周转率的上升又使存货周转率提升了 0.44 次，合计为上升 0.37 次。

7. **营业周期指标分析**

营业周期是指从外购取得存货或接受劳务，承担付款义务开始，到以现金形式收回因销售商品或提供劳务而产生的应收票据及应收账款的这段时间，其计算公式如下。

营业周期=存货周转天数+应收账款周转天数

营业周期的长短是决定公司流动资产需要量的重要因素，是反映企业流动资产质量，尤其是存货和应收票据及应收账款质量的重要指标，较短的营业周期要靠对应收账款和存货的有效管理。

根据以上公式可计算上港集团公司营业周期如下。

该公司 2021 年营业周期=365/1.42+365/11.56=257.04+31.574=288.6（天）

该公司 2020 年营业周期=365/1.05+365/10.825=347.62+33.718=381.3（天）

根据以上计算可知，该公司 2021 年的营业周期算是一个较长的营业周期，但较 2020 年更长的营业周期还是缩短了将近 95 天，实在是不容易，有进步。导致这样后果的根本原因就是存货周转期实在是太长了，相信应该是房地产子公司的影响所致。

本章小结

利润表是反映企业一定时期经营成果的报表，而经营成果是企业生产经营的归属和目标。本章主要以利润表为依据，同时结合资产负债表相关数据，重点阐述企业盈利能力、营运能力和自身发展能力指标的计算、分析。

企业自身发展能力是投资者、经营者及潜在投资人和债权人关心的问题，该能力来源于内部积累，贵在可持续性。

利润表若同现金流量表有机结合起来，还能评价企业盈利与收现的真实性，判断企业当期实现利润的含金量，为全面评价企业的经营业绩提供依据。

需要说明的是，该章指标的计算中没有使用平均数。一般情况下，若涉及分子数据使用的是累计数，而分母数据使用的是时点数时，因其实际上的不可比性，会对时点数采用一种平均的方式，以试图使其两者具有可比性，但事实上意义不大。因此现实中大量存在不使用平均数，而直接使用期末数的习惯，本书尊重这样的习惯。

本章习题

一、单项选择题

1. 反映企业全部财务成果的指标是（　　）。

A. 主营业务利润　　B. 营业利润

C. 利润总额　　D. 净利润

2. 某公司 2022 年的营业收入为 1 200 万元，销售毛利率为 50%，年末的存货为 600 万元，则该公司 2022 年的存货周转天数为（　　）天。（一年按 365 天计算）

A. 225　　B. 365　　C. 281.25　　D. 460.8

3. 甲公司 2022 年的净资产收益率为 10%，比 2021 年下降了 10 个百分点，总资产利润率为 5%，与上年相同，权益乘数为 2 倍，比上年下降了 0.5 倍，那么甲公司 2022 年的净资产收益率分别受总资产利润率和权益乘数的影响程度为（　　）个百分点。

A.5%、1　　B.5.5%、12.5　　C.10%、0.9　　D.0、10

4. 从持续经营角度，以下对企业最重要的利润为（　　）。

A. 毛利　　B. 营业利润

C. 税前利润　　D. 净利

二、多项选择题

1. 影响销售毛利率的基本因素有（　　）。

A. 销量　　B. 单价

C. 期间费用　　D. 单位成本

2. 企业的营业收入应包括（　　）。

A. 主营业务收入　　B. 其他业务收入

C. 营业外收入　　D. 投资收益

3. 假设其他因素不变，下列变动中有助于提高净资产利润率的有（　　）。

A. 提高总资产利润率　　B. 提高总资产周转率

C. 增加销售净利率　　D. 提高权益乘数

4. 营业周期是指（　　）的合计。

A. 存货周转天数　　B. 流动资产周转天数

C. 固定资产存货周转天数　　D. 应收账款周转天数

三、判断题

1. 息税前利润是指没有扣除利息和所得税前的利润，即等于营业利润与净利息支出之和。（　　）

2. 企业利润表反映的利润，如果从经营角度，它表达的则是一个企业经营活动阶段性的财务成果或经营成果。（　　）

3. 其他综合收益的税后净额，包括：不能重分类进损益的其他综合收益，将重分类进损益的其他综合收益。（　　）

4. 所得税税率的变动对营业利润没有影响。（　　）

5. 营业总收入减去营业总成本即为营业利润。（　　）

四、简答题

1. 决定销售净利率高低的因素有哪些?

2. 评价现行利润表排序、分类方式的合理性。

3. 试自创一种某财务指标的替代分析计算式。

4. 影响净资产利润率高低变化的因素有哪些?

五、计算题

HN 公司是一家上市公司，它主要提供系统管理软件，其市场目标主要定位于小规模公司和个人使用。该公司生产的产品质量优良，价格合理，在市场上颇受欢迎，销路很好，因此该公司也迅速发展壮大起来。其利润表资料如下。

编制单位：HN 公司　　**2022 年度利润表**　　单位：万元

项　目	2022 年度	2021 年度
一、营业收入	1 296 900	1 153 450
减：营业成本	1 070 955	968 091
税金及附加	14 396	6 805
销售费用	2 723	1 961
管理费用	124 502	108 309
财务费用	−4 122	5 541
加：投资净收益	23 604	68 976
公允价值变动收益	1 000	123

续表

项　目	2022 年度	2021 年度
资产减值损失	−2 095	−350
二、营业利润	110 955	131 492
加：营业外收入	80	
减：营业外支出	3 113	1 961
三、利润总额	107 922	129 531
减：所得税	23 344	40 268
四、净利润	84 578	89 263

要求：

1. 运用水平、垂直分析法编制利润增减变动分析表。

2. 对该公司 2022 年的利润发生情况进行项目和指标分析、评价。

参考答案

一、单项选择题

1. C　2. B　3. D　4. A

二、多项选择题

1. ABD　2. AB　3. ABCD　4. AD

三、判断题

1. √　2. √　3. √　4. √　5. ×

第 16 章

现金流量表分析

学习目标

1. 了解现金流量表分析的意义。
2. 掌握现金流量表的水平分析、结构分析的内容和方法。
3. 明确现金流量表的各项指标分析方法。
4. 理解财务报表综合指标分析的内容和方法。

学习重点

1. 通过对上港集团现金流量表的水平、结构分析，评价经营活动现金净流量的获得，对于该企业投资活动、筹资活动的影响，以及通过指标和会计分析，评价经营现金净流量与净利之间的关系。

2. 通过对上港集团三大报表的实证分析，进一步提升财务报表分析的一般方法和综合指标分析方法之间的关系和各自的特点，以及所谓商业战略分析框架的意义。

现金流量表是反映企业一定期间现金和现金等价物流入、流出信息的财务报表，是企业财务报表三大主表之一。通过揭示企业获取现金和现金等价物的能力，可以评价企业经营活动及其成果的质量；通过分析现金及现金等价物流入、流出结构的变化，可以评价和预测企业的财务状况。在市场经济中，现金和现金流量与一个企业的生存、发展、壮大息息相关，同时是一种重要保障。但是，要真正发挥现金流量的作用，就需要对现金流量表有深入的认识，并掌握一定的流量表分析技巧。

16.1 现金流量表分析的作用和方法

现金流量表是以现金制为基础编制的反映企业财务状况变动的报表，它反映企业一定会计期间内有关现金和现金等价物的流入、流出和净流量的信息，表明企业获得现金和现金等价物的能力，以及这种能力的质量和在企业经营活动过程中所能发挥的作用。

16.1.1　现金流量表分析的作用

通过现金流量表分析，可以发现一个企业现金流量的质量，即一个企业的现金流量能否按照企业的预期目标进行运转，以保障企业的各项活动能够顺利进行。一般而言，具有较好质量的现金流量应当具有如下特征：第一，企业现金流量的状态体现了企业发展的战略要求；第二，在稳定发展阶段，企业经营活动的现金流量应当与企业经营活动产生的利润有一定的对应关系，并能为企业的扩张提供现金流量的支持。现金流量表分析目标是通过评价现金流量对企业真实经营状况的客观反映程度，并通过提供相应的信息，对帮助改善企业的财务与经营状况、增强企业的持续经营能力起到以下几个方面的作用。

1. 提供筹资方面的信息

企业筹资能力的大小及其筹资环境是债权人和投资人共同关心的问题，通过对筹资能力和筹资环境的分析，有助于企业正确地进行经济决策。这是因为，筹资活动产生的现金流量信息，不仅关系到企业目前现金流量的大小，而且还关系到企业未来现金流量的大小，以及企业资本结构和资金成本等问题。现行现金流量表中的筹资活动所产生的现金流量，既包括所有者权益性筹资的现金流入量和流出量，又包括债务性筹资的现金流入量和流出量。因此，在分析时，分析者不能仅看筹资活动产生的现金净流量是正还是负，而更应注意筹资活动产生的现金净流量是由权益性筹资活动引起的，还是由债务性筹资活动引起的。

如果筹资活动现金净流量是正的，而且主要是由债务性筹资活动所引起的，则一方面说明企业的债务将会增加，资金来源增加，资本结构中负债比例将会提高，当然，企业的财务风险也就会增加；另一方面也预示着企业未来现金流出量将会增加。如果筹资活动现金净流量是负的，而且负值现金净流量主要是由于债务性筹资活动所引起的，那通过比较现金流量表，并结合资产负债表及其附注，就可说明企业是否处于债务偿付期。若如此，则一方面说明企业在近期可能会有大量的现金流出；另一方面还应结合经营活动的现金流量情况及企业生产经营情况，分析企业未来的资金需要量。通过这样的分析，分析者就可以大致判明企业未来可能会有多少筹资的需求。

2. 提供投资方面的信息

企业对外投资情况及其效果也是投资人和债权人共同关心的问题，因为企业对外投资及其效益的好坏，直接关系到企业的盈利或损失。同时，投资收益质量的好坏，即投资收益收现比例的大小，也直接关系到投资人和债权人的经济利益能否实现。现金流量表中的投资活动所产生的现金流量信息，可以帮助投资人和债权人对企业投资活动及其效益进行评价，从而帮助他们作出正确的经济决策。

对投资活动产生的现金流量的分析，可以先从投资活动现金净流量开始。如果投资活动现金净流量是正值，除了收到的是利息收入及债权性投资的收回外，收到的现金是由于固定资产、无形资产等投资活动所产生的，则说明企业有可能处于转轨阶段，或有可能调整其经营战略等。若投资活动现金净流量为负值，而且主要是由于非债权性投资活动所引起的，则说明企业可能处于扩张性阶段，在一般情况下，预示着企业在将来会有相应的现金流入。但在分析时，还应结合企业投资的方向分析其投资风险，从而进一步确定投资活动现金流入的风险、时间和金额。

3. 提供纳税方面的信息

我国现行现金流量表对企业纳税信息的披露较为充分。通过现金流量表，结合资产负债表中有关应交税费和利润表中的收入、税金及附加，以及税前净利润等指标，使用者可以了解以下信息。

（1）企业实际纳税占全部应纳税的百分比，即了解企业实际纳税情况，是否存有拖欠税金情况，如有，则会影响企业未来的现金流量。

（2）通过将纳税现金流量与企业经营活动产生的现金净流量相比较，可以了解企业经营活动所产生的现金净流量能否满足纳税的需要，如若不能，则说明企业纳税现金还需其他资金来源。

4. 对未来现金流量的预测

人们分析现金流量表，与其说是为了了解企业过去各种活动所引起的现金流量的变动，不如说是为了了解企业未来的各项活动及所引起的现金流量变动情况。使用者可以从多方面进行分析，预测企业未来的现金流量。在分析时，尤其应注意对现金流量表附注所披露的与现金流量没有关系的投资及筹资活动的分析，因为，这些活动信息有利于信息使用者评估企业未来的现金流量。

对企业未来现金流量的分析，可以从以下三个方面入手。

（1）分析企业经营性应收项目及其占销售收入比例的变动情况。应收项目的增加，说明企业未来可能会有现金流入，但还应结合企业长期的收账政策及其效果进行分析，才能确定。如果应收项目占销售收入的比例较小，而且能够长期保持，只要企业有足够的销售收入，未来就会有足够的现金流入。

（2）分析经营性应付项目及占销售收入比例的变动情况。应付项目的增加，预示着企业未来将有大量的现金流出。同时，应付项目占销售收入比例越高，未来现金流出的压力则越大。

（3）其他。如对投资支出、筹资增加和股利政策等进行分析，同样可以预测企业未来的现金流量情况。

5. 提供有关企业分配方面的信息

有关企业分配方面的信息主要是指利息和现金股利的支付方面的信息，实质上是指企业支付能力的分析。企业有时虽有丰厚的利润，但未必就有较强的偿债能力和股利支付能力，因为，偿还债务和支付股利必须要有足够的现金。因此，报表使用者通过对现金流量表的分析，可以获得企业用来偿还债务和支付股利的现金的信息，这种信息与其经济利益更具相关性，因为投资者和债权人将资金投入企业的目的就是获得盈利并保证其资金的安全。

16.1.2 现金流量表分析的方法

与以上资产负债表和利润表的分析类同，现金流量表的分析方法大致也可以分为水平分析、结构分析、项目分析和指标分析 4 大类，具体分析内容如图 16-1 所示。

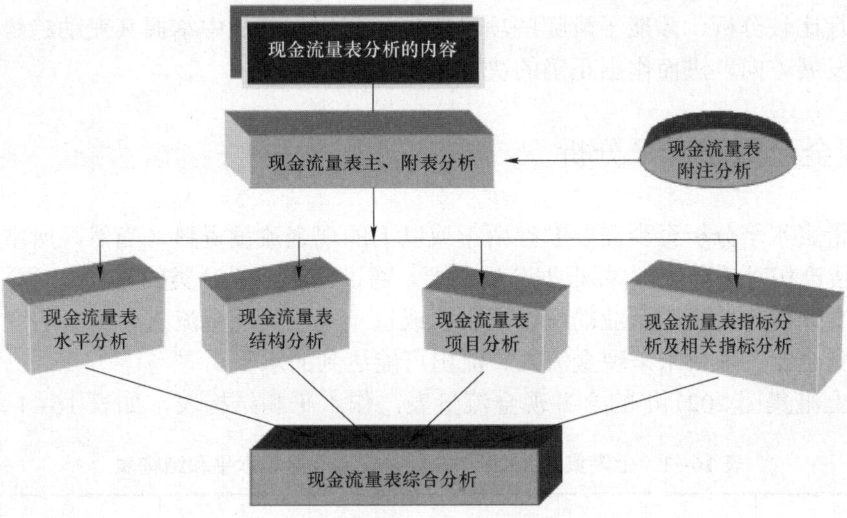

图 16-1　现金流量表分析的内容

1. 现金流量表水平分析

现金流量表水平分析主要是通过对比不同时期各主要项目现金流量的变动情况，以揭示企业当期现金流量水平及其变动趋势，反映企业现金流量管理的能力与特点。

2. 现金流量表结构分析

现金流量表结构分析是指，通过计算企业各项现金流入、流出量占各分项现金流入、流出量合计的比重，各分项现金流入、流出合计的比重，以及各分项现金净流量与现金及等价物净流量总额之间的依存关系，揭示企业经营活动、投资活动、筹资活动和汇兑损益的特征及对总现金及等价物净流量的影响程度。

3. 现金流量表项目分析

现金流量表项目分析是直接以现金流量表为依据，分析各主要项目内容的变化对企业经营活动现金流量、投资活动现金流量和筹资活动现金流量的影响，以说明企业现金流入量和现金流出量的规模及特点。现金流量表的项目分析包括现金流量表主表的项目分析和附表（补充资料）的项目分析。

4. 现金流量表指标分析

现金流量表指标分析是指，通过对现金流量与净利润的对比和勾稽分析，一方面揭示现金净流量与利润的区别，另一方面揭示二者的关系，并且还可以通过二者之间的关系反映企业的盈利质量和财务状况。

16.2　现金流量表主表分析

现金流量表分析对于财务分析人员来说，一个重要的意义就是预测企业未来现金流量的变动情况，但是，单看企业一个时期的现金流量表并不能使财务人员准确地判断企业财务状况和经营成果变动的原因，不能有效地预测企业未来的现金流量状况，只有对连续数期的现金流量表进行比较分析，才能了解哪些项目发生了变化，并从中掌握其变动趋势，从大局上把握企业的发展方向，进而作出正确的决策。

16.2.1 现金流量表水平分析

现金流量表水平分析至少需要掌握两年或以上的现金流量资料（当然，所掌握的年份越长，分析的结论相对越准确），并根据分析需要，通过分类或不分类的方式，对企业的现金流量表进行水平分析，以观察企业的每一项目，或每一类项目现金流入、流出的变动趋势，并据此趋势预测企业各项目未来现金流入、流出可能达到的水平。

继续以上港集团2021年的合并现金流量表，作水平和结构表，如表16-1所示。

表16-1 上港集团2021年的合并现金流量表水平和结构表 金额单位：元

项目	2021年	2020年	差额	变动率/%	结构占比/%	
					2021年	2020年
一、经营活动产生的现金流量						
销售商品、提供劳务收到的现金	58 973 526 481.74	37 519 842 571.06	21 453 683 910.68	57.18	83.48	90.26
收到的税费返还	330 847 270.50	379 942 294.93	−49 095 024.43	−12.92	0.468	0.914
收到其他与经营活动有关的现金	11 343 754 684.07	3 668 778 222.62	7 674 976 461.45	209.20	16.057	8.826
经营活动现金流入小计	70 648 128 436.31	41 568 563 088.61	29 079 565 347.70	69.96	100	100
购买商品、接受劳务支付的现金	37 492 039 020.00	18 815 357 609.78	18 676 681 410.39	99.26	65.62	61.93
支付给职工以及为职工支付的现金	7 262 853 190.38	6 337 575 807.02	925 277 383.36	14.60	12.71	20.86
支付的各项税费	3 944 175 491.15	3 178 501 621.07	765 673 870.08	24.09	6.90	10.46
支付其他与经营活动有关的现金	8 434 409 337.01	2 050 711 091.18	6 383 698 245.83	311.29	14.76	6.75
经营活动现金流出小计	57 133 477 038.54	30 382 146 129.05	26 751 330 909.49	88.05	100	100
经营活动产生的现金流量净额	13 514 651 397.77	11 186 416 959.56	2 328 234 438.21	20.81	123.65	136.82
二、投资活动产生的现金流量						
收回投资收到的现金	768 297 889.96	1 506 222 399.68	−737 924 509.72	−48.99	9.84	25.75
取得投资收益收到的现金	4 120 855 395.69	2 266 218 593.94	1 854 636 801.75	81.84	52.776	38.75
处置固定资产、无形资产和其他长期资产收回的现金净额	231 803 476.28	61 196 955.97	170 606 520.31	278.78	2.97	1.046
处置子公司及其他营业单位收到的现金净额	673 975 639.09	894 355.99	673 081 283.10	75 258.77	8.63	0.015
收到其他与投资活动有关的现金	2 013 314 314.40	2 014 027 403.14	−713 088.74	−0.035 4	25.78	34.44

续表

项目	2021 年	2020 年	差额	变动率/%	结构占比/%	
					2021 年	2020 年
投资活动现金流入小计	7 808 246 715.42	5 848 559 708.72	1 959 687 006.70	33.51	100	100
购建固定资产、无形资产和其他长期资产支付的现金	4 325 982 022.46	4 127 477 028.75	198 504 993.71	4.81	51.88	34.914
投资支付的现金	1 827 788 485.22	4 696 044 448.20	−2 868 255 962.98	−61.08	21.92	39.72
质押贷款净增加额						
取得子公司及其他营业单位支付的现金净额		906 473 318.58	−906 473 318.58	−100	—	7.67
支付其他与投资活动有关的现金	2 184 916 873.02	2 091 752 723.67	93 164 149.35	4.45	26.20	17.694
投资活动现金流出小计	8 338 687 380.70	11 821 747 519.20	−3 483 060 138.50	−29.46	100	100
投资活动产生的现金流量净额	−530 440 665.28	−5 973 187 810.48	5 442 747 145.21	−91.12	93.64	49.47
三、筹资活动产生的现金流量						
吸收投资收到的现金	252 271 281.20	38 700 000.00	213 571 281.20	551.86	2.987	0.11
其中：子公司吸收少数股东投资收到的现金	20 000 000.00	38 700 000.00	−18 700 000.00	−48.32	—	—
取得借款收到的现金	8 193 420 206.26	27 142 349 145.25	−18 948 928 938.99	−69.81	97.01	79.54
发行债券收到的现金		6 943 288 471.97	−6 943 288 471.97	−100	—	20.35
收到其他与筹资活动有关的现金						
筹资活动现金流入小计	8 445 691 487.46	34 124 337 617.22	−25 678 646 129.76	−75.25	100	100
偿还债务支付的现金	7 778 465 119.57	28 205 233 500.32	−20 426 768 380.75	−72.42	57.78	77.96
分配股利、利润或偿付利息支付的现金	4 837 132 997.91	5 348 782 654.29	−511 649 656.38	−9.57	35.93	14.78
其中：子公司支付给少数股东的股利、利润	811 431 475.78	908 806 825.61	−97 375 349.83	−10.715	—	—
支付其他与筹资活动有关的现金	846 524 411.00	2 624 578 259.51	−1 778 053 848.51	−67.746	6.29	7.255
筹资活动现金流出小计	13 462 122 528.48	36 178 594 414.12	−22 716 471 885.64	−62.79	100	100
筹资活动产生的现金流量净额	−5 016 431 041.02	−2 054 256 796.90	−2 962 174 244.12	−144.197	62.74	94.32
四、汇率变动对现金及现金等价物的影响	−162 936 567.25	−369 603 435.28	206 666 868.03	−55.92		
五、现金及现金等价物净增加额	7 804 843 124.22	2 789 368 916.90	5 015 474 207.32	179.81	27.39	13.48
加：期初现金及现金等价物余额	20 689 734 592.59	17 900 365 675.69	2 789 368 916.90	15.58	72.61	86.52
六、期末现金及现金等价物余额	28 494 577 716.81	20 689 734 592.59	7 804 843 124.22	37.72	100	100

根据表 16–1 现金流量表的相关数据，可作现金流量表关键项目水平变动图，如图 16–2 所示。

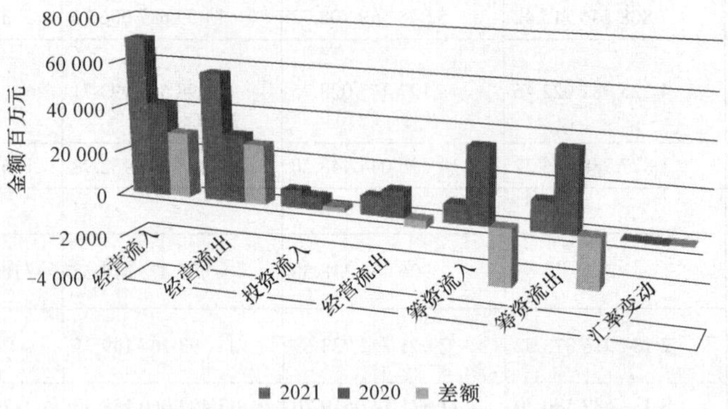

图 16–2 现金流量表关键项目水平变动图

然后根据表 14–1、表 15–1、表 16–1 和图 16–2 上港集团财务报表的相关数据，可作该公司关键项目的水平分析如下。

（1）该公司 2021 年的经营活动现金流入小计较 2020 年增加了 29 079 565 347.70 元，增幅为 69.96%，相较同期营业收入的增幅甚为强劲，无论是绝对数还是相对数，说明该公司本期收到的现金不仅包含本期应收，还包含以前各期应收未收的款项。

（2）该公司 2021 年的经营活动现金流出小计较 2020 年增加了 26 751 330 909.49 元，增幅为 88.05%，相较同期营业总成本的增幅更为强劲，同样无论是绝对数还是相对数，说明该公司本期支付的现金不仅包含本期应付，同样还包含以前各期应付未付的款项。

（3）该公司 2021 年的投资活动现金流入小计较 2020 年增加了 1 959 687 006.70 元，增幅为 33.51%，相较同期投资收益的增幅逊色不少，但主要是受收回投资减幅的影响，而并非投资收益本身的影响。

（4）该公司 2021 年的投资活动现金流出小计较 2020 年减少了 3 483 060 138.5 元，减幅为 29.46%，主要是投资实际支付的现金大为降低所致，但该公司本期的长期投资实际是增加的，而且增加幅度也不低，说明该公司在投资活动的现金流出方面，似乎有点儿口惠而实不至的味道。

（5）该公司 2021 年的筹资活动现金流入小计较 2020 年减少了 25 678 646 129.76 元，减幅为 75.25%，相较同期长短期负债的变化基本一致，说明筹资和投资还是有本质的不同，投资的增减或许只是账面的表现，而筹资显然基本就是真金白银的体现了。

（6）该公司 2021 年的筹资活动现金流出小计较 2020 年减少了 22 716 471 885.64 元，减幅为 62.79%，相较同期长短期负债的变化同样基本一致，只是流入的减幅较流出的减幅更大了一些，说明该公司似乎对经营活动能产生足够的现金流有充分信心，当然也可能是该公司筹资政策发生了改变，但报表中并未体现这种改变的端倪。

（7）该公司 2021 年的汇率变动对现金及现金等价物的影响较 2020 年因汇率变动导致的损失减少了 206 666 868.03 元，减幅为 55.92%，应该是过去的一年中，人民币汇率相对稳定、稍有升值所致。因为该公司属劳务提供方，相当于出口企业，营业收入增加，说明外汇收入也会增加，但汇率损失比之上年却减少了，显然说明本年的汇率升值区间较上年缩小了。

总体而言，该公司经营活动所获得的现金流量足够充分，基本能满足日常经营活动的需求，导致该公司对额外的资金需求显得不是那么迫切。至于汇率变动损益，基本与一个企业的经营无关，这种由于进出口业务从发生至款项实际收到因时间差而形成的汇兑损益，企业只能被动接受。

16.2.2　现金流量表结构分析

现金流量表结构分析，就是通过计算现金流量表各项目经营流入、流出，投资流入、流出和筹资流入、流出占其小计的比重，以及各流入、流出小计之间的比重和三个项目净流量之间的关系，评价各项目的相对重要性和企业经营政策的变化。

根据表 16–1 现金流量表的相关数据，可作现金流量表关键项目结构变动图，如图 16–3 所示。

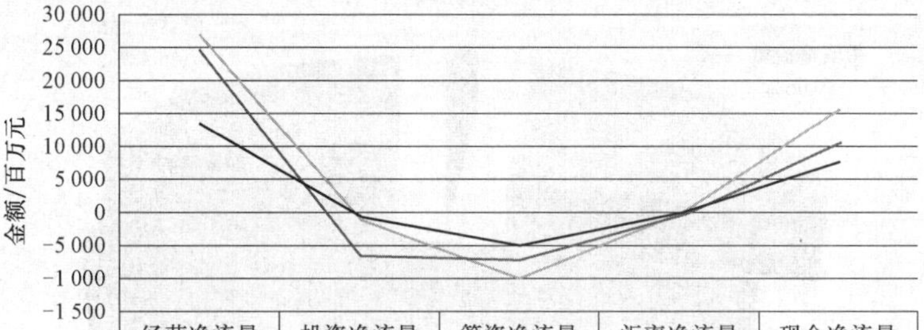

	经营净流量	投资净流量	筹资净流量	汇率净流量	现金净流量
差额	2 328	5 443	−2 962	207	5 015
2020	11 186	−5 974	−2 054	−370	2 789
2021	13 515	−530	−5 016	−163	7 805

图 16–3　现金流量表关键项目结构变动图

然后根据表 14–1、表 15–1、表 16–1 和图 16–3 上港集团财务报表的相关数据，可作该公司关键项目的结构分析如下。

（1）该公司 2021 年的经营活动现金净流量较 2020 年增加了 2 328 234 438.21 元，增幅为 20.81%，主要是经营流入绝对额的增加超过了经营流出绝对额的增加，尽管增加的相对数流入稍低，说明该公司至少这两年经营现金流入量的绝对额足够大，从而抵消了相对数的不足。这一点也可以从流入、流出比看出，2021 年为 1.24 倍，2020 年为 1.37 倍，流入、流出的倍数降低了，但经营净流量 2021 年较 2020 年还是增加了 20.81%。

（2）该公司 2021 年的投资活动现金净流量较 2020 年增加了 5 442 747 145.21 元，减幅为 91.12%。一个增加，另一个减幅，表达的是 2021 年投资活动现金净流量的负值数额较 2020 年下降了超过 9 成，也就是负数减少了。其实质是，2020 年该公司投资的流出是其流入的 2 倍以上，而 2021 年的流入、流出基本持平，说明该公司的扩张欲望似乎收敛或下降了。同样可以通过流入、流出比得到体现，2020 年流入大致是其流出的 0.5 倍，而 2021 年则达到了 0.94 倍。

（3）该公司 2021 年的筹资活动现金净流量较 2020 年增加了 2 962 174 244.12 元，增幅为 144.197%，这里的增加是真正的增加，就是负数增加了。一方面，该公司本年筹资流入较上年下降了 75.25%，但流出只是降低了 62.79%，从而导致净流量较上年更负了。另一方面，从结构看，2021 年流入是流出的 0.63 倍，而 2020 年是 0.94 倍。

（4）该公司 2021 年的汇率变动现金流入小计较 2020 年增加了 206 666 868.03 元，减幅为 55.916%，其表达的意义与投资活动现金净流量的意义相同。

（5）该公司 2021 年的现金及现金等价物较 2020 年增加了 5 015 474 207.32 元，增幅为 179.81%，其中，经营活动现金净流量对其的贡献达 46.42%，投资活动现金净流量对其的贡献达 108.52%，筹资活动现金净流量对其的贡献达-59.06%，汇率变动对其的贡献达 4.12%，合计为 100%。说明该公司本期现金及现金等价物的大幅上升，主要是投资扩张大幅收缩和筹资欲望降低的缘故，其次为经营净流量的较大幅度增长所致。其具体结构如图 16-4 所示。

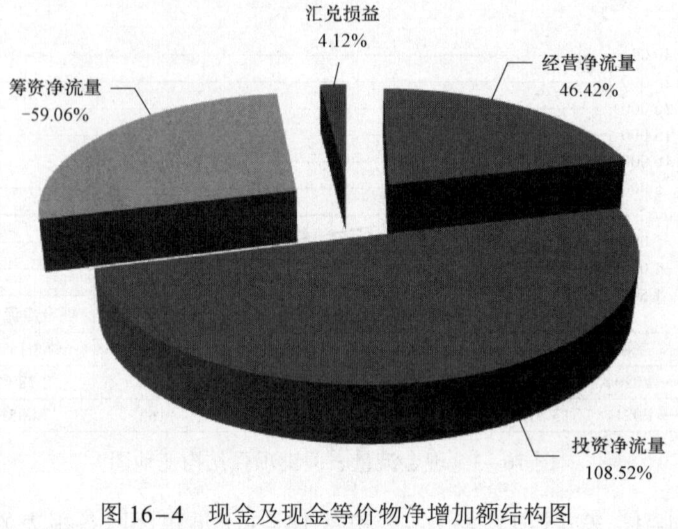

图 16-4　现金及现金等价物净增加额结构图

16.2.3　现金流量表项目分析

现金流量表项目分析就是指针对各项目所反映内容发生的变化，它们之间的相互关系，以及与其他报表项目之间的勾稽关系，所进行的一种财务分析。

仍根据表 14-1 的相关数据和内容，对上港集团 2021 年现金流量表中的各项目，分别就经营、投资、筹资等几个部分，作详细、具体分析如下。

（1）该公司 2021 年销售商品、提供劳务收到的现金为 58 973 526 481.74 元，较 2020 年增加了 21 453 683 910.68 元，增幅为 57.18%。与该公司 2021 年的营业收入相比，无论是绝对额还是相对数，都有大幅上升，说明该公司的营收环境良好，营收质量提高了。

利润表中的营业收入表示的是某一年度企业全部商品销售或劳务提供所应收到的现金收

入，而现金流量表中的该项目则表示的是该年度中实际收到的现金收入，包括以前年度发生本期收到、本年度发生本期收到、以后年度将发生本期收到（预收款）的现金收入。如果一个企业的经营稳定，环境良好，两者的数额应该是销售商品、提供劳务收到的现金较营业收入总额应该更多一些，因为前者的发生额中还包括按现金制确认的预收款项。

（2）该公司 2021 年收到的税费返还较 2020 年减少了 49 095 024.43 元，减幅为 12.92%。本年度该公司的营业收入增加了，增幅还不小，理论上增值税销项税额应该同时增加，那可能就是退回的税费减少了，且超过了增加的销项税。

（3）该公司 2021 年收到其他与经营活动有关的现金较 2020 年增加了 7 674 976 461.45 元，增幅 209.20%，最主要的是一项代收代付款项，占 2021 年该项目全部金额的 78.76%，更是比 2020 年增长了 4 倍以上。

（4）该公司 2021 年经营活动现金流入小计较 2020 年增加了 29 079 565 347.70 元，增幅为 69.96%，但其中销售商品、提供劳务收到的现金占小计的比重为 83.48%，较 2020 年的 90.26%略有下降，而第 3 项其他项目的占比却增长了近 1 倍，说明了该公司的经营活动现金流入的多样性。

（5）该公司 2021 年购买商品、接受劳务支付的现金较 2020 年增加了 18 676 681 410.39 元，增幅为 99.26%，几乎增加了 1 倍，且是该公司营业成本、销售费用、管理费用和研发费用增加额之和的 3 倍以上，尤其是在该公司本年度绝对额巨大的期末存货减幅达 9.47%，以及绝对额很小的预付账款数额的增幅只有 8.00%的情况下。同时，该公司应付账款的余额本年较 2020 年还增加 14.03%，则唯一的解释就是，该项目的支出基本由劳务支出组成，且发生的同时即予支付。如果此假设成立，那销售商品、提供劳务项目也应该基本由劳务收入组成，也同样应该当期发生当期收到现金，但两者的增长率却大相径庭，那只能说明，这种情形只有在当期发生当期支付时成立。

（6）该公司 2021 年支付给职工以及为职工支付的现金较 2020 年增加了 925 277 383.36 元，增幅为 14.60%，高于该公司应付职工薪酬 7.90%的增幅。假设不考虑员工人数的变化，由于流量表中的数据是年度累计实际支付数，而资产负债表中的数据是年末 1 个月的应付未付数，若以应付职工薪酬增加额的 12 倍计，又远高于支付给职工以及为职工支付现金的增加额，说明该公司职工薪酬的计算和派发有其特殊性，而增长率的不同，应该是年度内的薪酬支付有差异导致。

（7）该公司 2021 年支付的各项税费较 2020 年增加了 765 673 870.08 元，增幅为 24.09%，而利润表中税金及附加的增幅为 78.69%，负债表的增幅为 77.50%。此三者的关系为，实际支付增长 24.09%，应该支付增长 78.69%，应付未付增长 77.50%，按常理，说明该公司拖欠了。

（8）该公司 2021 年支付其他与经营活动有关的现金较 2020 年增加了 6 383 698 245.83 元，增幅为 311.29%，主要的仍然是那个代收代付款项，说明该公司的代收代付款项是一种生意，且地位日渐提升。

（9）该公司 2021 年经营活动现金流出小计较 2020 年增加了 26 751 330 909.49 元，增幅为 88.05%，其中购买商品、接受劳务支付的现金占比最高为 65.62%，2020 年为 61.93%；其次是支付其他与经营活动有关的现金为 14.76%，2020 年为 6.75%，均为增加；而支付给职工以及为职工支付的现金和支付的各项税费分别占 12.71%和 6.90%，2020 年分别为 20.86%和 10.46%，均为降低。总体而言，该公司经营活动的现金支出结构起伏较大，不太稳定和合理。

（10）该公司 2021 年经营活动现金净流量净额较 2020 年增加了 2 328 234 438.21 元，增幅为 20.81%。究其原因，虽然流出量的增幅大于流入量的增幅，但由于流入量的绝对额足够大，从而弥补了其相对数的不足，加之流入、流出比仍然大于 1，为 1.24，虽然小于 2020 年的 1.37，但至少为该公司未来的投资扩张或减少筹资奠定了一定的货币基础。

（11）该公司 2021 年收回投资收到的现金较 2020 年减少了 737 924 509.72 元，减幅为 48.99%。收回投资的可能原因无非几种，或者是投资效益不理想，或者是环境变了公司转型了，或者是公司自身的能力受限了。凡此种种，对该公司而言，似乎第一种可能性的概率比较大，当然，减幅近 50%，说明该公司的投资效益有了了不起的改善。

（12）该公司 2021 年取得投资收益收到的现金较 2020 年增加了 1 854 636 801.75 元，增幅为 81.84%，与利润表中该公司投资收益的大幅上升基本同步，同时补充说明了上一条投资效益的大幅改善。

（13）该公司 2021 年处置固定资产、无形资产和其他长期资产收回的现金净额较 2020 年增加了 170 606 520.31 元，增幅为 278.78%，联系利润表的相关项目资产处置收益、营业外收支的内容，其增加应该主要是处置的量大了，而并非处置的收益多了。

（14）该公司 2021 年处置子公司及其他营业单位收到的现金净额较 2020 年增加了 673 081 283.10 元，增幅为 75 258.77%，因为 2020 年的绝对数实在太小，说明的同样是一种处置量，若再联系以上的分析，显示该公司在腾笼换鸟。

（15）该公司 2021 年收到其他与投资活动有关的现金较 2020 年减少了 713 088.74 元，减幅为 0.035 4%，内容为收到的委托贷款本金及利息，两个年度的金额基本相同。

（16）该公司 2021 年投资活动现金流入小计较 2020 年增加了 1 959 687 006.70 元，增幅为 33.51%，原因主要是受收回投资减幅的拖累，但这种影响并非一定负面。如果从该公司投资活动流入各项目占小计的结构比率来看，其表达的含义与以上的分析也基本相符。

（17）该公司 2021 年购建固定资产、无形资产和其他长期资产支付的现金较 2020 年增加了 198 504 993.71 元，增幅为 4.81%。处置的大幅上升和构建的小幅增长形成了鲜明的对照，似乎显示了该公司对自身生产经营能力的扩张势头和欲望在降低。

（18）该公司 2021 年投资支付的现金较 2020 年减少了 2 868 255 962.98 元，减幅为 61.08%，与取得投资收益收到的现金形成鲜明对照，但资产负债表显示的各项投资还是在增长的，尽管增长幅度不算太高，只能说明该公司似乎付钱比较谨慎。

（19）该公司 2021 年取得子公司及其他营业单位支付的现金净额较 2020 年减少了 906 473 318.58 元，减幅为 100%，因为今年没有了，就是不知是不想取得还是不能取得。

（20）该公司 2021 年支付其他与投资活动有关的现金较 2020 年增加了 93 164 149.35 元，增幅为 4.45%，内容主要是支付的委托贷款本金，与收到的其他类同，不同的是，上一笔是流入，此笔是流出。

（21）该公司 2021 年投资活动现金流出小计较 2020 年减少了 3 483 060 138.50 元，减幅为 29.46%，原因显然是该公司对外投资的欲望降低了。

（22）该公司 2021 年投资活动产生的现金流量净额较 2020 年增加了 5 442 747 145.21 元，

减幅为 91.12%，也就是超过 9 成。从流入、流出比（相对数）来看，两个年度均小于 1，表示流入小于流出，说明仍然具有一定的投资欲望，但 2020 年的流入、流出比是 0.50 倍，说明投资欲望比较强烈，而 2021 年为 0.94 倍，说明投资欲望已基本丧失，如果是等于 1，就说明只是维持了，如果是大于 1，那就是收缩了。

需要说明的是，如果从可持续发展和稳定原则的角度，通常希望一家公司经营活动的现金净流量首先为正，并尽可能大。而希望投资活动的净流量为负，其程度视经营活动的净流量而定，一般为能全部或大致覆盖投资活动的净流出量，余款则通过筹资活动来调节。

（23）该公司 2021 年吸收投资收到的现金较 2020 年增加了 213 571 281.20 元，增幅为 551.86%，应该主要就是那个导致股本增加的股权激励计划吧，如果加上那个“其中”的减少额，正好等于 232 271 281.20 元那个股权激励计划。

（24）该公司 2021 年取得借款收到的现金较 2020 年减少了 18 948 928 938.99 元，减幅为 69.81%，就是借的少了。

（25）该公司 2021 年发行债券收到的现金较 2020 年减少了 6 943 288 471.97 元，减幅为 100%，即本年没有继续发行债券。

（26）该公司 2021 年筹资活动现金流入小计较 2020 年减少了 25 678 646 129.76 元，减幅为 75.25%，显然就是股权筹资增加了，债权筹资减少了。如果从相对数看也是如此，本期债权筹资占流入量比重为 97.01%，2020 年为 99.89%。

（27）该公司 2021 年偿还债务支付的现金较 2020 年减少了 20 426 768 380.75 元，减幅为 72.42%。本期偿还债务支付的现金与取得借款收到的现金大致相同，两者本期的减少额也大致相同，似乎说明该公司对增加债权至少目前已经没有太大的兴趣，也就是举新债还旧债，维持现状而已。

（28）该公司 2021 年分配股利、利润或偿付利息支付的现金较 2020 年减少了 511 649 656.38 元，减幅为 9.57%。借款少了，当然利息支出也就少了，再加之少数股权的份额降低导致的支付给他们的股利和利润的减少，很合理。不过，总股份是增加的，难道拥有多数股权的股东就对现金股利没有追求？

（29）该公司 2021 年支付其他与筹资活动有关的现金较 2020 年减少了 1 778 053 848.51 元，减幅为 67.746%，内容为三项，支付租赁负债、支付子公司少数股东股权收购款、支付拆借款，第一项为新增，第二、三项为旧有，只是支付额大致占 2020 年的 2 成不到。

（30）该公司 2021 年筹资活动现金流出小计较 2020 年减少了 22 716 471 885.64 元，减幅为 62.79%，原因很正常，因为流出项目中，没有一项不在减少，幅度最大的就是偿还债务支付的现金。

（31）该公司 2021 年筹资活动产生的现金流量净额较 2020 年减少了 2 962 174 244.12 元，增幅为 144.197%，即负的更多了。这一点从该公司筹资活动的流入、流出比也可以看出，2020 年的比重为 0.94 倍，说明流入和流出还算基本持平，赤字不大，但今年就只有 0.63 倍了，那就是近 4 成的赤字了。

（32）该公司 2021 年汇率变动对现金及现金等价物的影响较 2020 年因汇率变动导致的损失减少了 206 666 868.03 元，减幅为 55.92%，应该是过去的一年中，人民币汇率相对稳定、稍有升值所致。

（33）该公司 2021 年现金及现金等价物净增加额较 2020 年增加了 5 015 474 207.32 元，增幅为 179.81%，其绝对额是 3 项净流量的合计数，原因显然是经营净流量增加和其他净流量减少所致。但若以其本期净增加额 7 804 843 124.22 元，比较该公司资产负债表 2021 年和 2020 年的货币资金的净增加额 7 798 455 178.92 元，似乎有点差异，即使再加上交易性金融资产的 441 159.90 元，可得 7 798 896 338.82 元，仍有 5 946 785.40 元的差异。

个人理解，如果是资产负债表中货币资金的数字更高，似乎可以解释为货币资金中由于存在冻结、受限制等因素导致的超过 3 个月以上不能交易或使用的货币资金。而该公司报表附注中现金和现金等价物的构成说明如表 16–2 所示。

表 16–2　现金和现金等价物的构成　　单位：元

项　目	期末余额	期初余额
一、现金	28 494 577 716.81	20 689 734 592.59
其中：库存现金	558 493.80	5 377 075.91
可随时用于支付的银行存款	28 430 763 978.46	20 624 510 856.83
可随时用于支付的其他货币资金	63 255 244.55	59 846 659.85
二、现金等价物		
三、期末现金及现金等价物余额	28 494 577 716.81	20 689 734 592.59
其中：母公司或集团内子公司使用受限制的现金和等价物	126 402 422.26	132 790 367.56

将表 16–2 中的期末现金及现金等价物余额与母公司或集团内子公司使用受限制的现金和现金等价物合计，即为资产负债表货币资金余额，即

2021 年余额=28 494 577 716.81+126 402 422.26=28 620 980 139.07（元）

2020 年余额=20 689 734 592.59+132 790 367.56=20 822 524 960.15（元）

理论上，受限制的现金和等价物，应包含在资产负债表的“货币资金”项目中，但不能算在流量表的“现金及等价物”中。因此，表 16–2 的“其中”表达有逻辑错误，因为它应该在“货币资金”的其中，故应将“其中”改为“加上”，更符合逻辑，也更方便理解。

该计算式也可以通过下式表达。

货币资金增减变动额=7 804 843 124.22+（126 402 422.26–132 790 367.56）

=7 804 843 124.22–6 387 945.30=7 798 455 178.92（元）

7 804 843 124.22 为该公司 2021 年现金及现金等价物净增加额，7 798 455 178.92 为该公司 2021 年货币资金净增加额。

需要说明的是，资产负债表可以通过资金占用和资金来源达到自平衡，从而验证报表编制的数据正确性；利润表则通过与资产负债表的留存收益的一致性，来验证其数据的正确性；至于现金流量表则是通过与资产负债表的货币资金及等价物的一致性，来验证其数据的正确性。否则，利润表和现金流量表编制的正确性就无从谈起。

16.2.4 现金流量表指标分析

现金流量表按照经营活动、投资活动和筹资活动提供了现金流入、流出和净流量的数据和信息，是衡量和评价一个企业经营活动、投资活动和筹资活动内容和质量的重要标准。因此，利用现金流量表与其他报表相关项目的数据计算得出的财务指标，就可以帮助报表分析者从更加广泛的角度对企业的财务状况、经营绩效、经营能力和经营质量作出衡量和评价。

现金流量表财务指标的计算主要包括偿债能力、获现能力和收益质量等几类。本节现金流量表财务指标的计算数据均来自上港集团的资产负债表（表 14–1）、利润表（表 15–1）和现金流量表（表 16–1）的相关数据。

1. 偿债能力指标

利用资产负债表相关数据计算的偿债能力指标，通常被称为静态的偿债能力指标，而利用现金流量表相关数据计算的偿债能力指标，通常被称为动态的偿债能力指标，这些指标主要有：现金净流量与当期债务比、债务保障率、到期债务本息支付比和现金股利支付比等。

（1）现金净流量与当期债务比指标

现金净流量与当期债务比是指年度经营活动产生的现金净流量与当期债务的比值，是表明现金净流量对当期债务偿还保障程度的倍数指标，该指标计算公式如下。

现金净流量与当期债务比=经营活动产生的现金净流量/流动负债

现金净流量与当期债务比也称为动态现金比，该指标数值（倍数）越高，说明现金净流入对当期债务清偿的保障能力越强，表明企业的流动性越好；反之，则表明企业的流动性和保障能力越差。

根据表 14–1 和表 16–1 的相关数据可进行动态现金比指标的计算分析如下。

动态现金比（2021 年）=13 514 651 397.77/29 281 912 321.67=0.46（倍）

动态现金比（2020 年）=11 186 416 959.56/22 405 787 626.17=0.50（倍）

以上计算说明，该公司 2021 年现金较 2020 年降低了 0.04 倍，差别不大，说明该公司的偿债能力比较稳定。同时，比较该公司 2021 年 0.98 倍和 2020 年 0.93 倍的静态现金比却有大幅降低，不过似乎动态现金比更合理。

（2）债务保障率指标

债务保障率是以年度经营活动产生的现金净流量与全部债务总额相比较，表明企业现金净流量对其全部债务偿还的保障程度，该指标计算公式如下。

债务保障率=（经营活动产生的现金净流量/负债总额）×100%

根据表 14–1 和表 16–1 的相关数据可进行债务保障率指标的计算分析如下。

债务保障率（2021 年）=（13 514 651 397.77/62 981 849 266.55）×100%=21.46%

债务保障率（2020 年）=（11 186 416 959.56/59 945 150 325.72）×100%=18.66%

以上计算表明，该公司以当期创造的现金偿还债务的能力还是比较合理的，因为该指标的分子是当期可以立即动用的现金，而分母中的相当部分并非需要立即偿还，况且，该公司的此项指标还上升了。其实，该项指标只要能超过所有债务的平均利率，即说明具有一定的债务保障能力，毕竟长期债务只要能按时付息，就能借新债还旧债。若就此而言，该公司的偿债能力是相对可以的。

（3）到期债务本息支付比指标

到期债务本息支付比指标是指经营活动产生的现金净流量与到期债务及利息的倍数指标，反映企业以经营活动净流量支付到期债务本、息的能力，该指标计算公式如下。

到期债务本息支付比=经营活动现金净流量/（到期债务+借款到期利息支出）

本期到期的债务是指本期到期的短期借款、长期债务一年内到期的部分、交易性金融负债、合同负债（理论上还应包括应付票据、应职工薪酬、应交税费）等，利息支出则是指财务费用（实务中也有用流动负债和财务费用之和计算的），因为这些债务不能展期，必须如数偿还。当到期债务本息支付比小于 1 时，则表明企业经营活动产生的现金净流量不足以偿付到期债务本息。

仍根据表 14-1、表 15-1 和表 16-1 的相关数据进行到期债务本息支付比指标的计算分析如下（本书分母采用流动负债和财务费用之和）。

到期债务本息支付比（2021 年）=13 514 651 397.77/30 188 933 186.90=0.45（倍）

到期债务本息支付比（2020 年）=11 186 416 959.56/23 247 439 545.19=0.48（倍）

以上计算说明，该公司利用当期创造的经营净现金流偿还到期债务本息的能力尚不足，有待提高。但利用全部流动负债计算该指标比较保守，因为至少应付账款、预收账款、其他应收款和其他流动负债的大部分不应包含在其中。

（4）现金股利支付比指标

现金股利支付比是指企业经营活动产生的现金净流量用来支付现金股利的倍数指标，以反映企业经营现金净流量支付当期股利的能力，该指标计算公式如下。

现金股利支付比=经营活动现金净流量/现金股利

该指标越大，说明企业支付现金股利的能力越强；反之，则说明企业支付现金股利能力越弱。

2. 获现能力指标

获现能力指标主要是用来评价企业营业收入和资产质量的指标，以说明收入中的现金含量和资产占用创造现金的能力。该指标主要包括每元销售现金净流入比、每股经营现金净流量和全部资产现金回收率。

（1）每元销售现金净流入比指标

每元销售现金净流入比又可称现金收入比，是指销售商品、提供劳务收到的现金与营业收入的倍数指标，它反映企业通过销售获取现金的能力，该指标计算公式如下。

现金收入比=销售商品、提供劳务收到的现金/营业收入

仍根据表 15-1 和表 16-1 的相关数据进行现金收入比指标的计算分析如下。

现金收入比（2021 年）=58 973 526 481.74/34 288 697 334.43=1.72（倍）

现金收入比（2020 年）=37 519 842 571.06/26 119 460 820.07=1.44（倍）

以上计算说明，该公司的现金收入比太高了，而且越来越高，好的有点不正常了。如果这其中多收到的部分是过去的应收款项，那不就是说过去做得很差吗？如果这其中多收到的部分是预收款项，那不就是说以后将会很差吗？所以，该指标在 1 左右最为合适。

（2）每股经营现金净流量指标

每股经营现金净流量是反映企业每股发行在外的普通股票所占有的现金净流量，或者说是反映企业每一普通股所获取的现金净流入量的比值指标，该指标的计算公式如下。

每股经营现金净流量=（经营活动产生的现金净流量−优先股股利）/发行在外的普通股股数

（3）全部资产现金回收率

全部资产现金回收率是反映企业经营活动产生的现金净流量与全部资产的比值，说明企业每一元资产创造现金的能力，该指标的计算公式如下。

全部资产现金回收率=（经营活动产生的现金净流量/资产总额）×100%

继续根据表 14−1 和表 16−1 的相关数据进行全部资产现金回收率指标的计算分析如下。

全部资产现金回收率（2021 年）=（13 514 651 397.77/170 787 478 512.86 年）×100%=7.91%

全部资产现金回收率（2020 年）=（11 186 416 959.56/155 924 749 976.52 年）×100%=7.17%

以上计算说明，该公司 2021 年每一元资产可创造将近 8 分钱的现金流入，较 2020 年的 7 分钱有进步，如果将之看作 8.00%的销售净利率或总资产收益率，不算太高但还算合理，如果计算其倒数的话，就是 12.64 年的资产回收年限，即以经营活动产生的现金净流量计算的总资产回收年限，假设该公司能稳定维持 7.91%回收率的话。

3. 收益质量指标

收益质量指标主要是指会计收益与净现金流量之间比例关系的营运指数指标，该指标是评价企业收益质量的财务指标，其计算公式如下。

营运指数 = 经营活动产生的现金净流量/经营所得现金

其中：经营所得现金是指经营净收益与非付现费用之和，而经营净收益则是指净收益与非经营收益之差。有关收益质量的信息，列示在现金流量表的补充资料中。

现根据上港集团 2021 年度数据进行营运指数计算分析如下，其现金流量表补充资料数据如表 16−3 所示。

表 16−3　上港集团 2021 年度现金流量表补充资料　　单位：元

<table>
<tr><th>将净利润调节为经营活动的现金流量</th><th>本期金额</th><th>上期金额</th><th>本期金额说明</th></tr>
<tr><td>净利润</td><td>15 480 719 994.16</td><td>9 183 403 328.66</td><td></td></tr>
<tr><td>加：资产减值准备</td><td>860 261 466.34</td><td>69 703 427.03</td><td rowspan="7">没有支付现金的费用4 585 035 220.62元。如果少提取这类费用，会增加收益却不会增加现金流入</td></tr>
<tr><td>信用减值损失</td><td>37 178 240.19</td><td>25 463 781.57</td></tr>
<tr><td>固定资产折旧等</td><td>2 621 448 352.88</td><td>2 629 336 928.79</td></tr>
<tr><td>使用权资产摊销</td><td>248 954 334.69</td><td></td></tr>
<tr><td>投资性房地产折旧</td><td>61 754 064.54</td><td>49 867 567.71</td></tr>
<tr><td>无形资产摊销</td><td>611 379 788.86</td><td>795 637 518.58</td></tr>
<tr><td>长期待摊费用摊销</td><td>144 058 973.12</td><td>156 637 714.52</td></tr>
<tr><td>处置非流动资产损失（减：收益）</td><td>79 209 145.24</td><td>−29 585 458.16</td><td rowspan="3">非经营净收益9 220 394 834.55 元，不代表正常的收益能力</td></tr>
<tr><td>固定资产报废损失（减：收益）</td><td>15 306 164.46</td><td>22 388 010.33</td></tr>
<tr><td>公允价值变动损失（减：收益）</td><td>−324 057 427.26</td><td>−160 617 547.92</td></tr>
</table>

续表

将净利润调节为经营活动的现金流量	本期金额	上期金额	本期金额说明
财务费用（减：收益）	1 167 624 123.36	1 126 218 168.38	
投资损失（减：收益）	−10 092 571 860.15	−5 321 617 024.59	非经营净收益 9 220 394 834.55 元，不代表正常的收益能力
递延所得税资产减少（减：增加）	−39 447 411.13	−267 235 414.09	
递延所得税负债增加（减：减少）	−26 357 569.07	6 542 955.96	
存货的减少（减：增加）	585 793 704.49	−2 071 503 451.73	
经营性应收项目的减少（减：增加）	−3 635 394 744.84	1 089 527 543.44	
经营性应付项目的增加（减：减少）	5 714 070 515.41	3 930 720 300.05	
其他	4 721 542.48	1 396 178.74	
经营活动产生的现金流量净额	13 514 651 397.77	11 186 416 959.56	

根据表 16−3 计算 2021 年营运指数指标如下。

经营活动净收益=净收益−非经营收益

=15 480 719 994.16−9 220 394 834.55=6 260 325 159.61（元）

经营所得现金=经营活动净收益+非付现费用

=6 260 325 159.61+4 585 035 220.62=10 845 360 380.23（元）

营运指数=经营活动产生的现金净流量/经营所得现金

=13 514 651 397.77/10 845 360 380.23=1.246（倍）

即该公司若剔除非经营收益，同时假设全部收入均收到现金，并考虑加上非付现费用，实际经营所得现金应为 10 845 360 380.23 元，低于经营活动产生的现金净流量，两者的差额即为存货、经营性应收项目、经营性应付项目和其他项目的合计，说明该公司经营所得现金中有部分被营运资本占用。

16.3 财务报表综合指标分析

以上各章及本章的前面几节分别介绍了在分析财务报表时应掌握的一些概念、方法、技巧，以及单个财务指标的分析、评价思路，本节将从综合指标分析角度继续评价上港集团的财务状况、财务成果和现金流量的质量。

本节的综合指标分析主要是借助杜邦多因素分析法和雷达图分析法，在各项单个指标分析的基础上，对公司的财务状况和经营成果作一总体综合分析。由于杜邦分析法本质上也是一种多因素连锁替代分析法，且本书第 12 章已经对杜邦分析法作过介绍，故本节采用一种自创的杜邦多因素分析法替代传统的杜邦分析法，算作修正的杜邦分析法吧。

16.3.1　杜邦多因素分析法

所谓杜邦多因素分析法，就是在仍然将净资产收益率最大化作为公司经营的最终目标的基础上，考虑某几种关键因素的连锁变化对净资产收益率的影响，其计算公式如下。

净资产收益率（ROE）=净利/净资产=（营业利润/营业收入）×（营业收入/总资产）×（总资产/净资产）×（税前利润/营业利润）×（净利润/税前利润）
=营业利润率×总资产周转率×权益乘数×营业外收支效应×税收效应

其中：已知，营业利润×（1–营业外收支净额/营业利润）=税前利润，故，营业外收支效应=税前利润/营业利润=（1–营业外收支净额/营业利润）；同样，已知，税前利润×（1–所得税费用/税前利润）=税后利润（净利润），故，税收效应=净利润/税前利润=（1–T）。

由于营业外收支净额占营业利润的比重不是一个固定的百分比，故使用“税前利润/营业利润”关系式，来反映营业外收支变动对净资产收益率的影响；同样，由于所得税费用占税前利润的比重（T为所得税税率），因各种时间性差异和永久性差异的存在，事实上与税前利润之间也并不一定是一个固定的百分比，故使用“净利润/税前利润”的关系式，来反映所得税费用的变动对净资产收益率的影响。

根据表14–1、表14–2，表15–1、表15–2、表15–3和表16–1的相关数据可进行净资产收益率指标的计算分析如下。

ROE（2021年）=14.36%=营业利润率×总资产周转率×权益乘数×营业外收支效应×税收效应=52.09%×0.200 8×1.584 2×1.005 6×0.861 9=14.36%

ROE（2020年）=9.59%=营业利润率×资产周转率×权益乘数×营业外收支效应×税收效应=40.53%×0.167 5×1.624 6×0.998 9×0.868 5=9.59%

比较该公司2021年净资产收益率与2020年净资产收益率差额：

净资产收益率差额=14.36%–9.57%=4.79%

进行连锁替代分析：

营业利润率变动的影响=（52.09%–40.53%）×0.167 5×1.624 6×0.998 9×0.868 5=2.73%

由于营业利润率的提高使得净资产收益率上升2.73%；

总资产周转率变动的影响=52.09%×（0.200 8–0.167 5）×1.624 6×0.998 9×0.868 5
=2.44%

由于总资产周转率的上升使得净资产收益率上升2.44%；

权益乘数变动的影响=52.09%×0.200 8×（1.584 2–1.624 6）×0.998 9×0.868 5=–0.37%

由于权益乘数的下降使得净资产收益率下降0.37%；

营业外收支效应变动的影响=52.09%×0.200 8×1.584 2×（1.005 6–0.998 9）×0.868 5
=0.10%

由于营业外收支效应的上升使得净资产收益率上升0.10%；

所得税税收效应变动的影响=52.09%×0.200 8×1.584 2×1.005 6×（0.861 9−0.868 5）

=−0.11%

由于所得税税收效应的下降使得净资产收益率下降 0.11%；

合计=4.79%

显然，在所有变动中，营业利润率的变动对该公司净资产收益率的影响程度最大，其次是总资产周转率的变动。

其实，如果将以上公式中的营业外收支效应，改为利得或损失效应或许更合适。那样的话，公式中的营业利润仅表示营业收入和营业总成本的差额，营业外收支则包含在利得或损失中，其他不变。当然，如果你有兴趣，你可以设置更多因素进行因素替代分析，来评价财务报表中每一因素的变动对净资产收益率的影响。

比如：ROE=（毛利/营业收入）×（营业总成本/毛利）×（营业利润/营业总成本）×（税前利润/营业利润）×（税后利润/税前利润）×（营业收入/存货）×（存货/流动资产）×（流动资产/流动负债）×（流动负债/总负债）×（总负债/总资产）×（总资产/净资产），以此可以反映各项利润变动，以及资产结构、资本结构变动对净资产利润率的影响。

16.3.2 雷达图分析法

杜邦分析法主要站在股东的角度，以股东权益最大化的立场，从纵向角度，由资产负债表和利润表各项目入手，逐层级分析相关项目对利润的影响，以及最终对股东权益收益率的影响。而雷达图分析法则站在企业价值最大化的立场，侧重从横向的趋势角度，通过将本期实际数与上期实际数或计划数抑或行业数等的比较，来分析企业在一些关键财务指标上的数据变化，以评价该企业的财务成果、经营业绩和其他方面的经营质量事项。与杜邦分析法相比，雷达图分析法的最大优势就在于直观、易理解，且不受限制。

1. 雷达图指标的计算和分析

雷达图指标的构成一般包括收益性、安全性、流动性、成长性和生产性 5 个部分，每部分的指标内容取决于分析者个人的需要和喜好。本节通过选择第 14 章、第 15 章和第 16 章已计算的相关指标，结合作者个人喜好，根据表 14−1、表 15−1、表 16−1 的相关数据和其他相关资料，计算上海国际港务（集团）股份有限公司各项满足雷达图分析需要的财务指标，如表 16−4～表 16−8 所示。

（1）收益性指标

有关收益性指标的内容没有固定标准，可根据需要选择，本节选择以下指标，如表 16−4 所示。

表 16−4 收益性指标计算表

项目	2021 年	2020 年
净资产利润率＝净利润/净资产	14.36%	9.57%
总资产利润率＝净利润/总资产	9.06%	5.89%
每股收益＝净利润/发行在外普通股股数	0.633 6 元	0.358 5 元

续表

项目	2021年	2020年
销售毛利率＝毛利/营业收入	40.71%	36.34%
营业利润率＝营业利润/营业收入	52.09%	40.53%
净利润率＝净利润/营业收入	45.15%	35.16%

以上指标说明，该公司无论是销售盈利能力，还是资产盈利能力都相当不错，并大幅走强，希望能够保持。

（2）安全性指标

与收益性指标相同，本节选择以下安全性指标，如表16–5所示。

表16–5 安全性指标计算表 单位：倍

项 目	2021年	2020年
流动比＝流动资产/流动负债	1.73	1.95
速动比＝（流动资产–存货）/流动负债	1.238	1.243
现金比（静态）＝货币资金/流动负债	0.98	0.93
现金比（动态）＝经营现金净流量/流动负债	0.46	0.50
资产负债率＝总负债/总资产	36.88%	38.45%
利息保障倍数＝息税前利润/财务费用	18.52	10.54
现金收入比＝销售商品收到的现金/营业收入	1.72	1.44

安全性指标主要体现企业的偿债能力，但并非越高越好，比如该公司的资产负债率就不高，甚至有点偏低，显然会受到债权人的欢迎。其他指标若从债权人角度，均可接受，且稳定、合理，尤其是2021年的利息保障倍数，高达18倍以上，说明该公司具有充分的偿债能力。

（3）流动性指标

本节选择以下流动性指标，如表16–6所示。

表16–6 流动性指标计算表 单位：次

项 目	2021年	2020年
应收账款周转率＝营业收入/应收票据及应收账款	11.56	10.83
存货周转率＝营业成本/存货	1.42	1.05
流动资产周转率＝营业收入/流动资产合计	0.678 3	0.598 3
固定资产周转率＝营业收入/固定资产净额	1.062 3	0.837 1
总资产周转率＝营业收入/资产总计	0.200 8	0.167 5

该公司的以上几项流动性指标中，除存货周转率偏低外，都算合适，但流动资产的周转率居然低于固定资产周转率，似乎不太合理，因为该公司是那种前期投资巨大的服务型公司，

这样的公司流动资产的配置，尤其是应收款和存货不应过高。

（4）成长性指标

本节选择以下成长性指标，如表 16-7 所示。

表 16-7 成长性指标计算表

项　目	2021 年	2020 年
收入增长 = 本期营业收入/上期营业收入	31.28%	-27.65%
净利润增长 = 本期净利润/上期净利润	68.57%	-7.48%
固定资产增长 = 本期固定资产净额/上期固定资产净额	3.44%	7.38%
营业总成本增长 = 本期营业总成本/上期营业总成本	23.52%	-26.86%
员工人数增长 = 本期在职员工人数/上期在职员工人数	-3.71%	-3.97%

表 16-7 指标的计算与其他指标仅使用两期数据的计算不同，使用了 3 期数据，显示出该公司的成长性状况非常不稳定，应该是受到大环境的影响。不过员工人数倒是持续下跌，应该是自动化程度在提高吧。

注：该公司在职员工人数 2021 年为 13 546 人，2020 年为 14 068 人，2019 为 14.650 人，2018 年为 16 366 人，2017 年为 17 213 人，2016 年为 18 183 人，均不包括需要承担费用的离退休职工人数。

（5）生产性指标

本节选择的生产性指标如表 16-8 所示。

表 16-8 生产性指标计算表

单位：元/人

项　目	2021 年	2020 年
人均收入 = 营业收入/员工人数	2 531 278.41	1 856 657.72
人均资产 = 资产总额/员工人数	12 607 963.86	11 083 647.28
人均利润 = 净利/员工人数	1 142 825.93	652 786.70
人均经营净现金流 = 经营活动净现金流量/员工人数	997 685.77	795 167.54
人均薪酬 = 应付职工薪酬/员工人数　①	48 783.67	41 776.06
人均薪酬 = 支付给职工以及为职工支付的现金/员工人数　②	536 162.20	450 495.86

该公司的人均薪酬从常识看确实过高，应该是平均数的后果，采用中位数可能会更真实一些。

注：人均薪酬①式使用的是资产负债表数据，该数据反映的是 12 月末应付未付职工薪酬

中的工资、奖金、津贴和补贴部分，该部分占全部应付职工薪酬的51.14%（2020年）、52.30%（2021年），理论上应该是1个月的薪酬；人均薪酬②式使用的是现金流量表数据，该数据反映的是全年数据。该公司应付职工薪酬的具体内容如表16–9所示。

表16–9　上港集团应付职工薪酬　单位：元

项目	期初余额	期末余额
一、短期薪酬	1 051 794 339.42	1 123 579 458.37
1. 工资、奖金、津贴和补贴	587 705 687.15	660 823 615.86
2. 职工福利费	396 728 515.33	390 618 997.04
3. 社会保险费	20 233 341.51	19 024 960.14
其中：医疗保险费	15 434 257.10	16 720 515.03
工伤保险费	3 726 471.56	802 751.72
生育保险费	1 070 869.85	218 307.60
其他	1 743.00	1 283 385.79
4. 住房公积金	778 608.00	1 220 570.34
5. 工会经费和职工教育经费	46 348 187.43	51 891 314.99
二、离职后福利–设定提存计划	97 361 400.83	25 846 805.25
1. 基本养老保险	91 464 277.53	21 774 726.17
2. 失业保险费	2 820 425.78	680 289.88
3. 企业年金缴费	3 038 915.60	3 391 789.20
4. 强积金	37 781.92	
三、辞退福利		6 016 414.26
合计	1 149 155 740.25	1 239 910 914.88

注：2021年度，该集团因解除劳动关系所提供的辞退福利为29 232 572.78元。

2. 雷达图制作和综合分析

本节选择以上计算的若干本期指标作为基数指标，通过与上期实际指标进行纵向比较，与行业优秀值指标进行横向比较，来构成纵向、横向两幅雷达图。表16–10以本期实际指标作为基数指标，上期实际指标作为比较指标，根据方便原则选择后可得雷达图纵向分析数据表。

表 16-10　雷达图纵向分析数据表

分类项目	2021 年数据	2020 年数据	对比值
净资产利润率/%	14.36	9.57	1.50
总资产利润率/%	9.06	5.89	1.54
每股收益/元	0.633 6	0.358 5	1.77
销售毛利率/%	40.71	36.34	1.12
营业利润率/%	52.09	40.53	1.29
净利润率/%	45.15	35.16	1.28
流动比/倍	1.73	1.95	0.89
现金比（静态）/倍	0.98	0.93	1.05
资产负债率/%	36.88	38.45	0.96
利息保障倍数/倍	18.52	10.54	1.76
现金收入比/倍	1.72	1.44	1.19
收入增长/%	31.28	−27.65	2.13
固定资产增长/%	3.44	7.38	0.47
营业总成本增长/%	23.52	−26.86	1.88
员工人数增长/%	−3.71	−3.97	0.93
人均收入/（元/人）	2 531 278.41	1 856 657.72	1.36
人均资产/（元/人）	12 607 963.86	11 083 647.28	1.14
人均利润/（元/人）	1 142 825.93	652 786.70	1.75
人均经营净现金流/（元/人）	997 685.77	795 167.54	1.25
人均薪酬/（元/人）	48 783.67	41 776.06	1.17

说明：表 16-10 中的对比值表示是原来的多少倍，即基数值是比较值的倍数（或 2021 年数据是 2020 年数据的倍数），不是增加了多少倍。

然后，根据表 16-10 中的相关数据，删除表 16-10 第 2 列，并将第 3 列 2020 年数据全部改为 1，保留第 4 列对比值，借助 Excel 功能即可制作雷达纵向分析图，如图 16-5 所示。

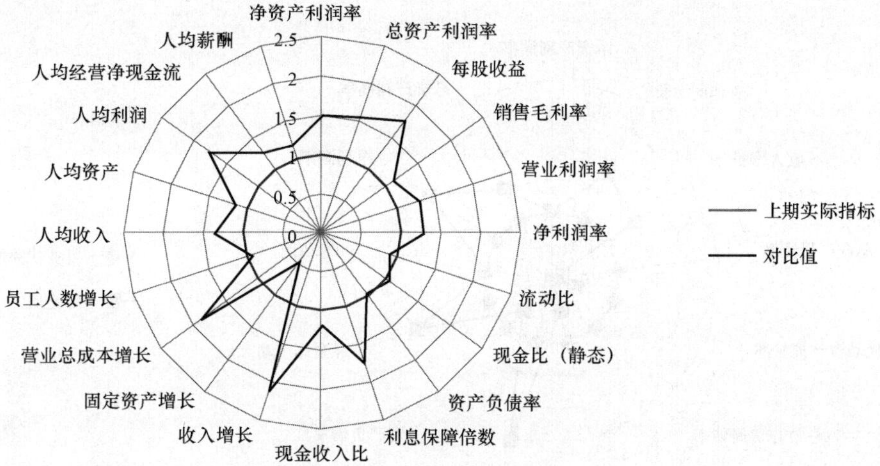

图 16-5　雷达纵向分析图

同样，可用行业优秀值作比较指标，根据 2021 年企业绩效评价标准值的指标中，港口业（全行业）类别的所有指标，剔除那些与以上雷达图分析法计算的指标中不重叠的部分，仅选择那些能配比的相关指标后计算对比值，得雷达图横向分析数据表，如表 16-11 所示。

表 16-11　雷达图横向分析数据表

分类项目	2021 年数据	行业优秀值	对比值
净资产利润率/%	14.36	15.00	0.96
总资产利润率/%	9.06	6.20	1.46
净利润率/%	45.15	20.60	2.19
速动比/倍	1.238	1.36	0.91
现金比（动态）/倍	0.46	0.22	2.09
资产负债率/%	36.88	53.30	0.69
利息保障倍数/倍	18.52	7.20	2.57
应收账款周转率/次	11.56	22.60	0.51
存货周转率/次	1.42	26.50	0.05
流动资产周转率/次	0.678 3	2.10	0.32
总资产周转率/次	0.200 8	1.10	0.18
收入增长/%	31.28	12.70	1.46
净利润增长/%	68.57	24.30	1.82

然后，删除表 16-11 第 2 列，并将第 3 列行业优秀值数值全部改为 1，保留第 4 列对比值，借助 Excel 功能即可制作雷达横向分析图，如图 16-6 所示。

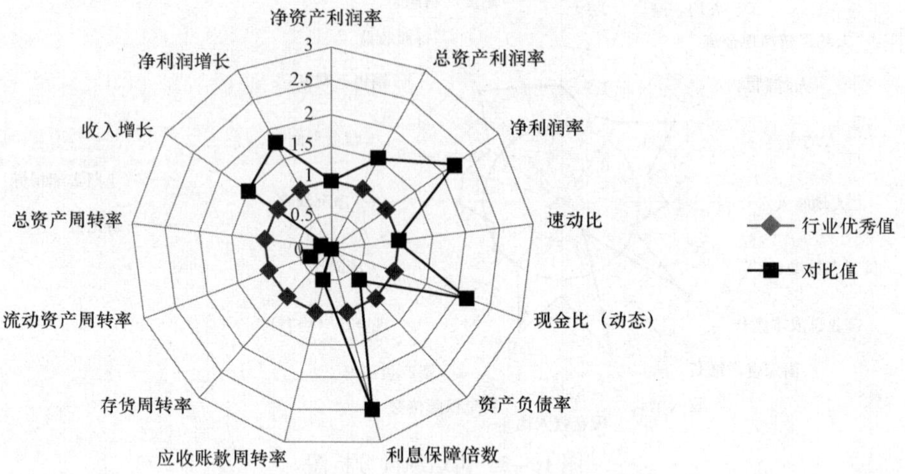

图 16-6　雷达横向分析图

根据表 16-10、表 16-11 和图 16-5、图 16-6 可知，若以本期和上期进行纵向比较，该公司大部分指标都好于上年，少量指标与上年基本持平，明显低于上年的是固定资产增长，但以少量增长获得更高收入显然更佳。若与行业优秀值横向相比，除流动性指标普遍偏低外，收益性指标、安全性和成长性指标均好于行业优秀值，或基本相同，至于资产负债率低其实更安全，况且它的利息保障倍数还特别高，所以在偿债能力方面应该也很安全。总体而言，该公司目前的经营状况不错，未来的发展应该取决于整体外贸大环境的走势。

最后，如果说你不认可股市是一个国家经济变化的晴雨表，那上海港的经营状况，至少在外贸这一块，绝对称得上是晴雨表。

本章小结

现金流量是评价企业财务状况和效绩的一个重要标准，本章以现金流量表为依据，重点阐述现金流量表分析的内容和方法。

现金流量表水平分析的目的是使报表使用者、投资者可以了解企业财务状况的变动过程及其变动原因，并在此基础上预测企业未来的财务状况，为企业的决策提供依据。

现金流量表结构分析在于帮助报表使用者、投资者了解和掌握企业现金流入量的主要来源和现金流量的主要去向，进一步分析企业财务状况的形成、变动过程及其原因。

现金流量表财务指标分析将现金流量表同资产负债表、利润表有机地联系起来，对那些不能直接对比的不同性质的财务报表项目进行配比计算分析，以揭示企业的综合财务状况和经营成果。

本章习题

一、单项选择题

1. 下列现金流量指标中，最能够反映营业收入质量的指标是（　　）。
   A. 现金毛利率　　B. 现金充分性比率
   C. 流动比率　　D. 每元销售现金净流入
2. 在企业处于高速成长阶段，投资活动现金流量往往是（　　）。
   A. 流入量大于流出量　　B. 流出量大于流入量
   C. 流入量等于流出量　　D. 不一定
3. 根据《企业会计准则第31号——现金流量表》的规定，支付的现金股利归属于（　　）。
   A. 经营活动　　B. 筹资活动　　C. 投资活动　　D. 销售活动
4. 雷达图分析法主要是站在（　　）价值最大化的立场。
   A. 企业　　B. 股东　　C. 债权人　　D. 员工

二、多项选择题

1. 现金流量表中现金所包括的具体内容是（　　）。
   A. 库存现金　　B. 银行存款　　C. 短期证券　　D. 应收账款融资
2. 可以将ROE指标分解为以下几个指标的乘积：（　　）。
   A. 总资产周转率　　B. 权益乘数
   C. 销售利润率　　D. 资产负债率
3. 雷达图分析法中选择的指标应包括（　　）。
   A. 收益性指标　　B. 安全性指标　　C. 流动性指标　　D. 成长性指标
4. 现金流量表财务指标的计算主要包括（　　）等几类。
   A. 偿债能力　　B. 支付能力　　C. 周转能力　　D. 盈利能力

三、判断题

1. 固定资产折旧的变动不影响当期现金流量的变动。（　　）
2. 利得或损失效应=税前利润/营业利润。（　　）
3. 企业分配股利必然引起现金流出量的增加。（　　）
4. 利息支出将对筹资活动现金流量和投资活动现金流量产生影响。（　　）

四、简答题

1. 简述经营现金流量与净利润综合分析的作用。
2. 借助现金流量指标，如何透视盈利质量？
3. 怎样看杜邦多因素分析法？
4. 简述雷达图分析法的特点和具体内容。

五、计算题

表16-12为DL股份有限公司2022年度现金流量结构分析汇总表，表中各项目名称已高度简化。

表 16-12 DL 股份有限公司 2022 年度现金流量结构分析汇总表

项目	流入/万元	流出/万元	净流量/万元	内部结构/%	流入结构/%	流出结构/%
一、经营活动						
销售商品	869 219					
税费返还	7 397					
其他现金流入	54 554					
现金流入小计	931 171			100		
购买商品、劳务		481 638				
支付给职工		58 685				
支付各项税费		153 601				
其他现金流出		123 451				
现金流出小计		817 375		100		
经营流量净额			113 796			
二、投资活动						
收回投资	15					
取得投资收益	15					
处置固定资产	4 740					
收到其他流入	402					
现金流入小计	5 172			100		
购置固定资产		46 767				
投资支付现金		8 610				
其他现金流出		2 543				
现金流出小计		57 921		100		
投资流量净额			-52 748			
三、筹资活动						
吸收投资	123 703					
借款	289 593					
收到其他现金	1 787					
现金流入小计	415 083			100		
偿还债务		423 136				
偿付利息		37 684				
支付其他		7 747				
现金流出小计		468 567		100		
筹资流量净额			-53 484			
合计	1 351 426	1 343 863	7 564		100	100

要求：从现金流量角度对企业财务活动进行结构和项目分析。

六、大作业

自行下载一份任意上市公司的年报，进行会计项目分析，并按杜邦分析法和雷达图分析法对其进行综合分析。

参考答案

一、单项选择题

1. D　　2. B　　3. B　　4. A

二、多项选择题

1. ABC　　2. ABC　　3. ABCD　　4. ABD

三、判断题

1. √　2. ×　3. ×　4. √

参 考 文 献

[1] 弗里德森，阿尔瓦雷斯. 财务报表分析. 刘婷，译. 4 版. 北京：中国人民大学出版社，2016.

[2] 罗宾逊，亨利，皮里，等. 国际财务报表分析. 汤震宇，潘亮，纪慧诚，译. 北京：机械工业出版社，2015.

[3] 张新民，钱爱民. 财务报表分析. 5 版. 北京：中国人民大学出版社，2019.

[4] 中国注册会计师协会. 会计. 北京：中国财政经济出版社，2022.

[5] 杨松涛，林小驰. 财务报表分析：负债、权益、现金流量表. 北京：中国金融出版社，2015.

[6] 李贺，朱晓佳. 财务报表分析：应用·技能·案例·实训. 上海：上海财经大学出版社，2020.

[7] 池国华，程良友. 财务报表分析. 北京：清华大学出版社，2020.